파고다 첫토익
PART 5&6

PAGODA Books

초 판 1쇄 발행 2014년 9월 30일
개정판 1쇄 발행 2018년 1월 5일
개정판 10쇄 발행 2022년 7월 15일

지 은 이 | 박주희
펴 낸 이 | 박경실
펴 낸 곳 | Wit&Wisdom 도서출판 위트앤위즈덤
임프린트 | PAGODA Books
출판등록 | 2005년 5월 27일 제 300-2005-90호
주   소 | 06614 서울특별시 서초구 강남대로 419, 19층(서초동, 파고다타워)
전   화 | (02) 6940-4070
팩   스 | (02) 536-0660
홈페이지 | www.pagodabook.com

저작권자 | ⓒ 2018 박주희

이 책의 저작권은 저자에게 있습니다. 서면에 의한 저작권자와 출판사의 허락 없이
내용의 일부 혹은 전부를 인용 및 복제하거나 발췌하는 것을 금합니다.

Copyright ⓒ 2018 by Juhee Park

All rights reserved. No part of this publication may be reproduced, stored
in a retrieval system, or transmitted, in any form, or by any means, electronic,
mechanical, photocopying, recording or otherwise, without the prior written
permission of the copyright holder and the publisher.

ISBN 978-89-6281-809-3 (13740)

도서출판 위트앤위즈덤   www.pagodabook.com
파고다 어학원   www.pagoda21.com
파고다 인강   www.pagodastar.com
테스트 클리닉   www.testclinic.com

PAGODA Books는 도서출판 Wit&Wisdom의 성인 어학 전문 임프린트입니다.
낙장 및 파본은 구매처에서 교환해 드립니다.

머리말

토익 필수 문법 & 파트 5, 6 문제풀이 전략서

신토익에 맞춰 새로 출간된 파고다 첫토익은 제가 그동안 교재를 만들고 강의를 하면서 '쉽고 간단하게 토익을 알려줄 수 있을까' 라는 고민을 바탕으로 핵심 노하우를 담은 교재입니다. 2016년 5월 이후 신토익은 '토익 공식' 또는 '스킬'로는 고득점을 달성하기 어려워졌으므로 더욱 탄탄한 기본기가 필요한 시점입니다.

점수가 정체되거나 오르고 떨어지는 일이 반복되면 공부에 흥미가 떨어지고 경제적으로도 낭비가 되는 것은 물론 토익을 포기하게 됩니다. 이러한 학습자들의 경우, 단기간에 높은 점수를 받으려는 마음을 잠시 내려놓고, 쉽다고 여겨 정리해 두지 않는 기본기부터 다시 잡는 것이 중요합니다. 기본이 잡히면 그 위에 쌓는 실력은 더욱 탄탄해져 결국 목표하는 점수에 빠르게 도달할 수 있습니다.

이 책은 토익에 출제되는 가장 기본적이면서 빈도가 높은 포인트와 문제들로만 구성되어 있습니다. 또한, 이번 책에는 리스닝 Tip 들도 추가되어 중간중간 쉬어가는 코너로 재미를 더했습니다. 이 책의 내용을 완전히 이해하고 실전 문제에 적용해 간다면 토익 공부가 한층 수월하게 느껴질 것이라 확신합니다.
고득점의 시작은 기초부터! 여러분의 점수에 힘이 되는 교재가 되길 바랍니다.

저자 **박주희**

구성

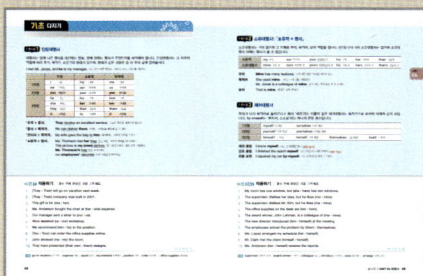

 기초 다지기

토익 기출 문법 중 반드시 알아야 할 토익 기초 문법을 정리한 부분입니다. 기초 비법을 학습한 후 관련된 내용을 '비법 적용하기'를 통해 확인해보세요.

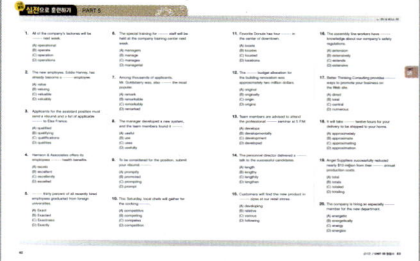

기초 문법 실전으로 훈련하기

기초 다지기에서 학습한 내용과 그 외 관련 내용을 실전 문제 풀이를 통해 확실히 내 것으로 만들어보세요. 최신 출제 경향을 반영한 다양한 문제를 풀어 보며 실전에 대한 두려움은 ↓, 실전 감각은 ↑ 합니다.

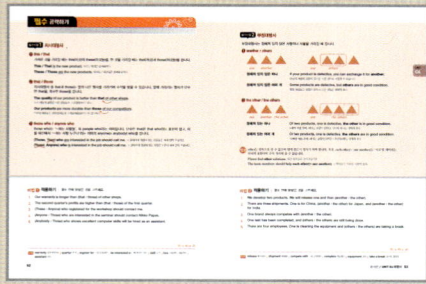

 필수 공략하기

토익 기출 문법 중 반드시 알아야 할 토익 필수 문법을 정리한 부분입니다. 필수 비법을 학습한 후 관련된 내용을 '비법 적용하기'를 통해 확인해보세요.

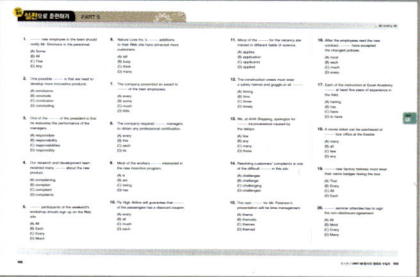

필수 문법 실전으로 훈련하기

필수 공략하기에서 학습한 내용과 그 외 관련 내용을 실전 문제 풀이를 통해 확실히 내 것으로 만들어보세요. 최신 출제 경향을 반영한 다양한 문제를 풀어 보며 실전에 대한 두려움은 ↓, 실전 감각은 ↑ 합니다.

독해로 끝내기

앞서 배운 문법 내용을 바탕으로 어휘, 문법, 독해의 통합 skill을 위한 Part 6 연습을 할 수 있도록 합니다.

문장 분석하기

해당 Unit에서 풀어 본 문장을 문법적으로 분석 및 해석 함으로써 문법, 어휘, 독해 실력을 동시에 쌓을 수 있도록 합니다.

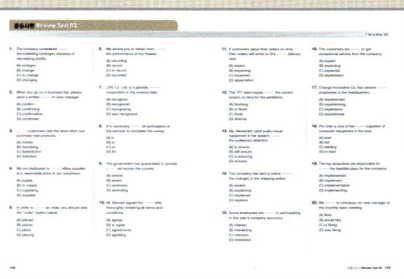

Review Test

파트별 Review Test를 통해 학습 내용을 정리할 수 있도록 합니다.

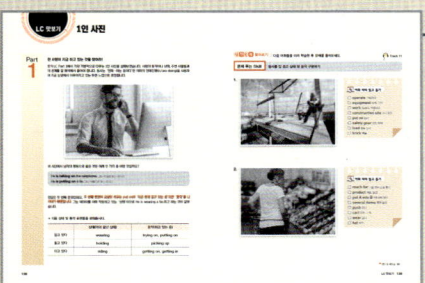

LC 맛보기

기초 실력을 쌓기 적합한 Part 1, 2의 핵심 포인트들을 이해하기 쉽고 간단하게 정리해 RC와 LC 모두 공부할 수 있도록 합니다.

정답 및 해설

해석은 물론 상세하고 꼼꼼한 해설을 수록하여 든든한 학습 가이드가 되도록 하였습니다.

목차

기본편

UNIT 01 8품사 — 12
UNIT 02 문장의 5가지 형식 — 20
LC 맛보기 일반 의문문 — 30

품사편

UNIT 03 명사 — 34
UNIT 04 대명사 — 46
UNIT 05 형용사 — 58
UNIT 06 부사 — 70
UNIT 07 비교 구문 — 82
Review Test 01 — 94
LC 맛보기 2인 이상 사진 — 96

동사편

UNIT 08 동사의 형태와 수일치 — 100
UNIT 09 시제 — 112
UNIT 10 능동태와 수동태 — 124
Review Test 02 — 136
LC 맛보기 1인 사진 — 138

준동사편

UNIT 11 to부정사	142
UNIT 12 동명사	154
UNIT 13 분사	166
Review Test 03	178
LC 맛보기 사물 사진	180

전치사·접속사편

UNIT 14 전치사 1	184
UNIT 15 전치사 2	196
UNIT 16 등위접속사와 명사절 접속사	208
UNIT 17 부사절 접속사	220
UNIT 18 형용사절 접속사	232
Review Test 04	244
LC 맛보기 의문사 의문문	246

책 속의 책

정답 및 해설

학습 스케줄러

📅 20일 완성 스케줄러

Day 1 (월 일)	Day 2 (월 일)	Day 3 (월 일)	Day 4 (월 일)	Day 5 (월 일)
UNIT 01 / UNIT 02 **LC 맛보기**	UNIT 03	UNIT 04	UNIT 05 / UNIT 06	UNIT 07

Day 6 (월 일)	Day 7 (월 일)	Day 8 (월 일)	Day 9 (월 일)	Day 10 (월 일)
Review Test 01 **LC 맛보기**	UNIT 08	UNIT 09	UNIT 10	Review Test 02 **LC 맛보기**

Day 11 (월 일)	Day 12 (월 일)	Day 13 (월 일)	Day 14 (월 일)	Day 15 (월 일)
UNIT 11	UNIT 12	UNIT 13	Review Test 03 **LC 맛보기**	UNIT 14

Day 16 (월 일)	Day 17 (월 일)	Day 18 (월 일)	Day 19 (월 일)	Day 20 (월 일)
UNIT 15	UNIT 16	UNIT 17	UNIT 18	Review Test 04 **LC 맛보기**

*UNIT 01, 02(8품사, 문장의 5가지 형식)와 UNIT 05, 06(형용사, 부사)은 두 유닛을 비교해 가며 함께 공부하는 것을 추천합니다.

40일 완성 스케줄러

Day 1 (월 일)	Day 2 (월 일)	Day 3 (월 일)	Day 4 (월 일)	Day 5 (월 일)
UNIT 01 기초 다지기 필수 공략하기	UNIT 02 기초 다지기	UNIT 02 필수 공략하기	UNIT 01, 02 Review LC 맛보기	UNIT 03 기초 다지기

Day 6 (월 일)	Day 7 (월 일)	Day 8 (월 일)	Day 9 (월 일)	Day 10 (월 일)
UNIT 03 필수 공략하기	UNIT 04 기초 다지기	UNIT 04 필수 공략하기	UNIT 05 기초 다지기	UNIT 05 필수 공략하기

Day 11 (월 일)	Day 12 (월 일)	Day 13 (월 일)	Day 14 (월 일)	Day 15 (월 일)
UNIT 06 기초 다지기	UNIT 06 필수 공략하기	UNIT 07 기초 다지기	UNIT 07 필수 공략하기	Review Test 01 LC 맛보기

Day 16 (월 일)	Day 17 (월 일)	Day 18 (월 일)	Day 19 (월 일)	Day 20 (월 일)
UNIT 08 기초 다지기	UNIT 08 필수 공략하기	UNIT 09 기초 다지기	UNIT 09 필수 공략하기	UNIT 10 기초 다지기

Day 21 (월 일)	Day 22 (월 일)	Day 23 (월 일)	Day 24 (월 일)	Day 25 (월 일)
UNIT 10 필수 공략하기	Review Test 02 LC 맛보기	UNIT 11 기초 다지기	UNIT 11 필수 공략하기	UNIT 12 기초 다지기

Day 26 (월 일)	Day 27 (월 일)	Day 28 (월 일)	Day 29 (월 일)	Day 30 (월 일)
UNIT 12 필수 공략하기	UNIT 13 기초 다지기	UNIT 13 필수 공략하기	Review Test 03 LC 맛보기	UNIT 14 기초 다지기

Day 31 (월 일)	Day 32 (월 일)	Day 33 (월 일)	Day 34 (월 일)	Day 35 (월 일)
UNIT 14 필수 공략하기	UNIT 15 기초 다지기	UNIT 15 필수 공략하기	UNIT 16 기초 다지기	UNIT 16 필수 공략하기

Day 36 (월 일)	Day 37 (월 일)	Day 38 (월 일)	Day 39 (월 일)	Day 40 (월 일)
UNIT 17 기초 다지기	UNIT 17 필수 공략하기	UNIT 18 기초 다지기	UNIT 18 필수 공략하기	Review Test 04 LC 맛보기

UNIT 01 • 8품사
UNIT 02 • 문장의 5가지 형식

UNIT 01

8품사

영어는 가장 작은 요소인 8가지의 품사들을 나열하여 문장을 만듭니다. 각각의 품사 특징을 잘 알고 있어야 문장을 정확하게 볼 수 있는 눈이 생기게 되니, 8가지 품사를 외우는 것에 그치지 말고 품사별로 어떤 자리에, 어떤 쓰임이 있는지 공부해두세요.

8품사

❶ 명사(Noun)   사물이나 사람의 이름을 나타내는 단어
- a building 건물
- the product 제품
- its brand 그것의 브랜드
- Mr. Morris 모리스 씨(사람 이름)
- PAGODA 파고다(회사 이름)

❷ 대명사(Pronoun)   명사를 대신하는 단어
- I 나는
- you 너는
- he 그는
- she 그녀는
- we 우리는
- they 그들은

❸ 동사(Verb)   사물이나 사람의 동작을 나타내는 단어(~하다)
- do 하다
- have 가지다
- work 일하다

❹ 형용사(Adjective)   명사의 모양이나 상태를 나타내는 단어(~하는, ~한)
- the **new** product 새로운 제품
- The product is **new**. 그 제품은 새것이다.

❺ 부사(Adverb)   명사를 제외한 나머지를 수식하는 단어(~하게, ~으로)
- a **completely** new product 완전히 새로운 제품
- I work **well**. 나는 일을 잘한다.
- **Fortunately**, I got a job. 운 좋게, 나는 일자리를 얻었다.

❻ 전치사(Preposition)   명사 앞에 쓰여 시간 및 장소 등을 나타내는 단어(in, at, on, for 등)
- a cup **on** the table 테이블 위에 있는 컵

❼ 접속사(Conjunction)   단어, 구, 절을 연결해 주는 단어
- tables **and** boxes 테이블과 상자들
- on the table **and** on the chair 테이블 위와 의자 위
- He went on a business trip **and**, he wrote a report. 그는 출장을 다녀왔고, 그는 보고서를 작성했다.

❽ 감탄사(Interjection)   놀라움 등의 감정을 나타내는 단어
- Wow 우와
- Oops 아이고

기초 다지기

기초비법 1 | 명사와 동사의 단수와 복수

❶ 명사

하나, 둘 셀 수 있는 명사의 경우 단수와 복수가 있습니다. 또한, a, an, the 뒤에는 반드시 명사가 옵니다. an은 뒤에 오는 명사가 a, e, i, o, u로 시작될 때 쓰입니다.

a building 하나의 건물 – **building**s 건물들
an apple 하나의 사과 – **apple**s 사과들

❷ 대명사

대명사는 명사를 대신하는 단어이므로, 명사와 같이 단수와 복수가 있습니다.

단수	복수
Mr. Kim(명사) → he(대명사) Ms. Park(명사) → she(대명사) PAGODA(명사) → it(대명사)	Mr. Kim and I(명사) → we(대명사) Mr. Kim and Ms. Park(명사) → they(대명사)

❸ 동사

명사와 동사는 「주어 + 동사」의 관계에 놓이기 때문에 동사에도 단수와 복수가 있습니다. 보통, 현재 시제에만 단수, 복수 표시를 하지만 be동사는 과거(was, were)도 형태가 변합니다.

동사원형	단수	복수
be동사	is, was 이다, 있다	are, were 이다, 있다
have동사	has 가지다	have 가지다
do동사	does 하다	do 하다
일반동사	provides 제공하다	provide 제공하다

비법 ❶ 적용하기 | 괄호 안에 알맞은 것을 고르세요.

1. she (명사 / 대명사)
2. the product (명사 / 대명사)
3. John (명사 / 대명사)
4. XT Screen TV (명사 / 대명사)
5. Sharon and Tom (명사 / 대명사)
6. are (단수 동사 / 복수 동사)
7. Mr. Parker (단수 명사 / 복수 명사)
8. PAGODA (단수 명사 / 복수 명사)
9. submit (단수 동사 / 복수 동사)
10. provides (단수 동사 / 복수 동사)

정답 및 해설 p. 2

기초비법 2 단어, 구, 절

명사, 동사, 형용사, 부사는 낱개의 단어들입니다. 이들이 여러 개가 붙어서 점점 길어지게 되는데, 이 길어진 형태에 「주어 + 동사」가 없으면 구, 「주어 + 동사」가 있으면 절이라고 합니다.

단어	의미를 지닌 최소 단위를 단어라고 합니다. 명사 employees 직원들 형용사 new 새로운 부사 very 매우
구	두 단어 이상이 모여 하나의 품사처럼 쓰이는 것을 구라고 합니다. 명사구 the employees 그 직원들 형용사구 in the cafeteria 구내식당에 부사구 to apply for a job 일자리에 지원하기 위해서
절	「주어 + 동사」를 포함한 문장의 일부이며, 접속사가 이를 이끕니다. 명사절 **that** he was a manager 그가 매니저였다는 것 형용사절 **who** was a manager 매니저였던 부사절 **when** he was a manager 그가 매니저였을 때
문장	절이 마침표까지 포함되어 완전한 형태로 쓰인 것을 문장이라고 합니다. 하나의 문장에 주어와 동사가 두 개이면 접속사가 이를 연결합니다. They are new employees. 그들은 신입 직원들이다. 　주어　동사 I think **that** he was a manager. 나는 그가 매니저였다고 생각한다. 주어 동사 접속사주어 동사

비법 2 적용하기 | 괄호 안에 알맞은 것을 고르세요.

1. products　　　　　　　(단어 / 구 / 절)
2. new products　　　　　(단어 / 구 / 절)
3. a decade　　　　　　　(단어 / 구 / 절)
4. the schedule　　　　　(단어 / 구 / 절)
5. on the chair　　　　　 (단어 / 구 / 절)
6. he gets the job　　　　(구 / 절 / 문장)
7. very beautiful　　　　　(구 / 절 / 문장)
8. Jim arrives　　　　　　(구 / 절 / 문장)
9. who lived in Canada　 (구 / 절 / 문장)
10. We visited the factory.　(구 / 절 / 문장)

정답 및 해설 p. 2

필수 공략하기

필수비법 1 품사 구별하기

다음은 알아두면 유용한 명사, 동사, 형용사, 부사의 정해진 형태입니다.

❶ 명사(Noun)

-tion, -sion	informa**tion** 정보 divi**sion** 부서	innova**tion** 혁신 deci**sion** 결정
-ty, -cy	abili**ty** 능력	accura**cy** 정확성
-se, -ce	expen**se** 비용	residen**ce** 거주지
-ture, -sure, -dure	fea**ture** 특징 plea**sure** 기쁨	depar**ture** 출발 proce**dure** 절차
-ment	manage**ment** 경영(진)	depart**ment** 부서
-th, -ness, -ship, -i(a)sm	grow**th** 성장, 증가 relation**ship** 관계	careless**ness** 부주의함 enthus**iasm** 열정
-er, -ee, -or, -ist, -ian, -ant, -ent (사람 명사)	employ**er** 고용주 supervis**or** 감독관 technic**ian** 기술자 resid**ent** 거주자, 주민	employ**ee** 직원 chem**ist** 화학자 assist**ant** 조수, 비서

비법 ❶ 적용하기 | 빈칸에 알맞은 품사를 명사[n], 동사[v], 형용사[a], 부사[ad]로 써보세요.

1. (A) celebratory [   ]
   (B) celebrate [   ]
   (C) celebration [   ]
   (D) celebrates [   ]

2. (A) length [   ]
   (B) lengthen [   ]
   (C) lengthy [   ]
   (D) lengthily [   ]

3. (A) simple [   ]
   (B) simply [   ]
   (C) simplify [   ]
   (D) simplifies [   ]

4. (A) enthuse [   ]
   (B) enthusiasm [   ]
   (C) enthusiastic [   ]
   (D) enthusiastically [   ]

5. (A) constructive [   ]
   (B) construction [   ]
   (C) constructor [   ]
   (D) construct [   ]

6. (A) necessarily [   ]
   (B) necessary [   ]
   (C) necessitate [   ]
   (D) necessity [   ]

7. (A) productive [   ]
   (B) productively [   ]
   (C) product [   ]
   (D) productivity [   ]

8. (A) innovation [   ]
   (B) innovator [   ]
   (C) innovative [   ]
   (D) innovate [   ]

❷ 동사(Verb)

-ize, -yze, -ise	organ**ize** 조직하다 super**vise** 감독하다	ana**lyze** 분석하다 adver**tise** 광고하다
-fy	satis**fy** 만족시키다	simpli**fy** 간소화하다
-en, en-	leng**then** 길게 하다	**en**sure 확실하게 하다
-ate	negoti**ate** 협상하다	appreci**ate** 감사하다

❸ 형용사(Adjective)

-ous	cauti**ous** 조심스러운	vari**ous** 다양한
-al	technic**al** 기술적인	ide**al** 이상적인
-ic	enthusiast**ic** 열정적인	dramat**ic** 극적인
-ive	attract**ive** 매력적인	expens**ive** 비싼
-ent	excell**ent** 뛰어난	differ**ent** 다른
-able, -ible	avail**able** 이용 가능한	poss**ible** 가능한
-ful	help**ful** 도움이 되는	use**ful** 유용한
-y, -ory	length**y** 긴	introduct**ory** 입문용의

❹ 부사(Adverb)

「형용사 + -ly」	complete**ly** 완전히	comforta**bly** 편안하게

참고 끝이 -ic로 끝나는 형용사는 발음상의 이유로 부사를 만들 때 -ally를 붙입니다.
dramatic → dramatic**ally**

---

9. (A) assistance [ ]
   (B) assist [ ]
   (C) assistant [ ]
   (D) assistants [ ]

10. (A) dramatize [ ]
    (B) drama [ ]
    (C) dramatic [ ]
    (D) dramatically [ ]

11. (A) satisfaction [ ]
    (B) satisfy [ ]
    (C) satisfactorily [ ]
    (D) satisfactory [ ]

12. (A) excellence [ ]
    (B) excellent [ ]
    (C) excel [ ]
    (D) excellently [ ]

13. (A) employee [ ]
    (B) employ [ ]
    (C) employer [ ]
    (D) employment [ ]

14. (A) attract [ ]
    (B) attractive [ ]
    (C) attraction [ ]
    (D) attractively [ ]

15. (A) succeed [ ]
    (B) success [ ]
    (C) successful [ ]
    (D) successfully [ ]

TOEIC 빈출 명·동사

다음은 토익에서 자주 출제되는 명사와 동사의 형태가 같은 단어들입니다.

		명사	동사
1	check	확인, 점검; 수표	확인하다, 점검하다
2	work	일, 업무; 작품	일하다
3	use	사용	사용하다
4	cut	삭감	자르다, 줄이다
5	change	변화, 변경	변화하다, 변경하다
6	stay	머무름, 체류	머물다
7	visit	방문	방문하다
8	permit	허가증	허가하다
9	answer	대답	답하다
10	decrease(= fall)	감소	감소하다
11	increase(= rise)	증가	증가하다
12	pass	통행증, 합격	지나가다, 통과하다
13	plan	계획	계획하다
14	market	시장	상품을 (시장에) 내놓다
15	need	필요, 수요	필요하다
16	park	공원	주차하다
17	pay	임금, 보수	지급하다
18	purchase	구매, 구매품	구매하다
19	discount	할인	할인하다
20	refund	환불	환불하다
21	contact	연락, 연락처	연락하다
22	review	검토; 평가	검토하다; 평가하다
23	experience	경험	경험하다
24	graduate	졸업생	졸업하다
25	delay	지연	지연시키다
26	estimate	추정(치); 견적서	추정하다
27	finish	마감 칠	끝내다
28	offer	제안; 할인	제안하다
29	travel	여행, 출장	여행가다, 출장 가다
30	name	이름	임명하다

TOEIC 빈출 다의어 동사

UNIT 01

다음은 토익에서 자주 출제되는 다양한 의미를 가진 동사들입니다. 표현과 함께 익혀두세요.

	동사	다양한 의미
1	promote	promote efficiency 효율성을 **증진하다** promote A to B A를 B로 **승진시키다** promote his new book 그의 신간을 **홍보하다**
2	meet	meet needs / demands / requirements / standards 요구 / 수요 / 조건 / 기준을 **충족시키다** meet a deadline 마감일을 **맞추다** meet a goal(= target) 목표를 **달성하다**
3	deliver	deliver the package 소포를 **배달하다** deliver a speech(= address) **연설하다**
4	assign	assign him a task / role 그에게 일을 **할당하다** assign him to the LA office 그를 LA 사무실로 **파견하다**
5	apply	apply for / to a job 일자리에 **지원하다** apply to the workers 직원들에게 **적용하다** apply a label to the product 제품에 라벨을 **붙이다** apply the cream evenly over the skin 피부에 골고루 크림을 **바르다**
6	succeed	succeed in doing ~을 **성공하다** succeed A as B B로서 A를 **계승하다**
7	serve	serve guests 손님들을 **접대하다** serve breakfast / lunch / dinner 아침 / 점심 / 저녁을 **제공하다** serve(= work) as a manager 부장으로 **근무하다**
8	raise	raise prices / awareness 가격 / 인지도를 **올리다** raise funds(= collect money) 자금을 **모으다** raise the issue / question / subject 이슈 / 의문 / 주제를 **제기하다**
9	release	release the news 소식을 **공개하다** release a new product 신제품을 **출시하다** release a movie 영화를 **개봉하다**
10	transfer	transferred him to the LA office LA 사무실로 그를 **전근 보내다** Transfer $300 to my account 나의 계좌로 300달러를 **이체하다** transfer your call 전화를 **돌려주다** transfer for a flight to Seoul 서울로 가는 비행기로 **갈아타다**

UNIT 02

문장의
5가지 형식

영어의 문장은 주어, 동사, 목적어, 보어라는 4가지의 문장 성분을 이용하여 5가지 형태로 만들어집니다. 모든 문장에는 주어와 동사가 들어가며, 그 뒤에 목적어가 오는지에 따라 자동사와 타동사로 나뉩니다. 문법적 용어들이 다소 낯설게 느껴질 수 있으니 개념과 용어를 함께 정리해 두세요.

문장 성분

❶ 주어(Subject)
문장의 주체를 나타내는 말 → 주어 자리에는 **명사**나 **대명사**가 쓰입니다.

❷ 동사 (Verb)
주어의 동작을 나타내는 말 → 동사 자리에는 품사 중 **동사**가 쓰입니다.

❸ 목적어 (Object)
동사 뒤에서 동작의 대상이 되는 말 → 목적어 자리에는 **명사**나 **대명사**가 쓰입니다. 4형식에서는 '사람'인 간접 목적어(I.O.)와 '사물'인 직접 목적어(D.O.)를 구분해서 씁니다.

❹ 보어 (Complement)
동사나 목적어 뒤에서 주어나 목적어를 보충하는 말 → 보어 자리에는 **명사**나 **대명사**, **형용사**가 쓰입니다. 2형식에서 '주어를 보충'하는 주격 보어(S.C.)와 5형식에서 '목적어를 보충'하는 목적격 보어(O.C.)를 구분해서 씁니다.

기초 다지기

기초비법 1 1형식, 2형식 (자동사)

동사 뒤에 목적어가 오지 않는 동사를 자동사라 하고, 목적어가 오는 동사를 타동사라고 합니다. 아래는 토익에 자주 출제되는 자동사들입니다. 반드시 모두 외워두세요.

1형식 「S + V」	1형식 동사	
We **work** quickly. 우리는 빨리 일한다.	go 가다 arrive 도착하다 rise 오르다 last 지속하다	come 오다 work 일하다 expire 만료되다 travel 여행가다

 1형식 자동사는 뒤에 명사가 올 때 「전치사 + 명사」의 구조로 옵니다.
　I **work** for a company. 나는 회사에서 일한다.

2형식 「S + V + S.C.」	2형식 동사
He **is** a president. 그는 사장이다. 보어(명사) – 주어와 동격일 때 He **is** professional. 그는 전문적이다. 보어(형용사) – 주어의 모양이나 상태를 나타낼 때	be, am, are, is, was, were ~이다 become ~가 되다 seem ~인 것처럼 보이다 remain ~채로 남다

비법 1 적용하기 | 괄호 안에 알맞은 것을 고르세요.

1. The prices rise (slight / slightly).
2. Jane seemed (appreciation / appreciative).
3. We work (collaboration / collaboratively).
4. The factory remains (operation / operational).
5. The company is (reliable / reliably).
6. The policy becomes (effectively / effective) from March 1.
7. The monthly sales will rise (dramatic / dramatically).
8. The prices are very (reason / reasonable).
9. The shipment should arrive (prompt / promptly).
10. Two monitors remain (comparison / comparable).

정답 및 해설 p. 5

어휘 slightly 약간, 다소 | appreciation 감사 | collaboration 협업 | factory 공장 | operation 운영 | reliable 믿을 수 있는 | policy 정책 | effective 효과적인, 효력이 있는 | dramatically 극적으로, 상당히 | reasonable 합리적인, 알맞은 | shipment 배송물 | promptly 즉각적으로 | comparison 비교 | comparable 비슷한

기초비법 2 3형식, 4형식, 5형식(타동사)

1, 2형식 자동사를 제외한 나머지 동사는 타동사라 간주하고 공부해 두세요.

3형식 「S + V + O」	3형식 동사
They **write** a letter. 그들은 편지를 쓴다.	자동사를 제외한 나머지 일반동사

4형식 「S + V + I.O. + D.O.」	4형식 동사
She **gave** Mr. Jones money. 그녀는 존스 씨에게 돈을 주었다. 　　　　간접 목적어 직접 목적어 　　　　　(사람)　　　(사물)	give(= offer, grant, award) 주다 send(= forward) 보내다 show 보여주다

5형식 「S + V + O + O.C.」	5형식 동사
His strength **made** John a perfect speaker. 　　　　　　　　목적어　보어(명사) - 목적어와 동격일 때 그의 장점은 존을 완벽한 연설가로 만들었다. I **made** John happy. 나는 존을 행복하게 만들었다. 　　　　목적어 보어(형용사) - 목적어의 모양이나 상태를 나타낼 때	find ~라는 것을 알다 consider ~라고 생각하다 / 여기다 make ~로 만들다 keep ~한 상태로 유지하다 name(= appoint) ~로 임명하다

참고 위의 4, 5형식 동사들은 기본적으로 3형식으로도 쓰입니다. 즉, 두 가지 형식으로 모두 쓰일 수 있습니다.
　　　She **gave** money to Mr. Jones. 그녀는 존스 씨에게 돈을 주었다.
　　　I **made** a cake. 나는 케이크를 만들었다.

비법 2 적용하기 | 괄호 안에 알맞은 것을 고르세요.

1. We submit (recommend / recommendations).
2. He always makes me (happy / happily).
3. They showed me (appreciation / appreciatively).
4. We consider John (excellent / excellently).
5. I found the workshop (informatively / informative).
6. We made (reserve / reservations).
7. They made the design (simple / simplicity).
8. New employees keep our office (clean / cleanliness).
9. The company (makes / grants) employees bonuses.
10. We found the seminar (useful / usefully).

정답 및 해설 p. 6

어휘 submit 제출하다 | recommend 추천하다 | recommendation 추천서 | always 항상 | excellent 훌륭한 | informative 유익한 | reserve 예약하다 | reservation 예약 | simple 간단한 | simplicity 간단함, 단순함 | useful 유용한

필수 공략하기

필수비법 1 | 문장의 개념

하나의 문장에는 주어가 생략되더라도 동사는 반드시 있어야 합니다. 주어가 생략된 문장을 명령문이라고 하며 그 외에도 동사 자리에 올 수 있는 것들과 없는 것들을 알아두세요.

❶ 명령문

Please (you) **submit** the report. 보고서를 제출하십시오.
　명령문　　　　동사원형

(Please) **Be** careful. 조심하십시오.

❷ 「조동사 + 동사원형」

> will(would) ~할 것이다 / can(could) ~할 수 있다
> may(might) ~할지도 모른다 / should(= must, have to) ~해야만 한다 ┤ + 동사원형
> do not(does not, did not) ~않는다

New employees **did not attend** a training class. 신입 직원들은 교육 과정에 참석하지 않았다.

❸ 동사가 아닌 형태

to break(to부정사), breaking(동명사, 현재분사), broken(과거분사)은 동사로 쓰일 수 없습니다.

I **break** a window. ⓞ 나는 창문을 깬다.
I **broke** a window. ⓞ 나는 창문을 깼다.
I **to break / breaking / broken** a window. ⓧ

비법 1 적용하기 | 괄호 안에 알맞은 것을 고르세요.

1. The two teams (working / work) together.
2. Please (show / shows) your identification card at the gate.
3. Team members must (attend / attends) the weekly meeting in Room 1.
4. Mr. Hong usually (work / works) overtime.
5. John Park will (be / is) eligible for a promotion to manager.

정답 및 해설 p. 7

어휘 together 함께 | identification card 신분증 | gate 문 | attend 참석하다 | usually 대개 | work overtime 초과 근무하다 | be eligible for ~의 자격이 있다 | promotion 승진

필수비법 2 수식어 구별하기

다음은 문장에서 반드시 필요한 것이 아닌 수식어 역할을 하는 것들입니다.

❶ 부사 또는 시간 표현

Additionally, he got a promotion. 게다가, 그는 승진했다.
He got a promotion **last month**. 지난달에 그는 승진했다.

❷ 전치사구

| in | at | on | as | for | about | by | with |

In my opinion, he is very qualified. 내 생각에 그는 매우 자격을 갖추었다.
Please enjoy your travel **at a reasonable price with World Top Tours**!
저렴한 가격으로 월드 탑 투어와 함께 당신의 여행을 즐기십시오!

❸ 관계대명사절

| who | which |

Applicants **who apply for the job** must have a résumé. 그 자리에 지원하는 지원자들은 이력서를 가지고 있어야만 한다.

❹ 부사절

| before ~전에 | after ~후에 | because ~때문에 |
| when ~할 때 | while ~동안에 | if 만약 ~라면 |

If you cannot attend the conference, please contact us. 학회에 참석할 수 없다면 저희에게 연락 주십시오.
= Please contact us **if you cannot attend the conference**.

비법 2 적용하기 | 각 문장의 동사를 찾아 동그라미하고, 문장의 형식을 써보세요.

1. Dr. Jones gave a presentation at the annual conference in London. _____
2. People who are interested in the position should contact Mr. Kim. _____
3. As the manager, Sarah should attend a meeting next week. _____
4. The conference which was held at the center was completely successful. _____
5. If you want to attend, please contact us immediately. _____

정답 및 해설 p. 7

어휘 give a presentation 발표하다 | conference 학회 | be interested in ~에 관심이 있다 | attend 참석하다 | completely 완전히 | successful 성공적인 | immediately 즉시

PART 5

1. Please ------- Robert Whiteman to Global Fashion Institute.
   (A) welcome
   (B) welcoming
   (C) to welcome
   (D) welcomed

2. The finance office will process your invoices -------.
   (A) prompt
   (B) promptly
   (C) promptness
   (D) prompted

3. The restaurant, Absolute Taste, can ------- nearly 400 people.
   (A) accommodate
   (B) to accommodate
   (C) accommodating
   (D) accommodates

4. Safety goggles and gloves must be ------- to all employees.
   (A) access
   (B) accesses
   (C) accessible
   (D) accessibility

5. If they do not ------- these devices, customers will complain.
   (A) serviced
   (B) servicing
   (C) service
   (D) services

6. In ------- for the annual banquet, the company has invited a guest speaker.
   (A) preparation
   (B) prepare
   (C) prepares
   (D) preparatory

7. The design of the new main building on Fifth Avenue is -------.
   (A) attract
   (B) attractive
   (C) attraction
   (D) attractively

8. Office Wood Inc. ------- a discount on office tables and chairs.
   (A) offering
   (B) is offering
   (C) to offer
   (D) be offered

9. The company ------- annual operating costs every year through a new production system.
   (A) having reduced
   (B) to reduce
   (C) reducing
   (D) reduces

10. We worked together ------- to develop a better product.
    (A) productive
    (B) productivity
    (C) productively
    (D) produce

11. The new contract for the merger will be ------- next week.

(A) effect
(B) effects
(C) effective
(D) effectively

12. ------- for the Galarosa Banquet Hall must be confirmed no later than Friday.

(A) Reserve
(B) Reservation
(C) Reserved
(D) Reservable

13. Computer Doctors Inc. operates ten ------- in this region.

(A) locate
(B) locates
(C) locations
(D) locating

14. All applicants should submit ------- from their previous supervisors.

(A) recommend
(B) recommends
(C) recommendable
(D) recommendations

15. Most of the candidates found the job interview -------.

(A) easily
(B) easy
(C) ease
(D) easiest

16. The price does not ------- these additional features of the device.

(A) including
(B) included
(C) include
(D) includes

17. Good Morning Supplies Co. ------- a very informative magazine on office supplies.

(A) publisher
(B) publishing
(C) publishes
(D) publishable

18. Prices of clothing for the new season will rise ------- next month.

(A) sharp
(B) sharply
(C) sharpen
(D) sharpness

19. This document of ------- in the new system should be submitted by Friday.

(A) excel
(B) excelled
(C) excellent
(D) excellence

20. The store ------- new customers a 10% discount coupon.

(A) offered
(B) became
(C) rose
(D) found

동사의 3단 변화

규칙 변화

동사원형		과거형	과거분사형(p.p.)
work	일하다	worked	worked

불규칙 변화

❶ A-A-A

동사원형		과거형	과거분사형(p.p.)
put	놓다	put	put
cut	자르다	cut	cut
hit	치다	hit	hit
set	정하다	set	set
cost	비용이 들다	cost	cost
read	읽다	read	read

❷ A-B-A

동사원형		과거형	과거분사형(p.p.)
come	오다	came	come
become	~이 되다	became	become
run	달리다	ran	run

❸ A-B-B (1)

동사원형		과거형	과거분사형(p.p.)
have	가지다	had	had
make	만들다	made	made
meet	만나다	met	met
keep	지키다	kept	kept
tell	말하다	told	told
sell	팔다	sold	sold
lead	이끌다	led	led
find	찾다	found	found
win	이기다	won	won
lose	잃다	lost	lost
hold	개최하다	held	held
leave	떠나다	left	left
pay	지급하다	paid	paid
say	말하다	said	said

❹ A-B-B (2)

동사원형		과거형	과거분사형(p.p.)
build	짓다	built	built
mean	의미하다	meant	meant
think	생각하다	thought	thought
catch	잡다	caught	caught
teach	가르치다	taught	taught
buy	사다	bought	bought
feel	느끼다	felt	felt
hear	듣다	heard	heard
hang	매달리다	hung	hung
bring	가져오다	brought	brought
sit	앉다	sat	sat
spend	소비하다	spent	spent
sleep	자다	slept	slept
understand	이해하다	understood	understood

❺ A-B-C

동사원형		과거형	과거분사형(p.p.)
be	이다, 있다	was, were	been
do	하다	did	done
rise	오르다	rose	risen
go	가다	went	gone
get	얻다	got	gotten
take	가져가다	took	taken
write	쓰다	wrote	written
see	보다	saw	seen
show	보여주다	showed	shown
know	알다	knew	known
give	주다	gave	given
wear	입다	wore	worn
begin	시작하다	began	begun
choose	선택하다	chose	chosen
fall	떨어지다	fell	fallen
throw	던지다	threw	thrown
break	깨다	broke	broken
eat	먹다	ate	eaten
grow	자라다	grew	grown
speak	말하다	spoke	spoken
draw	끌어당기다	drew	drawn
drive	운전하다	drove	driven

일반 의문문

Part 2

의문문은 어떻게 만들어질까요?

앞에서 배운 5가지 문장의 형식은 마침표로 끝나는 평서문입니다. LC Part 2에서 다루고 있는 것은 주로 의문문으로, 평서문과는 어순이 다릅니다. 아래 의문문의 종류와 만드는 방법을 함께 공부해 보고 어떤 답변들이 어울리는지 생각해봅시다.

	평서문	의문문
Be동사	He **is** a manager. S V 그는 매니저입니다.	**Is** he a manager? V S 그는 매니저입니까?
Have동사	You **have visited** New York. S V 당신은 뉴욕에 가봤습니다. She **has finished** the work. S V 그녀는 일을 끝냈습니다.	**Have** you **visited** New York? V S 당신은 뉴욕에 가봤습니까? **Has** she **finished** the work? V S 그녀는 일을 끝냈습니까?
조동사 (Can / Could / Will / Would)	She **can speak** English. S V 그녀는 영어를 할 수 있습니다. You **will go** home. S V 당신은 집에 갈 것이다.	**Can** she **speak** English? V S 그녀는 영어를 할 수 있습니까? **Will** you **go** home? V S 당신은 집에 갈 것입니까?
일반동사	You **like** the car. S V 당신은 자동차를 좋아합니다. She **likes** the car. S V 그녀는 자동차를 좋아합니다. He **attended** a seminar. S V 그는 세미나에 참석했습니다.	**Do** you **like** the car? V S 당신은 자동차를 좋아합니까? **Does** she **like** the car? V S 그녀는 자동차를 좋아합니까? **Did** he **attend** a seminar? V S 그는 세미나에 참석했습니까?

POINT 위의 의문문들은 대부분 평서문에서 주어와 동사의 위치가 바뀌는 구조라는 것을 알 수 있습니다. 하지만 일반동사의 경우 앞에 Do동사가 추가되며 주어가 3인칭 단수인 경우는 Does, 동사의 시제가 과거인 경우는 Did가 문두에 쓰입니다.

그렇다면 이들의 답은 어떻게 할까요? '~이니?', '~해봤니?'로 묻고 있으므로 모두 Yes / No로 답할 수 있습니다.

실전문제 풀어보기 | 다음 어휘들을 미리 학습한 후 문제를 풀어보세요.

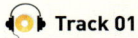 Track 01

문제 푸는 Skill 주어와 동사가 맞는지, Yes / No로 답변할 수 있는지 들어보기

1.
- ☐ plan to ~할 계획이다
- ☐ post office 우체국
- ☐ mail 우편, 편지
- ☐ won't be ~않을 것이다
- ☐ afternoon 오후

2.
- ☐ review 검토하다
- ☐ terms of the contract 계약 조건
- ☐ have a chance 기회가 있다
- ☐ view 전망, 경치
- ☐ magnificent 훌륭한, 멋진

3.
- ☐ leave 떠나다
- ☐ firm 회사
- ☐ be transferred to ~로 옮겨지다, 전근 가다
- ☐ branch 지점, 지사
- ☐ leave for the day 퇴근하다
- ☐ confirm a reservation 예약을 확인하다

4.
- ☐ introduce 소개하다
- ☐ sure 그럼요, 물론
- ☐ reduce 축소하다

5.
- ☐ would you mind ~해주시겠어요
- ☐ close the window 창문을 닫다
- ☐ put A by B B 옆에 A를 놓다
- ☐ not at all 천만에요, 괜찮아요
- ☐ close 문을 닫다
- ☐ minute (시간) 분

6.
- ☐ present 수여하다
- ☐ award 상
- ☐ ceremony 예식, 시상식
- ☐ presentation 발표
- ☐ sure 그럼요, 당연하죠

1. Mark your answer on your answer sheet.   (A)   (B)   (C)

2. Mark your answer on your answer sheet.   (A)   (B)   (C)

3. Mark your answer on your answer sheet.   (A)   (B)   (C)

4. Mark your answer on your answer sheet.   (A)   (B)   (C)

5. Mark your answer on your answer sheet.   (A)   (B)   (C)

6. Mark your answer on your answer sheet.   (A)   (B)   (C)

≫ 정답 및 해설 p. 10

품사편

UNIT 03 • 명사
UNIT 04 • 대명사
UNIT 05 • 형용사
UNIT 06 • 부사
UNIT 07 • 비교 구문

UNIT 03

명사

문장을 만드는 4가지 필수 성분(주어, 동사, 목적어, 보어) 중 주어, 목적어, 보어의 무려 3가지 역할을 해내는 명사는 크게 셀 수 있는 명사와 셀 수 없는 명사로 구분됩니다. 이 둘의 차이와 형태가 특이한 명사들을 배워봅시다.

토익 필수 어휘

어휘 미리 보기
학습할 내용의 어휘와 토익 빈출 어휘를 미리 익혀보세요. 모르는 어휘들에 표시하며 외워 둡시다.

UNIT 03

☐ agreement	명 동의(서), 합의(서)	☐ attendance	명 참석
☐ carefully	부 꼼꼼하게, 신중하게	☐ request	명동 요청(하다)
☐ broaden	동 넓어지다	☐ annual	형 일 년에 한 번의
☐ improvement	명 개선, 향상	☐ charity	명 자선
☐ affect	동 영향을 미치다	☐ requirement	명 필수 조건
☐ accurate	형 정확한	☐ job applicant	일자리 지원자
☐ environmentalist	명 환경 학자	☐ receipt	명 영수증
☐ contribute to	동 ~에 기여하다	☐ attractive	형 매력적인
☐ handle	동 다루다, 처리하다	☐ finally	부 마침내
☐ analyst	명 분석가	☐ approve	동 승인하다
☐ expect A to do	A가 ~할 것을 예상하다	☐ supervisor	명 감독관, 상사
☐ steady	형 꾸준한	☐ approval	명 승인
☐ currently	부 현재	☐ vacancy	명 공석
☐ available	형 이용 가능한	☐ negotiate	동 협상하다
☐ immediately	부 즉시	☐ contract	명 계약서
☐ be eligible for	~할 자격이 있다	☐ encourage	동 장려하다
☐ access	명동 접근(하다), 이용(하다)	☐ supervise	동 감독하다
☐ performance	명 성과; 성능; 공연	☐ absence	명 결근, 부재
☐ budget	명 예산	☐ effective	형 효과적인; 효력이 있는
☐ in response to	~에 대응하여	☐ job seeker	구직자

어휘 적용하기
알맞은 어휘를 써 보세요.

1. _____ review — 신중하게 검토하다
2. _____ the company — 회사에 기여하다
3. _____ a problem — 문제를 처리하다
4. currently _____ — 현재 이용 가능한
5. Contact us _____. — 저희에게 즉시 연락해주세요.
6. _____ a promotion — 승진할 자격이 있다
7. _____ the customer requests — 고객 요청에 대응하여
8. an _____ event — 일 년에 한 번 열리는 행사
9. meet the _____ — 필수 조건을 충족시키다
10. a job _____ — 일자리 공석

정답 1. carefully 2. contribute to 3. handle 4. available 5. immediately 6. be eligible for 7. in response to 8. annual 9. requirements 10. vacancy

기초 다지기

기초비법 1 명사 자리 ❶

명사 자리는 명사의 기본 쓰임을 말하는 것입니다. 명사는 문장에서 주어, 목적어, 보어로 쓰입니다.

주어	The product was delivered. 제품이 배송되었다.
목적어	We delivered the product. 우리는 제품을 배송했다.
전치사의 목적어	We are interested in the product. 우리는 제품에 관심이 있다.
보어	It is the innovative product. 그것은 혁신적인 제품이다.

기초비법 2 명사 자리 ❷

크게는 위와 같이 자리로 파악하는 방법이 있고, 좀 더 구체적으로 자리를 찾는다면 아래와 같은 단서 뒤에 명사가 올 수 있습니다.

「a(n) / the + 명사」	a bag 하나의 가방　　　　the airport 그 공항
「소유격 + 명사」	my 나의 / your 너의 / our 우리의 / his 그의 her 그녀의 / their 그들의 / its 그것의 ㅏ + office 사무실 Mr. Johnson's bag 존슨 씨의 가방 (명사's 형태도 소유격입니다)
「형용사 + 명사」	a reasonable price 합리적인 가격
「명사 + 명사」	an application form 신청서

명사 앞에는 형용사가 수식을 해주는 것이 보통이지만 명사 앞에 또 다른 명사가 와서 하나의 의미로 쓰이기도 하는데 이것은 해석으로 구별해야 합니다.

Please contact our **customer service center**. 저희 고객 서비스 센터로 연락해주세요.
「명사 + 명사 + 명사 = 하나의 명사」

비법 1&2 적용하기 | 괄호 안에 알맞은 것을 고르세요.

1. This is a (summarize / summary) of the book.
2. The managers support the budget (decides / decision).
3. After a (care / careful) consideration, the president approved the plan.
4. He will examine her (apply / application).
5. Hemp Audio System's new camera model (produces / products) clear images.
6. He read Ms. Anderson's (report / reported).
7. I got a positive (respond / response).
8. The new line was successful (commerce / commercially).
9. The (product / productive) was delivered.
10. The location is ideal for (offices / officially).

정답 및 해설 p. 12

어휘 budget 예산 | consideration 고려 | president 사장 | approve 승인하다 | plan 계획 | examine 검토하다 | positive 긍정적인 | commercially 상업적으로 | deliver 배송하다 | location 위치 | be ideal for ~에 이상적이다

36

기초비법 3 가산 명사와 불가산 명사

❶ 가산 명사(셀 수 있는 명사)

가산 명사는 셀 수 있으므로 단수와 복수의 형태가 있습니다.
① 단수일 경우 반드시 한정사(a, the, 소유격 등)가 필요합니다.
② 한정사가 없으면 복수 형태여야 합니다.
  a discount / discounts ⭕ | discount ❌

❷ 불가산 명사(셀 수 없는 명사)

불가산 명사는 셀 수 없으므로 단수와 복수의 개념이 없으나 단수 취급을 합니다.
① 한정사 a와 쓰일 수 없으며 복수 형태가 없습니다.
  furniture ⭕ | a furniture / furnitures ❌
② 외워두면 좋은 불가산 명사들

advice 조언	equipment 장비	furniture 가구	information 정보
access 접근, 이용	work 업무, 일	interest 흥미, 관심	merchandise 제품

❸ 형태가 유사한 가산 명사와 불가산 명사

아래 명사들은 형태와 의미가 유사해서 해석으로는 구분할 수 없고, 가산 명사인지 불가산 명사인지로 구별해야 합니다.

가산 명사	불가산 명사	가산 명사	불가산 명사
a permit 허가증	permission 허가	a plan 계획	planning 기획
a fund 자금	funding 자금 조달	an advertisement 광고	advertising 광고업
a market 시장	marketing 마케팅	a seat 좌석	seating 좌석(배열)
a certificate 자격증	certification 자격증	a ticket 표	ticketing 발권

You must obtain **a** parking **permit**. 당신은 주차 허가증을 받아야만 한다.
Employees have **permission** to use a company's parking lot. 직원들은 회사 주차장을 사용할 수 있는 허가를 받는다.

비법 ❸ 적용하기 | 괄호 안에 알맞은 것을 고르세요.

1. They reached an (agreement / agreements).
2. He sends me (statement / statements).
3. Employees have (access / accesses) to the building.
4. Due to the recession, we experienced substantial (loss / losses) in this quarter.
5. ABC Company has (discount / discounts) on different products in the shop.
6. Defective (merchandise / product) can be replaced at one of our retail shops.
7. Mr. Moor did outstanding (work / task) on the new project.
8. Employees have (permit / permission) to park their cars on the newly built parking lot.
9. Mr. Parker expressed (interest / interests) in the sales position.
10. We raised (fund / funding) for the new manufacturing facilities.

어휘 reach an agreement 합의에 이르다 | statement 명세서, 내역서 | recession 경기 침체 | substantial 상당한 | defective 결함이 있는 | replace 교체하다 | retail 소매업 | outstanding 훌륭한, 뛰어난 | express 표현하다 | raise 모으다 | facility 시설

실전으로 훈련하기 — PART 5

1. An ------- should be carefully reviewed by the manager.
   (A) agree
   (B) agreements
   (C) agreed
   (D) agreement

2. After a ------- review, Mr. Cook finally accepted the job offer.
   (A) care
   (B) cares
   (C) cared
   (D) careful

3. The new safety regulations will become ------- next month.
   (A) effect
   (B) effects
   (C) effective
   (D) effectively

4. Home Sweet Home Inc. will offer 50 percent ------- on every purchase this month.
   (A) discount
   (B) discounts
   (C) discounter
   (D) discounting

5. Super Electric's ------- have steadily increased by about 10 percent.
   (A) profit
   (B) profitable
   (C) profits
   (D) profited

6. Smart-IT ------- checks its software to prevent any future complaints.
   (A) continue
   (B) continually
   (C) continuous
   (D) continuity

7. A temporary worker will be hired during Mr. Kurosawa's -------.
   (A) absence
   (B) absent
   (C) absented
   (D) absently

8. Consumer ------- are used to improve service quality of the company.
   (A) complained
   (B) complaints
   (C) complain
   (D) complainer

9. You must obtain ------- to teach yoga to gym members at the fitness center.
   (A) certificate
   (B) certify
   (C) certification
   (D) certifies

10. The proposal includes ------- of a new parking lot to offer better service to customers.
    (A) construct
    (B) constructed
    (C) constructive
    (D) construction

11. Hayes Athletics' latest line of sneakers was successful -------.

(A) commercials
(B) commercialize
(C) commercially
(D) commercial

12. The team will hire ------- workers next month for the new project.

(A) addition
(B) additionally
(C) additional
(D) additions

13. All residents in the city have free ------- to the public library.

(A) access
(B) accesses
(C) accessed
(D) accessing

14. New ------- of the convention center will be discussed during the next meeting.

(A) plan
(B) planner
(C) planning
(D) planned

15. The members of the board will approve the budget ------- at the monthly meeting.

(A) decisions
(B) decide
(C) decides
(D) deciding

16. All employees for a parking ------- must include their company identification number in a form.

(A) permit
(B) permitted
(C) permitting
(D) permits

17. Most employees at the factory assess the workplace for stressful -------.

(A) tasking
(B) tasks
(C) tasked
(D) task

18. In ------- to customers' requests, the shop offers several new menus.

(A) respond
(B) response
(C) responded
(D) responsive

19. Your ------- is requested at the fifth annual Mega Corp. Charity Dinner.

(A) attendance
(B) attending
(C) attended
(D) attends

20. Products must meet the ------- of the government.

(A) require
(B) requires
(C) requiring
(D) requirements

필수 공략하기

필수비법 1 사람 명사와 사물(추상) 명사

명사 자리를 확인한 후 선택지에 명사가 두 개 이상 있다면 사람 명사인지 사물 명사인지 해석을 통해 잘 구별해야 합니다.

동사	사람 명사	사물(추상) 명사
participate	participant 참가자	participation 참여
apply	applicant 지원자	application 지원
reside	resident 거주자	residence 거주지
assist	assistant 비서, 조수	assistance 도움
consult	consultant 상담가	consultation 상담
manufacture	manufacturer 제조 업체	manufacture 제조
supervise	supervisor 감독관, 상사	supervision 감독, 감시
employ	employer 고용주 employee 직원	employment 고용
supply	supplier 공급 업체	supply 공급 supplies 공급품, 물품
attend	attendant 수행원 attendee 참가자	attendance 참석
distribute	distributor 배급 업체	distribution 분배
compete	competitor 경쟁 업체	competition 경쟁

All **participants** should show their ID. 모든 참가자는 그들의 신분증을 보여줘야 한다.
We encourage your **participation** in the workshop. 우리는 당신의 워크숍 참여를 장려한다.
He works as a **consultant**. 그는 상담가로 일한다.
Customers can receive a free **consultation**. 고객들은 무료 상담을 받을 수 있다.

비법 1 적용하기 | 괄호 안에 알맞은 것을 고르세요.

1. Customers can contact the service department for (assistant / assistance).
2. Docmeds Corp. is the primary (distributor / distribution).
3. All job (applicants / applications) should submit their résumés.
4. Alpha Inc. is the leading (supply / supplier).
5. Each (attendance / attendee) should complete a form.

정답 및 해설 p. 16

어휘 customer 고객 | contact 연락하다 | department 부서 | primary 주요한 | submit 제출하다 | résumé 이력서 | leading 선도하는 | complete 작성하다

필수비법 2 복합명사: 「명사 + 명사」

명사 두 개가 함께 어울려 하나의 단어처럼 쓰이는 것을 복합명사라고 합니다. 명사의 모양이나 상태를 나타내는 형용사와 달리 명사가 명사 앞에 오는 경우는 두 의미가 동등하게 연결되기 때문입니다. 이때 수일치는 뒤의 명사에 맞춰줍니다.

office supplies 사무용품	application form 신청서
customer satisfaction 고객 만족	employee productivity 직원 생산성
assembly line 조립 라인	performance evaluation 업무 평가
safety inspection 안전 검사	for safety reasons 안전상의 이유로
meal preference 선호 식단	job description 업무 설명서
job opening(= vacancy) 일자리 공석	shipping fee 선적료, 배송료
training class 교육 과정	parking lot 주차장
sales figures 매출 수치	awards ceremony 시상식

Office supplies are stocked in the warehouse. 사무용품들이 창고에 채워져 있다.

필수비법 3 주의해야 할 명사의 형태

-al	proposal 제안(서)	approval 승인	removal 제거	arrival 도착
-ing	meeting 회의 shipping 선적, 배송	training 교육, 훈련 accounting 회계(부)	opening 개점, 공석 marketing 마케팅	parking 주차 advertising 광고업
-s	goods 제품, 상품 earnings 소득	headquarters 본사 savings 저축	means 수단	belongings 소지품
기타	delivery 배송 anniversary 기념일 candidate 후보자	inventory 재고 analysis 분석 patron 단골	complaint 불만 사항 emphasis 강조 architect 건축가	directory 안내 책자, 전화번호부 critic 비평가 colleague 동료 직원

We received final **approval**. 우리는 최종 승인을 받았다.
He developed an innovative **marketing** plan. 그는 혁신적인 마케팅 계획을 개발했다.

비법 2&3 적용하기 | 괄호 안에 알맞은 것을 고르세요.

1. We need the manager's (approve / approval).
2. The manager purchased office (supply / supplies).
3. They have various job (opens / openings).
4. Please follow the (safe / safety) precautions.
5. They increased employee (productively / productivity).

어휘 purchase 구매하다 | various 다양한 | follow 따르다, 준수하다 | precaution 예방책, 예방 조치 | increase 증가하다, 오르다

실전으로 훈련하기 — PART 5

1. The company is accepting applications for an ------- in the budget office.
   (A) open
   (B) opened
   (C) opening
   (D) opens

2. Please read the ------- requirements before you use this new computer.
   (A) technical
   (B) technically
   (C) technicality
   (D) technician

3. Watson Electronics' customer service center ------- from 9 A.M. to 10 P.M.
   (A) operators
   (B) operating
   (C) operates
   (D) operation

4. All assembly workers at Metalwork Productions must follow the company's ------- regulations.
   (A) safe
   (B) safety
   (C) safeties
   (D) safely

5. Mr. Paulson has received ------- from his supervisor to take a day off for health-related issues.
   (A) approve
   (B) approved
   (C) approval
   (D) approving

6. The ------- of the VT-Screen monitor was delayed due to system errors.
   (A) deliver
   (B) delivery
   (C) deliverer
   (D) deliverable

7. The store received many ------- from the customers about its service.
   (A) complain
   (B) complains
   (C) complaints
   (D) complained

8. The How To Books has met the children's learning ------- of the Ever Ville area for nearly a decade.
   (A) to need
   (B) has needed
   (C) needs
   (D) needing

9. During the speech, the new global manager has disclosed the ------- measures.
   (A) innovative
   (B) innovate
   (C) innovation
   (D) innovating

10. After two years of -------, the corporation still failed to follow the safety regulations.
    (A) constructive
    (B) construction
    (C) constructor
    (D) constructed

11. Ms. Thomson ------- finalized the business contract with ED Engineering.

(A) success
(B) successfully
(C) succeeded
(D) successive

12. All of the office ------- are kept in a storage area on the third floor.

(A) supplied
(B) supplies
(C) supply
(D) supplier

13. Venessa Napoli, a local -------, will give a speech during the annual meeting.

(A) environmentalist
(B) environmental
(C) environments
(D) environmentally

14. If you experience any problem with our product, please call our support center for -------.

(A) assist
(B) assistant
(C) assisted
(D) assistance

15. Many job ------- participated in our internship program last summer.

(A) apply
(B) applications
(C) applied
(D) applicants

16. For a better working atmosphere in the office, the ------- of employees is essential.

(A) participation
(B) participate
(C) participated
(D) participant

17. Passengers on a strict diet should indicate their meal ------- in advance.

(A) prefers
(B) preferences
(C) preferable
(D) preferential

18. ------- of your hotel reservation will be sent by e-mail within a few hours.

(A) Confirmation
(B) Confirms
(C) Confirmed
(D) Confirm

19. For ------- reasons, all personnel should wear a safety goggle.

(A) safe
(B) save
(C) safely
(D) safety

20. A new urban water management for ------- areas was developed.

(A) reside
(B) resided
(C) residents
(D) residential

독해로 끝내기 PART 6

어휘, 문법, 독해를 한 번에 해결해야 하는 part 6 연습 문제입니다.

Questions 1-4 refer to the following article.

Urban Apparel Announces Big Change

March 3rd - Urban Apparel, Canada's number one retailer for women's casual clothing, will soon ------- its styles in the United States. The company has been in operation for nearly a decade and is ready to expand its operations. A spokesperson reported that the merchandise will be available to American ------- in July. This is to meet a ------- demand for high-quality clothing. -------.

1. (A) market
   (B) design

2. (A) consumed
   (B) consumers

3. (A) controlling
   (B) rising

4. (A) Analysts agree that Urban's strategy will be successful.
   (B) Urban Apparel will make a full refund.

 문장 해석하기

4번 문장을 해석해 보고 문맥상 적절한 것을 골라 보세요.

(A) Analysts agree that Urban's strategy will be successful.
_____

(B) Urban Apparel will make a full refund.
_____

정답 및 해설 p. 19

어휘 retailer 소매업체 | market 시장에 내놓다 | design 디자인하다 | in operation 운영하는 | nearly 약, 대략 | decade 10년 | be ready to do ~할 준비가 되다 | spokesperson 대변인 | merchandise 제품 | available 이용할 수 있는 | demand for ~의 수요 | analyst 분석가 | strategy 전략 | full refund 전액 환불

44

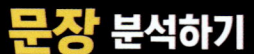 문장 분석하기

>> 정답 및 해설 p. 20

아래 문장 분석을 해보세요.
step1 동사(V)를 찾는다. → step 2 수식어([ ])를 표시한다. → step 3 주어(S), 목적어(O), 보어(C)를 표시한다.

1. After a careful review, Mr. Cook finally accepted the job offer.

   해석 _____

2. The new safety regulations will become effective next month.

   해석 _____

3. Home Sweet Home Inc. will offer 50 percent discounts on every purchase this month.

   해석 _____

4. Smart-IT continually checks its software to prevent any future complaints.

   해석 _____

5. You must obtain certification to teach yoga to gym members at the fitness center.

   해석 _____

6. The proposal includes construction of a new parking lot to offer better service to customers.

   해석 _____

7. Hayes Athletics' latest line of sneakers was successful commercially.

   해석 _____

8. The team will hire additional workers next month for the new project.

   해석 _____

9. All residents in the city have free access to the public library.

   해석 _____

10. The members of the board will approve the budget decisions at the monthly meeting.

    해석 _____

UNIT 04

대명사

명사를 대신하는 대명사는 명사와 같은 역할을 합니다. 단, 명사가 없을 때만 그 자리를 대신해서 쓰입니다. 명사와 대명사 중에서는 명사가 우선권이 있습니다. 명사를 대신해서 주어, 목적어, 보어 자리에 쓰이는 인칭대명사, 지시대명사, 부정대명사를 알아봅시다.

토익 필수 어휘

Track 03

> **어휘 미리 보기** ▶ 학습할 내용의 어휘와 토익 빈출 어휘를 미리 익혀보세요. 모르는 어휘들에 표시하며 외워 둡시다.

☐ in order to do	~하기 위해서	☐ necessary	형 필요한
☐ customer satisfaction	고객 만족	☐ competitive	형 경쟁력 있는
☐ make a presentation	발표하다	☐ permit A to do	A가 ~하는 것을 허가하다
☐ negotiate	통 협상하다	☐ exchange A for B	A를 B로 교환하다
☐ business trip	출장	☐ commuter	명 통근객
☐ make a reservation	예약하다	☐ available	형 이용할 수 있는
☐ express	통 표현하다	☐ decision	명 결정
☐ appreciation	명 감사	☐ select	통 고르다, 선택하다
☐ patronage	명 애용	☐ thanks to	전 ~덕분에
☐ complete	통 완료하다; 작성하다	☐ economic crisis	경제 위기
☐ questionnaire	명 질문지	☐ corporation	명 회사
☐ meet	통 맞추다, 충족시키다	☐ be similar to	~와 비슷하다
☐ familiarize A with B	A를 B에 익숙하게 하다	☐ run	통 운영하다
☐ safety regulations	안전 규정	☐ more than	~이상
☐ go on a vacation	휴가 가다	☐ decade	명 10년
☐ accurate	형 정확한	☐ work	통 작동하다
☐ recognize	통 인정하다	☐ be superior to	~보다 뛰어나다
☐ impressive	형 인상적인	☐ contribute to	통 ~에 기여하다
☐ recent	형 최근의	☐ prefer	통 선호하다
☐ merger	명 합병	☐ instead of	전 ~대신에

UNIT 04

> **어휘 적용하기** ▶ 알맞은 어휘를 써 보세요.

1. make a _____ 　　　**발표**하다
2. _____ the contract 　　　계약을 **협상하다**
3. express my _____ 　　　**감사**를 표하다
4. Thank you for your _____. 　　　**애용**해 주셔서 감사합니다.
5. _____ the deadline 　　　마감일을 **맞추다**
6. _____ qualifications 　　　**인상적인** 자격 요건
7. _____ salary 　　　**경쟁력 있는** 급여
8. _____ a business 　　　사업체를 **운영하다**
9. nearly a _____ 　　　약 **10년**
10. _____ the company 　　　회사**에 기여하다**

정답 1. presentation 2. negotiate 3. appreciation 4. patronage 5. meet 6. impressive 7. competitive 8. run 9. decade 10. contribute to

기초 다지기

기초비법 1 인칭대명사

대명사는 앞에 나온 명사를 대신하는 말로, 앞에 칭하는 명사가 무엇인지를 파악해야 합니다. 인칭대명사는 그 자리의 역할에 따라 주격, 목적격, 소유격의 형태가 있으며, 형태가 같은 것들은 좀 더 주의 깊게 알아둡시다.

I met Mr. Jones, and **he** is my manager. 나는 존스 씨를 만났고, 그(존슨 씨)는 나의 매니저이다.

	주격		소유격		목적격	
1인칭	I	나는	my	나의	me	나를
	we	우리는	our	우리의	us	우리를
2인칭	you	당신은	your	당신의	you	당신을
3인칭	he	그는	his	그의	him	그를
	she	그녀는	her	그녀의	her	그녀를
	they	그들은	their	그들의	them	그들을
	it	그것은	its	그것의	it	그것을

「주격 + 동사」 They receive an excellent service. 그들은 훌륭한 서비스를 받는다.
「동사 + 목적격」 We can deliver them. 우리는 그것들을 배송해 줄 수 있다.
「전치사 + 목적격」 My wife gave the bag to him. 내 아내는 그에게 가방을 주었다.
「소유격 + 명사」 Ms. Thomson lost her bag. 톰슨 씨는 그녀의 가방을 잃어버렸다.
This picture is my (own) picture. 이 그림은 (내가 그린) 나의 그림이다.
Ms. Thomson's bag 톰슨 씨의 가방
our employees' résumés 우리 직원들의 이력서들

비법 1 적용하기 | 괄호 안에 알맞은 것을 고르세요.

1. (They / Their) will go on vacation next week.
2. (They / Their) company was built in 2001.
3. This gift is for (she / her).
4. Ms. Anderson bought the chair at (her / she) expense.
5. Our manager sent a letter to (our / us).
6. Alice assisted (us / our) workshop.
7. We recommend (him / he) to the position.
8. (You / Your) can order the office supplies online.
9. John showed (me / my) the room.
10. They have presented (their own / them) designs.

정답 및 해설 p. 21

어휘 go on vacation 휴가 가다 | expense 비용 | assist 돕다 | recommend 추천하다 | position 직책 | order 주문하다 | office supplies 사무용품

기초비법 2 소유대명사: 「소유격 + 명사」

소유대명사는 격이 없으며 그 자체로 주어, 목적어, 보어 역할을 합니다. 3인칭 단수 it의 소유대명사는 없으며 소유대명사 뒤에는 명사가 올 수 없습니다.

소유격	my 나의	our 우리의	your 당신(들)의	his 그의	her 그녀의	their 그들의
소유대명사	mine 나의 것	ours 우리의 것	yours 당신(들)의 것	his 그의 것	hers 그녀의 것	theirs 그들의 것

주어	**Mine** has many features. 나의 것은 많은 특징을 가지고 있다.
목적어	She used **mine**. 그녀는 나의 것을 사용했다.
	Mr. Jones is a colleague of **mine**. 존스 씨는 나의 동료 중 한 명이다.
보어	That is **mine**. 저것은 나의 것이다.

기초비법 3 재귀대명사

주어가 다시 목적어로 돌아온다고 해서 '재귀'라는 이름이 붙은 재귀대명사는 목적격으로 쓰이며 아래와 같이 쓰입니다. by oneself는 '혼자서, 스스로'라는 하나의 관용 표현입니다.

1인칭	myself 나 자신	ourselves 우리 자신		
2인칭	yourself 너희 자신	yourselves 너희들 자신		
3인칭	himself 그 자신	herself 그녀 자신	themselves 그들 자신	itself 그 자체

재귀 용법	I know **myself**. 나는 나 자신을 안다. **(생략 불가)**
강조 용법	I finished the report **myself**. 나는 직접 보고서를 끝냈다. **(생략 가능)**
관용 표현	I repaired my car **by myself**. 나는 혼자서 내 차를 수리했다.

비법 2&3 적용하기 | 괄호 안에 알맞은 것을 고르세요.

1. My room has one window, but (she / hers) has two windows.
2. The supervisor dislikes her idea, but he likes (me / mine).
3. The supervisor dislikes Mr. Kim, but he likes (me / mine).
4. The office supplies on the desk are (her / hers).
5. The award winner, John Lehman, is a colleague of (me / mine).
6. The new director introduced (him / himself) at the meeting.
7. The employees solved the problem by (them / themselves).
8. Ms. Lopez arranged my schedule (her / herself).
9. Mr. Clark met the client (himself / herself).
10. Ms. Anderson (her / herself) reviews the reports.

정답 및 해설 p. 22

어휘 supervisor 감독관, 상사 | award winner 수상자 | colleague 동료 | introduce 소개하다 | solve 해결하다 | arrange 일정을 잡다

1. In order to increase customer satisfaction, ------- must create a new system.

   (A) our
   (B) ourselves
   (C) we
   (D) us

2. Mr. Lee and Mr. Anderson are planning to make the presentation, but Mr. Joan may join -------.

   (A) they
   (B) them
   (C) their
   (D) themselves

3. The new director will meet with Mr. Wright to negotiate the contract with -------.

   (A) he
   (B) him
   (C) himself
   (D) his

4. Mr. Jones will travel by ------- to the conference next Monday.

   (A) he
   (B) his
   (C) him
   (D) himself

5. Mr. Kim's hotel reservations for his business trips are always made by ------- assistant.

   (A) he
   (B) his
   (C) him
   (D) himself

6. The shop expressed their ------- for the patronage of loyal customers.

   (A) appreciation
   (B) appreciative
   (C) appreciating
   (D) appreciates

7. Customers were asked to complete a questionnaire by -------.

   (A) itself
   (B) herself
   (C) himself
   (D) themselves

8. After Christine Martha's transfer to this branch, ------- will reorganize our team.

   (A) she
   (B) her
   (C) hers
   (D) herself

9. The new director, Ms. Christie, prepared the presentation -------.

   (A) she
   (B) her
   (C) hers
   (D) herself

10. Although Mr. Adam's presentation was too long, ------- met the time limit.

    (A) me
    (B) my
    (C) mine
    (D) myself

11. Please familiarize ------- with the safety regulations before you start the work at the factory.

(A) you
(B) your
(C) yours
(D) yourself

12. After we have reviewed Ms. White's interview results, we will send ------- the employment contract to sign.

(A) she
(B) her
(C) hers
(D) herself

13. Employees who want to go on vacation should contact ------- managers by June 2.

(A) them
(B) their
(C) theirs
(D) themselves

14. Keep ------- laboratory clean in order to get more accurate results.

(A) us
(B) we
(C) our
(D) ourselves

15. Mr. Sanders was recognized for his ------- work on the recent merger with MR Techwin.

(A) impress
(B) impressive
(C) impressively
(D) impressed

16. ------- may order any necessary office supplies through the Internet.

(A) You
(B) Your
(C) Yours
(D) Yourself

17. Employees who are returning from the business trip should notify Mr. Kim of ------- arrival time.

(A) they
(B) them
(C) their own
(D) themselves

18. IDER Inc.'s new line of sports cars will improve its ------- in the automotive industry.

(A) compete
(B) competitive
(C) competitiveness
(D) competitively

19. We need to finish this project successfully if time permits ------- to do so.

(A) we
(B) our
(C) ours
(D) us

20. Last Monday, Ms. Clark indicated that all supplies in the boxes were -------.

(A) hers
(B) she
(C) herself
(D) her

필수 공략하기

필수비법 1 지시대명사

① this / that

가까운 것을 가리킬 때는 this(이것)와 these(이것들)를, 먼 것을 가리킬 때는 that(저것)과 those(저것들)를 씁니다.

This / That is the new product. 이것 / 저것은 신제품이다.
These / Those are the new products. 이것들 / 저것들은 신제품들이다.

② that / those

지시대명사 중 that과 those는 앞의 나온 명사를 가리키며 수식을 받을 수 있습니다. 앞에 가리키는 명사가 단수면 that을, 복수면 those를 씁니다.

The quality of our product is better than **that** of other shops.
우리 제품의 품질은 다른 상점들의 그것(품질)보다 낫다.

Our products are more durable than **those** of our competitors.
우리의 제품들은 경쟁 업체들의 그것들(제품들)보다 더 견고하다.

③ those who / anyone who

those who는 '~하는 사람들', 즉 people who라는 의미입니다. 단수인 that은 that who라는 표현이 없고, 이를 대신해서 '~하는 사람 누구나'라는 의미의 anyone(= anybody) who를 씁니다.

(**Those**, ~~They~~) who are interested in the job should call me. 그 일자리에 관심이 있는 사람들은 제게 연락 주십시오.
(~~Those~~, **Anyone**) who is interested in the job should call me. 그 일자리에 관심이 있는 사람은 누구나 제게 연락 주십시오.

비법 1 적용하기 | 괄호 안에 알맞은 것을 고르세요.

1. Our warranty is longer than (that / those) of other shops.
2. The second quarter's profits are higher than (that / those) of the first quarter.
3. (These / Anyone) who registered for the workshop should contact me.
4. (Anyone / Those) who are interested in the seminar should contact Nikko Papas.
5. (Anybody / Those) who shows excellent computer skills will be hired as an assistant.

정답 및 해설 p. 25

어휘 warranty 품질 보증(서) | quarter 분기 | register for ~을 등록하다 | be interested in ~에 관심이 있다 | skill 능력 | hire 고용하다, 채용하다 | assistant 비서

필수비법 2 부정대명사

부정대명사는 정해져 있지 않은 사람이나 사물을 가리킬 때 씁니다.

① another / others

one another   one   others

정해져 있지 않은 하나	If your product is defective, you can exchange it for **another**.
	당신의 제품이 결함이 있다면, 다른 것으로 교환할 수 있습니다.
정해져 있지 않은 여러 개	Some products are defective, but **others** are in good condition.
	몇몇 제품들은 결함이 있으나, 다른 것들은 상태가 좋다.

② the other / the others

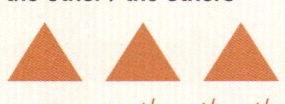 
one another the other   one   the others

정해져 있는 하나	Of two products, one is defective, **the other** is in good condition.
	2개의 제품 중에, 하나는 결함이 있지만, 나머지 하나는 상태가 좋다.
정해져 있는 여러 개	Of ten products, one is defective, **the others** are in good condition.
	10개의 제품 중에, 하나는 결함이 있지만, 나머지(9개)는 상태가 좋다.

참고 other는 단독으로 쓸 수 없으며 뒤에 반드시 명사가 와야 합니다. 또한, each other(= one another)는 '서로'를 의미하는 하나의 표현이며 주어 자리에 올 수 없습니다.
Please find **other** solutions. 다른 방법들을 찾아보십시오.
The team members should help **each other(= one another)**. 그 팀원들은 서로를 도와야 한다.

비법 ② 적용하기 | 괄호 안에 알맞은 것을 고르세요.

1. We develop two products. We will release one and then (another / the other).
2. There are three shipments. One is for China, (another / the other) for Japan, and (another / the other) for India.
3. One brand always competes with (another / the other).
4. One test has been completed, and (others / the others) are still being done.
5. There are four employees. One is cleaning the equipment and (others / the others) are taking a break.

어휘 release 출시하다 | shipment 배송물 | compete with ~와 경쟁하다 | complete 완료하다 | equipment 장비 | take a break 휴식을 취하다

PART 5

1. If you have any problem with our PT Mixer, you can exchange it for -------.

   (A) one
   (B) other
   (C) another
   (D) one another

2. ------- who show excellent communication skills will be considered for the manager position.

   (A) Them
   (B) Those
   (C) Their
   (D) That

3. The monthly subway pass is the best option for commuters, but ------- are available.

   (A) another
   (B) other
   (C) the other
   (D) others

4. The CEO announced ------- decision to select Mr. Miller as the chief operating officer of the company.

   (A) his
   (B) ours
   (C) us
   (D) these

5. ------- who wishes to join at this year's fund-raiser is asked to sign up at Ms. Cox's office.

   (A) Others
   (B) Herself
   (C) Anyone
   (D) They

6. Thanks to its ------- during the global economic crisis, APL Inc. has become the most successful corporation.

   (A) stability
   (B) stable
   (C) stabilize
   (D) stabilized

7. Experts who used our TX tablet PC mentioned that ------- was the most successful device in the market.

   (A) its
   (B) its own
   (C) itself
   (D) it

8. Of the ten attendees, nine are from Korea, but ------- is from Germany.

   (A) other
   (B) the others
   (C) others
   (D) the other

9. The survey results of our new product are very similar to ------- of the old one.

   (A) this
   (B) that
   (C) them
   (D) those

10. Because Mr. Jones is going on vacation next week, Ms. Endo will finalize the project -------.

    (A) her
    (B) herself
    (C) she
    (D) hers

11. ------- who is interested in the training seminar can contact this number.

(A) Anyone
(B) Yourself
(C) One another
(D) Those

12. Ms. Kamaki has been running ------- business for more than a decade now.

(A) hers
(B) herself
(C) her own
(D) she

13. If your computer is not working, you can use ------- to finish the report.

(A) me
(B) my
(C) mine
(D) myself

14. The performance of the new A-Smart computer is superior to ------- of our competitors'.

(A) these
(B) this
(C) those
(D) that

15. After Mr. Jones signs the contract, ------- should be sent directly to the HR manager.

(A) itself
(B) other
(C) it
(D) them

16. Elvis W. France has contributed to Pandora Music during ------- 15-year service at the company.

(A) he
(B) his
(C) him
(D) himself

17. Customers preferred our products instead of ------- devices in the market because of the low price.

(A) other
(B) another
(C) another one
(D) each other

18. The detailed analyses of last three years' sales are included in ------- final report.

(A) he
(B) his
(C) him
(D) himself

19. ------- who are attending the training session should contact Mr. Lee.

(A) Anybody
(B) Another
(C) Those
(D) Each

20. Mr. Jackson has filled in a self-evaluation form, but Ms. Lopez did not complete -------.

(A) her
(B) herself
(C) she
(D) hers

독해로 끝내기 PART 6

어휘, 문법, 독해를 한 번에 해결해야 하는 part 6 연습 문제입니다.

Questions 1-4 refer to the following e-mail.

To: Hazel Gordon <hgordon@estorage.net>
From: Summer Resort <service@summerresort.com>
Subject: RE: Information request

Dear Ms. Gordon,

Thank you for ------- Summer Resort for your upcoming company banquet. I believe that once you see our modern amenities, you will definitely want to book your event here. I would like to meet with you at the resort to answer any questions you may have. During ------- appointment, we will offer you a full tour of the facility. -------. We will do everything to meet your needs and surpass all -------.

Sincerely,

Brandy Wang
Special occasions coordinator, Summer Resort

---

1. (A) choosing
   (B) considering

2. (A) our
   (B) their

3. (A) I was pleased to meet with you at the resort last week.
   (B) Please let me know a convenient date and time for you.

4. (A) expectations
   (B) expectantly

3번 문장을 해석해 보고 문맥상 적절한 것을 골라 보세요.

(A) I was pleased to meet with you at the resort last week.
  _____

(B) Please let me know a convenient date and time for you.
  _____

정답 및 해설 p. 29

어휘 upcoming 곧 있는, 다가오는 | banquet 연회 | once 일단 ~하고 나면 | amenity 시설 | definitely 분명히 | book 예약하다 | appointment 약속, 예약 | facility 시설 | be pleased to do ~해서 기쁘다 | let A know A에게 알리다 | convenient 편리한 | meet the needs 요구에 맞추다 | surpass 초과하다, 뛰어넘다

문장 분석하기

>> 정답 및 해설 p. 30

아래 문장 분석을 해보세요.

step1 동사(V)를 찾는다. → step 2 수식어([ ])를 표시한다. → step 3 주어(S), 목적어(O), 보어(C)를 표시한다.

1. Mr. Jones will travel by himself to the conference next Monday.

해석 _____

2. Customers were asked to complete a questionnaire by themselves.

해석 _____

3. After we have reviewed Ms. White's interview results, we will send her the employment contract to sign.

해석 _____

4. Keep our laboratory clean in order to get more accurate results.

해석 _____

5. Last Monday, Ms. Clark indicated that all supplies in the boxes were hers.

해석 _____

6. Thanks to its stability during the global economic crisis, APL Inc. has become the most successful corporation.

해석 _____

7. Anyone who is interested in the training seminar can contact this number.

해석 _____

8. Ms. Kamaki has been running her own business for more than a decade now.

해석 _____

9. Elvis W. France has contributed to Pandora Music during his 15-year service at the company.

해석 _____

10. Mr. Jackson has filled in a self-evaluation form, but Ms. Lopez did not complete hers.

해석 _____

UNIT 05

형용사

명사만을 따라다니며 이를 수식하거나 보충하는 형용사를 배워봅시다. 형용사를 수식어로만 많이 알고 있지만, 필수 성분인 보어로도 쓰일 수 있다는 걸 잊지 마세요. 명사만을 바라보는 일편단심 형용사를 고를 때는 그것이 수식하거나 보충하는 명사를 찾아야 합니다.

토익 필수 어휘

어휘 미리 보기
학습할 내용의 어휘와 토익 빈출 어휘를 미리 익혀보세요. 모르는 어휘들에 표시하며 외워 둡시다.

☐ factory	명 공장	☐ assembly line	조립 라인
☐ operational	형 운영상의	☐ extensive	형 폭넓은
☐ assistant	명 비서, 조교	☐ promote	동 증진하다
☐ résumé	명 이력서	☐ import	동 수입하다
☐ applicable	형 적용할 수 있는	☐ maintenance	명 유지보수
☐ qualifications	명 자격 요건	☐ inspect	동 검사하다
☐ recently	부 최근에	☐ replace	동 교체하다, 대체하다
☐ graduate from	동 ~을 졸업하다	☐ defective	형 결함이 있는
☐ be responsible for	~을 책임지다	☐ spokesperson	명 대변인
☐ distribute	동 배포하다	☐ net profit	순이익
☐ remarkable	형 놀라운, 주목할 만한	☐ put an emphasis	강조하다
☐ promptly	부 즉시, 바로	☐ approval	명 승인
☐ budget	명 예산	☐ familiar	형 친숙한
☐ allocation	명 할당, 분배	☐ announce	동 발표하다
☐ approximately	부 대략, 거의	☐ strategic	형 전략적인
☐ personnel	명 인사부	☐ assign	동 할당하다
☐ deliver	동 연설하다	☐ success	명 성공
☐ talk	명 연설, 담화	☐ performance	명 성과, 성능
☐ lengthy	형 긴, 장문의	☐ renowned	형 유명한
☐ affordable	형 (가격이) 알맞은	☐ facility	명 시설

어휘 적용하기
알맞은 어휘를 써 보세요.

1. _____ qualifications — **적용할 수 있는** 자격 요건
2. _____ hired employees — **최근에** 고용된 직원들
3. be _____ for — ~을 **책임지다**
4. budget _____ — 예산 **할당**
5. _____ 100 dollars — **대략** 100달러
6. give a _____ — **연설**을 하다
7. a _____ explanation — **긴** 설명
8. at _____ prices — **알맞은** 가격에
9. put an _____ — **강조**하다
10. a _____ scientist — **유명한** 과학자

정답 1. applicable 2. recently 3. responsible 4. allocation 5. approximately 6. talk 7. lengthy 8. affordable 9. emphasis 10. renowned

기초 다지기

기초비법 1 형용사 자리 ❶

❶ 명사를 앞에서 수식할 때

「한정사 + 형용사 + 명사」 the **defective** products 결함 있는 제품들
「부사 + 형용사 + 명사」 a very **reasonable** price 매우 알맞은 가격
「전치사 + 형용사 + 명사」 with **minimal** effort 최소한의 노력으로

두 개 이상의 명사가 하나의 단어처럼 쓰이면 이들 앞에도 부사가 아닌 형용사가 수식합니다. 두 개 이상의 형용사가 명사를 수식할 수 있습니다.

「형용사 + 복합명사」 an **innovative** marketing plan 혁신적인 마케팅 계획

「형용사 + 형용사 + 명사」 **steady economic** growth 꾸준한 경제적 성장

숫자 표현은 형용사로 취급하므로 그 앞에는 부사가 수식합니다.
one branch 하나의 지점
two branches 두 개의 지점
There are **nearly twenty branches** in this city. 이 도시에는 약 20개의 지점이 있다.
　　　　　　부사　　형용사　　명사

❷ 명사를 뒤에서 수식할 때

주로 -able이나 -ible로 끝나는 형용사들은 뒤에서 앞의 명사를 수식합니다.

People **available** for the survey were all present. 설문 조사를 위해 시간이 되는 사람들이 모두 참석했었다.
The plan **possible** for changes will be presented. 변화를 위해 가능한 계획들이 발표될 것이다.

비법 1 적용하기 | 괄호 안에 알맞은 것을 고르세요.

1. There was a (sharp / sharply) increase in sales after the new proposal.
2. The CEO gave her an excellent (recommendable / recommendation).
3. We had a thoroughly (enjoyable / enjoyably) dining experience.
4. We have twenty branch (locates / locations) in the city.
5. It takes (approximate / approximately) ten minutes to review the new proposal.
6. Anyone (available / availably) for the seminar should contact Mr. Kim.
7. It becomes the (increasing / increasingly) popular brand in the market.
8. The city museum hired (innovatively / innovative) local artists last week.
9. We work together for (cooperative / cooperatively) research projects.
10. Visitors are prohibited to enter the building without (properly / proper) permission.

정답 및 해설 p. 31

어휘 sharp 급격한 | thoroughly 완전히, 철저히 | dining 식사 | approximately 대략, 거의 | available 이용할 수 있는, 시간이 있는 | innovative 혁신적인 | cooperative 협력하는 | be prohibited to do ~하는 것을 금지하다 | proper 알맞은 | permission 허가

기초비법 2 형용사 자리 ❷

형용사는 명사와 함께 2형식에서 주격 보어로, 5형식에서 목적격 보어로 쓰입니다.

❶ 주격 보어: 「2형식 동사 + 형용사」

be(am, are, is, was, were) ~이다
seem ~인 것처럼 보이다
become ~가 되다
remain ~채로 남다

The product is **defective**. 그 제품은 결함이 있다.
　주어　　　　주격 보어

❷ 목적격 보어: 「5형식 동사 + 목적어 + 형용사」

find ~라는 것을 알다
make ~로 만들다
consider ~라고 생각하다 / 여기다
keep ~한 상태로 유지하다

He found the product **defective**. 그는 그 제품에 결함이 있다는 것을 알았다.
　　　　목적어　　목적격 보어

기초비법 3 수를 나타내는 표현

다음의 형용사들이 명사를 수식하는 경우 뒤에는 반드시 복수 형태의 명사가 와야 합니다.

numerous 많은 / a number of(= many) 많은 / multiple 많은
several 몇몇의 / various(= a variety of) 다양한
} + 가산 명사 복수

A number of customers are satisfied with the product. 많은 고객이 제품에 대해 만족한다.
Customers will find this product in **various** sizes. 고객들은 이 상품을 다양한 크기로 찾아볼 수 있다.

비법 2&3 적용하기 | 괄호 안에 알맞은 것을 고르세요.

1. The technician became (caution / cautious) after the accident in the lab.
2. The manager made the process (simplicity / simple).
3. The building is easily (access / accessible) by the employees.
4. We found your résumé very (impressive / impressively).
5. Internet access makes our resort (attractive / attractively) to visitors.
6. Workers should handle the fragile product (cautious / cautiously).
7. Mrs. Cook got (little / several) suggestions on her proposals.
8. C&B Industries has various (opening / openings) for the positions.
9. Customers can find the (multiple / miniature) version at our retail stores.
10. The new company offers a (several / diverse) range of products.

정답 및 해설 p. 32

어휘 technician 기술자 | résumé 이력서 | impressive 인상적인 | attractive 매력적인 | handle 다루다 | fragile 깨지기 쉬운 | cautious 조심스러운 | miniature 소형의 | retail store 소매업

실전으로 훈련하기 — PART 5

1. All of the company's factories will be ------- next week.
   (A) operational
   (B) operate
   (C) operation
   (D) operations

2. The new employee, Eddie Harvey, has already become a ------- employee.
   (A) value
   (B) valuing
   (C) valuable
   (D) valuably

3. Applicants for the assistant position must send a résumé and a list of applicable ------- to Elsa France.
   (A) qualified
   (B) qualifying
   (C) qualifications
   (D) qualities

4. Harrison & Associates offers its employees ------- health benefits.
   (A) excels
   (B) excellent
   (C) excellently
   (D) excelled

5. ------- thirty percent of all recently hired employees graduated from foreign universities.
   (A) Exact
   (B) Exacted
   (C) Exactness
   (D) Exactly

6. The special training for ------- staff will be held at the company training center next week.
   (A) managers
   (B) manage
   (C) manages
   (D) managerial

7. Among thousands of applicants, Mr. Goldsberry was, also ------- the most popular.
   (A) remark
   (B) remarkable
   (C) remarkably
   (D) remarked

8. The manager developed a new system, and the team members found it -------.
   (A) useful
   (B) use
   (C) uses
   (D) usefully

9. To be considered for the position, submit your résumé -------.
   (A) promptly
   (B) promoted
   (C) prompting
   (D) prompt

10. This Saturday, local chefs will gather for the cooking -------.
    (A) competitive
    (B) competing
    (C) competes
    (D) competition

11. Favorite Donuts has four ------- in the center of downtown.

(A) locate
(B) locates
(C) located
(D) locations

12. The ------- budget allocation for the building renovation was approximately two million dollars.

(A) original
(B) originally
(C) origin
(D) origins

13. Team members are advised to attend the professional ------- seminar at 5 P.M.

(A) develops
(B) developmentally
(C) development
(D) developed

14. The personnel director delivered a ------- talk to the successful candidates.

(A) length
(B) lengthy
(C) lengthily
(D) lengthen

15. Customers will find the new product in ------- sizes at our retail stores.

(A) developing
(B) relative
(C) various
(D) following

16. The assembly line workers have ------- knowledge about our company's safety regulations.

(A) extension
(B) extensively
(C) extends
(D) extensive

17. Better Thinking Consulting provides ------- ways to promote your business on the Web site.

(A) direct
(B) total
(C) central
(D) numerous

18. It will take ------- twelve hours for your delivery to be shipped to your home.

(A) approximately
(B) approximate
(C) approximating
(D) approximation

19. Angel Suppliers successfully reduced nearly $10 million from their ------- annual production costs.

(A) total
(B) totals
(C) totaled
(D) totaling

20. The company is hiring an especially ------- member for the new department.

(A) energetic
(B) energetically
(C) energy
(D) energize

필수 공략하기

필수비법 1 혼동 형용사 어휘

형태가 비슷한 다음의 형용사들은 그 의미가 다르니 해석으로 구분해야 합니다.

confidential 기밀의	confident 자신감 있는
considerable 상당한, 중요한	considerate 사려 깊은
advisable 바람직한	advisory 자문의, 조언의
comparable 비슷한	comparative 비교의
favorable 유리한, 호의적인	favorite 가장 좋아하는
reliable 믿을 수 있는	reliant 의존적인
dependable 믿을 수 있는	dependent 의존적인
responsible 책임이 있는	respective 각각의
successful 성공한	successive 연속하는
sensible 합리적인	sensitive 민감한
economic 경제의	economical 경제적인

This is a **confidential** document. 이것은 기밀 서류이다.
We are **confident** about the future success. 우리는 앞으로의 성공에 자신이 있다.

There was a **considerable** increase in profits. 이익에 상당한 증가가 있었다.
The manager is very **considerate**. 그 매니저는 매우 사려 깊다.

We provide **reliable** products to our patrons. 우리는 고객들에게 믿을 수 있는 제품을 제공한다.
The company is **reliant** on the one supplier. 회사는 하나의 공급 업체에 의존하고 있다.

비법 1 적용하기 | 괄호 안에 알맞은 것을 고르세요.

1. He has a (considerable / considerate) amount of money.
2. The company offers (reliant / reliable) service to the customers.
3. The pilot is (responsible / respective) for the safety of the passengers.
4. It is (advisable / advisory) to wear safety gear at all times in the factory.
5. The contact information is strictly (confident / confidential).

정답 및 해설 p. 35

어휘 pilot 비행사 | safety 안전 | passenger 승객 | contact information 연락처 | strictly 엄격히

필수비법 2 형용사: 「명사 + -ly」

영어에서 「형용사 + -ly」는 부사지만 「명사 + -ly」는 형용사의 형태입니다. 다음은 토익에서 출제되었던 형용사들입니다.

a **costly** procedure 비용이 드는 절차	**daily** work 매일의 업무
in a **timely** manner 시기적절한 방식으로	a **weekly** meeting 주간 회의
in an **orderly** fashion 질서 정연한 방식으로	a **monthly** meeting 월례 회의
a **friendly** atmosphere 친근한 분위기	a **yearly** event 연례 행사

The team needs to finish the work in a **timely** manner. 그 팀은 시기적절하게 업무를 끝내야 한다.
All employees are required to attend a **weekly** meeting. 전 직원들은 주간 회의에 참석할 것이 요구된다.

필수비법 3 형용사와 명사의 형태가 같은 경우

다음은 형용사 어미로 끝나는 단어들이지만 형용사와 명사 두 가지로 쓰일 수 있습니다.

	형용사	명사
potential	잠재적인	잠재력
individual	개인적인, 각각의	개인
professional	전문적인	전문가
original	원래의, 독창적인	원본
commercial	상업적인	광고
representative	대표하는	대표자, 직원
alternative	대안적인, 대체 가능한	대안

The new product is **representative** of MD Electronics. 그 신제품은 MD 전자를 대표한다.
John works as a sales **representative**. 존은 영업 사원으로 일한다.

비법 2&3 적용하기 | 괄호 안에 알맞은 것을 고르세요.

1. You should complete the report in a (time / timely) fashion.
2. We write the (day / daily) report during the week.
3. The data must be updated on a monthly (based / basis).
4. Our sales (representative / representation) will visit your company.
5. Mr. Webb has great (potentially / potential) for the position.

정답 및 해설 p. 36

어휘 complete 완료하다, 작성하다 | during ~중에, ~동안에

1. Modern Interior Design becomes dangerously ------- on the imported materials.

   (A) relied
   (B) reliance
   (C) relying
   (D) reliant

2. Sales ------- are allowed to participate in the product development.

   (A) represent
   (B) representation
   (C) representative
   (D) representatives

3. The company offers a ------- range of internship roles for undergraduates.

   (A) several
   (B) prolonged
   (C) various
   (D) diverse

4. As the general manager, you are ------- responsible for signing the contract agreement.

   (A) person
   (B) personally
   (C) personal
   (D) personality

5. It is ------- to follow the safety regulations while working in the factory.

   (A) advisory
   (B) advisable
   (C) advisability
   (D) advisably

6. A spokesperson announced a 30 percent increase in net profits this year from ------- month last year.

   (A) compare
   (B) comparable
   (C) comparison
   (D) comparatively

7. The new nurse, Linda Wither, is especially ------- to the children.

   (A) friend
   (B) friendly
   (C) friends
   (D) friendship

8. The personnel director put an emphasis on the safe storage of ------- documents.

   (A) confident
   (B) confidence
   (C) confidential
   (D) confide

9. All employees should receive ------- from their supervisors to take a vacation.

   (A) approval
   (B) approving
   (C) approve
   (D) approved

10. All applications for this position should be submitted in a ------- manner.

    (A) time
    (B) timing
    (C) timer
    (D) timely

11. The new employees should become ------- with company policies.

(A) familiar
(B) familiarly
(C) familiarized
(D) familiarize

12. Mountain Sports, Inc. has announced the ------- closure of its plants in China.

(A) strategize
(B) strategies
(C) strategic
(D) strategically

13. The new company, Mega Engine, has great ------- for success.

(A) potent
(B) potential
(C) potentially
(D) potentiate

14. Kimberly can ------- finish the newly assigned project on time.

(A) perfect
(B) perfection
(C) perfectly
(D) perfecting

15. KCC Paints developed several ------- finishes for the store building project.

(A) differs
(B) difference
(C) differently
(D) different

16. The CFO has signed a five-year ------- with the suppliers for better materials.

(A) contract
(B) contracts
(C) contracted
(D) contracting

17. The success of Unique Furniture is ------- on the high performance of its employees.

(A) depend
(B) dependable
(C) dependence
(D) dependent

18. A renowned scientist, Eddie Harvey, is invited to visit the Newton R&D Center's ------- research facility.

(A) innovate
(B) innovates
(C) innovative
(D) innovatively

19. The new store, Foot Design Shop, will offer ------- shoes for office workers.

(A) comfort
(B) comforted
(C) comfortable
(D) comfortably

20. Mr. Anderson gave a very ------- presentation to all the participants at the seminar.

(A) informer
(B) information
(C) informative
(D) inform

독해로 끝내기   PART 6

어휘, 문법, 독해를 한 번에 해결해야 하는 part 6 연습 문제입니다.

Questions 1-4 refer to the following memo.

To: All staff members
From: Sam Anderson
Subject: Annual awards banquet

All staff members are invited to attend the annual awards banquet to honor Janet Roberts. Ms. Roberts has shown a firm ------- to teamwork and customer service throughout her time with Farland Industrial. -------. At the banquet, Ms. Roberts ------- the Employee of the Year Award after the dinner. She will then give a brief speech regarding advancements in various engineering -------. Please send an e-mail to me about your attendance.

Sam Anderson
Planning Committee, Farland Industrial

---

1. (A) commitment
   (B) conclusion

2. (A) We are happy to announce it will be held every two years.
   (B) We're pleased to have the chance to express our appreciation for her efforts.

3. (A) accepted
   (B) will accept

4. (A) industry
   (B) industries

 문장 해석하기

2번 문장을 해석해 보고 문맥상 적절한 것을 골라 보세요.

(A) We are happy to announce it will be held every two years.
   _____

(B) We're pleased to have the chance to express our appreciation for her efforts.
   _____

정답 및 해설 p. 39

어휘 annual 연례의 | banquet 연회 | honor 영예를 주다, 기리다 | firm 확고한, 단단한 | commitment 헌신 | announce 알리다, 발표하다 | be held 개최되다 | express one's appreciation 감사를 표하다 | effort 노력, 노고 | give a speech 연설하다 | regarding ~에 관하여 | advancement 발전, 진보 | attendance 참석

68

문장 분석하기

>> 정답 및 해설 p. 40

아래 문장 분석을 해보세요.

step1 동사(V)를 찾는다. → step 2 수식어([ ])를 표시한다. → step 3 주어(S), 목적어(O), 보어(C)를 표시한다.

1. All of the company's factories will be operational next week.

해석 _____

2. The manager developed a new system, and the team members found it useful.

해석 _____

3. The original budget allocation for the building renovation was approximately two million dollars.

해석 _____

4. Modern Interior Design becomes dangerously reliant on the imported materials.

해석 _____

5. Sales representatives are allowed to participate in the product development.

해석 _____

6. A spokesperson announced a 30 percent increase in net profits this year from comparable month last year.

해석 _____

7. Kimberly can perfectly finish the newly assigned project on time.

해석 _____

8. KCC Paints developed several different finishes for the store building project.

해석 _____

9. The success of Unique Furniture is dependent on the high performance of its employees.

해석 _____

10. A renowned scientist, Eddie Harvey, is invited to visit the Newton R&D Center's innovative research facility.

해석 _____

UNIT 06

부사

영어의 양대 수식어 형용사와 부사 중 부사는 형용사가 수식하는 명사를 제외한 모든 것을 수식할 수 있는 만능 수식어라고 할 수 있습니다. 단어뿐만 아니라 구나 절까지 수식하는 품사이므로 토익에서도 출제 빈도가 높은 부분입니다.

토익 필수 어휘

Track 05

어휘 미리 보기 ▶ 학습할 내용의 어휘와 토익 빈출 어휘를 미리 익혀보세요. 모르는 어휘들에 표시하며 외워 둡시다.

☐ policy	명 정책	☐ rental agreement	임대 계약서
☐ make a contribution to	~에 기여하다	☐ patron	명 단골
☐ significantly	부 상당히	☐ complain about	동 ~에 대해 불평하다
☐ attendance	명 참석	☐ conduct a test	실험을 하다
☐ requirement	명 필수 요건	☐ stock	동 채우다
☐ conveniently	부 편리하게	☐ purchase	명동 구매(하다)
☐ available	형 이용할 수 있는	☐ frequent	형 빈번한, 잦은
☐ steady	형 꾸준한	☐ merely	부 단지, ~만
☐ clearly	부 명백히, 확실히	☐ state-of-the-art	형 최신의
☐ effective	형 효과적인, 효력이 있는	☐ sculpture	명 조각상
☐ negotiator	명 협상가	☐ manual	명 설명서, 매뉴얼
☐ meet the needs	요구를 맞추다	☐ operate	동 작동시키다
☐ distinctive	형 독특한	☐ determine	동 결정하다, 알아내다
☐ issue	명 (신문, 잡지) 호	☐ venue	명 장소
☐ experience	동 겪다, 경험하다	☐ decline	명동 하락(하다)
☐ currently	부 현재	☐ quarter	명 분기
☐ fill a position	자리를 채우다	☐ expand	동 확장하다
☐ division	명 부서	☐ pay raise	임금 인상
☐ release	동 발표하다, 공개하다	☐ due to	전 ~때문에
☐ sales figures	매출 수치	☐ exceptional	형 훌륭한, 우수한

UNIT 06

어휘 적용하기 ▶ 알맞은 어휘를 써 보세요.

1. increase _____ 상당히 증가하다
2. meet the _____ 필수 조건을 충족시키다
3. be _____ located 편리하게 위치되다
4. meet the _____ 요구를 충족시키다
5. the magazine's June _____ 잡지의 6월 호
6. _____ information 정보를 공개하다
7. _____ the product 제품에 대해 불평하다
8. _____ the products 제품을 채워 넣다
9. the _____ for the event 행사의 장소
10. get an _____ service 훌륭한 서비스를 받다

정답 1. significantly 2. requirements 3. conveniently 4. needs 5. issue 6. release 7. complain about 8. stock 9. venue 10. exceptional

품사편 / UNIT 06 부사 **71**

기초 다지기

기초비법 1 부사의 형태

부사는 주로 「형용사 + -ly」 형태지만 그 외에도 다음과 같이 시간, 장소 등을 나타내는 다양한 형태가 있습니다.

시간	now 지금 yesterday 어제 yet 아직	early 일찍 tomorrow 내일 already 이미	late 늦게 soon 곧 still 여전히	today 오늘 ever 이제껏 just 이제 막
장소	here 여기	there 저기		
빈도	once 한 번	always 항상	sometimes 가끔	often 종종
정도	so(= too) 너무	quite 다소, 꽤	very(= much, well) 매우	
부정	never 결코 ~않는	hardly(= rarely, barely, seldom) 거의 ~않는		
기타	also 또한	at least 최소한, 적어도	again 다시	instead 대신에

기초비법 2 부사 자리 ❶

부사는 명사를 제외한 동사, 형용사, 부사를 수식합니다.

「부사 + 동사」   They **finally** decided to move the office. 그들은 마침내 사무실을 옮기기로 했다.
「부사 + 형용사」 It was a **very** successful project. 그것은 매우 성공적인 프로젝트였다.
「부사 + 부사」   The manager knows the system **really** well. 매니저는 시스템에 대해 매우 잘 알고 있다.

비법 1&2 적용하기 | 괄호 안에 알맞은 것을 고르세요.

1. The city expanded the road because it was too (narrow / narrowly).
2. Please check the (current / now) schedule.
3. She will attend the conference (this / there).
4. It is a (real / really) innovative design.
5. The manager (final / finally) decided to hire a new employee.
6. They finish the work (quick / quickly).
7. Jin-ho Kim is not (sure / surely) if he will accept the offer.
8. Mr. Jones (usual / usually) works overtime on Friday.
9. The company gives (competitive / competitively) salary.
10. Low profits this year has become a major (financial / financially) concern.

정답 및 해설 p. 41

어휘 expand 확장하다 | narrow 좁은 | conference 학회 | innovative 혁신적인 | hire 채용하다, 고용하다 | sure 확실한 | competitive 경쟁력 있는 | salary 급여 | major 주요한 | concern 우려 사항, 관심 사항

기초비법 3 부사 자리 ❷

부사는 길이가 긴 구와 절도 수식합니다. 또한, 동사의 형태가 길게 변해도 그사이에는 부사가 들어가 수식해줍니다.

「부사 + 구」
Only the employees can use the information.
직원들만이 정보를 이용할 수 있다.

「부사 + 절」
Actually, he quit the job. (문장 맨 앞)
사실, 그는 일을 그만두었다.

He quit the job **immediately**. (문장 맨 끝)
그는 즉시 그 일을 그만두었다.

「조동사 + 부사 + 본동사」
We will **completely** finish the analysis.
우리는 분석을 완전히 끝낼 것이다.

「be + 부사 + doing / p.p.」
We are **currently** working on the report.
우리는 현재 보고서를 작성하고 있다.

The report was **finally** written by Mr. Kim.
보고서는 김 씨에 의해 마침내 작성되었다.

「have + 부사 + p.p.」
We have **completely** finished the analysis.
우리는 분석을 완전히 끝냈다.

비법 3 적용하기 | 괄호 안에 알맞은 것을 고르세요.

1. The system will be (complete / completely) operational.
2. The project is (successful / successfully).
3. We are (current / currently) working to improve the system.
4. The departments work (collaborative / collaboratively).
5. (Regrettably / Regrettable), we do not have the stock.
6. (Successful / Successfully) applicants should have excellent computer skills.
7. Please be (courteous / courteously) to other employees.
8. They have (complete / completely) finished the project.
9. The financial crisis is (clear / clearly) a sign of bankruptcy.
10. You should contact the office (immediate / immediately) after you arrive at the airport.

정답 및 해설 p. 42

어휘 operational 작동하는, 운영하는 | improve 개선하다 | stock 재고 | courteous 공손한, 정중한 | crisis 위기 | bankruptcy 파산

PART 5

1. An ------- large number of companies are changing their return policy.
   (A) increase
   (B) increases
   (C) increasing
   (D) increasingly

2. Mr. Adam has made a ------- contribution to the company.
   (A) significantly
   (B) significant
   (C) significance
   (D) signify

3. Attendance in the safety training workshop is a ------- for new workers at Serom Factory.
   (A) requirement
   (B) require
   (C) requiring
   (D) required

4. All members of Costen Floors will have a thoroughly ------- dining experience.
   (A) enjoy
   (B) enjoys
   (C) enjoyable
   (D) enjoyably

5. The Orange Shopping Center is ------- located near the subway station.
   (A) convenient
   (B) conveniently
   (C) convenience
   (D) conveniences

6. The prices of high-end cars will rise ------- over the next two years.
   (A) steady
   (B) steadily
   (C) steadied
   (D) steadiness

7. Delight Pastries offers ------- prices on its cakes and desserts.
   (A) excellently
   (B) excellent
   (C) excellence
   (D) excel

8. The tickets for the performance are ------- available at the booth.
   (A) easy
   (B) easily
   (C) easier
   (D) easiest

9. Ms. Shultz in the planning department is ------- a very effective negotiator.
   (A) clearly
   (B) clarity
   (C) clear
   (D) clears

10. The pictures of ------- fashion items are included in the May issue of the magazine.
    (A) distinctly
    (B) distinctively
    (C) distinction
    (D) distinctive

11. Supermarket profits from organic foods continue to experience steady -------.

(A) grow
(B) grows
(C) grown
(D) growth

12. Mr. Howard can ------- be contacted by e-mail while he is away on business.

(A) ease
(B) easy
(C) easily
(D) easiness

13. There are ------- many vacant positions to fill at ADIC Technologies Co.

(A) currently
(B) currency
(C) current
(D) currencies

14. The PR division of the AT Engineering Ltd. ------- released its sales figures.

(A) recent
(B) recently
(C) recentness
(D) recency

15. The convention center has a parking ------- on its east wing.

(A) structured
(B) structure
(C) structures
(D) structural

16. The project manager has ------- completed the presentation to the client.

(A) success
(B) successes
(C) successful
(D) successfully

17. ------- agreements should be signed by both tenants and building owners.

(A) Rents
(B) Rentals
(C) Rented
(D) Rental

18. -------, patrons have not complained about the delay in shipping packages.

(A) Remarkable
(B) Remarking
(C) Remarks
(D) Remarkably

19. Researchers in the laboratory will conduct a DNA test -------.

(A) personally
(B) personalize
(C) personal
(D) personable

20. A new staff member is responsible for stocking the cabinet with office -------.

(A) supply
(B) supplier
(C) supplies
(D) supplied

필수 공략하기

필수비법 1 주요 부사의 쓰임

❶ 시간 부사

| still 여전히, 아직 | yet 아직 | already 이미 |

부정문에서 still과 yet의 의미는 같지만, not을 기준으로 그 위치가 다르니 꼭 구분해 두어야 합니다.

[still not] The funds for the event are **still not** sufficient. 행사 자금은 여전히 충분하지 않다.
[not yet]   They had **not** started the project **yet**. 그들은 아직 프로젝트를 시작하지 않았다.

참고 have / be yet to do 아직 ~하지 못했다
They **have yet to submit** their report. 그들은 아직 보고서를 제출하지 못했다.

❷ 정도 부사
very와 quite는 형용사와 부사의 원급만을 수식합니다.

The lecture was **very** informative. 그 강연은 매우 유익했다.
The new product is **quite** expensive. 신제품은 꽤 비싸다.

❸ 강조 부사
only와 even은 구와 절을 강조하는 대표적인 부사입니다.

Only the patient's spouse can stay at the hospital. 환자들의 배우자만이 병원에 머물 수 있다.
            (명사구)
It was difficult for him to communicate, **even** with an interpreter.
그는 심지어 통역사와 있을 때조차도 의사소통이 어렵다.   (전명구)

비법 1 적용하기 | 괄호 안에 알맞은 것을 고르세요.

1. Designers have (not / yet) to conduct a survey on the new product.
2. The new product is (yet / still) not ready to be launched.
3. Designers at Life Inc. had not started the survey (yet / still).
4. The employee lounge on the seventh floor can be used (very / only) by its employees.
5. The new project was (very / only) successful.

정답 및 해설 p. 45

어휘 conduct a survey 설문조사 하다 | be ready to do ~할 준비가 되다 | launch 출시하다

필수비법 2 주의해야 할 형태

형태가 비슷한 부사들은 의미의 차이로 구별을 해야 합니다.

short	형 짧은 부 짧게	a **short** time 짧은 시간 cut **short** 짧게 자르다	
shortly	부 곧	will complete **shortly** 곧 완료될 것이다	
late	형 늦은 부 늦게	a **late** time 늦은 시간 arrive **late** 늦게 도착하다	
lately	부 최근에	**Lately**, the company suffered from losses. 최근에 그 회사는 손실로 고통을 받았다.	
high	형 높은 부 높게	**high** temperature 높은 온도 rise **high** 높게 오르다	
highly	부 매우	**highly** recommended 강력히 추천되는	
close	형 가까운 부 가까이	be **close** to the building 건물에 가깝다 sit **close** 가까이 앉다	
closely	부 자세히, 긴밀히	**closely** examine 자세히 조사하다	work **closely** 긴밀히 일하다
near	형 가까운 부 가까이	in the **near** future 가까운 미래에 live **near** 가까이에 살다	
nearly	부 대략, 거의	**nearly** 100 people 대략 100명의 사람	**nearly** finish 거의 끝나다
hard	형 열심히 하는 부 열심히	**hard** work 열심히 하는 일 work **hard** 열심히 일하다	
hardly	부 거의 ~않는	**hardly** receive 거의 받지 못하다	

비법 2 적용하기 | 괄호 안에 알맞은 것을 고르세요.

1. (Near / Nearly) 50% of companies made profits this year.
2. Our new store will be opened (short / shortly).
3. The attendance at the seminar was (high / highly).
4. They are unable to work (hard / hardly) because they are too tired.
5. Ms. Lee is a (high / highly) qualified manager.

어휘 make a profit 이익이 나다 | attendance 참석 | tired 피곤한

PART 5

1. Customers who purchased an air conditioning should clean the filters -------.

   (A) frequently
   (B) frequent
   (C) frequency
   (D) frequentness

2. Purchasing tickets on the Web Site is ------- recommended.

   (A) merely
   (B) evenly
   (C) nearly
   (D) highly

3. You can purchase sofas and chairs that are very ------- at reasonable prices at this store.

   (A) comfort
   (B) comforts
   (C) comfortably
   (D) comfortable

4. We are ------- working on developing a state-of-the-art microwave.

   (A) soon
   (B) nearly
   (C) currently
   (D) recently

5. Renovations to the floor in the building's main lobby are ------- finished.

   (A) nearly
   (B) near
   (C) nearer
   (D) nearest

6. The community center displays sculptures made by Tom Sander, a local -------.

   (A) enthusiasm
   (B) enthusiastically
   (C) enthused
   (D) enthusiast

7. M&L Associates will ------- be opening a new office in New York.

   (A) shortly
   (B) short
   (C) shorter
   (D) shorten

8. Employees at ADDY Laboratories work ------- to develop better medicine.

   (A) collaboration
   (B) collaboratively
   (C) collaborative
   (D) collaborating

9. Profits at Delicious Doughnuts have decreased by ------- ten percent this month.

   (A) closely
   (B) nearly
   (C) carefully
   (D) equally

10. Researchers at M&L Co. Ltd. will conduct extensive tests to establish the product's -------.

    (A) to market
    (B) marketability
    (C) marketed
    (D) marketable

11. The new printer from Virgil Electronics ------- needs a user's manual because it is so easy to operate.

(A) hardly
(B) harder
(C) hardest
(D) hard

12. Those who have not ------- submitted their application form must do so by this Wednesday.

(A) still
(B) already
(C) yet
(D) soon

13. Although the event is a month from now, the organizers have ------- to determine the venue.

(A) not
(B) finally
(C) yet
(D) already

14. Each employee will work ------- with their team members to make the project successful.

(A) close
(B) closely
(C) closer
(D) closest

15. A letter will be sent to our customers ------- after we change the policy.

(A) short
(B) shorter
(C) shorten
(D) shortly

16. Although sales were relatively -------, the company's net profits declined in the third quarter.

(A) height
(B) highly
(C) high
(D) heighten

17. Werner Power ------- negotiates a merger with Green Energy Systems.

(A) success
(B) successful
(C) succeeds
(D) successfully

18. You can find your ------- place to live through our Web site www.dreamhouse.com.

(A) ideally
(B) idea
(C) idealism
(D) ideal

19. The order was made more than two weeks ago, but the shipment ------- has not arrived.

(A) yet
(B) still
(C) already
(D) only

20. Ms. Davis received a pay raise due to her ------- work on the Dreg Foods advertising campaign.

(A) exception
(B) exceptional
(C) exceptionally
(D) excepted

독해로 끝내기 — PART 6

어휘, 문법, 독해를 한 번에 해결해야 하는 part 6 연습 문제입니다.

Questions 1-4 refer to the following e-mail.

TO: Gerald Scott <g.scott@onlinemail.com>
FROM: Wendy Marsden <w.marsden@emailnow.net>
SUBJECT: Richmond Cooking Club

Dear Mr. Scott,

I'd like to thank you for visiting the Richmond Cooking Club last Friday. You gave numerous creative recipe ideas that our members can ------- to their own home cooking. -------. Based on the ------- to your talk, everyone would be happy to see you teach another cooking lesson. I hope that you would consider attending one of our gatherings ------- in the next few months. Please let me know about your upcoming schedule.

Sincerely,

Wendy Marsden

---

1. (A) apply
   (B) select

2. (A) Please fill out the form about last Friday's cooking class.
   (B) All of our members were satisfied with your class.

3. (A) response
   (B) answer

4. (A) instead
   (B) once again

문장 해석하기

2번 문장을 해석해 보고 문맥상 적절한 것을 골라 보세요.

(A) Please fill out the form about last Friday's cooking class.
_____

(B) All of our members were satisfied with your class.
_____

정답 및 해설 p. 48

어휘 creative 창의적인, 독특한 | recipe 요리법 | apply 적용하다 | select 선택하다 | fill out 작성하다 | form 서식 | be satisfied with ~에 만족하다 | based on ~을 바탕으로 | response 반응, 대답 | answer 대답 | talk 연설 | gathering 모임 | upcoming 곧 있을, 다가오는

문장 분석하기

» 정답 및 해설 p. 48

아래 문장 분석을 해보세요.
step1 동사(V)를 찾는다. → step 2 수식어([ ])를 표시한다. → step 3 주어(S), 목적어(O), 보어(C)를 표시한다.

1. An increasingly large number of companies are changing their return policy.

   해석 _____

2. Attendance in the safety training workshop is a requirement for new workers at Serom Factory.

   해석 _____

3. All members of Costen Floors will have a thoroughly enjoyable dining experience.

   해석 _____

4. The Orange Shopping Center is conveniently located near the subway station.

   해석 _____

5. The prices of high-end cars will rise steadily over the next two years.

   해석 _____

6. Ms. Shultz in the planning department is clearly a very effective negotiator.

   해석 _____

7. The convention center has a parking structure on its east wing.

   해석 _____

8. Remarkably, patrons have not complained about the delay in shipping packages.

   해석 _____

9. You can purchase sofas and chairs that are very comfortable at reasonable prices at this store.

   해석 _____

10. The community center displays sculptures made by Tom Sander, a local enthusiast.

    해석 _____

UNIT 07

비교 구문

비교 구문에는 원급 비교, 비교급 비교, 최상급 비교 3가지가 있습니다. 원급이란 앞서 배운 형용사와 부사의 원래 형태이며 이들의 형태를 바꿔서 비교급, 최상급 비교를 만듭니다. 급이 바뀌어도 품사는 여전히 형용사와 부사라는 것을 기억하면 쉽게 이해할 수 있을 것입니다.

토익 필수 어휘

Track 06

어휘 미리 보기 학습할 내용의 어휘와 토익 빈출 어휘를 미리 익혀보세요. 모르는 어휘들에 표시하며 외워 둡시다.

☐ projection	명 예상	☐ dependable	형 믿을 수 있는
☐ accurate	형 정확한	☐ be willing to do	기꺼이 ~하다
☐ meet the needs	요구를 맞추다	☐ manufacturer	명 제조 업체
☐ swift	형 재빠른, 신속한	☐ knowledgeable	형 많이 아는
☐ assembly	명 조립	☐ bold	형 과감한, 대범한
☐ participate in	동 ~에 참여하다	☐ attentive	형 배려하는
☐ be required to do	~하도록 요구되다	☐ urgent	형 긴급한
☐ expensive	형 비싼	☐ recruit	동 채용하다
☐ complete	동 완료하다	☐ highly qualified	매우 자격을 갖춘
☐ task	명 업무, 일	☐ branch	명 지점, 지사
☐ compared to	전 ~와 비교하여	☐ review	명 평가; 검토
☐ emphasis	명 강조	☐ in advance	미리, 사전에
☐ party	명 당사자	☐ prior to	전 ~전에
☐ novel	명 소설	☐ departure	명 출발
☐ affordable	형 (가격이) 알맞은	☐ previous	형 이전의
☐ predict	동 예측하다	☐ improve	동 개선되다
☐ appliance	명 기기, 기구	☐ colleague	명 동료
☐ considerably	부 상당히	☐ praise	동 칭찬하다
☐ prohibit	동 금지하다	☐ competitor	명 경쟁자(업체)
☐ regional	형 지역의	☐ efficient	형 효율적인

어휘 적용하기 알맞은 어휘를 써 보세요.

1. sales _____ 　　매출 **예상**
2. _____ lines 　　**조립** 라인
3. be _____ to attend 　　참석**이 요구되다**
4. both _____ 　　양쪽 **당사자들**
5. home _____ 　　가전**제품**
6. _____ A from B 　　A가 B하는 것을 **금지하다**
7. a highly _____ manager 　　매우 **자격을 갖춘** 매니저
8. receive a favorable _____ 　　호의적인 **평가를 받다**
9. purchase a ticket _____ 　　표를 **미리** 구매하다
10. _____ the excellent service 　　훌륭한 서비스를 **칭찬하다**

정답 1. projection 2. assembly 3. required 4. parties 5. appliance 6. prohibit 7. qualified 8. review 9. in advance 10. praise

기초 다지기

기초비법 1 원급, 비교급, 최상급의 형태

비교급의 형태는 「형용사 / 부사 + -er」 또는 「more / less + 형용사 / 부사」, 최상급 형태는 「형용사 / 부사 + -est」 또는 「most / least + 형용사 / 부사」입니다.

원급	비교급	최상급
late 늦은, 늦게	later 더 늦은, 더 늦게	latest 가장 늦은, 가장 늦게
quickly 빠르게	more quickly 더 빠르게	most quickly 가장 빠르게

참고 다음은 위와 달리 불규칙하게 형태가 변화합니다.

good 좋은 / well 잘 —	better 더 좋은, 더 좋게 —	best 가장 좋은, 가장 좋게
bad / ill 좋지 않은 —	worse 더 좋지 않은 —	worst 가장 좋지 않은
many / much 많은 —	more 더 많은 —	most 가장 많은
little 적은 —	less 더 적은 —	least 가장 적은

기초비법 2 원급 비교

두 대상을 동등하게 비교할 때 쓰는 원급 비교는 「as + 형용사 / 부사 원급 + as」(~만큼 …한 / 하게)의 형태입니다.

	원급	원급 비교
형용사	I am **busy**. 나는 바쁘다.	I am **as busy as** Ms. Lopez. 나는 로페즈 씨만큼 바쁘다.
부사	I work **hard**. 나는 열심히 일한다.	I work **as hard as** Ms. Lopez. 나는 로페즈 씨만큼 열심히 일한다.

We can solve the problem **as soon as possible**. 저희는 가능한 한 빨리 문제를 해결할 수 있습니다.

비법 1&2 적용하기 | 괄호 안에 알맞은 것을 고르세요.

1. The applicant's qualifications are (impressive / more impressively).
2. The main building is as (big / bigger) as the college gym.
3. You can exchange the item as (simple / simply) as possible.
4. You should report the facts as (accurate / accurately) as possible.
5. Small cars are as (powerful / powerfully) as large cars.
6. The order was shipped as (quick / quickly) as other companies.
7. Please finish your work as soon as (possible / possibly).
8. The survey results are as (accurate / accurately) as the data on the computer.
9. The new employee completes the task as (well / good) as other members.
10. The new branch is as (profit / profitable) as other branches in the city.

정답 및 해설 p. 50

어휘 qualifications 자격 요건 | impressive 인상적인 | exchange 교환하다 | fact 사실 | accurate 정확한 | ship 배송하다 | task 업무, 일 | branch 지점, 지사 | profitable 수익성이 있는

기초비법 3 비교급 비교

❶ 두 대상을 비교하여 둘 중 하나가 우월하거나 열등함을 나타낼 때 비교급 비교를 씁니다. 비교 대상을 나타낼 때는 than을 쓰지만, 비교 대상을 알 수 있는 경우 than이 생략되기도 합니다.

	원급	비교급 비교
형용사	I am **busy**. 나는 바쁘다.	I am **busier** (than Ms. Lopez). 나는 (로페즈 씨보다) 더 바쁘다.
부사	I work **hard**. 나는 열심히 일한다.	I work **harder** (than Ms. Lopez). 나는 (로페즈 씨보다) 더 열심히 일한다.

❷ 3음절 이상의 단어는 뒤에 -er 대신 앞에 more를 붙이며, '덜 ~하는 / 하게'라고 표현할 때는 less를 씁니다.

His report is **more / less** accurate than mine. 그의 보고서는 나의 것보다 더 / 덜 정확하다.
He wrote the report **more / less** accurately than I did. 그는 내가 쓴 것보다 더 / 덜 정확하게 보고서를 썼다.

기초비법 4 비교급을 강조하는 부사

비교급은 형용사와 부사로 만들어지기 때문에 이를 강조할 때는 부사가 수식합니다. 일반 '-ly'형태의 부사가 수식하기도 하지만 다음의 특정 부사들이 수식할 수도 있습니다

| even | much | far | a lot | still |

The new chair is **considerably** more comfortable than the old one. 새 의자는 예전 것보다 훨씬 더 편안하다.
Hybrid cars will soon become **much** more affordable. 하이브리드 차는 곧 훨씬 더 저렴해질 것이다.

> 참고 비교급이 아닌 원급 형용사나 부사는 very나 so가 수식합니다.
> Hybrid cars are **very** affordable. 하이브리드 차는 매우 저렴하다.

비법 3&4 적용하기 | 괄호 안에 알맞은 것을 고르세요.

1. The City Hall is (big / bigger) than the community center.
2. She speaks more clearly (as / than) other people.
3. This month's issue is more (important / importantly) than the last month's.
4. Workers should handle the fragile products (more careful / more carefully).
5. The new washing machine is less (expensive / expensively) than the previous model.
6. The team has become much (stronger / strong) than before.
7. The prices have become (considerable / considerably) higher than last year.
8. The new employee completed his work (very / even) quickly.
9. The office building is (very / even) older than it looks.
10. The new office building is (more / much) bigger than the old one.

어휘 City Hall 시청 | clearly 명백히, 확실히 | issue 화젯거리 | handle 다루다, 처리하다 | fragile 깨지기 쉬운 | expensive 비싼 | previous 이전의 | considerable 상당한

1. Mr. Anderson's sales projection is ------- accurate than mine.

    (A) good
    (B) more
    (C) well
    (D) best

2. Our technicians are working even more ------- to meet the increasing needs.

    (A) swiftness
    (B) swifter
    (C) swiftly
    (D) swift

3. System errors on the assembly lines are becoming more -------.

    (A) frequented
    (B) frequent
    (C) frequently
    (D) frequency

4. Employees who participated in the seminar should contact Rebecca Arnold by no ------- than Tuesday.

    (A) lately
    (B) late
    (C) later
    (D) latest

5. All employees are required to report information as ------- as possible.

    (A) most accurately
    (B) accuracy
    (C) accurate
    (D) accurately

6. The new product is more expensive ------- old one.

    (A) and
    (B) but
    (C) than
    (D) as

7. Using the computer to complete the task will be ------- faster than writing on a paper.

    (A) even
    (B) so
    (C) too
    (D) more

8. Compared to other speakers, Mr. Park put ------- emphasis on the importance of leisure time.

    (A) greater
    (B) greatly
    (C) more greatly
    (D) as great as

9. The business contract must be reviewed very ------- before both parties sign it.

    (A) care
    (B) careful
    (C) carefully
    (D) more carefully

10. Charlie Brown's second novel is as famous ------- the first one.

    (A) as
    (B) of
    (C) either
    (D) like

11. The HG Auto's newly released car is much more -------.

(A) afford
(B) affordable
(C) affordably
(D) affords

12. The newly purchased machine can complete work ------- more quickly.

(A) even
(B) very
(C) such
(D) so

13. Our customer service center will solve your problems as ------- as possible.

(A) rapid
(B) rapidness
(C) rapidly
(D) rapids

14. The job market has become less ------- than ever because of the economic crisis.

(A) predicts
(B) predictable
(C) predicting
(D) predict

15. The Home Appliance's fourth quarter profits were ------- higher than those of the third.

(A) consider
(B) considering
(C) considerably
(D) considers

16. From March 1, smoking outside the entrance of the main building will be ------- prohibited.

(A) strict
(B) strictly
(C) stricter
(D) strictness

17. UT Air's main goal for this year is to develop even ------- relationship with other regional airlines.

(A) strong
(B) stronger
(C) strongly
(D) strongest

18. The changes in management are ------- more effective than before.

(A) significant
(B) significance
(C) significantly
(D) signify

19. The new software program, Design Expert-V, is more ------- than the competitors'.

(A) dependability
(B) depend
(C) depending
(D) dependable

20. A ------- survey shows that our loyal customers are willing to purchase our new product.

(A) recent
(B) more recently
(C) recentness
(D) most recently

필수 공략하기

필수비법 1. 최상급 비교

❶ 두 대상을 비교했던 앞의 원급이나 비교급 비교와 달리 셋 이상의 대상이나 전체 중 최상을 나타낼 때 최상급 비교를 씁니다. 최상급 앞에는 the나 소유격을 씁니다.

	원급	최상급 비교
형용사	I am **busy**. 나는 바쁘다.	I am **the busiest** of all members. 나는 전 직원 중에 가장 바쁘다.
부사	I work **hard**. 나는 열심히 일한다.	I work **the hardest** of all members. 나는 전 직원 중에 가장 열심히 일한다.

참고 부사의 최상급은 앞에 the나 소유격을 쓰지 않는 경우도 있습니다.

❷ 3음절 이상의 단어는 뒤에 -est 대신 앞에 most를 붙이며, '가장 덜 ~하는 / 하게'라고 표현할 때는 least를 씁니다.
She has **the most** extensive knowledge in the group. 그녀는 그룹에서 가장 폭넓은 지식을 가지고 있다.
She is **the tallest** of ten students. 그녀는 10명의 학생 중에 가장 키가 크다.
She is **the kindest** manager that I have ever met. 그녀는 내가 만났던 매니저 중 가장 친절한 매니저이다.

❸ 최상급은 앞에 the나 소유격이 와서 명사 자리와 혼동이 될 수 있으니 해석으로 차이를 구별합니다.
The vegetables at our shop are **the freshest** in this region. 우리 가게의 채소는 이 지역에서 가장 신선하다.
~~freshness~~
We guarantee **the freshness** of the vegetables at our shop. 저희는 우리 가게 채소의 신선함을 보장합니다.
~~freshest~~

비법 1 적용하기 | 괄호 안에 알맞은 것을 고르세요.

1. Of all available means, the subway is the (easiest / most easily) way to get to the MEC Hotel.
2. The customers chose a(n) (most efficient / efficient) design.
3. The community center is the (higher / highest) building in this area.
4. We sell the (fresh / freshest) fruit in the region.
5. The community center is the (bigger / biggest) of the three buildings.

정답 및 해설 p. 54

어휘 available 이용할 수 있는 | means 수단, 방법 | subway 지하철 | efficient 효율적인 | region 지역

필수비법 2 비교 구문 표현

비교 구문을 이용한 다음 표현들을 외워두세요.

the same (명사) as ~와 같은	Nelly has **the same** dress **as** I do. 넬리는 내가 가진 것과 같은 옷을 가지고 있다. Nelly's dress is **the same as** mine. 넬리의 옷은 내 것과 같다.
more than ~이상의 **less than** ~이하의	There are **more / less than** 1000 books in the bookstore. 서점에는 1000권 이상 / 이하의 책이 있다.
at least 최소한, 적어도	The application must be submitted **at least** two business days in advance. 지원서는 최소한 영업일 2일 이전에 제출되어야 한다.
no later than 늦어도 ~까지	You should submit the report **no later than** March 10. 당신은 늦어도 3월 10일까지는 보고서를 제출해야 한다.
no longer 더 이상 ~않다	She **no longer** uses the password. 그녀는 더 이상 그 비밀번호를 사용하지 않는다.
rather than ~보다	We would like to go shopping **rather than** relaxing at the hotel. 우리는 호텔에서 쉬는 것보다 쇼핑하러 가고 싶다.
other than ~이외에	**Other than** the manager, all members should participate in the seminar. 매니저 이외에 모든 직원은 세미나에 참석해야 한다.

비법 2 적용하기 | 괄호 안에 알맞은 것을 고르세요.

1. Applicants should have a college degree and (less / at least) three years of experience.
2. The reservation should be confirmed (no later / the same) than December 10.
3. We are sorry to inform you that the service is (no longer / at least) available.
4. This year's net profit is the same (as / than) that of last year.
5. The company plans to hire (more than / no later than) 100 new employees.

정답 및 해설 p. 54

어휘 applicant 지원자 | degree 학위 | experience 경험, 경력 | reservation 예약 | confirm 확인하다, 확정하다 | inform A that A에게 ~라고 알리다 | net profit 순이익 | hire 고용하다, 채용하다

1. Votega Vennet Inc. makes the ------- shoes of any manufacturers.

   (A) finely
   (B) finest
   (C) finer
   (D) fine

2. Of so many similar coffee makers, Bean-Lover is the least -------.

   (A) expenses
   (B) expend
   (C) expensive
   (D) expensively

3. Of the five members, Ms. Paris is the ------- about the power point program.

   (A) knowledgeable
   (B) knowledge
   (C) more knowledgeable
   (D) most knowledgeable

4. Andrew Martin showed a ------- marketing plan to the head of the department.

   (A) boldly
   (B) boldness
   (C) bold
   (D) boldest

5. The new employee at the restaurant, Ms. Parker, serves the customers -------.

   (A) attentive
   (B) attentions
   (C) most attentive
   (D) more attentively

6. Mega Computer is ------- recruiting highly qualified programmers for its new branch.

   (A) urgent
   (B) urgently
   (C) urgency
   (D) most urgent

7. ------- all the candidates, Mr. Aronson is the most experienced person for the job.

   (A) In
   (B) At
   (C) Of
   (D) Out

8. The company received positive reviews last year, but, they set an even ------- standard for this year.

   (A) higher
   (B) high
   (C) highly
   (D) height

9. The Dresser's Shop will ------- longer provide free T-shirts to new customers.

   (A) not
   (B) none
   (C) no
   (D) nowhere

10. Passengers on Flight 559 must be at their gate ------- 90 minutes prior to the departure.

    (A) less
    (B) a little
    (C) lesser
    (D) at least

90

11. The new director of the company will give a ------- presentation on how to improve performance.

(A) best
(B) previous
(C) multiple
(D) brief

12. We, Paradise Inc., want to hire a person who has ------- five years of experience in the game industry.

(A) no longer
(B) plenty
(C) at least
(D) even more

13. Even though Mr. Anderson has just started working at the law firm, he is ------- respected by his colleagues.

(A) high
(B) highly
(C) highest
(D) higher

14. Jung Hoon Kim has worked the ------- of all employees, so he will receive the Employee of the Year Award.

(A) hardly
(B) hard
(C) harder
(D) hardest

15. The head chef of the restaurant praised the ------- of the kitchen.

(A) clean
(B) cleanly
(C) cleanliness
(D) cleanest

16. Star Organic Bread sells the ------- salads and sandwiches in the region.

(A) freshest
(B) fresh
(C) freshly
(D) fresher

17. The contract between these two companies was signed ------- than expected.

(A) later
(B) latest
(C) lately
(D) late

18. Products from ATT Co. Ltd. are going to be ------- than its competitors'.

(A) cheaper
(B) cheapest
(C) more cheaply
(D) most cheaply

19. The new director, Mr. Powell, has managed the team much -------.

(A) efficient
(B) efficiency
(C) more efficiently
(D) most efficiently

20. Mr. Simmons has the most ------- qualifications of any applicants for the job.

(A) impress
(B) impressive
(C) impressively
(D) impressiveness

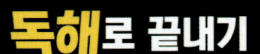 PART 6

어휘, 문법, 독해를 한 번에 해결해야 하는 part 6 연습 문제입니다.

Questions 1-4 refer to the following memo.

To: All staff members
From: Arline Dugan
Date: March 4th
Subject: Dress code

In order to present a more unified appearance to our customers, we, Turrel Bank, has decided to ------- (1.) the company dress code. Staff members will be issued company uniforms, which must be worn during working hours. Each employee will receive three shirts.

------- (2.) shirts may be purchased from the personnel office for $35 each. Employees should email their size preferences to Rebecca Arnold by no ------- (3.) than March 23. ------- (4.).

Regards,

Arline Dugan
Office manager Turrel Bank

1. (A) discuss
   (B) revise

2. (A) Previous
   (B) Additional

3. (A) later
   (B) latest

4. (A) Thank you for your cooperation.
   (B) We will contact you soon.

문장 해석하기

4번 문장을 해석해 보고 문맥상 적절한 것을 골라 보세요.

(A) Thank you for your cooperation.
_____

(B) We will contact you soon.
_____

정답 및 해설 p. 58

어휘 present 보여주다 | unified 통일된, 단합된 | appearance 외모, 외관 | discuss 논의하다 | revise 수정하다 | dress code 복장 규정 | issue 나눠주다 | previous 이전의 | additional 추가적인 | preference 선호 | cooperation 협조, 협력 | contact 연락하다 | soon 곧

92

문장 분석하기

>> 정답 및 해설 p. 58

아래 문장 분석을 해보세요.

step1 동사(V)를 찾는다. → step 2 수식어([ ])를 표시한다. → step 3 주어(S), 목적어(O), 보어(C)를 표시한다.

1. Our technicians are working even more swiftly to meet the increasing needs.

   해석 _____

2. All employees are required to report information as accurately as possible.

   해석 _____

3. The HG Auto's newly released car is much more affordable.

   해석 _____

4. The job market has become less predictable than ever because of the economic crisis.

   해석 _____

5. The Home Appliance's fourth quarter profits were considerably higher than those of the third.

   해석 _____

6. UT Air's main goal for this year is to develop even stronger relationship with other regional airlines.

   해석 _____

7. Of so many similar coffee makers, The Bean-Lover is the least expensive.

   해석 _____

8. Mega Computer is urgently recruiting highly qualified programmers for its new branch.

   해석 _____

9. The Dresser's Shop will no longer provide free T-shirts to new customers.

   해석 _____

10. The head chef of the restaurant praised the cleanliness of the kitchen.

    해석 _____

품사편 Review Test 01

1. ------- for the Public Relations department are required to have at least 5 years of related experience.

   (A) Apply
   (B) Applicants
   (C) Applied
   (D) Applicable

2. The board members ------- appointed Mr. Reed as a new chairman for the next year.

   (A) formal
   (B) formally
   (C) formalize
   (D) form

3. Please show ------- for visitors when you talk on the phone in the gallery.

   (A) considerable
   (B) considerate
   (C) considering
   (D) consideration

4. Because Mr. Miller's partner was on a business trip, he gave the presentation -------.

   (A) him
   (B) himself
   (C) his own
   (D) his

5. The office ------- are responsible for reporting the progress to the management.

   (A) managers
   (B) managerial
   (C) manager
   (D) managing

6. The new contract signed by both parties will be ------- starting next week.

   (A) effect
   (B) effects
   (C) effective
   (D) effectively

7. The application must be submitted to the HR assistant ------- two business days in advance.

   (A) at least
   (B) instead of
   (C) by means of
   (D) so that

8. Many companies are becoming ------- reliant on the online marketing.

   (A) increase
   (B) increasingly
   (C) increasing
   (D) increases

9. Flight 233 to Paris will take off 5 hours ------- than expected because of the weather condition.

   (A) later
   (B) latest
   (C) lately
   (D) late

10. The new assignment was too challenging for Mr. Ross to finish by -------.

    (A) him
    (B) his own
    (C) himself
    (D) his

11. Employees must receive ------- from the immediate supervisors before changing their shift.

(A) approval
(B) approve
(C) approving
(D) approvingly

12. The marketing agency, New Thinking Co. is ------- recommended by its customers.

(A) high
(B) higher
(C) highest
(D) highly

13. After a long discussion, the new project was ------- approved by the company executives.

(A) final
(B) finally
(C) finalize
(D) finalized

14. Ms. Sanchez completed her ------- for the construction of the new research facility.

(A) propose
(B) proposing
(C) proposed
(D) proposal

15. The factory workers should familiarize themselves with the new ------- regulations.

(A) safety
(B) safely
(C) safe
(D) save

16. We offer ------- loyal customers a 30 percent discount on all items for only three days.

(A) us
(B) ours
(C) we
(D) our

17. If you have any problems with your vacuum cleaner, you can replace it with -------.

(A) each other
(B) every
(C) another
(D) other

18. The director's ------- movie, *Falling in Love*, will be released on December 1.

(A) recently
(B) most recent
(C) most recently
(D) more recently

19. Prices and detailed descriptions about the products are ------- accessible on the Web site.

(A) ready
(B) readiness
(C) readily
(D) readied

20. It is ------- to keep a copy of your passport and identification card in the hotel.

(A) advisory
(B) advise
(C) advisable
(D) advising

2인 이상 사진

Part 1

사람들의 공통점과 차이점을 찾아라!

Part 1에서 사진의 종류는 크게 1인, 2인 이상, 사물 사진으로 나뉘며 그중 여러 사람이 나오는 사진은 주어의 단수, 복수 여부를 주의 깊게 들어야 합니다. 아래는 3명의 사람이 등장하는 사진입니다.

3명의 공통적인 행동들을 묘사해보면 아래와 같습니다. 주어가 They, People이라는 것을 주목하며 읽어보세요.

> **They(= People)** are facing a computer. 그들은 컴퓨터를 보고 있다.
> **They** are seated in front of the computer. 그들은 컴퓨터 앞에 앉아있다.

반대로 사람들의 개별적 행동을 묘사한 표현들을 살펴볼까요?

> **A woman** is pointing at the monitor. 여자가 모니터를 가리키고 있다.
> **Men are** wearing a tie. 남자들은 넥타이를 매고 있다.

여러 사람이 등장한 사진의 경우 공통적인 행동들을 묘사하는 것에 집중하게 되지만 가끔은 개별적 행동들을 묘사하기도 하니 선택지 4개를 끝까지 잘 들어봐야 합니다.

실전문제 풀어보기 | 다음 어휘들을 미리 학습한 후 문제를 풀어보세요.    Track 07

문제 푸는 Skill | 사람들의 공통점과 차이점 찾기

1.

🔊 **어휘 미리 읽고 듣기**
- ☐ umbrella 우산
- ☐ stand 서 있다
- ☐ sidewalk 보도
- ☐ worker 인부, 직원
- ☐ paint 페인트칠하다
- ☐ line 줄, 선
- ☐ police officer 경찰관
- ☐ direct traffic 교통 정리하다

2.

🔊 **어휘 미리 읽고 듣기**
- ☐ be seated 앉다
- ☐ examine 검토하다, 살펴보다
- ☐ waiter 웨이터, 서빙 직원
- ☐ fill 가득 채우다
- ☐ glass 유리 컵
- ☐ reach for ~으로 손을 뻗다
- ☐ bread 빵

≫ 정답 및 해설 p. 62

동사편

UNIT 08 • 동사의 형태와 수일치
UNIT 09 • 시제
UNIT 10 • 능동태와 수동태

# UNIT 08

동사의 형태와 수일치

동사는 그 형태가 변하여 다양한 형태로 쓰입니다. 문장의 뼈대이기도 한 동사들의 형태를 살펴보고, 주어와 동사가 서로 어울려 쓰여야 하는 수일치에 대해서도 자세히 알아봅시다.

토익 필수 어휘

 Track 08

어휘 미리 보기
학습할 내용의 어휘와 토익 빈출 어휘를 미리 익혀보세요. 모르는 어휘들에 표시하며 외워 둡시다.

☐ enthusiasm	명 열정	☐ performance	명 성과, 성능, 공연
☐ among	전 ~중에, ~사이에	☐ support	명동 지지(하다), 후원(하다)
☐ purchase	명동 구매(하다)	☐ retail shop	가게, 상점
☐ ship	동 배송하다	☐ outstanding	형 훌륭한, 뛰어난
☐ delivery	명 배송	☐ component	명 부품
☐ finalize	동 마무리 짓다	☐ take care of	동 보살피다, 처리하다
☐ deal	명 거래	☐ representative	명 대리인, 대표자
☐ approve	동 승인하다	☐ sign up	동 신청하다
☐ profit	명 이익	☐ improvement	명 증진, 개선
☐ due to	전 ~때문에	☐ attract customers	고객들을 유치하다
☐ expand	동 확장하다	☐ present	동 제시하다, 발표하다
☐ receipt	명 수령, 받음	☐ require A to do	A에게 ~하도록 요구하다
☐ participate in	동 ~에 참여하다	☐ obtain	동 얻다
☐ indicate	동 나타나다, 표시하다	☐ certification	명 자격증
☐ preference	명 선호도	☐ be interested in	~에 관심이 있다
☐ expertise	명 전문 지식	☐ guarantee that	~을 보장하다
☐ field	명 분야	☐ passenger	명 승객
☐ delay	명동 지연(시키다)	☐ vacancy	명 (일자리) 공석
☐ speculation	명 추측	☐ apologize for	동 ~을 사과하다
☐ fire	동 해고하다	☐ inconvenience	명 불편함

어휘 적용하기
알맞은 어휘를 써 보세요.

1. make a _____   **구매**하다
2. _____ the products   제품을 **배송하다**
3. _____ the plan   계획을 **승인하다**
4. increase a _____   **이익**을 늘리다
5. _____ for the product   제품에 대한 **선호도**
6. _____ in finance   재무에 대한 **전문 지식**
7. job _____   업무 **성과**
8. a sales _____   영업 **대리인**
9. _____ many customers   많은 고객을 **유치하다**
10. be _____ in   ~에 **관심**이 있다

정답 1. purchase 2. ship 3. approve 4. profit 5. preference 6. expertise 7. performance 8. representative 9. attract 10. interested

기초 다지기

기초비법 1 동사의 형태

동사의 형태는 다양합니다. 현재분사와 과거분사는 동사의 변형 형태이긴 하지만 단독으로 쓰이지 않고 진행, 완료, 수동의 형태가 되어야 동사로 쓰일 수 있습니다.

동사원형	**Check** the schedule. 일정을 확인하세요. Please **be** careful. 조심하십시오.
3인칭 단수	He **checks** the schedule. 그는 일정을 확인한다. He **is** a manager. 그는 매니저이다.
과거 동사 (규칙 / 불규칙)	He **checked** the schedule. 그는 일정을 확인했다. 　　규칙 변화 He **was** a manager. 그는 매니저였다. 　　불규칙 변화
현재분사(-ing)	진행: 「be + doing」 He **is checking** the schedule. 그는 일정을 확인하고 있다. 　　동사　　+　목적어
과거분사(p.p.) * 과거 동사와 과거분사의 형태가 같은 경우 have 나 be 뒤에 오는 것은 과거분사입니다.	완료: 「have + p.p.」 He **has checked** the schedule. 그는 일정을 확인했다. 　　동사　　+　목적어 수동: 「be + p.p.」 The schedule **was checked**. 일정은 확인되었다. 　　동사 + (목적어 없음)

비법 ❶ 적용하기 | 괄호 안에 알맞은 것을 고르세요.

1. Mr. Davis (opened / opening) a new store in this city.
2. The company has (opened / opening) a branch in this area.
3. (Allow / Allows) every member to enter the laboratory.
4. Apple Love Co. is (producing / product) a new line of cell phones.
5. Mr. Rogers is (responding / responsible) for marketing.
6. The factory was (inspected / inspecting) last month.
7. The manager (recommended / recommendations) Ms. Parker for the position.
8. The new CEO has (suggested / suggestions) about the new product.
9. Please (is / be) ready for the next presentation.
10. The manager (has reviewed / is reviewed) all applications.

정답 및 해설 p. 63

어휘 branch 지점, 지사 | allow A to do A가 ~하는 것을 허락하다 | laboratory 실험실 | inspect 검사하다 | application 지원서

기초비법 2 주어와 동사의 수일치

be동사를 제외하고, 동사의 과거나 미래는 수일치와 상관없습니다.

「단수 주어 + 단수 동사 (is / was, has, does)」 N + Vs	An employee **works** overtime. 한 직원이 초과 근무를 한다.
「복수 주어 + 복수 동사 (are / were, have, do)」 Ns + V	Employees **work** overtime. 직원들은 초과 근무를 한다.

An employee **worked / will work** overtime. 한 직원이 초과 근무를 했다 / 할 것이다.
　　단수 주어

Employees **worked / will work** overtime. 직원들은 초과 근무를 했다 / 할 것이다.
　　복수 주어

기초비법 3 주의해야 할 주어

❶ 고유명사(사람 이름, 회사명)는 -s가 붙어도 단수 취급합니다.

　Mr. Jones **attends** the seminar every year. 존스 씨는 해마다 세미나에 참석한다.
　사람 이름(= He)

　ABC Chemicals **provides** quality products. ABC 화학 회사는 품질 좋은 제품들을 제공한다.
　회사명(단수)

❷ There is / are는 뒤에 명사가 주어이므로, 뒤의 명사에 수일치를 해야 합니다.

　There is / was a problem. 문제가 있다 / 있었다.
　　동사　　　주어

　There are / were problems. 문제점들이 있다 / 있었다.
　　동사　　　주어

비법 2&3 적용하기 | 괄호 안에 알맞은 것을 고르세요.

1. Mr. Martine (has / have) new applications to review.
2. They (is / are) ready to sign the contract.
3. The product (was / were) quite successful this season.
4. The surveys (show / shows) that many potential customers are willing to pay more.
5. There were (limitation / limitations) for the new plan.
6. JH Pharmaceuticals (provide / provides) the best quality medicine for children.
7. The president will (announce / announces) his projections for next quarter's sales.
8. Steve Jobs (gave / give) a memorable speech before retiring.
9. The managers (reviewed / reviews) all applications for the position.
10. The price (do not / does not) include government taxes.

정답 및 해설 p. 64

어휘 be ready to do ~할 준비가 되다 | quite 꽤, 다소 | successful 성공적인 | potential customer 잠재 고객 | be willing to do 기꺼이 ~하다 | pharmaceuticals 제약 회사 | medicine 약 | projection 예상 | memorable 기억에 남는 | government 정부 | tax 세금

1. There was great ------- among customers waiting for the new product launch.

   (A) enthuse
   (B) enthusiasm
   (C) enthusiastic
   (D) enthusiastically

2. Payments for the purchases must ------- before the product is shipped for delivery.

   (A) to receive
   (B) be received
   (C) receive
   (D) received

3. The head of the department has ------- the contract with the new client.

   (A) final
   (B) finalizing
   (C) finalize
   (D) finalized

4. In order to increase productivity, new rules ------- the working hours of the employees.

   (A) regulate
   (B) regulates
   (C) is regulated
   (D) regulating

5. Profit ------- are the main reasons for the business expansion.

   (A) increase
   (B) increases
   (C) increasing
   (D) increased

6. All staff members in the sales department must ------- their receipts by Friday.

   (A) to submit
   (B) submitting
   (C) submit
   (D) submitted

7. The Berry Donuts ------- five new stores throughout the area.

   (A) has opened
   (B) have opened
   (C) opening
   (D) having opened

8. Employees can ------- in any of our time management seminar.

   (A) participate
   (B) participant
   (C) participated
   (D) participating

9. The customer ------- do not indicate any changes in their preferences.

   (A) survey
   (B) surveys
   (C) surveyed
   (D) to survey

10. Participating in this seminar will ------- your expertise in this field.

    (A) broad
    (B) broaden
    (C) to broaden
    (D) broadens

11. ------- in responding to complaints are the important issues at the meeting.

(A) Delays
(B) Delaying
(C) Delayed
(D) Delay

12. There is ------- that the previous president was fired.

(A) to speculate
(B) speculate
(C) speculation
(D) speculated

13. Mr. Anderson ------- the new model for the renovations of the office building.

(A) see
(B) seen
(C) has seen
(D) seeing

14. The manager of the accounting department ------- the financial reports from all departments.

(A) to review
(B) reviewing
(C) reviewed
(D) review

15. ------- about the production plans are supported by the manager.

(A) Reports
(B) Report
(C) To report
(D) Reporter

16. The Seventh Annual Book Fairs will be ------- in Ashville on May 10.

(A) hold
(B) holds
(C) held
(D) holding

17. The shipments ------- delivered once we confirm your payment.

(A) is
(B) being
(C) to be
(D) will be

18. The new washing machines ------- popular in Korea and Japan.

(A) become
(B) becomes
(C) becoming
(D) is becoming

19. Good Image's video system ------- the best quality pictures.

(A) producing
(B) produce
(C) produces
(D) product

20. GD Electronics ------- chosen John Adams as a new vice president.

(A) has
(B) have
(C) is
(D) are

필수 공략하기

필수비법 1 한정사의 수일치

한정사란 명사의 앞에 놓여 명사의 의미를 한정해 주는 것으로, 어떤 명사와 쓰이는지 알아 두어야 합니다. 같은 pen 이라도, a pen은 '하나의 펜', the pen은 '그 펜'이라는 서로 다른 의미로 명사를 한정합니다. 한정사와 이와 어울리는 명사의 종류를 알아봅시다.

a(n)(= one) 하나의 / this 이것 / that 저것 / each 각각의 / every 모든] + 가산 단수 명사 + 단수 동사

Each / Every product **is** defective. 각각의 / 모든 제품은 결함이 있다.

these 이것들 / those 저것들 / many 많은 / a few 조금 있는 / few 거의 없는 /
all 모든 / most 대부분의 / some 몇몇의] + 가산 복수 명사 + 복수 동사

Many products **are** defective. 많은 제품은 결함이 있다.

this 이것 / that 저것 / much 많은 / a little 조금 있는 / little 거의 없는 /
all 모든 / most 대부분의 / some 몇몇의] + 불가산 단수 + 단수 동사

Much equipment **is** defective. 많은 장비는 결함이 있다.

the 특정한 '그것' / 소유격(my, your, her, his, our, their, its, 명사's) + 가산 / 불가산 명사 + 단수 / 복수 동사

The product **is** defective. 그 제품은 결함이 있다.
The products **are** defective. 그 제품들은 결함이 있다.

 의문문과 부정문에서 some과 같은 의미로 쓰이는 any는 긍정문에 쓰이면 '어떠한 ~라도'라는 의미로, 가산 / 불가산 명사 모두와 어울려 쓰입니다.

If you have **any** question, please contact us. 어떠한 질문이라도 있으면, 저희에게 연락하세요.

비법 1 적용하기 | 괄호 안에 알맞은 것을 고르세요.

1. I need to buy (a / a few) computer.
2. (This / These) new product will be released soon.
3. The Web site includes (many / much) information.
4. (Few / Little) managers attended the meeting.
5. We received (a little / some) complaints from our customers.
6. (Every / All) employees should attend the workshop.
7. Mr. Jones will examine (many / her) application.
8. I got a positive (response / responses).
9. (All / Any) Sturdy Plastics employee can participate in the event.
10. The company gives employees bonuses (every / a few) year.

정답 및 해설 p. 67

어휘 release 출시하다 | complaint 불평, 불만 | examine 검토하다 | application 지원서 | positive 긍정적인 | response 반응 | participate in ~에 참여하다

필수비법 2 부정대명사의 수일치

❶ 부정대명사의 쓰임

한정사와 부정대명사 두 가지 쓰임이 있는 것들도 있습니다. 수일치는 한정사와 같습니다.

> many 많은 / a few 조금 있는 / few 거의 없는
> all 모든 / most 대부분의 / some 몇몇의
>] + of the 가산 복수 명사 + 복수 동사

Many / All products **are** defective. 많은 / 모든 제품은 결함이 있다.
Many / All of the products **are** defective. 제품 중 많은 / 모든 것들에 결함이 있다.

> much 많은 / a little 조금 있는 / little 거의 없는
> all 모든 / most 대부분의 / some 몇몇의
>] + of the 불가산 단수 명사 + 단수 동사

Much / All equipment **is** defective. 많은 / 모든 장비에 결함이 있다.
Much / All of the equipment **is** defective. 장비의 많은 / 모든 것들에 결함이 있다.

❷ each와 one

한정사로 쓰이는 경우 뒤에 가산 단수 명사와 어울려 쓰이는 each와 one의 경우, of the 뒤에 복수 명사가 옵니다. 수일치에 주의하세요.

> each 각각의, 모든 / one 하나   + of the 가산 복수 명사 + 단수 동사

Each product **is** defective. 각각의 하나의 제품에 결함이 있다.
Each of the products **is** defective. 각각의 제품들에 결함이 있다.

> 주의 every는 한정사로만 쓰이고, every of the의 대명사 형태로는 쓰이지 않습니다.
> every of the products ✗

비법 2 적용하기 | 괄호 안에 알맞은 것을 고르세요.

1. Much of the equipment (is / are) defective.
2. Some of the products (is / are) new in this store.
3. All of the equipment (is / are) defective.
4. One of the products (is / are) defective.
5. (Every / Each) of the new employees was greeted by the new president.

어휘 equipment 장비 | defective 결함이 있는 | greet 환영하다, 맞이하다

1. ------- new employee in the team should notify Mr. Simmons in the personnel.

   (A) Some
   (B) All
   (C) Few
   (D) Any

2. One possible ------- is that we need to develop more innovative products.

   (A) conclusive
   (B) conclude
   (C) conclusion
   (D) concluding

3. One of the ------- of the president is that he evaluates the performance of the managers.

   (A) responsible
   (B) responsibility
   (C) responsibilities
   (D) responsibly

4. Our research and development team received many ------- about the new product.

   (A) complaining
   (B) complain
   (C) complaint
   (D) complaints

5. ------- participants of the weekend's workshop should sign up on the Web site.

   (A) All
   (B) Each
   (C) Every
   (D) Much

6. Nature Love Inc.'s ------- additions to their Web site have attracted more customers.

   (A) tall
   (B) busy
   (C) thick
   (D) many

7. The company presented an award to ------- of the best employees.

   (A) every
   (B) some
   (C) much
   (D) little

8. The company required ------- managers to obtain any professional certification.

   (A) every
   (B) this
   (C) each
   (D) its

9. Most of the workers ------- interested in the new incentive program.

   (A) is
   (B) are
   (C) being
   (D) has

10. Fly High Airline will guarantee that ------- of the passengers has a discount coupon.

    (A) every
    (B) all
    (C) much
    (D) each

11. Many of the ------- for the vacancy are trained in different fields of science.

(A) applies
(B) application
(C) applicants
(D) applied

12. The construction crews must wear a safety helmet and goggle at all -------.

(A) timing
(B) time
(C) times
(D) timely

13. We, at AHA Shipping, apologize for ------- inconvenience caused by the delays.

(A) few
(B) any
(C) many
(D) these

14. Resolving customers' complaints is one of the difficult ------- in this job.

(A) challenges
(B) challenge
(C) challenging
(D) challenged

15. The next ------- for Mr. Peterson's presentation will be time management.

(A) theme
(B) thematic
(C) themes
(D) themed

16. After the employees read the new contract, ------- have accepted the changed policies.

(A) most
(B) each
(C) much
(D) every

17. Each of the instructors at Excel Academy ------- at least five years of experience in the field.

(A) having
(B) has
(C) have
(D) to have

18. A movie ticket can be purchased at ------- box office at the theater.

(A) many
(B) all
(C) few
(D) any

19. ------- new factory trainees must wear their name badges during the tour.

(A) That
(B) Every
(C) All
(D) Each

20. ------- seminar attendee has to sign the non-disclosure agreement.

(A) All
(B) Most
(C) Every
(D) Many

독해로 끝내기 PART 6

어휘, 문법, 독해를 한 번에 해결해야 하는 part 6 연습 문제입니다.

Questions 1-4 refer to the following notice.

NOTICE to all nursing students:

Metro Hospital is now accepting applications for its summer internship program for nursing students. This paid internship includes on-site experience and performs many clinical -------. Graduates of the program have given favorable feedback about their experience at Metro Hospital. For -------, the internship was an opportunity to develop essential skills in the field. -------. Metro Hospital ------- candidates who have displayed excellence both academically and personally.

1. (A) procedure
   (B) procedures

2. (A) many
   (B) few

3. (A) If you are interested in the position, you must submit an application before May 7th.
   (B) Your qualifications are impressive, so we would like to work with you.

4. (A) recommends
   (B) considers

문장 해석하기

3번 문장을 해석해 보고 문맥상 적절한 것을 골라 보세요.

(A) If you are interested in the position, you must submit an application before May 7th.

_____

(B) Your qualifications are impressive, so we would like to work with you.

_____

정답 및 해설 p. 71

어휘 accept 수락하다, 받다 | application 지원서 | include 포함하다 | on-site 현장의 | perform 수행하다 | clinical 임상의 | procedure 절차 | graduate 졸업생 | favorable 호의적인, 유리한 | be interested in ~에 관심이 있다 | submit 제출하다 | qualification 자격 요건 | impressive 인상 깊은 | would like to do ~하고 싶다 | opportunity 기회 | essential 필수적인 | field 분야 | candidate 후보자 | display 보여주다 | excellence 뛰어남, 탁월함 | academically 학문적으로

문장 분석하기

아래 문장 분석을 해보세요.

step1 동사(V)를 찾는다. → step 2 수식어([ ])를 표시한다. → step 3 주어(S), 목적어(O), 보어(C)를 표시한다.

1. There was great enthusiasm among customers waiting for the new product launch.

   해석 _____

2. In order to increase productivity, new rules regulate the working hours of the employees.

   해석 _____

3. Profit increases are the main reasons for the business expansion.

   해석 _____

4. The customer surveys do not indicate any changes in their preferences.

   해석 _____

5. The Seventh Annual Book Fairs will be held in Ashville on May 10.

   해석 _____

6. One of the responsibilities of the president is that he evaluates the performance of the managers.

   해석 _____

7. Nature Love Inc.'s many additions to their Web site have attracted more customers.

   해석 _____

8. Fly High Airline will guarantee that each of the passengers has a discount coupon.

   해석 _____

9. The construction crews must wear a safety helmet and goggle at all times.

   해석 _____

10. The next theme for Mr. Peterson's presentation will be time management.

    해석 _____

UNIT 09

시제

영어는 동사에서 시간의 변화를 나타내는데 그것이 바로 시제입니다. 가장 기본적인 현재, 과거, 미래를 포함해 총 12가지의 형태로 시간을 나타낼 수 있습니다. 다소 복잡해 보일 수 있으나 시간의 단서들만 잘 찾으면 쉽게 정답을 찾을 수 있습니다.

토익 필수 어휘

Track 09

어휘 미리 보기
학습할 내용의 어휘와 토익 빈출 어휘를 미리 익혀보세요. 모르는 어휘들에 표시하며 외워 둡시다.

☐ revise	통 수정하다	☐ maintenance	명 유지보수
☐ proposal	명 제안서	☐ assembly line	조립 라인
☐ budget	명 예산	☐ performance	명 공연
☐ allocation	명 할당, 분배	☐ promising	형 유망한, 촉망받는
☐ numerous	형 많은	☐ approve	통 승인하다
☐ adjacent	형 가까운	☐ urgently	부 급하게
☐ frequent	형 잦은, 빈번한	☐ recruit	통 채용하다
☐ banquet	명 연회, 만찬	☐ search for	통 ~을 찾다
☐ expectation	명 기대	☐ keynote address	기조연설
☐ nearly	부 거의, 약	☐ machinery	명 기계
☐ durable	형 내구성이 있는	☐ install	통 설치하다
☐ manufacturing	명 제조업	☐ complaint	명 불평, 불만
☐ device	명 기기	☐ compel	통 강요하다
☐ be eligible for	~할 자격이 있다	☐ recall	통 회수하다
☐ full refund	전액 환불	☐ invent	통 발명하다
☐ hold	통 개최하다	☐ temporarily	부 임시로, 잠시
☐ competition	명 경쟁; 대회	☐ stable	형 안정된
☐ career	명 경력	☐ implement	통 시행하다
☐ accountant	명 회계사	☐ measures	명 조치
☐ loss	명 손실, 손해	☐ favorably	부 호의적으로

어휘 적용하기
알맞은 어휘를 써 보세요.

1. _____ the report — 보고서를 **수정하다**
2. budget _____ — 예산 **할당**
3. hold a _____ — **연회**를 개최하다
4. _____ 100 attendees — **약** 100명의 참석자
5. a _____ product — **내구성이 있는** 제품
6. _____ a promotion — 승진할 **자격이 있다**
7. _____ work — **유지보수** 업무
8. _____ line — **조립** 라인
9. _____ applicants — **유망한** 지원자들
10. take _____ — **조치**를 취하다

정답 1. revise 2. allocation 3. banquet 4. nearly 5. durable 6. be eligible for 7. maintenance 8. assembly 9. promising 10. measures

UNIT 09

동사편 / UNIT 09 시제 113

기초 다지기

기초비법 1 단순 시제

❶ 현재 시제 동사원형 또는 「동사원형 + -(e)s」

반복되는 일이나 사실적인 일을 나타낼 때, 현재 시제로 쓰여 아래의 표현들과 함께 자주 쓰입니다.

| always 항상 | usually 대개 | often 종종 |
| sometimes 가끔 | every(= each) ~마다 | now(= currently) 지금 |

He **always** attends the seminars. 그는 항상 세미나에 참석한다.
I **attend** the seminars every month. 나는 매달 세미나에 참석한다.

❷ 과거 시제 「동사원형 + -ed」 또는 불규칙 형태

과거의 특정 시점에 있었던 일을 나타낼 때, 과거 시제로 쓰여 아래의 표현들과 함께 자주 쓰입니다.

| yesterday 어제 | ago 이전에 | last week 지난주 |
| recently(= lately) 최근에 | previously 이전에 | in + 년도 ~에 |

I **attended** the seminars yesterday. 나는 어제 세미나에 참석했다.
I **met** the manager last week. 나는 지난주에 매니저를 만났다.

❸ 미래 시제 「will + 동사원형」

미래의 시점에 일어날 일을 나타낼 때, 미래 시제로 쓰여 아래의 표현들과 함께 자주 쓰입니다.

| tomorrow 내일 | next(= following) 다음의 | soon(= shortly) 곧 |
| upcoming 곧 있을 | by the end of ~의 말에 | |

The center **will open** next month. 그 센터는 다음 달에 문을 열 것이다.
I **will attend** the upcoming seminars. 나는 곧 있을 세미나에 참석할 것이다.

 아래와 같은 표현은 미래 시제로 간주하여 will과 같은 의미로 쓰입니다.

will(= be going to do, be expected to do, be scheduled to do) ~할 예정이다

The center **is scheduled to** open next month. 그 센터는 다음 달에 문을 열 예정이다.

비법 1 적용하기 | 괄호 안에 알맞은 것을 고르세요.

1. Mr. Kang (finishes / finished) the report last month.
2. They often (announce / will announce) the results.
3. The shop (raises / will raise) the prices next month.
4. Many people (attend / attended) the conference in 2009.
5. We (sent / send) the report to Mr. Pam a week ago.
6. Our division (has / will have) a team meeting every Friday.
7. Mr. James always (participated / participates) in workshops.
8. John (arrived / arrives) in London yesterday.
9. Mr. Kim (distributes / will distribute) the memo shortly.
10. He is expected to leave (lately / shortly).

정답 및 해설 p. 73

어휘 result 결과 | division 부서 | participate in ~에 참여하다 | distribute 배포하다 | memo 회람

기초비법 2 완료 시제

❶ 현재 완료 「has / have + p.p.」
과거부터 지금까지 계속되는 일을 나타냅니다.

| for ~동안에 | over ~동안에 | since ~이래로, ~부터 | recently(= lately) 최근에 |

She **has attended** the meeting **for** two hours. 그녀는 2시간 동안 회의에 참석해왔다.

 since의 경우 전치사일 때는 뒤에 명사가, 접속사일 때는 뒤에 「주어 + 동사」가 올 수 있어요. 하지만 두 경우 모두 since 뒤에는 과거 시점이나 과거 시제가 나오며, 주절에 현재 완료를 쓴다는 것에 주의하세요.
전치사 She **has worked** at the bank since 2000. 그녀는 2000년도부터 은행에서 일해왔다.
접속사 She **has worked** at the bank since she graduated. 그녀는 졸업한 이래로 은행에서 일해왔다.

❷ 과거 완료 had p.p.
과거보다 더 이전에 있었던 일을 나타냅니다.
Before I **arrived** at the office, the meeting **had started**. 내가 사무실에 도착하기 전에 회의가 시작됐다.
After the meeting **had started**, I **arrived** at the office. 회의가 시작된 후에, 나는 사무실에 도착했다.

❸ 미래 완료 will have p.p.
지금부터 계속해서 미래에 완료될 일을 나타냅니다.
I **will have attended** the seminar for two years by next year. 내년까지 2년 동안 세미나를 참석하게 될 것이다.
  완료의 단서   미래의 단서

```
Before ⟵        과거 완료      •    현재 완료    •    미래 완료    •    ⟶ After
                     과거              현재              미래
```

비법 ❷ 적용하기 | 괄호 안에 알맞은 것을 고르세요.

1. Mr. Jones (worked / has worked) as a director in the finance department since 2001.
2. Mr. Jobs (worked / has worked) as a manager in 2001.
3. Before he joined the company, he (graduates / had graduated) from university.
4. Before she (arrives / arrived), the instructor had finished the lecture.
5. The CEO (will work / will have worked) for five years by next month.
6. After we had changed the menu, more customers (will visit / visited) the shop.
7. The company has gained a reputation since they (start / started) the business.
8. Tom (managed / has managed) the team over the past two years.
9. Ms. Cooper (led / has led) the team a few years ago.
10. Dr. Cooker (conducted / has conducted) tests since three years ago.

정답 및 해설 p. 74

어휘 finance 재무 | join 합류하다 | graduate from ~을 졸업하다 | gain a reputation 명성을 얻다 | conduct a test 테스트를 하다

PART 5

1. The chief financial officer ------- the proposal about the budget allocation last week.

   (A) will revise
   (B) revises
   (C) revised
   (D) is revising

2. Mr. Park ------- beginner yoga at this institute seven years ago.

   (A) has taught
   (B) teaches
   (C) is teaching
   (D) taught

3. Mr. Paterson, the event coordinator, will manage the ------- banquet next month.

   (A) numerous
   (B) adjacent
   (C) upcoming
   (D) frequent

4. The hospital has high ------- for the new doctors, who graduated from foreign universities.

   (A) expecting
   (B) expected
   (C) expectations
   (D) expectedly

5. Mr. Aronson ------- worked as purchasing director at Delcom Inc. over the past ten years.

   (A) are
   (B) have
   (C) has
   (D) were

6. After a sharp increase in profits, the store ------- operates five new branches in the region.

   (A) forward
   (B) soon
   (C) far
   (D) now

7. We are ------- working on developing more durable products.

   (A) soon
   (B) nearly
   (C) currently
   (D) recently

8. Employees at Saturn Manufacturing ------- every Saturday.

   (A) worked
   (B) working
   (C) workers
   (D) work

9. Bingo Beverage Co. recently ------- a customer survey to look into the market trend.

   (A) conduct
   (B) will conduct
   (C) to conduct
   (D) conducted

10. The Best Cooking Class has held ------- for their new students.

    (A) competes
    (B) competing
    (C) competitions
    (D) competitively

11. Mr. Spenser ------- in the restaurant for five months by the end of the year.

(A) been worked
(B) has worked
(C) will work
(D) will have worked

12. Promising candidates are expected to meet the president ------- to have an interview.

(A) while
(B) such
(C) quite
(D) soon

13. When Mr. James ------- to New York in 2001, he began his career as an accountant.

(A) moves
(B) has moved
(C) moving
(D) moved

14. Grayson Clothing ------- from losses last year while the competitors increased their sales.

(A) suffering
(B) suffers
(C) suffered
(D) suffer

15. The company ------- holds company-wide meetings to discuss current internal issues.

(A) recently
(B) occasionally
(C) lately
(D) previously

16. The new laptop XG ------- more popular since we changed the design.

(A) becomes
(B) has become
(C) became
(D) will become

17. Barker's Donuts has ten ------- throughout the country.

(A) locate
(B) locates
(C) located
(D) locations

18. The new advertisement campaign will ------- affect the sales of the new product.

(A) favoring
(B) favored
(C) favorably
(D) favor

19. The company's awards ceremony ------- before all participants attended.

(A) will begin
(B) has begun
(C) had begun
(D) is beginning

20. Before Mr. Parker entered the conference hall, Mr. Jobs' keynote address -------.

(A) had started
(B) will start
(C) starts
(D) start

필수 공략하기

필수비법 1 12가지 시제

앞에서 살펴본 단순 시제와 완료 시제 외에도 진행 및 완료 진행 시제가 있습니다. 영어의 모든 시제의 형태를 정리해 봅시다.

	종류	형태
현재	현재 완료 현재 진행 현재 완료 진행	has / have p.p. am / is / are doing has / have been doing
과거	과거 완료 과거 진행 과거 완료 진행	had p.p. was / were doing had been doing
미래	미래 완료 미래 진행 미래 완료 진행	will have p.p. will be doing will have been doing

진행 시제
진행 시제는 순간의 상황을 강조할 때 쓰입니다.

완료 진행 시제
완료 진행 시제는 형태가 복잡해 보이지만, 완료와 진행 두 가지 시제가 섞인 시제라고 생각하면 됩니다.

비법 1 적용하기 | 괄호 안에 알맞은 것을 고르세요.

1. The managers (met / are meeting) the new employees now.
2. Mr. Thomson (will have finished / had finished) the report by tomorrow.
3. We (are discussing / were discussing) the topic yesterday.
4. The company (has sent / will be sending) a letter to customers soon.
5. The R&D team (has been developing / will have developed) a new product for five months.

정답 및 해설 p. 77

어휘 employee 직원 | discuss 논의하다, 토론하다 | customer 고객 | develop 개발하다

필수비법 2 시간과 조건의 부사절

문장에 접속사가 쓰여 동사의 개수가 두 개가 되면 동사들의 시제는 주절의 동사를 기준으로 일치해야 합니다.

When he **arrived** at the office, he **began** working on the report. 그는 사무실에 도착했을 때, 보고서를 작성하기 시작했다.
         과거   과거

하지만, 시간이나 조건을 의미하는 부사절에서는 주절이 미래일 때 종속절에 현재 시제를 씁니다.

시간	once 일단 ~하고 나서	when ~할 때	after ~후에	before ~전에	until ~까지
조건	if 만약 ~라면		unless 만약 ~가 아니라면		

When the manager **arrives**, the meeting **will begin**. 매니저가 도착할 때, 회의가 시작될 것이다.
              현재   미래

If they **build** the factory, the environment **will suffer**. 그들이 공장을 설립한다면 환경이 훼손될 것이다.
           현재   미래

필수비법 3 제안 및 요청의 동사와 should의 생략

제안이나 요청을 의미하는 동사 뒤에 접속사 that을 쓰는 경우, that절 동사 앞에 should가 생략됩니다.

suggest(= propose, recommend) 제안하다
require 요구하다 / ask(= request) 요청하다   ] + that + 주어 + (should) + 동사원형

The manager **suggested that** the weekly meeting **(should) be rescheduled**.
                                                              동사원형
매니저는 주간 회의 일정을 다시 잡자고 제안했다.

비법 2 & 3 적용하기 | 괄호 안에 알맞은 것을 고르세요.

1. When I (arrive / will arrive) at the hotel, I will contact you.
2. We (go / will go) to the picnic if the weather is good.
3. Mr. Jones (waited / will wait) for her until the restaurant closed.
4. The manager recommended that he (submit / submits) the reports by Friday.
5. The manager requested that meetings (are held / be held) in the conference room.

정답 및 해설 p. 77

어휘 contact 연락하다 | picnic 야유회 | submit 제출하다 | hold 개최하다 | conference room 회의실

PART 5

1. Safety inspectors recommended that every worker ------- a safety helmet in the factory.
   (A) worn
   (B) is wearing
   (C) wears
   (D) wear

2. Body Fit Fitness Club is ------- recruiting highly qualified yoga instructors.
   (A) urgent
   (B) urgently
   (C) urgency
   (D) urgencies

3. Next Friday, Health for Life ------- a new feedback system.
   (A) was creating
   (B) will create
   (C) having created
   (D) had been creating

4. We will give a full refund for your purchase once your defective item -------.
   (A) arrived
   (B) arrives
   (C) will arrive
   (D) arrive

5. Ms. Seiko ------- to purchase some items for her business trip, but the shop had already closed.
   (A) want
   (B) will want
   (C) has wanted
   (D) wanted

6. Jane Olsen will ------- publish a new book, *Great Neighborhood Recipes*.
   (A) soon
   (B) how
   (C) ever
   (D) well

7. After three months of renovation, the plant is expected to reopen -------.
   (A) initially
   (B) shortly
   (C) equally
   (D) nearly

8. The company ------- several complaints over the last three months about the new product.
   (A) receives
   (B) has received
   (C) were receiving
   (D) would receive

9. Once all applicants submit their résumés, the vice president ------- the best candidate.
   (A) chose
   (B) will choose
   (C) have chosen
   (D) was choosing

10. A list of agenda will be sent to the managers by e-mail before the meeting -------.
    (A) began
    (B) begins
    (C) begun
    (D) begin

11. Because Ms. Finch is now on a business trip, we ------- that Mr. Steinberg attend the seminar instead.

(A) recommend
(B) compel
(C) recall
(D) invent

12. When we ------- the historical sites to tourists, our town will receive a lot of attention.

(A) open
(B) will open
(C) opened
(D) opens

13. Many people ------- the performance in the park when it was raining.

(A) watch
(B) will watch
(C) were watching
(D) are watching

14. Next week, the cafeteria ------- temporarily closed due to maintenance work.

(A) was
(B) are
(C) will be
(D) has been

15. John Anderson's paintings are ------- by his exceptional use of vivid colors.

(A) recognize
(B) recognizable
(C) recognizing
(D) recognizably

16. At the next weekly meeting, Ms. Lopez ------- the new products under development.

(A) will discuss
(B) had discussed
(C) discussing
(D) to discuss

17. If the CEO ------- the renovation plans, the contractor will work on the interior right away.

(A) approves
(B) approval
(C) approved
(D) approvingly

18. According to jobposting.com, many job seekers are ------- searching for stable jobs.

(A) aggressor
(B) aggression
(C) aggressiveness
(D) aggressively

19. Therm Technology Inc. has been implementing ------- to recover from the yearly loss.

(A) measured
(B) measures
(C) measuring
(D) to measure

20. Tickets for the musical performance at Dream Theater are fully ------- until this Friday.

(A) refund
(B) refunds
(C) refunding
(D) refundable

독해로 끝내기   PART 6

어휘, 문법, 독해를 한 번에 해결해야 하는 part 6 연습 문제입니다.

Questions 1-4 refer to the following advertisement.

> WANTED: Personal shoppers at Blooming Department Store
>
> -------1.-------. The personal shoppers -------2.------- customers with merchandise selection and outfit coordination. Two years' experience in a retail sales environment is preferred. -------3.-------, applicants with an extensive knowledge of fashion will also be considered. Applicants must be -------4.------- in using a computer, as all client information is added to our database. Applications can be picked up at our customer service counter.

1. (A) Blooming Department Store will finally open its door after three months of renovations.
   (B) Blooming Department Store is seeking two full-time employees for personal shopper positions.

2. (A) are assisting
   (B) will be assisting

3. (A) However
   (B) For example

4. (A) proficient
   (B) technical

1번 문장을 해석해 보고 문맥상 적절한 것을 골라 보세요.

(A) Blooming Department Store will finally open its door after three months of renovations.
_____

(B) Blooming Department Store is seeking two full-time employees for personal shopper positions.
_____

정답 및 해설 p. 80

어휘 department store 백화점 | finally 마침내, 드디어 | renovation 개조보수 | seek 찾다, 구하다 | full-time 정규직의 | assist A with B A가 B하는 것을 돕다 | merchandise 제품 | selection 선택 | outfit 의류 | retail 소매의 | environment 환경 | preferred 선호되는 | however 하지만, 그러나 | for example 예를 들어 | extensive 폭넓은 | knowledge 지식 | proficient in ~에 능숙한 | technical 기술적인 | pick up 가지고 가다

문장 분석하기

》 정답 및 해설 p. 81

아래 문장 분석을 해보세요.
step1 동사(V)를 찾는다. → step 2 수식어([ ])를 표시한다. → step 3 주어(S), 목적어(O), 보어(C)를 표시한다.

1. The chief financial officer revised the proposal about the budget allocation last week.

   해석 _____

2. The hospital has high expectations for the new doctors, who graduated from foreign universities.

   해석 _____

3. Mr. Spenser will have worked in the restaurant for five months by the end of the year.

   해석 _____

4. The new laptop XG has become more popular since we changed the design.

   해석 _____

5. The new advertisement campaign will favorably affect the sales of the new product.

   해석 _____

6. Safety inspectors recommended that every worker wear a safety helmet in the factory.

   해석 _____

7. Body Fit Fitness Club is urgently recruiting highly qualified yoga instructors.

   해석 _____

8. We will give a full refund for your purchase once your defective item arrives.

   해석 _____

9. Jane Olsen will soon publish a new book, *Great Neighborhood Recipes*.

   해석 _____

10. According to jobposting.com, many job seekers are aggressively searching for stable jobs.

    해석 _____

동사편 / UNIT 09 시제 123

UNIT 10

능동태와 수동태

영어의 동사는 2가지 태를 가지고 있습니다. 먼저, 우리가 일반적으로 외우는 동사의 태는 능동태이고, 이 형태가 바뀌게 되면 수동태입니다. 이 둘의 가장 큰 차이는 동사 뒤의 '목적어 유무'입니다. 능동을 수동으로 변형시켰다고 이해하기보다는 수동태 자체가 어떤 형태이고 어떤 의미인지를 익혀두는 게 좋습니다.

토익 필수 어휘

어휘 미리 보기 ▶ 학습할 내용의 어휘와 토익 빈출 어휘를 미리 익혀보세요. 모르는 어휘들에 표시하며 외워 둡시다.

☐ branch	명 지점, 지사		☐ until further notice		추후 공지가 있을 때까지
☐ attract	동 유치하다, 끌어오다		☐ candidate	명 후보자	
☐ competitor	명 경쟁 업체		☐ vacancy	명 일자리 공석	
☐ considerable	형 상당한		☐ oversee	동 감독하다	
☐ profitable	형 수익성이 있는		☐ negotiation	명 협상	
☐ shipment	명 배송물		☐ donate	동 기부하다	
☐ schedule	동 일정을 잡다		☐ market	동 광고하다	
☐ quarter	명 분기		☐ narrow	형 좁은	
☐ budget	명 예산		☐ access	동 접근하다	
☐ rearrange	동 재배열하다		☐ stock price	주가	
☐ inspect	동 점검하다, 검사하다		☐ sharply	부 급격히	
☐ compensation	명 보상		☐ cost-effective	형 비용 효율이 높은	
☐ share	동 공유하다		☐ household appliance	가전제품	
☐ colleague	명 동료		☐ highly recommended	강력히 추천되는	
☐ acquisition	명 (회사) 인수		☐ competent	형 유능한	
☐ launch	명동 출시(하다)		☐ evaluate	동 평가하다	
☐ accurate	형 정확한		☐ favorably	부 호의적으로	
☐ be representative of	~을 대표하다		☐ get a promotion	승진하다	
☐ cause	동 일으키다, 야기시키다		☐ scheduling conflict	일정 중복	
☐ postpone	동 미루다, 연기하다		☐ consistently	부 지속적으로	

어휘 적용하기 ▶ 알맞은 어휘를 써 보세요.

1. open a new _____ 　　새로운 **지점**을 열다
2. _____ new visitors 　　새로운 방문객들을 **끌어오다**
3. _____ a meeting 　　회의 **일정을 잡다**
4. _____ a factory regularly 　　정기적으로 공장을 **점검하다**
5. _____ a new product 　　신제품을 **출시하다**
6. be _____ of 　　~을 **대표**하다
7. _____ a meeting 　　회의를 **미루다**
8. until further _____ 　　추후 **공지**가 있을 때까지
9. _____ a product 　　제품을 **광고하다**
10. _____ recommended 　　**강력히** 추천되는

정답 1. branch 2. attract 3. schedule 4. inspect 5. launch 6. representative 7. postpone 8. notice 9. market 10. highly

UNIT 10

동사편 / UNIT 10 능동태와 수동태 **125**

기초 다지기

기초비법 1 능동태

능동태란, 주어가 능동적으로 어떤 동작을 '하는' 것을 말합니다. 예를 들어, eat(먹다)은 주어가 음식 등의 무언가를 먹는 능동적인 의미를 지닙니다. 우리가 외우는 동사들은 모두 능동태이며, 시제의 다양한 형태들도 능동태입니다.

① 원형
- 자동사 능동태 I **work** at a company. 나는 회사에서 일한다.
- 타동사 능동태 They **prepare** some food. 그들은 음식을 준비한다.

② 완료 have p.p.
- 자동사 능동태 I **have worked** at a company. 나는 회사에서 일해왔다.
- 타동사 능동태 They **have prepared** some food. 그들은 음식을 준비해왔다.

③ 진행 be doing
- 자동사 능동태 I **am working** at a company. 나는 회사에서 일하고 있다.
- 타동사 능동태 They **are preparing** some food. 그들은 음식을 준비하고 있다.

④ 완료 진행 have been doing
- 자동사 능동태 I **have been working** at a company. 나는 회사에서 일해 오는 중이다.
- 타동사 능동태 They **have been preparing** some food. 그들은 음식을 준비해 오는 중이다.

비법 1 적용하기 | 괄호 안에 알맞은 것을 고르세요.

1. We have (preparing / prepared) the annual party.
2. We have submitted (recommend / recommendations).
3. We have three (locates / locations) in Nashville.
4. Ms. Ash has (recent / recently) finished the report.
5. We are (current / currently) working on the project.
6. The two teams work (collaboration / collaboratively).
7. The two teams have been working (collaboration / collaboratively).
8. The director has (attending / been attending) a meeting.
9. John is (responsible / responding) for all food preparation.
10. The company is (refundable / refunding) a defective product.

정답 및 해설 p. 82

어휘 annual 연례의, 해마다의 | submit 제출하다 | recommend 추천하다 | recent 최근의 | current 현재의 | collaboration 협업 | collaboratively 협업하여 | be responsible for ~을 책임지다 | refund 환불하다 | defective 결함 있는

기초비법 2 타동사의 수동태

수동태란, 능동태의 목적어가 주어 자리로 이동한 형태로 의미상 주어가 동작을 '당하는' 것을 말합니다. 따라서, 능동태를 수동태로 바꾸려면 문장에 반드시 목적어가 있는 타동사가 있어야 합니다.

수동태의 형태
수동태의 형태는 「be + p.p. + by 행위자」의 형태로 능동태가 수동태로 변하면 동사 뒤에 목적어가 없어집니다. 즉, 능동태는 동사 뒤에 목적어가 있고, 수동태는 동사 뒤에 목적어가 없습니다.

능동태 The chefs **prepare** some food. 주방장들은 음식을 준비한다.

수동태 Some food **is prepared** [by the chefs]. 음식은 (주방장들에 의해) 준비된다.

기초비법 3 자동사의 수동태

자동사는 목적어가 없으므로 수동태가 될 수 없습니다.

1형식	arrive 도착하다	work 일하다	rise 오르다	expire 만기 되다
2형식	be ~이다	become ~가 되다	seem ~인 것 같다	remain ~상태로 남다

The contract **expired**. ⭕
The contract **has expired**. ⭕
The contract **was expired**. ❌
그 계약서는 만료되었다.

The contract **remained effective**. ⭕
The contract **has remained effective**. ⭕
The contract **was remained effective**. ❌
그 계약서는 효력이 있는 상태로 남아 있다.

비법 2&3 적용하기 | 괄호 안에 알맞은 것을 고르세요.

1. All orders (are shipping / are shipped) by trains.
2. T&T Co. (developed / was developed) the innovative products.
3. The weekly journal (has published / was published) last week.
4. They (have received / are received) poor service.
5. H&L Company will be (increasing / increased) the shipping fee.
6. The weekly meeting (has rescheduled / was rescheduled) for May 10.
7. The performance (impressed / was impressed) many people.
8. The training course is highly (recommending / recommended).
9. The oil price (is rising / is risen).
10. The shipment (arrived / was arrived) at the airport.

정답 및 해설 p. 83

어휘 order 주문(품) | ship 배송하다 | innovative 혁신적인 | publish 출간하다 | shipping fee 배송료 | reschedule 다시 일정을 잡다 | performance 공연 | impress 깊은 인상을 주다

1. Our new branches ------- in the downtown area to attract more visitors.

   (A) are located
   (B) locate
   (C) locates
   (D) is located

2. Whereas competitors experienced considerable losses, the Ultra Steel Inc. ------- profitable.

   (A) are remaining
   (B) to remain
   (C) has remained
   (D) was remained

3. The shipment of office furniture for the new office should ------- early tomorrow.

   (A) arriving
   (B) arrival
   (C) arrive
   (D) arrived

4. The results of the customer surveys ------- in the weekly report.

   (A) summarized
   (B) are summarized
   (C) are summarizing
   (D) summarizes

5. According to the policy, no drinks may be ------- in the theater.

   (A) keep
   (B) kept
   (C) keeps
   (D) keeping

6. The seminar was ------- scheduled for September 26, but it was delayed.

   (A) original
   (B) originally
   (C) origin
   (D) originality

7. Paterson Lindo is ------- meetings with all the managers for the next quarter's budget decision.

   (A) schedule
   (B) scheduled
   (C) schedules
   (D) scheduling

8. All assembly machinery must be ------- by a technician every six months.

   (A) inspection
   (B) inspected
   (C) inspecting
   (D) inspect

9. The light tables and chairs in the employee cafeteria can be ------- easily.

   (A) rearranged
   (B) rearranges
   (C) rearrangement
   (D) rearranging

10. Last month, the company ------- a new compensation program.

    (A) implemented
    (B) implements
    (C) was implemented
    (D) implement

11. Jessica Park ------- the information on the new market trend with many colleagues.

(A) has shared
(B) to share
(C) sharing
(D) was shared

12. Many journalists ------- interviews with the CEO about the acquisition.

(A) is requesting
(B) was requested
(C) had requested
(D) has requested

13. Security officers recommend that passwords ------- every six months.

(A) were changed
(B) will change
(C) have changed
(D) be changed

14. The managers from all departments ------- in the product launch.

(A) were involved
(B) have involved
(C) are involving
(D) were involving

15. In the supermarket, bottles of water and juice ------- in the beverage aisle.

(A) can find
(B) can be found
(C) are finding
(D) will be finding

16. If every beaker in the laboratory is not labeled -------, the test results will not be accurate.

(A) correctly
(B) correcting
(C) correctable
(D) corrected

17. The new Clean & Fast printer is ------- of MG Technology Co.

(A) representative
(B) represented
(C) representation
(D) represent

18. Last night's fire at the restaurant's kitchen ------- huge losses.

(A) has caused
(B) was caused
(C) caused
(D) causing

19. All flights heading to San Francisco ------- until further notice.

(A) will be postponed
(B) are postponing
(C) should postpone
(D) postponing

20. Every request form must ------- to the original receipt.

(A) be attached
(B) to attach
(C) have attached
(D) will attach

필수 공략하기

필수비법 1 수동태의 형태

수동태도 시제에 따라 8가지 형태가 있으며 미래 진행과 가장 복잡한 완료 진행은 수동태가 없습니다. 능동태와 수동태를 구별할 때, 가장 중요한 단서는 뒤에 목적어인 명사의 유무입니다.

	종류	형태
현재	현재 수동태 현재 완료 수동태 현재 진행 수동태	am / is / are p.p. has / have been p.p. am / is / are being p.p.
과거	과거 수동태 과거 완료 수동태 과거 진행 수동태	was / were p.p. had been p.p. was / were being p.p.
미래	미래 수동태 미래 완료 수동태	will be p.p. will have been p.p.

주의 시간을 나타내는 표현들은 부사 취급을 하니 명사로 혼동하지 않아야 합니다.

yesterday 어제	today 오늘	tomorrow 내일
last month 지난달	next month 다음 달	two years ago 2년 전
this summer 올여름	this morning 오늘 아침	once a week 일주일에 한 번

능동태   We **will hold** a meeting tomorrow.
                            명사   부사
수동태   The meeting **will be held** tomorrow.
                                       부사

비법 1 적용하기 | 괄호 안에 알맞은 것을 고르세요.

1. The movie (will be released / will release) this summer.
2. His car (is being repaired / is repairing) by a mechanic.
3. The form (has completed / has been completed).
4. The weekly meeting (will reschedule / has been rescheduled) for April 1.
5. The budget reports (have been distributed / have distributed) to all attendees.

정답 및 해설 p. 86

어휘 release 출시하다, 개봉하다 | repair 수리하다 | mechanic 수리공 | form 서식 | complete 작성하다 | budget 예산 | distribute 배포하다, 배분하다 | attendee 참석자

필수비법 2 by 이외의 전치사를 쓰는 표현

수동태의 형태에서 by 이외의 전치사를 쓰는 어구들을 외워두세요.

in	be interested in ~에 관심이 있다 be involved in ~에 관련되다 be engaged in ~에 관여하다 / 종사하다
with	be satisfied with ~에 만족하다 be pleased with ~에 기쁘다 be equipped with ~을 갖추고 있다 be filled with ~로 가득 차다 be covered with ~로 덮여 있다 be crowded with ~로 붐비다
to	be related to 명사 ~와 관계있다 be exposed to 명사 ~에 노출되다 be entitled to 명사 ~할 자격이 있다
기타	be surprised at ~에 놀라다 be scheduled for ~로 예정되다 be known for + 업적 ~로 알려져 있다 be concerned about ~을 걱정하다 be composed of ~로 구성되다 be based on ~에 근거하다

비법 2 적용하기 | 괄호 안에 알맞은 것을 고르세요.

1. We were satisfied (to / with) the survey results of the new product.
2. The team workshop is scheduled (in / for) 10 A.M. on Thursday.
3. Employees who are interested (in / about) the position should contact the HR team.
4. The estimated value of buildings is based (in / on) the property's structural condition.
5. The team's manager, Melinda, is known (for / by) her exceptional organizational skills.

정답 및 해설 p. 86

어휘 survey 설문 조사 | result 결과 | position 직책 | estimated 추정된 | value 가치 | property 부동산 | structural 구조적인 | condition 상태 | exceptional 뛰어난, 훌륭한 | organizational skill 조직 능력

PART 5

1. Successful candidates for the vacancies ------- by the personnel manager next week.
   (A) will contact
   (B) have been contacted
   (C) are contacting
   (D) will be contacted

2. The new overseas buyers ------- at the headquarters next Monday.
   (A) is arrived
   (B) arrives
   (C) will be arrived
   (D) will arrive

3. The James West Company ------- 100 desks and chairs to local schools.
   (A) has been donated
   (B) is donated
   (C) has donated
   (D) was donated

4. Min Soo Park, a service manager of XT Motors Center, is overseeing ------- with Auto-Glass.
   (A) negotiate
   (B) negotiates
   (C) negotiations
   (D) negotiated

5. The Smith Sum Community center ------- its annual charity event tomorrow.
   (A) was held
   (B) will be holding
   (C) will be held
   (D) had been holding

6. The new high-tech device has been marketed ------- in ten different countries.
   (A) succeed
   (B) success
   (C) successful
   (D) successfully

7. Dell Field Avenue is too ------- for drivers to park large cars.
   (A) narrow
   (B) narrows
   (C) narrowly
   (D) narrowness

8. The company's stock price rose ------- after they announced the merger with a giant.
   (A) sharp
   (B) sharpen
   (C) sharply
   (D) sharpness

9. The newly built apartments are ------- with cost-effective household appliances.
   (A) equip
   (B) equipment
   (C) equipped
   (D) equipping

10. Ricky Luis has been highly ------- for the graphic design position.
    (A) recommend
    (B) recommended
    (C) recommending
    (D) recommendation

11. Joseph Taylor ------- as a department director for two years by next year.

(A) will work
(B) will have worked
(C) will be working
(D) has worked

12. The updated schedules for this year's company events ------- on October 31.

(A) will be published
(B) publishes
(C) will publish
(D) are publishing

13. While the main office is -------, we need to move to the new office on Seventh Avenue.

(A) renovate
(B) being renovated
(C) renovating
(D) renovation

14. Applications ------- for the conference due to the extended deadline.

(A) are accepting
(B) are being accepted
(C) be accepted
(D) have accepted

15. The Job's keynote address is scheduled ------- 9 A.M. on Monday.

(A) between
(B) in
(C) for
(D) over

16. The performance of Mr. Morris' innovative project has been evaluated -------, but he failed to get a promotion.

(A) favorable
(B) favored
(C) favorably
(D) favoring

17. The manager has suggested that the meeting ------- until next Tuesday.

(A) be postponed
(B) will postpone
(C) postponed
(D) has been postponing

18. Mr. Watson has been ------- regarded as the competent manager in the company.

(A) consistent
(B) consistently
(C) consistency
(D) consistencies

19. Because the cost of raw materials has risen -------, Beauty Fashion Co. has to raise the prices of all items.

(A) sharp
(B) sharply
(C) sharpen
(D) sharpness

20. The film director, Andy Brook ------- for his well-made movies.

(A) will know
(B) is known
(C) to know
(D) has known

독해로 끝내기 PART 6

어휘, 문법, 독해를 한 번에 해결해야 하는 part 6 연습 문제입니다.

Questions 1-4 refer to the following e-mail.

To: Deborah Dorsey <ddorsey@alvesfinancial.com>
From: Greg Neil <gneil@alvesfinancial.com>
Date: June 9
Subject: Reimbursement of expenses

Dear Ms. Dorsey,

I received your e-mail on May 30 regarding reimbursement for your business dinner. Unfortunately, your request was submitted too late. -------, this month's paycheck does not include this amount. Your request ------- next week. In the future, please submit all receipts to the accounting department on time to avoid delays in -------. -------.

Sincerely,

Greg Neil
Head accountant, Alves Financial

1. (A) Therefore
   (B) However

2. (A) will process
   (B) will be processed

3. (A) payment
   (B) treatment

4. (A) Thank you for your cooperation in advance.
   (B) I look forward to seeing you again.

문장 해석하기

4번 문장을 해석해 보고 문맥상 적절한 것을 골라 보세요.

(A) Thank you for your cooperation in advance.
_____

(B) I look forward to seeing you again.
_____

정답 및 해설 p. 89

어휘 regarding ~에 대해 | reimbursement 환급 | unfortunately 안타깝게도 | paycheck 급여 | include 포함하다 | amount 금액, 양 | process 처리하다 | receipt 영수증 | accounting 회계 | on time 제때에, 시간에 맞게 | avoid 피하다 | delay 지연 | payment 지급, 납부 | treatment 처리, 대우 | cooperation 협조 | in advance 미리, 사전에 | look forward to doing ~하는 것을 고대하다

134

문장 분석하기

>> 정답 및 해설 p. 90

아래 문장 분석을 해보세요.
step1 동사(V)를 찾는다. → step 2 수식어([ ])를 표시한다. → step 3 주어(S), 목적어(O), 보어(C)를 표시한다.

1. The results of the customer surveys are summarized in the weekly report.

해석 _____

2. The seminar was originally scheduled for September 26, but it was delayed.

해석 _____

3. Mr. Lindo is scheduling meetings with all the managers for the next quarter's budget decision.

해석 _____

4. Jessica Park has shared the information on the new market trend with many colleagues.

해석 _____

5. The new Clean & Fast printer is representative of MG Technology Co.

해석 _____

6. Successful candidates for the vacancies will be contacted by the personnel manager next week.

해석 _____

7. The company's stock price rose sharply after they announced the merger with a giant.

해석 _____

8. The newly built apartments are equipped with cost-effective household appliances.

해석 _____

9. Applications are being accepted for the conference due to the extended deadline.

해석 _____

10. The performance of Mr. Morris' innovative project has been evaluated favorably, but he failed to get a promotion.

해석 _____

동사편 Review Test 02

1. TAYO Bus Line ------- nearly 100,000 visitors into our region last year.

   (A) brought
   (B) to bring
   (C) is bringing
   (D) had been brought

2. The schedule for the ferry service ------- on the board in the waiting area.

   (A) posts
   (B) was posted
   (C) posted
   (D) posting

3. When the director ------- to Europe on business, he will meet the potential clients.

   (A) to go
   (B) going
   (C) goes
   (D) was going

4. Next week, the employee lounge ------- temporarily closed due to maintenance work.

   (A) was
   (B) are
   (C) will be
   (D) has been

5. Until the new programs ------- on the computer, please keep it off for a while.

   (A) would be installing
   (B) to be installed
   (C) were installing
   (D) have been installed

6. Mega Financial Center is ------- opening to the public after five years of construction.

   (A) final
   (B) finality
   (C) finals
   (D) finally

7. The progress reports about the current projects were ------- by the project manager.

   (A) revising
   (B) revise
   (C) revision
   (D) revised

8. Last week, Mr. Sanders ------- a parking permit from the building manager.

   (A) obtained
   (B) has obtained
   (C) obtaining
   (D) will obtain

9. The 7th technology conference ------- at Hilton Hotel in New York.

   (A) holds
   (B) has held
   (C) is holding
   (D) is being held

10. Ms. Diaz, as chief operating officer, ------- the role for managing the departments.

    (A) assuming
    (B) to assume
    (C) will assume
    (D) assume

11. The manager ------- the project proposal before it was approved by the management last week.

(A) will revise
(B) revises
(C) revised
(D) is revising

12. The recent article in *Trend Newsletter* ------- the merger of DM Chemicals and Quick Industries.

(A) highlighting
(B) highlights
(C) to highlight
(D) were highlighting

13. The company recommended that all employees ------- on time in the morning.

(A) were arrived
(B) will arrive
(C) have arrived
(D) be arrived

14. Researchers in the R&D department have found that there are ------- on this product.

(A) limiting
(B) limitless
(C) limited
(D) limitations

15. Once the problems are -------, the technicians will start the maintenance work.

(A) find
(B) finding
(C) finds
(D) found

16. Money from investors ------- for future renovations of the office building.

(A) reserves
(B) was reserving
(C) to be reserved
(D) has been reserved

17. Next year, a new line of cost-effective household appliances ------- in the market.

(A) will be introduced
(B) has been introduced
(C) will introduce
(D) introduces

18. After John Carter ------- the certification course, he began his career as a computer programmer.

(A) masters
(B) is mastering
(C) has mastered
(D) had mastered

19. A few ------- at the conference are the new employees of this company.

(A) participants
(B) participate
(C) participated
(D) participation

20. At the end of the month, Strong Steel Factory ------- its operation due to the decrease in sales.

(A) to discontinue
(B) discontinued
(C) will discontinue
(D) have discontinued

1인 사진

Part 1

한 사람이 지금 하고 있는 것을 찾아라!

토익 LC Part 1에서 가장 기본적으로 다루는 1인 사진을 살펴보겠습니다. 사람의 동작이나 상태, 주변 사물들과의 관계를 잘 파악해서 들어야 합니다. 동사는 '현재 ~하는 중이다'란 의미의 현재진행(is/are doing)을 사용하여 지금 눈앞에서 이루어지고 있는 듯한 느낌으로 표현합니다.

위 사진에서 남자의 행동으로 옳은 것은 아래 두 가지 중 어떤 것일까요?

> He **is talking on** the telephone. 그는 전화를 하는 중이다.
> He **is putting on** a tie. 그는 넥타이를 매는 중이다.

정답은 첫 번째 문장인데요, **두 번째 표현이 오답인 이유는 put on이 '지금 현재 입고 있는 중'이란 '동작'을 나타내기 때문입니다.** 그는 넥타이를 이미 착용하고 있는 '상태'이므로 He is wearing a tie.라고 하는 것이 알맞습니다.

* 다음 상태 및 동작 표현들을 외워둡시다.

	상태(이미 끝난 상태)	동작(하고 있는 중)
입고 있다	wearing	trying on, putting on
들고 있다	holding	picking up
타고 있다	riding	getting on, getting in

실전문제 풀어보기 | 다음 어휘들을 미리 학습한 후 문제를 풀어보세요.

 Track 11

문제 푸는 Skill 동사를 잘 듣고 상태 및 동작 구분하기

1.

어휘 미리 읽고 듣기
- [ ] operate 작동하다
- [ ] equipment 장비, 기기
- [ ] work 일하다, 작업하다
- [ ] construction site 공사 현장
- [ ] put on 입다
- [ ] safety gear 안전 장비
- [ ] load 짐을 싣다
- [ ] brick 벽돌

2.

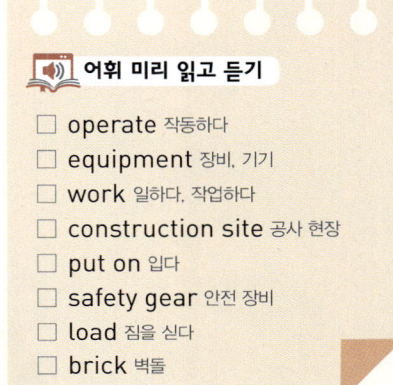

어휘 미리 읽고 듣기
- [ ] reach for ~을 향해 손을 뻗다
- [ ] product 제품, 물건
- [ ] put A into B A를 B에 넣다
- [ ] several items 몇몇 물건
- [ ] push 밀다
- [ ] cart 카트, 수레
- [ ] wear 입다
- [ ] hat 모자

» 정답 및 해설 p. 94

준동사편

UNIT 11 • to부정사
UNIT 12 • 동명사
UNIT 13 • 분사

UNIT 11

to부정사

쓰임이 '정해져 있지 않다'고 해서 붙여진 이름 부정사에 대해 배워 봅시다. 동사가 변형되어 만들어진 to부정사는 문장에서 동사가 아닌 명사, 형용사, 부사의 역할을 합니다. 동사처럼 보이지만 동사가 아니라는 점에서 어렵게 느껴지는 부분이기도 하지만 앞의 동사편을 잘 공부해 두었다면 쉽게 이해할 수 있을 것입니다.

토익 필수 어휘

Track 12

어휘 미리 보기 학습할 내용의 어휘와 토익 빈출 어휘를 미리 익혀보세요. 모르는 어휘들에 표시하며 외워 둡시다.

☐ purpose	명 목적	☐ urgent	형 긴급한
☐ provide A with B	A에게 B를 제공하다	☐ need	명 필요, 요구
☐ latest	형 최신의	☐ meet the deadline	마감일을 맞추다
☐ precisely	부 정확하게	☐ issue	명 (신문, 잡지) 호
☐ regulate	동 규제하다	☐ in addition to	전 게다가
☐ temperature	명 온도	☐ fill out	동 작성하다
☐ turn off	동 (전원을) 끄다	☐ personnel	명 인사팀
☐ account	명 계좌, 계정	☐ immediate supervisor	직속 상관
☐ instance	명 예시	☐ obtain	동 얻다, 획득하다
☐ relatively	부 비교적으로, 상대적으로	☐ approval	명 승인
☐ in the long term	장기적으로	☐ shift	명 교대 근무
☐ inspect	동 검사하다	☐ inconvenience	명 불편함
☐ in compliance with	~를 준수하여	☐ replace	동 교체하다
☐ catch the attention	관심을 끌다	☐ passenger	명 승객
☐ brand awareness	브랜드 인지도	☐ acquire	동 인수하다
☐ give away	동 무료로 나눠주다	☐ be accessible to	~에 접근하다
☐ temporarily	부 임시로, 잠시	☐ be compatible with	~과 호환되다
☐ due to	전 ~때문에	☐ take advantage of	~을 활용하다
☐ maintenance	명 유지보수	☐ lead to	동 ~을 초래하다
☐ employee productivity	직원 생산성	☐ release	명 동 발표(하다)

UNIT 11

어휘 적용하기 알맞은 어휘를 써 보세요.

1. _____ customers with the best service — 고객들에게 최고의 서비스를 **제공하다**
2. use the _____ technology — **최신** 기술을 사용하다
3. _____ the air conditioning — 에어컨의 **전원을 끄다**
4. in _____ with — ~을 **준수하여**
5. _____ close the store — **임시로** 상점을 닫다
6. regular _____ — 정기 **유지보수**
7. increase _____ — **직원 생산성**을 높이다
8. _____ a form — 서식을 **작성하다**
9. weekend _____ — 주말 **교대 근무**
10. be _____ to the building — 건물로 **접근**하다

정답 1. provide 2. latest 3. turn off 4. compliance 5. temporarily 6. maintenance 7. employee productivity 8. fill out 9. shift
10. accessible

준동사편 / UNIT 11 to부정사

기초 다지기

기초비법 1 to부정사의 쓰임

to부정사는 「to + 동사원형」 즉, to do의 형태로 문장에서 명사, 형용사, 부사 역할을 합니다.

❶ 명사 역할(~하는 것, ~하기)   주어, 목적어, 보어 역할

주어	**To get an excellent service** is important.	훌륭한 서비스를 받는 것은 중요하다.
목적어	I want **to get a job**.	나는 직업을 가지기를 원한다.
주격 보어	My job is **to conduct surveys**.	나의 업무는 설문 조사를 수행하는 것이다.
목적격 보어	I encourage him **to get a job**.	나는 그가 직업을 갖는 것을 권한다.

→ 주어로 쓰일 때는 단수 취급합니다.

❷ 형용사 역할(~하는)   명사를 뒤에서 수식

You should make an effort **to help Mr. Jones**. 당신은 존스 씨를 도우려고 노력해야 한다.

to부정사의 수식을 받는 명사들

> ability 능력 / effort 노력 / attempt 시도 / opportunity 기회
> right 권리 / time 시간 / way 방법 / decision 결정 / plan 계획
>] + **to do**

❸ 부사 역할(~하기 위해서, ~해서)   문장이나 형용사 등을 수식

To apply for the job, she went to the office. 일자리에 지원하기 위해서, 그녀는 사무실로 갔다.
= In order to = So as to

비법 ❶ 적용하기 | 괄호 안에 알맞은 것을 고르세요.

1. We need a (reservation / to reserve).
2. We need (reservation / to reserve) a room.
3. Please visit our Web site (reserve / to reserve) a room.
4. The managers should submit (to recommend / recommendations).
5. (Protect / To protect) information, you should download the program.
6. (Protect / To protect) your personal information.
7. His duty is (manage / to manage) the team.
8. In order to (reduce / reduction) the cost, we need a new plan.
9. Mr. Jones will go to the seminar (learn / to learn) about the trends.
10. He has the ability (leading / to lead) the team.

정답 및 해설 p. 95

어휘 reservation 예약 | reserve 예약하다 | protect 보호하다 | duty 업무, 의무 | manage 관리하다 | reduce 줄이다, 삭감하다 | cost 비용

기초비법 2 to부정사의 태

to부정사도 능동과 수동이 있습니다. 동사와 마찬가지로 능동일 때에는 뒤에 목적어인 명사가 오지만, 수동일 때는 목적어가 없습니다. to부정사의 수동태는 「to + be + p.p.」의 형태입니다.

능동　　They need **to clean the machine**. 그들은 기계를 닦을 필요가 있다.
　　　　　　　　　　　　　　　목적어

수동　　The desk needs **to be cleaned**. 그 책상은 닦여질 필요가 있다.

또한, to부정사는 부사의 수식을 받습니다.
They need **to** regularly **clean** the machine. 그들은 정기적으로 기계를 닦을 필요가 있다.

기초비법 3 가주어와 의미상의 주어

❶ 가주어 it

to부정사가 주어로 쓰이면 길이가 너무 길어 가짜 주어 It으로 대체할 수 있습니다. 이때 It은 해석하지 않습니다.

To meet with the employer is important. 고용주를 만나는 것은 중요하다.
→ **It** is important **to meet with the employer**.

자주 쓰이는 가주어 구문을 외워두세요.

It is + [important 중요한 / possible 가능한 / impossible 불가능한 / necessary 필요한
　　　　essential 필수적인 / vital 필수적인 / mandatory 의무적인 / advisable 바람직한] + **to do**

❷ 의미상의 주어 「for + 명사」

필요한 경우, to부정사 바로 앞에 의미상의 주어를 「for + 명사 / 목적격 대명사」 형태로 쓸 수 있습니다.
It is difficult **for them** to receive compensation. 그들이 보상을 받는 것은 어렵다.

비법 2&3 적용하기 | 괄호 안에 알맞은 것을 고르세요.

1. I want to (buy / be bought) a new camera.
2. New employees need to (train / be trained) for the new job.
3. The product cost is expected to rise (steadiness / steadily).
4. The customers want to get (exceptional / exceptionally) service.
5. The sales figures need to be (regular / regularly) checked.
6. (It / That) is necessary to attend a weekly meeting.
7. It is essential (to / for) attend the weekly seminar.
8. It is mandatory (to / for) all employees to follow the regulations.
9. In order (to / for) increase productivity, we purchased the latest equipment.
10. In order (to / for) the company to increase the profits, they have implemented a new plan.

정답 및 해설 p. 96

어휘 train 교육하다, 훈련하다 | be expected to do ~할 예정이다 | exceptional 훌륭한, 뛰어난 | sales figures 판매 수치 | regulation 규정 | purchase 구매하다 | equipment 장비 | profit 이익 | implement 실행하다

1. The purpose of the workshop is ------- employees with information about the revised policy.

   (A) provide
   (B) provided
   (C) to provide
   (D) provision

2. Staff members in the sales department ------- overtime last month.

   (A) worked
   (B) to work
   (C) working
   (D) works

3. The latest technology is used to ------- regulate the temperature within the machine.

   (A) preciseness
   (B) precisely
   (C) precise
   (D) precision

4. In an ------- to reduce costs, please turn off the computers in the office before you leave.

   (A) effort
   (B) account
   (C) instance
   (D) output

5. It is important ------- all customers to bring their coupons in order to receive a discount.

   (A) with
   (B) that
   (C) to
   (D) for

6. We ask our visitors to leave ------- for a better service.

   (A) suggest
   (B) suggestions
   (C) suggests
   (D) suggesting

7. The factory is inspected every year to ensure ------- with corporate standards.

   (A) complied
   (B) compliant
   (C) comply
   (D) compliance

8. The components in the old machinery need to ------- soon.

   (A) replace
   (B) be replaced
   (C) has replaced
   (D) replaced

9. The total revenue of the company needs to be ------- checked for accuracy.

   (A) regularity
   (B) regular
   (C) regularize
   (D) regularly

10. It is essential for displayed items ------- the attention of shoppers.

    (A) catch
    (B) catches
    (C) catching
    (D) to catch

11. The company ------- to modify the company logo to increase brand awareness.

(A) decision
(B) to decide
(C) deciding
(D) decided

12. ------- its 10th anniversary, Beauty Cosmetics will give away free samples to visitors.

(A) To celebrate
(B) Celebrated
(C) Celebrates
(D) Celebration

13. In an effort ------- employee productivity, the company gave bonuses to all employees.

(A) increase
(B) increasing
(C) to increase
(D) increased

14. The marketing and advertising departments work hard in a ------- effort to increase a market share.

(A) collaborate
(B) collaboratively
(C) collaborates
(D) collaborative

15. The board members attended a meeting to discuss the ------- need for additional funds.

(A) urgent
(B) urgently
(C) urgency
(D) urgencies

16. It is mandatory for candidates ------- the requirements for the position.

(A) meet
(B) to be met
(C) meeting
(D) to meet

17. In order to ------- the reports, Mr. Hansen has to work overtime.

(A) finish
(B) finishing
(C) finished
(D) be finished

18. The Tom's Charity pays attention to ------- of the annual fundraising event every year.

(A) organizes
(B) organizer
(C) organized
(D) organization

19. New applications are required to be ------- on time for consideration.

(A) submitting
(B) submit
(C) submitted
(D) submission

20. To increase ------- among members, the team manager designed a monthly outing.

(A) interaction
(B) interactive
(C) interacts
(D) interacted

필수 공략하기

필수비법 1 to부정사를 취하는 동사

❶ 「동사 + to do」

| hope 바라다 / wish 바라다 / plan 계획하다
| decide 결정하다 / aim 목표하다 / prepare 준비하다 ┐ **+ to do**
| strive 분투하다 / fail 실패하다 / refuse 거절하다 ┘

❷ 「동사 + 목적어 + to do」

| 조언   tell 말하다 / advise 조언하다 / remind 상기시키다
| 허가   require 요구하다 / allow(= permit) 허가하다 / enable ~할 수 있게 하다   **+ 목적어 + to do**
| 설득   persuade 설득하다 / convince 설득하다 / encourage 장려하다

❸ 둘 다 가능한 동사

「동사 + to do」	「동사 + 목적어 + to do」
want to do ~하는 것을 원하다	want 목적어 to do …가 ~하는 것을 원하다
would like to do ~하는 것을 원하다	would like 목적어 to do …가 ~하는 것을 원하다
need to do ~할 필요가 있다	need 목적어 to do …가 ~할 필요가 있다
expect to do ~하도록 예상하다	expect 목적어 to do …가 ~하는 것을 예상하다
ask to do ~하는 것을 요청하다	ask 목적어 to do …가 ~하도록 요청하다
prepare to do ~하도록 준비하다	prepare 목적어 to do …가 ~하도록 준비시키다

비법 1 적용하기 | 괄호 안에 알맞은 것을 고르세요.

1. The company (decided / allowed) to give all employees incentives.
2. Mr. Nakamura plans (to hire / to be hired) as a temporary worker.
3. We hope (seeing / to see) you soon again.
4. The manager (told / refused) Ms. Liu to submit the report.
5. We (are liking / would like) to inform you of good news.

정답 및 해설 p. 99

어휘 hire 고용하다, 채용하다 | temporary 임시의 | submit 제출하다 | inform A of B A에게 B를 알리다

필수비법 2 외워두면 좋은 to부정사 어구

❶ 「be + p.p. + to do」

be expected to do ~하도록 예상되다	be scheduled to do ~하도록 예정되다
be asked to do ~하도록 요청되다	be required to do ~하도록 요구되다
be advised to do ~하도록 충고 되다	be encouraged to do ~하도록 권장되다
be allowed to do ~하도록 허락되다	be told to do ~하도록 요구되다
be invited to do ~하도록 요청되다	be permitted to do ~하도록 허가되다
be requested to do ~하도록 요청되다	be entitled to do ~할 자격이 있다
be prepared to do ~할 준비가 되다	be designed to do ~하도록 설계되다

All employees **are invited to attend** Mr. Parker's retirement party.
전 직원들은 파커 씨의 은퇴식에 참석하도록 요청된다.

❷ 「be + 형용사 + to do」

be ready to do ~할 준비가 되다	be (un)able to do ~할 수 있다(없다)
be likely to do ~할 것 같다	be sure to do 반드시 ~하다
be eligible to do ~할 자격이 있다	be reluctant to do ~하는 것을 꺼리다
be willing to do 기꺼이 ~하다	be proud to do ~하는 것이 자랑스럽다
be pleased to do ~하는 것이 기쁘다	be eager to do ~하는 것을 열망하다
be delighted to do ~하는 것이 기쁘다	be happy to do ~하는 것이 기쁘다

Mr. Johnson **is willing to continue** his position as a director.
존슨 씨는 부장으로서의 그의 직책을 기꺼이 계속하기로 했다.

비법 ❷ 적용하기 | 괄호 안에 알맞은 것을 고르세요.

1. Sales of our new products are (expected / expecting) to increase future profits.
2. We are able (to provide / to be provided) great service.
3. Be sure definitely (to bring / bring) your ID card.
4. We are (pleased / pleasing) to give you the best service.
5. I am unable to (attend / attending) the workshop.

정답 및 해설 p. 99

어휘 sales 매출 | increase 오르다, 증가시키다 | profit 이익 | definitely 확실히, 반드시

실전으로 훈련하기 — PART 5

1. The management hopes to ------- its expenses by purchasing cost-effective office equipment.
   (A) reduce
   (B) reduces
   (C) reduced
   (D) reduction

2. New employees should be ------- to introduce themselves to other team members.
   (A) prepared
   (B) prepare
   (C) preparedness
   (D) preparedly

3. You should speak to your supervisor to get ------- for the summer vacation.
   (A) approves
   (B) approved
   (C) approve
   (D) approval

4. The technician was able ------- my laptop by replacing the CPU chip.
   (A) repairs
   (B) to be repaired
   (C) to repair
   (D) repairing

5. All candidates are asked to fill out the application form -------.
   (A) complete
   (B) completely
   (C) completion
   (D) completes

6. The fifth annual job fair is expected ------- at the Marry Hall in November.
   (A) hold
   (B) to hold
   (C) holding
   (D) to be held

7. We ------- like to apologize for the inconvenience caused by our service.
   (A) hard
   (B) were
   (C) could
   (D) would

8. Passengers are ------- to show their boarding passes and passports at the gate.
   (A) required
   (B) acquired
   (C) expired
   (D) respected

9. Our loyal customers are ------- to get a 30 percent discount on all items.
   (A) accessible
   (B) eligible
   (C) compatible
   (D) possible

10. The management needs to ------- find a way to raise funds for the new project.
    (A) quickly
    (B) quicker
    (C) quickest
    (D) quick

11. We ask ------- to take advantage of the monthly sales at our store.

(A) shopping
(B) to shop
(C) shoppers
(D) shopped

12. The company ------- to invite you to the 15th anniversary party.

(A) like
(B) would like
(C) is liking
(D) was liking

13. CAD Electronics is ------- to introduce a new XT Digital camera in the market.

(A) previous
(B) additional
(C) proud
(D) general

14. If you wish ------- an appointment with the lawyer, you can reach me at 555-3433.

(A) to arrange
(B) have arranged
(C) be arranged
(D) arranging

15. You are required to ------- a boarding pass and a passport at the gate 10.

(A) presenting
(B) presented
(C) present
(D) presents

16. Applicants for the director position ------- to have five years of managerial experience.

(A) require
(B) requires
(C) are required
(D) has required

17. Mr. Martin plans ------- marketing reports to the vice president each week.

(A) submit
(B) to submit
(C) submitted
(D) will submit

18. The new company logo will lead to ------- results in a few months.

(A) excel
(B) excellently
(C) excellent
(D) excellence

19. Most people use the *Daily News* Web site to make ------- for newspaper subscriptions.

(A) pay
(B) paid
(C) paying
(D) payments

20. All employees of Future & Mind Publishing are ------- to attend the president's retirement party.

(A) conducted
(B) noticed
(C) expected
(D) related

독해로 끝내기 　PART 6

어휘, 문법, 독해를 한 번에 해결해야 하는 part 6 연습 문제입니다.

Questions 1-4 refer to the following e-mail.

To: Andrea Houston <houston@webglobal.com>
From: Sharon Turner <s_turner@techmonthly.net>
Date: January 20
Subject: Interview with *Tech Monthly*

Dear Ms. Houston,

My name is Sharon Turner, and I am the assistant editor of *Tech Monthly*. I'm currently making arrangements for our next ---**1.**---, which will feature successful entrepreneurs in the industry. You definitely fall into this category, so I ---**2.**--- to interview you for an article. If you have time to ---**3.**--- us sometime next week, please let me know. ---**4.**---. Thank you for your consideration.

Sincerely,

Sharon Turner
Assistant editor, *Tech Monthly*

1. (A) issue
   (B) show

2. (A) will like
   (B) would like

3. (A) talk to
   (B) write for

4. (A) We are hiring the new journalist soon.
   (B) I am able to visit your office at any time.

 문장 해석하기

4번 문장을 해석해 보고 문맥상 적절한 것을 골라 보세요.

(A) We are hiring the new journalist soon.
   _____

(B) I am able to visit your office at any time.
   _____

정답 및 해설 p. 102

어휘 currently 현재 | make an arrangement 준비하다 | issue (신문, 잡지) 호 | show 쇼 프로그램 | feature 특색으로 다루다 | entrepreneur 기업가 | industry 업계 | definitely 당연히, 분명히 | fall into 해당하다 | article 기사 | sometime 언젠가, 그때쯤 | hire 고용하다, 채용하다 | journalist 기자 | be able to do ~할 수 있다 | at any time 언제든지 | consideration 고려

152

문장 분석하기

아래 문장 분석을 해보세요.

step1 동사(V)를 찾는다. → step 2 수식어([ ])를 표시한다. → step 3 주어(S), 목적어(O), 보어(C)를 표시한다.

1. The purpose of the workshop is to provide employees with information about the revised policy.

   해석 _____

2. We ask our visitors to leave suggestions for a better service.

   해석 _____

3. The factory is inspected every year to ensure compliance with corporate standards.

   해석 _____

4. The company decided to modify the company logo to increase brand awareness.

   해석 _____

5. The board members attended a meeting to discuss the urgent need for additional funds.

   해석 _____

6. New applications are required to be submitted on time for consideration.

   해석 _____

7. You should speak to your supervisor to get approval for the summer vacation.

   해석 _____

8. The technician was able to repair my laptop by replacing the CPU chip.

   해석 _____

9. All candidates are asked to fill out the application form completely.

   해석 _____

10. The company would like to invite you to the 15th anniversary party.

    해석 _____

UNIT 12

동명사

동사에 -ing를 붙여 동사가 아닌 명사의 역할로 쓰이는 것을 동명사라고 합니다. 특이한 점은, 명사로 쓰이지만 성격은 동사와 똑같다는 것입니다. 동명사는 명사와의 비교뿐만 아니라 to부정사의 명사적 역할과도 구별해야 합니다. 어떠한 차이가 있는지 하나씩 살펴봅시다.

토익 필수 어휘

어휘 미리 보기
학습할 내용의 어휘와 토익 빈출 어휘를 미리 익혀보세요. 모르는 어휘들에 표시하며 외워 둡시다.

☐ chief operating officer	최고 운영 담당자	☐ apologize for	동 ~에 대해 사과하다
☐ be responsible for	~을 책임지다	☐ aim	명동 목표(로 하다)
☐ implement	동 실행하다	☐ encourage A to do	A가 ~하도록 장려하다
☐ safety precaution	안전 예방 조치	☐ destination	명 목적지
☐ productivity	명 생산성	☐ warehouse	명 물류 창고
☐ evaluate	동 평가하다	☐ promptly	부 즉시, 바로
☐ performance	명 성과; 성능; 공연	☐ resolve	동 해결하다
☐ subscription	명 (신문, 잡지) 구독	☐ serve the needs	요구에 맞추다
☐ applicable	형 적용할 수 있는	☐ organization	명 조직, 단체
☐ strategy	명 전략	☐ fundraising campaign	자금 모금 행사
☐ cooperation	명 협력	☐ household appliance	가전제품
☐ receipt	명 수령, 받음; 영수증	☐ discounted	형 할인된
☐ estimate	명 견적서 동 추정하다	☐ commend	동 칭찬하다
☐ scheduling conflict	일정 충돌	☐ dedication	명 헌신
☐ task	명 업무, 일	☐ volunteer	명 자원봉사자
☐ correction	명 수정 사항	☐ charity	명 자선
☐ article	명 기사	☐ present	동 제시하다, 보여주다
☐ costume	명 의상	☐ relocate to	동 ~로 이전하다
☐ vehicle	명 차량	☐ ensure	동 확실히 하다
☐ luggage	명 짐, 수화물	☐ compliance with	~의 준수

어휘 적용하기
알맞은 어휘를 써 보세요.

1. _____ a new plan — 새로운 계획을 **수행하다**
2. follow the _____ — **안전 예방 조치**를 따르다
3. _____ the performance — **성과**를 **평가하다**
4. renew the _____ — **구독**을 갱신하다
5. Thank you for your _____. — **협력**해 주셔서 감사합니다.
6. pay upon _____ — **수령**하자마자 돈을 지급하다
7. a project _____ — 프로젝트 **견적서**
8. We _____ the delay. — 지연에 대해 **사과드립니다**.
9. resolve a problem _____ — 문제를 **즉시** 해결하다
10. _____ your ID card — 신분증을 **제시하다**

정답 1. implement 2. safety precaution 3. evaluate 4. subscription 5. cooperation 6. receipt 7. estimate 8. apologize for 9. promptly 10. present

기초 다지기

기초비법 1 동명사의 쓰임

동명사는 「동사원형 + -ing(doing)」, 즉 doing의 형태로 문장에서 명사 역할(~하는 것)을 하는 것을 말합니다. to부정사의 명사적 쓰임과 똑같아서, 주어, 목적어, 보어 자리에는 to부정사로 바꿔 쓸 수 있습니다.

주어   **Visiting the theater** is my favorite activity. 극장을 방문하는 것은 내가 가장 좋아하는 활동이다.
= To visit the theater → 주어로 쓰일 때는 단수 취급합니다.

목적어   I continue **visiting the theater**. 나는 극장을 방문하는 것을 계속한다.
= to visit the theater

보어   My interest is **visiting the theater**. 나의 흥미는 극장을 방문하는 것이다.
= to visit the theater

기초비법 2 「전치사 + 동명사」

하지만, 동명사는 전치사 뒤에 동사 대신 쓰이며, to부정사가 명사의 역할로 쓰일 때 전치사 뒤에 쓰이지 못하는 부분을 보충해 주는 역할이 가장 중요합니다.

In addition **to** (~~move~~, **moving**) the office, we bought new furniture. 사무실을 옮기는 것뿐만 아니라, 우리는 새로운 가구를 샀다.
Ms. Jones was worried **about** (~~to find~~, **finding**) the lost baggage. 존스 씨는 잃어버린 짐을 찾는 것을 걱정했다.

비법 1&2 적용하기 | 괄호 안에 알맞은 것을 고르세요.

1. (Reduce / Reducing) the production costs is necessary.
2. (Make / To make) a reservation online is very convenient.
3. The (construction / constructing) of a new building will begin next month.
4. Walter's job is (review / reviewing) all the job applications.
5. The director reviewed the (report / reporting) of the construction.
6. We are interested in (attend / attending) the dinner party.
7. In addition to (change / changing) the name, we made a new logo.
8. After (to go / going) on a business trip, Mr. Choi should submit the receipts.
9. We can increase profits by (to develop / developing) a new product.
10. The Marketing department is responsible for (promote / promoting) the new line of products.

정답 및 해설 p. 104

어휘 reduce 줄이다, 감소시키다 | necessary 필요한 | construction 공사, 건설 | be interested in ~에 관심이 있다 | in addition to ~뿐만 아니라 | receipt 영수증 | be responsible for ~을 책임지다 | promote 홍보하다

기초비법 3 명사 vs. 동명사

동명사가 명사와 자리가 똑같다면 어떤 차이가 있을까요? 동명사는 목적어를 가지는 동사의 성격과 같고, 명사는 원래 명사의 성격 그대로를 유지합니다.

	목적어 유무	수식어	한정사(단복수) 유무
명사	없음	형용사	있음
동명사	있음	부사	없음

❶ 목적어 유무

- **명사** **Reviews** of the report are important. 보고서 검토는 중요하다.
  명사(목적어 없음)
- **동명사** **Reviewing** the reports is important. 보고서를 검토하는 것은 중요하다.
  동명사 목적어

❷ 수식어

- **명사** Careful **reviews** of the report are important. 보고서의 자세한 검토는 중요하다.
  형용사 명사
- **동명사** Carefully **reviewing** the reports is important. 보고서를 자세히 검토하는 것은 중요하다.
  부사 동명사

❸ 한정사 유무

- **명사** The **improvement** of the quality is important. 품질의 향상은 중요하다.
  한정사 명사
- **동명사** **Improving** the quality is important. 품질을 향상하는 것은 중요하다.
  동명사(한정사 없음)

비법 3 적용하기 | 괄호 안에 알맞은 것을 고르세요.

1. (Confirm / Confirming) a reservation is important.
2. Thank you for (contact / contacting) me immediately.
3. Spending money (wise / wisely) is important.
4. The rent includes the (maintaining / maintenance) of the apartment.
5. The factory continues to progress by (upgrading / upgrade) its facilities.
6. By (innovative / innovatively) displaying new products, the shop made more profits.
7. Mr. Jones was recognized for his (impressive / impressively) work.
8. Customer feedback helps to improve the level of (satisfaction / satisfying) with our service.
9. (Enrolling / Enrollment) in the yoga class has steadily increased.
10. On (completing / completion) of the test, the certification will be mailed to the office.

정답 및 해설 p. 105

어휘 confirm 확정하다 | reservation 예약 | contact 연락하다 | immediately 즉시, 바로 | spend 사용하다 | factory 공장 | progress 진보하다 | facility 시설 | make a profit 이익을 내다 | recognize 인정하다 | impressive 인상적인 | improve 증진하다 | enroll in ~에 등록하다 | completion 완료 | certification 자격증

PART 5

1. New Airlines has the best chance of ------- the number one airline company.
   (A) become
   (B) becoming
   (C) becomes
   (D) will become

2. The factory employees are responsible for ------- the safety precaution.
   (A) implemented
   (B) implement
   (C) implementation
   (D) implementing

3. The new marketing campaign for XT Mobile Phone will be developed in ------- with C-Thinking Co.
   (A) cooperate
   (B) cooperated
   (C) cooperation
   (D) cooperating

4. CCB Tech Industries is waiting ------- launch the new product soon.
   (A) for
   (B) toward
   (C) to
   (D) before

5. The marketing team is waiting for ------- of the survey results.
   (A) confirms
   (B) confirmed
   (C) confirming
   (D) confirmation

6. Applicants for the marketing director position must have five years of ------- experience.
   (A) applicably
   (B) applies
   (C) applicability
   (D) applicable

7. After ------- reviewing many résumés, we have chosen Mr. Jones as the regional manager.
   (A) carefully
   (B) to care
   (C) careful
   (D) most careful

8. After ------- consideration with team members, we decided to decline the project offer.
   (A) cared
   (B) care
   (C) carefully
   (D) careful

9. The closing date for ------- of résumés will be changed due to an error in management.
   (A) receipt
   (B) receives
   (C) receiving
   (D) received

10. The coordinator's duty includes ------- a reservation for a catering service.
    (A) confirms
    (B) confirmed
    (C) confirming
    (D) confirmation

11. Please include your ------- and membership ID in the form.

(A) signing
(B) signed
(C) signature
(D) to sign

12. Ms. Parker organized an ------- meeting on the marketing plan and people were satisfied with it.

(A) informative
(B) informing
(C) informatively
(D) informer

13. Mr. Nam received the task of ------- the perfect candidate for the opening.

(A) find
(B) finds
(C) finding
(D) found

14. ------- to the data are needed in order to present the results at the world conference.

(A) Correct
(B) Corrections
(C) Correcting
(D) Corrected

15. The new global manager is planning on ------- a new system of order tracking for online users.

(A) develop
(B) developed
(C) developing
(D) development

16. The museum successfully held a special exhibit by ------- displaying traditional costumes.

(A) innovational
(B) innovatively
(C) innovative
(D) innovation

17. Before ------- for the annual conference are sent out, please make sure to include a map to the venue.

(A) invitations
(B) invitation
(C) invite
(D) inviting

18. Mr. Jones requested a meeting with the management before ------- the job applicants.

(A) interview
(B) interviews
(C) interviewing
(D) interviewed

19. The employee lounge on the third floor is temporarily closed for ------- repairs.

(A) structural
(B) structures
(C) structure
(D) structurally

20. Ms. Roberta made a ------- at the Hilton Hotel for the year-end party this month.

(A) reserve
(B) reserved
(C) reservation
(D) reserving

필수 공략하기

필수비법 1 동명사 vs. to부정사 ❶

to부정사도 명사적 역할이 있기 때문에 동명사와 같은 쓰임이 있습니다. 따라서, 이 둘의 차이를 구별할 수 있어야 합니다. 전치사 to 뒤에는 동사원형이 아닌 명사 또는 동명사가 와야 합니다.

❶ 전치사 to 어구

be committed **to doing** ~에 헌신하다	be accustomed **to doing** ~에 익숙하다
be dedicated **to doing** ~에 헌신하다	be used **to doing** ~에 익숙하다
be devoted **to doing** ~에 헌신하다	look forward **to doing** ~을 기대하다
object **to doing** ~에 반대하다	be subject **to 명사** ~하기 쉽다
in addition **to doing** 게다가, ~뿐만 아니라	due **to doing** ~때문에

We **are committed to** <u>providing</u> the best service. 저희는 최고의 서비스를 제공하는 데 헌신하고 있습니다.

❷ to부정사 어구

be expected **to do** ~하도록 예상되다	be scheduled **to do** ~하도록 예정되다
be asked **to do** ~하도록 요청되다	be required **to do** ~하도록 요구되다
be advised **to do** ~하도록 충고 되다	be allowed **to do** ~하도록 허락되다
be requested **to do** ~하도록 요청되다	be permitted **to do** ~하도록 허가되다

The employees **are asked to** <u>attend</u> the weekly meeting. 직원들은 주간 회의에 참석이 요청됩니다.

비법 1 적용하기 | 괄호 안에 알맞은 것을 고르세요.

1. The company is committed to (provide / providing) the best service.
2. All members are (expected / devoted) to attend the meeting.
3. Mr. Jones is (expected / dedicated) to working for the company.
4. Our policy is subject to (change / changing).
5. We are looking forward to (see / seeing) you again.

정답 및 해설 p. 108

어휘 provide 제공하다 | attend 참석하다 | policy 정책

필수비법 2 동명사 vs. to부정사 ❷

다음 동사들은 뒤에 목적어로 동명사만 또는 to부정사만 취하는 동사들입니다.

「동사 + doing」			「동사 + to do」	
즐거움	enjoy 즐기다		hope 바라다	wish 바라다
제안	suggest 제안하다	recommend 추천하다	plan 계획하다	decide 결정하다
	consider 고려하다		aim 목표하다	prepare 준비하다
부정적	finish 끝내다	quit(= stop) 멈추다	promise 약속하다	fail 실패하다
	postpone 미루다	avoid 피하다	refuse 거절하다	

Russ will **consider working** for a new company. 러스는 새로운 회사에서 일하는 것을 고려할 것이다.
We **hope to see** you soon again. 저희는 당신을 곧 다시 만나 뵙길 바랍니다.

필수비법 3 관용 표현

spend 시간 / 돈 doing ~하는 데 시간 / 돈을 쓰다	on doing ~하자마자
be busy doing ~하느라 바쁘다	be worth doing ~할 가치가 있다
keep doing 계속 ~하다	have a difficulty / problem doing ~하는 데 어려움을 겪다
It is no use doing ~해도 소용없다	cannot help doing ~하지 않을 수 없다

I **spend** many hours **reviewing** the reports. 나는 보고서를 검토하는 데 많은 시간을 쓴다.
He **is busy reviewing** the reports. 그는 보고서를 검토하느라 바쁘다.

비법 2&3 적용하기 | 괄호 안에 알맞은 것을 고르세요.

1. He (recommended / hoped) using the new laptop.
2. We wish to (stay / staying) at the coastal resort.
3. (On / At) arriving at the airport, please contact us.
4. We have problems (to install / installing) a new program.
5. Customers can (purchase / spend) some snacks at the cafeteria.

정답 및 해설 p. 108

어휘 laptop 노트북 컴퓨터 | coastal 해안가의 | airport 공항 | install 설치하다

1. We wish ------- for any inconvenience we may have caused you.
   (A) apologize
   (B) to apologize
   (C) apologizing
   (D) apologizes

2. We have been committed to ------- the best products and services to our clients.
   (A) providing
   (B) provide
   (C) provided
   (D) provision

3. The advertisement campaign is aimed at ------- travelers to visit the Jeju Island.
   (A) encouraging
   (B) encourage
   (C) to encourage
   (D) encouragement

4. In addition to ------- a small business, Ms. White also acts as a career consultant.
   (A) manage
   (B) manages
   (C) manageable
   (D) managing

5. Our service center is dedicated to ------- resolving any customer complaints.
   (A) prompting
   (B) prompt
   (C) promptly
   (D) prompts

6. The newly appointed managers are ------- to changing the performance of the workers.
   (A) scheduled
   (B) committed
   (C) expressed
   (D) designed

7. Mr. Jones included charts and graphs in the report to ------- the manager's attention.
   (A) keep
   (B) kept
   (C) keeps
   (D) keeping

8. The employees at Merkin's Department Store are ------- to providing excellent service to their customers.
   (A) dedication
   (B) dedicating
   (C) dedicated
   (D) delicately

9. The newly appointed CEO is looking forward to ------- the company.
   (A) joined
   (B) joining
   (C) be joined
   (D) have joined

10. Mark Parker has decided ------- his own business after his retirement.
    (A) start
    (B) started
    (C) starting
    (D) to start

11. Project Manager praised the ------- of the employees who participated in the new building project.

(A) dedicated
(B) dedicate
(C) dedicating
(D) dedication

12. Researchers spend ------- testing the material for improvements.

(A) time
(B) need
(C) idea
(D) cause

13. Employees will receive ------- for their overtime work.

(A) compensation
(B) compensate
(C) compensated
(D) compensating

14. Han Engineering Co. will provide a free dinner to ------- its seventh anniversary.

(A) celebrate
(B) celebrates
(C) celebrating
(D) celebration

15. All employees enjoyed ------- to the newly appointed CEO.

(A) talk
(B) talking
(C) talked
(D) to talk

16. All passengers are required to ------- a boarding pass to the flight attendant.

(A) presenting
(B) presented
(C) present
(D) presents

17. To save energy, please turn off computers and monitors before ------- the office.

(A) leaving
(B) left
(C) leaves
(D) to leave

18. Mr. Cruise is used to ------- during the weekend after three months of shift changes.

(A) work
(B) working
(C) to work
(D) worked

19. The president is considering ------- the company headquarters to Toronto.

(A) to relocate
(B) relocation
(C) has relocated
(D) relocating

20. In an effort ------- compliance with national guidelines, we implement safety inspections every year.

(A) ensured
(B) ensuring
(C) to ensure
(D) ensures

준동사편 / UNIT 12 동명사

독해로 끝내기 PART 6

어휘, 문법, 독해를 한 번에 해결해야 하는 part 6 연습 문제입니다.

Questions 1-4 refer to the following notice.

> -------1. Many library users have made complaints about the -------2. number of computers available to the public. Fortunately, the board has approved funding for -------3. the computer area, and we add seven new computers to our branch. Also, there is increasing demand among users for learning computer programs. -------4., the library will be holding monthly workshops to meet the needs. These workshops will be offered free of charge to all library cardholders.

1. (A) At the Edison Library, we value feedback from our patrons and do our best to accommodate any reasonable requests.
   (B) We, the Edison Library, will soon close its door for about a year for a renovation.

2. (A) unable
   (B) inadequate

3. (A) expansion
   (B) expanding

4. (A) Therefore
   (B) Furthermore

 문장 해석하기

1번 문장을 해석해 보고 문맥상 적절한 것을 골라 보세요.

(A) At the Edison Library, we value feedback from our patrons and do our best to accommodate any reasonable requests.

_____

(B) We, the Edison Library, will soon close its door for about a year for a renovation.

_____

정답 및 해설 p. 111

어휘 value 소중히 생각하다 | accommodate (요구에) 부응하다 | reasonable 합당한, 타당한 | soon 곧 | about 대략, 거의 | renovation 개조보수 | complaint 불평, 불만 | unable 할 수 없는 | inadequate 불충분한 | fortunately 다행히도 | board 이사회 | approve 승인하다 | therefore 그러므로 | furthermore 게다가, 추가로 | hold 개최하다 | meet the needs 요구를 들어주다 | free of charge 무료 | cardholder 카드 소지자

>> 정답 및 해설 p. 112

아래 문장 분석을 해보세요.

step1 동사(V)를 찾는다. → step 2 수식어([ ])를 표시한다. → step 3 주어(S), 목적어(O), 보어(C)를 표시한다.

1. The factory employees are responsible for implementing the safety precaution.

   해석 _____

2. After carefully reviewing many résumés, we have chosen Mr. Jones as the regional manager.

   해석 _____

3. The coordinator's duty includes confirming a reservation for a catering service.

   해석 _____

4. Corrections to the data are needed in order to present the results at the world conference.

   해석 _____

5. Ms. Roberta made a reservation at the Hilton Hotel for the year-end party this month.

   해석 _____

6. We have been committed to providing the best products and services to our clients.

   해석 _____

7. Mr. Jones included charts and graphs in the report to keep the manager's attention.

   해석 _____

8. The newly appointed C.E.O. is looking forward to joining the company.

   해석 _____

9. Project Manager praised the dedication of the employees who participated in the new building project.

   해석 _____

10. The president is considering relocating the company headquarters to Toronto.

    해석 _____

준동사편 / UNIT 12 동명사

UNIT 13

분사

분사란, 현재분사(doing)와 과거분사(p.p.)의 2가지 형태로 구분되는 형용사입니다. 형용사이므로 명사를 수식하거나 보충합니다. 동사의 성격을 가진 형용사인 분사에 대해 자세히 알아봅시다.

토익 필수 어휘

 Track 14

어휘 미리 보기 ▶ 학습할 내용의 어휘와 토익 빈출 어휘를 미리 익혀보세요. 모르는 어휘들에 표시하며 외워 둡시다.

☐ would like to do	~하고 싶다	☐ ceremony	몡 식, 의식
☐ appealing	톙 매력적인	☐ honor	통 영예를 주다, 존경하다
☐ a wide variety of	다양한 종류의	☐ founder	몡 설립자
☐ office supplies	사무용품	☐ professional	몡 전문가 톙 전문적인
☐ revise	통 수정하다	☐ regular	톙 정기적인
☐ a copy of	~의 사본	☐ outstanding	톙 훌륭한
☐ itinerary	몡 여행 일정표	☐ promote	통 승진시키다
☐ severe	톙 극심한, 혹독한	☐ protect	통 보호하다
☐ temporarily	뷔 임시로, 잠시	☐ accomplish	통 성취하다
☐ suspend	통 중단하다	☐ approach	통 접근하다
☐ regulations	몡 규정	☐ earn a reputation	명성을 얻다
☐ terms and conditions	계약 조건들	☐ qualified	톙 자격을 갖춘
☐ outline	통 개요를 서술하다	☐ supplier	몡 공급 업체
☐ establish	통 설립하다	☐ attach	통 첨부하다
☐ operate	통 운영하다	☐ currently	뷔 현재
☐ appoint	통 임명하다	☐ several	톙 몇몇의
☐ rotate	통 회전하다	☐ facility	몡 시설(물)
☐ biannual	톙 일 년에 두 번의	☐ affect	통 영향을 미치다
☐ complete	통 작성하다	☐ sales figures	매출 수치
☐ pharmaceuticals	몡 제약 회사	☐ hesitant	톙 망설이는

어휘 적용하기 ▶ 알맞은 어휘를 써 보세요.

1. the _____ design — **매력적인** 디자인
2. _____ the report — 보고서를 **수정하다**
3. send a travel _____ — 여행 **일정표**를 보내다
4. _____ weather conditions — 궂은 날씨 상태
5. _____ ferry service — 유람선 서비스를 **중단하다**
6. _____ and conditions — **계약** 조건들
7. _____ a form — 서식을 **작성하다**
8. _____ a task — 업무를 **성취하다**
9. earn a _____ — **명성**을 얻다
10. _____ the file — 파일을 **첨부하다**

정답 1. appealing 2. revise 3. itinerary 4. severe 5. suspend 6. terms 7. complete 8. accomplish 9. reputation 10. attach

기초 다지기

기초비법 1 분사의 쓰임

분사는 현재분사(doing), 과거분사(p.p.) 형태 두 가지이며, 문장에서 형용사(~하는, ~한) 역할을 하므로 명사를 수식하거나 보어로 쓰입니다.

앞 수식	the **revised** report	수정된 보고서
뒤 수식	the report **revised** yesterday	어제 수정된 보고서
주격 보어	The manager became **excited**.	매니저는 기분이 좋아졌다.
목적격 보어	He found the results **interesting**.	그는 결과가 흥미롭다는 것을 알았다.

기초비법 2 형용사와 분사

형용사와 분사 중 하나를 골라야 할 때는 의미의 차이가 없다면 분사가 아닌 형용사를 골라야 합니다.

a (**valuable**, valuing) contribution 가치 있는 기여
　　가치 있는　가치를 주는

an (attach, **attached**) file 첨부된 파일
　　첨부하다　첨부된

또한, 형용사와 마찬가지로 분사는 부사의 수식을 받습니다.

It is the recently **updated** program. 그것은 최근에 업데이트된 프로그램이다.
　　　　부사　　　분사　　　명사

비법 1&2 적용하기 | 괄호 안에 알맞은 것을 고르세요.

1. He submitted the (revise / revised) report to the manager.
2. Mr. Hampton became (interest / interested) in international marketing.
3. We invited many (accomplish / accomplished) instructors for the event.
4. There was an (increase / increasing) need for better regulations.
5. John found the weekly report (update / updated).
6. We bought very (comforted / comfortable) chairs for our meeting room.
7. Dr. Carter was (hesitant / hesitated) to publish his study.
8. He was the (recent / recently) appointed president.
9. Other researchers can use the (regular / regularly) verified data.
10. The (total / totaled) number of attendees at the seminar will be fifty.

정답 및 해설 p. 113

어휘 revise 수정하다 | interested 관심이 있는 | accomplish 성취하다 | instructor 강사 | regulation 규정 | hesitant 망설이는 | appoint 임명하다 | regularly 정기적으로 | verified 확인된, 검증된

168

기초비법 3 현재분사와 과거분사의 구별

❶ 의미의 차이

현재분사(doing)는 능동, 진행의 의미를, 과거분사(p.p.)는 수동, 완료의 의미를 나타낼 때 쓰입니다.

현재분사 (~하는, ~중인)	the **approaching** storm 접근 중인 폭풍 폭풍이 능동적으로 접근하고 있는 중
과거분사 (~당한, ~된)	the **revised** report 수정된 보고서 보고서는 이미 작성이 완료됨

❷ 목적어 유무

현재분사와 과거분사가 뒤에서 앞의 명사를 수식하는 경우, 해석이 아닌 목적어의 유무로 선택해야 합니다. 즉, 뒤에 명사가 오면 현재분사를, 명사가 없이 수식어가 오면 과거분사가 쓰입니다.

The man [**signing** the contract] is my supervisor. 계약서에 서명하는 남자는 나의 상사이다.
　　　　　　　　목적어
The contract [**signed** by my supervisor] is important. 나의 상사에 의해 서명된 계약서는 중요하다.
　　　　　　　　수식어

주의 자동사는 목적어를 가질 수 없으므로 과거분사를 쓸 수 없습니다. 따라서, 현재분사로만 쓰입니다.

Employees [**working** at the plant] must wear safety gear. 공장에서 일하는 직원들은 안전 장비를 착용해야만 한다.
　　　　　~~worked~~

비법 3 적용하기 | 괄호 안에 알맞은 것을 고르세요.

1. The newly (installing / installed) program will increase performance.
2. Mr. Cruise opened one of the (enclosed / enclosing) files.
3. The newly (proposed / proposing) regulation increased sales.
4. The (invited / inviting) atmosphere of the store will attract more customers.
5. All employees must finish the (required / requiring) course on time.
6. Mr. Parker met the people (attended / attending) the seminar.
7. This is the e-mail (described / describing) the project details.
8. The file (attached / attaching) in this e-mail should be revised.
9. Researchers (worked / working) at the laboratory must wash their hands thoroughly.
10. The flights (arrived / arriving) at the airport need to be inspected.

정답 및 해설 p. 114

어휘 install 설치하다 | performance 성능 | enclose 동봉하다 | propose 제안하다 | atmosphere 분위기 | attract customers 고객들을 유치하다 | require 요구하다 | describe 설명하다, 나타나다 | laboratory 실험실 | thoroughly 꼼꼼히, 철저히 | inspect 검사하다, 점검하다

PART 5

1. The ------- prices of the new device are very appealing to the customers.
   (A) estimator
   (B) estimating
   (C) estimated
   (D) estimate

2. Before ------- the award winners, we would like to thank our sponsors and donors.
   (A) announcer
   (B) announcement
   (C) announced
   (D) announcing

3. Linko is an online store ------- various office supplies for businesses.
   (A) sell
   (B) selling
   (C) sells
   (D) sold

4. Mr. Reed received a ------- report about the upcoming event from his assistant.
   (A) revise
   (B) revised
   (C) revising
   (D) revises

5. Due to severe weather conditions, the building construction has been temporarily -------.
   (A) suspends
   (B) suspended
   (C) suspending
   (D) suspend

6. The terms and conditions ------- in this contract are agreed by both parties.
   (A) outline
   (B) outlining
   (C) outlines
   (D) outlined

7. Customers ------- Metro Department Store are satisfied with their quality service.
   (A) use
   (B) used
   (C) using
   (D) user

8. Patrick Technologies, now ------- all over the world, was established in the 1970s.
   (A) has been operating
   (B) may have operated
   (C) operating
   (D) operates

9. All members of board are appointed on a ------- biannual basis.
   (A) rotate
   (B) rotates
   (C) rotations
   (D) rotating

10. Please send the ------- application to our personnel department by June 15.
    (A) completely
    (B) completion
    (C) completed
    (D) completing

11. Last Saturday, Ace Pharmaceuticals held a special ceremony ------- its founders.

(A) honor
(B) honored
(C) honoring
(D) honors

12. All gifts bought within this week will be wrapped in a ------- colored paper.

(A) brighten
(B) brightness
(C) bright
(D) brightly

13. We are creating a ------- designed Web site to attract more customers.

(A) professional
(B) professionalism
(C) professionally
(D) professionals

14. It is important to clean all manufacturing equipment on a ------- basis.

(A) regularly
(B) regular
(C) regulation
(D) regulate

15. Melinda Amen received an outstanding ------- from her supervisor.

(A) evaluate
(B) evaluation
(C) evaluating
(D) evaluated

16. Some employees ------- in the accounting department will transfer to another branch next month.

(A) working
(B) have worked
(C) work
(D) are working

17. The Julian Art Center invites a number of ------- artists to this region.

(A) accomplishes
(B) accomplish
(C) accomplished
(D) accomplishment

18. The newly appointed members of the board are committed to ------- the environment.

(A) protects
(B) protection
(C) protected
(D) protecting

19. In your résumé, please include some examples of your work-related -------.

(A) accomplished
(B) accomplishes
(C) accomplishing
(D) accomplishments

20. Shoppers are not recommended to go out as there is an ------- storm.

(A) approaching
(B) approached
(C) approach
(D) approaches

필수 공략하기

필수비법 1 감정 관련 동사의 분사

감정을 나타내는 동사는 주로 사물의 경우 어떠한 감정을 유발하는 능동의 형태, 사람의 경우 어떠한 감정을 느끼게 되는 수동의 형태로 구분하여 쓰입니다. 즉, 사물을 수식하거나 보충할 때는 현재분사를, 사람을 수식하거나 보충할 때는 과거분사를 씁니다.

「사물 / 추상 명사 + 현재분사(doing)」	「사람 명사 + 과거분사(p.p.)」
interesting 흥미로운	interested 흥미를 느끼는
satisfying 만족스러운	satisfied 만족한
pleasing 기분을 좋게 하는	pleased 기분 좋은
amazing 놀라운	amazed 놀라움을 느끼는
exiting 신나게 하는	excited 신이 난
embarrassing 난처하게 하는	embarrassed 난처한
confusing 혼란을 일으키는	confused 혼란스러운
motivating 동기를 부여하는	motivated 동기 부여된
disappointing 실망스러운	disappointed 실망을 느끼는
surprising 놀라운	surprised 놀란
overwhelming 엄청난	overwhelmed 압도된
exhausting 지치게 하는	exhausted 지친, 피곤한
distracting 산만하게 하는	distracted 혼란스러운

The movie is **interesting**. 그 영화는 흥미롭다.
The audience is **interested**. 관중들은 흥미를 느낀다.

비법 1 적용하기 | 괄호 안에 알맞은 것을 고르세요.

1. The manager was (satisfying / satisfied) with Mr. Jones' outstanding performance.
2. Employees found the training seminar (interesting / interested).
3. A stay at the Sunset Hotel will make visitors (exciting / excited) about its view.
4. The company experienced an (overwhelming / overwhelmed) success this year.
5. Too many pictures and charts were (distracting / distracted).

정답 및 해설 p. 117

어휘 outstanding 훌륭한, 뛰어난 | performance 성과 | stay 머무름, 체류 | view 경치, 경관 | experience 경험하다, 겪다 | success 성공

필수비법 2 한 가지 형태만 가지는 분사

다음 분사들은 현재분사와 과거분사를 구별할 필요 없이 무조건 한 가지 형태로만 쓰입니다.

「현재분사 + 명사」	「과거분사 + 명사」
outstanding performance 뛰어난 성과	**limited** time 제한된 시간
remaining work 남은 업무	**detailed** information 자세한 정보
lasting impression 지속되는 인상	**written** permission 서면 허가
challenging job 어려운 일	**preferred** means 선호되는 수단
demanding job 어려운 일	**complicated** process 복잡한 절차
promising applicants 유망한 지원자들	**finished** products 완성된 제품들
leading distributor 선도적인 배급 업체	**reserved** seats 예약된 좌석
preceding year 이전의 해(작년)	**sophisticated** system 세련된 시스템
rising costs 증가하는 비용	**broken** device 고장 난 기기
missing luggage 분실된 짐	**experienced** employees 숙련된 직원들
growing industry 성장하는 산업	**skilled** technician 숙련된 기술자
rewarding job 보람 있는 일	**qualified** musician 자격 있는 음악가
appealing design 매력적인 디자인	**expired** contract 만기된 계약서
existing system 기존 시스템	**distinguished** musician 뛰어난 음악가
surrounding area 주변 지역	**invited** guest 초대된 손님

Mr. Winter has to finish the **remaining** work by himself. 윈터 씨는 남은 업무를 혼자서 마쳐야 한다.

The finance team has many **experienced** accountants. 재무팀은 많은 숙련된 회계사들을 보유하고 있다.

비법 2 적용하기 | 괄호 안에 알맞은 것을 고르세요.

1. Taxies are the (preferring / preferred) means for business people.
2. The design of the new building is (appealing / appealed).
3. DMZ Manufacturing is a (leading / led) company in the region.
4. Mr. Jacob should finish the (remaining / remained) work by himself.
5. The company hired many (experiencing / experienced) employees.

어휘 manufacturing 제조업 | region 지역 | by oneself 스스로, 혼자서 | hire 채용하다, 고용하다

PART 5

1. The newly released product achieved an ------- success in the market.

   (A) overwhelms
   (B) overwhelmed
   (C) overwhelm
   (D) overwhelming

2. The vice president visited the ------- site for the new factory.

   (A) proposer
   (B) proposed
   (C) proposing
   (D) propose

3. Anyone ------- in the marketing director position should contact our HR team.

   (A) interest
   (B) interests
   (C) interested
   (D) interesting

4. The management agreed that Ms. Park was the most qualified ------- for the manager position.

   (A) apply
   (B) applied
   (C) application
   (D) applicant

5. The All For You Computec is one of the ------- suppliers of computer equipment in the area.

   (A) lead
   (B) led
   (C) leading
   (D) to lead

6. You can take advantage of our clearance sale for a ------- time only.

   (A) limits
   (B) limiting
   (C) limited
   (D) limitation

7. The online Web sites are becoming the ------- means of communication with other people.

   (A) preferred
   (B) prefer
   (C) preference
   (D) preferring

8. The newly proposed regulation was effective from the ------- year.

   (A) preceding
   (B) preceded
   (C) precedes
   (D) precede

9. The researchers summarized the test results in the ------- file.

   (A) attach
   (B) attaches
   (C) attached
   (D) to attach

10. Employees without ------- permission are not allowed to use the company facilities.

    (A) writes
    (B) to write
    (C) wrote
    (D) written

11. Trains are preferred ------- for shipping coal provided by Stoic Mines.

(A) strategies
(B) media
(C) means
(D) provider

12. Department manager, Andrew Martin, presented an ------- marketing plan to the chief executive officer.

(A) innovate
(B) innovative
(C) innovatively
(D) innovation

13. The marketing team wrote a ------- advertising plan for the new product.

(A) detail
(B) details
(C) detailed
(D) detailing

14. Despite the new regulation, employees' performances have been very -------.

(A) disappoint
(B) disappointed
(C) disappointing
(D) disappointment

15. Pierson Tech Inc. has several ------- technicians in the maintenance team.

(A) experienced
(B) experiencing
(C) experience
(D) experiences

16. ------- prices of the new hybrid cars have reduced sales figures in Han Car.

(A) Rising
(B) Risen
(C) Rise
(D) To rise

17. Since 1960, T. Motors has become a ------- manufacturer of hybrid trucks.

(A) leading
(B) moving
(C) talking
(D) reaching

18. Team members at the sales department were ------- with their sales figures.

(A) disappoint
(B) disappointed
(C) disappointing
(D) disappointment

19. Some customers seem ------- to leave suggestions about our service.

(A) hesitated
(B) hesitantly
(C) hesitance
(D) hesitant

20. FunTours.com will send you the ------- travel itinerary once you confirm the departure date.

(A) update
(B) updates
(C) updating
(D) updated

독해로 끝내기 — PART 6

어휘, 문법, 독해를 한 번에 해결해야 하는 part 6 연습 문제입니다.

Questions 1-4 refer to the following e-mail.

To: Cindy Snively <c.snively@firstinteriors.net>
From: Greg Morgan <g.morgan@hammildistribution.com>
Date: April 19th
Subject: Interior design services

Dear Ms. Snively,

I attended the Warson Interior Design Trade Show last week, and I found your presentation on developing space-efficient layouts very -------. My company has planned to improve the working environment for employees, and we will be ------- renovations next month. I think that implementing your methods would be useful. -------. I'd love to hear your recommendations ------- I give you a full tour. Please let me know if your schedule allows you.

Sincerely,

Greg Morgan

1. (A) interested
   (B) interesting

2. (A) finishing
   (B) undergoing

3. (A) So, can you send us an estimate for the renovation?
   (B) So, would it be possible for you to visit my office?

4. (A) as
   (B) unless

문장 해석하기

3번 문장을 해석해 보고 문맥상 적절한 것을 골라 보세요.

(A) So, can you send us an estimate for the renovation?
_____

(B) So, would it be possible for you to visit my office?
_____

정답 및 해설 p. 120

어휘 space-efficient 공간 효율적인 | layout 배치 | improve 개선하다 | environment 환경, 분위기 | finish 끝내다 | undergo 겪다, (수리 등을) 받다 | renovation 개조보수 | implement 시행하다 | method 방식, 방법 | estimate 견적서 | possible 가능한 | recommendation 추천 | as ~하면서 | unless 만약 ~하지 않는다면

176

문장 분석하기

아래 문장 분석을 해보세요.

step1 동사(V)를 찾는다. → step 2 수식어([ ])를 표시한다. → step 3 주어(S), 목적어(O), 보어(C)를 표시한다.

1. The estimated prices of the new device are very appealing to the customers.

   해석 _____

2. Linko is an online store selling various office supplies for businesses.

   해석 _____

3. Due to severe weather conditions, the building construction has been temporarily suspended.

   해석 _____

4. The terms and conditions outlined in this contract are agreed by both parties.

   해석 _____

5. All gifts bought within this week will be wrapped in a brightly colored paper.

   해석 _____

6. The newly released product achieved an overwhelming success in the market.

   해석 _____

7. Anyone interested in the marketing director position should contact our HR team.

   해석 _____

8. Trains are preferred means for shipping coal provided by Stoic Mines.

   해석 _____

9. Despite the new regulation, employees' performances have been very disappointing.

   해석 _____

10. Rising prices of the new hybrid cars have reduced sales figures in Han Car.

    해석 _____

준동사편 Review Test 03

1. The company considered ------- the marketing strategies because of decreasing profits.

   (A) changes
   (B) change
   (C) to change
   (D) changing

2. When you go on a business trip, please send a written ------- to your manager.

   (A) confirm
   (B) confirming
   (C) confirmation
   (D) confirmed

3. ------- customers visit the store often and purchase new products.

   (A) Satisfy
   (B) Satisfying
   (C) Satisfaction
   (D) Satisfied

4. We are dedicated to ------- office supplies at a reasonable price to our customers.

   (A) supply
   (B) to supply
   (C) supplying
   (D) supplies

5. In order to ------- an order, you should click the "order" button below.

   (A) placed
   (B) places
   (C) place
   (D) placing

6. We advise you to refrain from ------- the performance at the theater.

   (A) recording
   (B) record
   (C) to record
   (D) recorded

7. LIFE Co. Ltd. is a globally ------- corporation in the science field.

   (A) recognize
   (B) recognized
   (C) recognizing
   (D) was recognized

8. It is necessary ------- all participants at the seminar to complete the survey.

   (A) in
   (B) to
   (C) of
   (D) for

9. The government has guaranteed to provide ------- aid across the country.

   (A) extend
   (B) extent
   (C) extensive
   (D) extending

10. Mr. Bennett signed the ------- after thoroughly reviewing all terms and conditions.

    (A) agrees
    (B) to agree
    (C) agreements
    (D) agreeing

11. If customers place their orders on time, their orders will arrive on the ------- delivery date.

(A) expect
(B) expecting
(C) expected
(D) expectation

12. The TFT team hopes ------- the current project on time for the exhibition.

(A) finishing
(B) to finish
(C) finish
(D) finishes

13. Ms. Alexander used audio-visual equipment in her speech ------- the audience's attention.

(A) to ensure
(B) will ensure
(C) is ensuring
(D) ensures

14. The company has sent a notice ------- the changes in the shipping policy.

(A) explain
(B) explaining
(C) explained
(D) explains

15. Some employees are ------- in participating in this year's company excursion.

(A) interest
(B) interesting
(C) interests
(D) interested

16. The customers are ------- to get exceptional service from the company.

(A) expect
(B) expecting
(C) expected
(D) expectation

17. Change Innovative Co. has several ------- employees in the headquarters.

(A) experienced
(B) experiencing
(C) experience
(D) experiences

18. Pro-Star is one of the ------- suppliers of computer equipment in the area.

(A) lead
(B) led
(C) leading
(D) to lead

19. The top executives are responsible for ------- the feasible plans for the company.

(A) implemented
(B) implement
(C) implementation
(D) implementing

20. We ------- to introduce our new manager at the monthly team meeting.

(A) likes
(B) would like
(C) is liking
(D) was liking

Part 1

사물이 사람에게 당했다! Be being p.p.

토익 LC Part 1에서 가장 난이도가 높은 현재 진행 수동태를 배워보는 시간을 가져보겠습니다. 자, 한 사람이 세차를 하는 사진입니다.

The man **is washing** the car. 남자는 세차를 하는 중이다.

이렇게 표현을 한다면 어렵지 않게 답을 고를 수 있는데요, 같은 사진을 보고도 다르게 표현할 수 있습니다.

차 입장에서 한번 알아볼까요? 남자가 차를 닦고 있으니 차는 지금 세차를 '당하고' 있는 중이겠네요? (보통 by 이하는 생략됩니다.)

The car **is being washed** (by the man). 차는 (남자에 의해) 세차 되는 중이다.

POINT 즉, 차가 세차가 되는 중이려면 누군가가 사진 속에 있어야 한다는 것이 포인트. **그래서 be being p.p.가 들리면 사진 속에 사람이 있어야 합니다.** 사람이 없고 사물만 있는 사진들에는 being이 들리는 선택지를 제거해주세요.

실전문제 풀어보기 | 다음 어휘들을 미리 학습한 후 문제를 풀어보세요.

 Track 15

문제 푸는 Skill　사물만 있는 사진에 being이 들리면 제거

1.

어휘 미리 읽고 듣기
- □ several 몇몇의
- □ chair 의자
- □ clean 닦다, 치우다
- □ unoccupied 비어 있는
- □ cupboard 찬장
- □ open 열다

2.

어휘 미리 읽고 듣기
- □ glass bottle 유리병
- □ put into ~에 넣다
- □ display 전시하다
- □ arrange 정리하다, 나열하다
- □ shelf 선반
- □ distribute 배포하다, 나눠주다
- □ guest 손님, 고객

≫ 정답 및 해설 p. 125

LC 맛보기　181

전치사·접속사편

UNIT 14 • 전치사 1
UNIT 15 • 전치사 2
UNIT 16 • 등위접속사와 명사절 접속사
UNIT 17 • 부사절 접속사
UNIT 18 • 형용사절 접속사

UNIT 14

전치사 1

전치사란, 명사 앞에 놓이는 품사란 의미입니다. 반대로 이야기하면, 전치사 뒤에는 명사가 반드시 나와야 하나의 세트가 만들어진다는 것인데, 이를 전명구라고 합니다. 뒤의 명사가 시간을 나타내는지, 장소를 나타내는지에 따라 그 쓰임이 달라집니다. 전치사는 외워야 할 것이 많으니 조금씩 자주 외워두도록 합니다.

토익 필수 어휘

어휘 미리 보기
학습할 내용의 어휘와 토익 빈출 어휘를 미리 익혀보세요. 모르는 어휘들에 표시하며 외워 둡시다.

☐ submit	통 제출하다	☐ hire	통 고용하다
☐ operating expenses	운영비	☐ complimentary	형 무료의
☐ anniversary	명 창립 기념일	☐ beverage	명 음료수
☐ midnight	명 자정	☐ additional	형 추가적인
☐ reputation	명 명성	☐ put an emphasis	강조하다
☐ field	명 분야	☐ avoid	통 피하다
☐ exchange	통 교환하다	☐ cancel	통 취소하다
☐ defective	형 결함이 있는	☐ be dissatisfied with	~에 불만이 있다
☐ item	명 제품	☐ conduct	통 (활동을) 하다
☐ host	통 주최하다	☐ inspection	명 검사, 점검
☐ spokesperson	명 대변인	☐ plant	명 공장
☐ branch	명 지점, 지사	☐ transfer	명통 전근(가다)
☐ conference	명 학회	☐ meet the deadline	마감일을 맞추다
☐ candidate	명 후보자	☐ under construction	공사 중인
☐ be eligible to do	~할 자격이 있다	☐ view	명 경치, 경관
☐ those who	~한 사람들	☐ construct	통 건설하다
☐ compensation	명 보상	☐ turn in	통 제출하다
☐ be located	위치되다	☐ follow	통 따르다, 준수하다
☐ awards ceremony	시상식	☐ stack	통 쌓다
☐ request	명통 요청(하다)	☐ photocopier	명 복사기

어휘 적용하기
알맞은 어휘를 써 보세요.

1. celebrate its _____ — 창립 기념일을 축하하다
2. experience in the related _____ — 관련 분야에서의 경력
3. a _____ item — 결함이 있는 제품
4. the company's _____ — 회사의 대변인
5. attend a _____ — 학회에 참석하다
6. a promising _____ — 유망한 후보자
7. _____ be promoted — 승진할 자격이 있다
8. provide _____ beverages — 무료 음료수를 제공하다
9. _____ a survey — 설문 조사를 하다
10. The building is _____. — 그 건물은 공사 중이다.

정답 1. anniversary 2. field 3. defective 4. spokesperson 5. conference 6. candidate 7. be eligible to 8. complimentary 9. conduct 10. under construction

기초 다지기

기초비법 1 전치사의 역할

전치사는 명사 앞에 놓여 시간, 장소 등의 의미를 나타내며, 전명구는 문장에서 수식어 역할을 합니다.

「전치사 + 명사」	The event was held **on Friday**. 그 행사는 금요일에 개최되었다.
「전치사 + 대명사」	I met **with him** yesterday. 나는 어제 그와 만났다.
「전치사 + 동명사(doing)」	In addition **to moving** the office, we bought new furniture. 사무실을 옮기는 것뿐만 아니라, 우리는 새 가구를 샀다.
명사 수식	The head **of the department** will arrive. 부서장이 도착할 것이다.
보어	This item is **on sale**. 이 제품은 할인 중이다.
절 수식	**In my opinion**, we should follow her suggestion. 내 생각에, 우리는 그녀의 제안을 따라야 한다.

기초비법 2 시간(시점)을 나타내는 전치사 ❶

시간을 나타내는 전치사는 크게 시점과 기간을 나타내는 전치사로 나뉩니다.

「in + 연도 / 계절 / 월」	**in** 2011 2011년에	**in** Spring 봄에	**in** September 9월에
	in the morning 아침에	**in** the afternoon 오후에	**in** the evening 저녁에
「at + 시각」	**at** 7 A.M. 오전 7시에	**at** noon 정오에	**at** night 밤에
「on + 특정 날짜 / 요일」	**on** Monday 월요일에	**on** Monday morning 월요일 아침에	**on** September 21 9월 21일에

비법 1&2 적용하기 | 괄호 안에 알맞은 것을 고르세요.

1. The editor is under (press / pressure) to meet the deadline.
2. Mr. Jones went to Miami for (pleasant / pleasure).
3. On (enter / entering) the building, they met the clients.
4. Please discuss the plan with (they / them).
5. The company increased net profits by (reduce / reducing) the costs.
6. Interviews for the job will take place (on / at) February 27.
7. New job opening will begin (on / in) April.
8. We have an orientation (at / in) noon.
9. Sale of this new product will start (at / in) the morning.
10. The new furniture for the office will arrive (in / on) Monday morning.

정답 및 해설 p. 127

어휘 meet the deadline 마감일을 맞추다 | pleasant 기분이 좋은 | pleasure 기쁨 | take place 개최되다 | job opening 일자리 공석 | furniture 가구

기초비법 3 시간(시점)을 나타내는 전치사 ❷

from A (to B) A부터 (B까지)	The shop is open from 7 A.M. to 9 P.M. 상점은 오전 7시부터 오후 9시까지 문을 연다.
since ~부터, ~이래로	He has worked here since 2000. (현재 계속) 그는 2000년도부터 여기서 일을 해왔다.
by ~까지 → 동작이나 상태의 완료	He will complete the inquiry by Thursday. 그는 목요일까지 문의 사항을 완료할 것이다.
until ~까지 → 동작이나 상태의 계속	Our center is open until 6 P.M. 우리 센터는 오후 6시까지 문을 연다.
before ~전에 ↔ after ~후에	before / after March 28 3월 28일 전 / 후에 before / after doing ~하기 전 / 후에
between ~사이에	between 10 A.M. and 9 P.M. 오전 10시와 오후 9시 사이에

기초비법 4 시간(기간)을 나타내는 전치사 ❸

「for + 숫자」 ~동안, ~중에	He has worked here for ten years. 그는 여기서 10년 동안 일을 해오고 있다.
「during + 명사」 ~동안, ~중에	during the meeting 회의 중에 during the weekend 주말 동안에
over ~동안	He has worked over the last several years. 그는 지난 몇 년 동안 일을 해왔다.
within ~이내에	receive a refund within two days 2일 이내에 환불을 받다
through(out) ~내내	through(out) the year 일 년 내내

비법 3&4 적용하기 | 괄호 안에 알맞은 것을 고르세요.

1. The flights will be postponed (by / until) 6 P.M.
2. Please submit the report (by / until) Friday.
3. The contract is effective (by / until) September 26.
4. You should arrive (by / until) 6 P.M.
5. He has started to work (from / since) 2001.
6. (During / For) her stay in Paris, she met Ms. Kim.
7. You can exchange the defective item (by / within) 30 days.
8. The shop has opened its door (since / over) the past three months.
9. He made a presentation (during / for) the meeting.
10. It has rained (for / throughout) the summer.

어휘 postpone 미루다, 연기하다 | effective 효력이 있는 | stay 머무름, 체류 | exchange 교환하다 | defective 결함이 있는

실전으로 훈련하기 PART 5

1. The new chief operational officer will visit our factory ------- March 10.

   (A) in
   (B) at
   (C) on
   (D) of

2. All team managers should submit the weekly report ------- next Monday.

   (A) on
   (B) by
   (C) until
   (D) of

3. The operating expenses have risen ------- the last three months.

   (A) by
   (B) until
   (C) over
   (D) since

4. The company's fifth anniversary party will last ------- midnight.

   (A) by
   (B) until
   (C) on
   (D) in

5. ------- 1995, Angel Education has built its reputation in the field.

   (A) Before
   (B) Since
   (C) On
   (D) By

6. Our customers can replace a defective item ------- 10 days of purchase.

   (A) since
   (B) until
   (C) within
   (D) from

7. The Annual Gala hosted by Samsuni Inc. will be held ------- a Saturday night next month.

   (A) at
   (B) on
   (C) up
   (D) to

8. A spokesperson at Baron Construction will announce its new president ------- Wednesday morning.

   (A) on
   (B) to
   (C) of
   (D) at

9. Health Gym plans to open five new branches ------- the next three months.

   (A) from
   (B) over
   (C) to
   (D) out

10. If you cannot attend the conference, please contact us ------- Friday.

    (A) within
    (B) by
    (C) during
    (D) of

11. Candidates who submit their application form ------- March 2 will be eligible to choose the interview times.

(A) in
(B) at
(C) for
(D) before

12. Those who work ------- 9 P.M. will receive compensation for their overtime work.

(A) after
(B) between
(C) through
(D) out

13. The office furniture did not arrive ------- the scheduled date of delivery.

(A) in
(B) between
(C) from
(D) by

14. The weekly team meeting will be held ------- 4 P.M. in Room 203.

(A) in
(B) at
(C) on
(D) for

15. The fifth annual awards ceremony will finish ------- 8 P.M. on Friday.

(A) on
(B) by
(C) in
(D) to

16. The new model of summer shoes will be shipped to the customers one month ------- today.

(A) from
(B) on
(C) for
(D) than

17. We guarantee that your package will be delivered ------- three days as you requested.

(A) until
(B) between
(C) within
(D) since

18. Twenty new employees have been hired ------- the past three months.

(A) over
(B) between
(C) by
(D) since

19. Complimentary beverages will be provided ------- the day for all seminar attendees.

(A) from
(B) between
(C) throughout
(D) since

20. Trendy Shopping Co. offers an additional 10 percent discount ------- the month of October.

(A) after
(B) since
(C) during
(D) between

필수 공략하기

필수비법 1 장소 및 방향을 나타내는 전치사 ❶

「in + 넓은 장소」	**in** the building 건물 안에 **in** the city 도시 내에	**in** the box 상자 안에 **in** Korea 한국에
「at + 좁은 장소」	**at** the entrance 입구에서	**at** ABC Company ABC(회사명) 사에서
「on + 표면 / 특정 위치」	**on** the second floor 2층에	**on** the right / left 오른쪽 / 왼쪽에

between (둘) 사이에	**between** A and B A와 B 사이에	**between** two / both buildings 두 건물 사이에
among (셋 이상) 사이에	**among** the trees 나무들 사이에	**among** employees 직원들 사이에

across ~을 가로질러, ~에 걸쳐	**across** the bridge 다리를 건너 참고 The station is **across from**(= **opposite**) the park. 그 기차역은 공원 건너편(반대편)에 있다. **across**(= **throughout**) the country 전국에 걸쳐
along ~을 따라	walk **along** the path 길을 따라 걷다
through ~을 관통하여	run **through** Washington 워싱턴을 관통하여 달리다

비법 ❶ 적용하기 | 괄호 안에 알맞은 것을 고르세요.

1. The changes are indicated (between / on) the page 30.
2. Russia is the largest country (in / on) the world.
3. The museum is (across / opposite) the subway station.
4. He walked (between / among) two buildings.
5. The managers will select the head among (himself / themselves).
6. There is a discussion (along / among) investors.
7. The main building is (at / on) your left.
8. We, (in / at) JM Engineering, offer a professional service.
9. They are walking (along / between) the path.
10. They run (across / among) the bridge.

정답 및 해설 p. 131

어휘 indicate 나타나다 | museum 박물관 | subway 지하철 | select 선택하다 | investor 투자자 | offer 제공하다 | professional 전문적인

필수비법 2 장소 및 방향을 나타내는 전치사 ❷

under ~아래에	under the table 식탁 아래에
above ~위에	above the house 집 위에 참고 on the table 테이블 위에(표면)
behind ~뒤에 ↔ in front of ~앞에	behind the building 건물 뒤에 in front of the building 건물 앞에
next to(= beside) ~옆에	next to the bus station 버스 정류장 옆에 형용사 next Monday 다음 주 월요일
near ~가까이에	near the amusement park 놀이공원 근처에
within ~이내에	within our company 우리 회사 내부에 within walking distance 도보 거리 이내에
throughout ~에 걸쳐	throughout(= across) the country 전국에 걸쳐
beyond ~너머에, ~저편에	beyond the main entrance 정문 저편에
around ~주변에	around the construction site 공사장 주변에
「from + 출발지」 ~로부터 「to + 목적지」(목적지 명확) ~로, ~에게	depart from New York to Washington 뉴욕에서부터 워싱턴까지 가다 send a letter to him 그에게 편지를 보내다
「toward + 방향」(목적지 불명확) ~로	head toward the river 강 쪽으로 향하다
「for + 목적지」(주로 교통편) ~로	a train heading for Boston 보스턴으로 향하는 기차

비법 2 적용하기 | 괄호 안에 알맞은 것을 고르세요.

1. The tree is (next / near) the building.
2. The train departs (from / within) New York to Washington.
3. They have many branches (throughout / to) the country.
4. There is traffic jam (across / around) City Hall.
5. The notices are posted on the wall (on / above) each copy machine.
6. There is a parking lot (across / behind) the building.
7. The restaurant will be located (within / on) walking distance from City Hall.
8. New air conditioning units will be located (to / under) the desk.
9. The notice about the change is (to / on) the board at the entrance.
10. Employees at Face IT will be able to apply for a job (among / within) the company.

정답 및 해설 p. 132

어휘 depart 출발하다 | branch 지점, 지사 | traffic jam 교통 체증 | City Hall 시청 | notice 공지문 | post 게시하다 | parking lot 주차장 | air conditioning unit 에어컨 | board 게시판 | entrance 입구 | be able to do ~할 수 있다 | apply for ~에 지원하다

1. Mr. White found his cell phone ------- the table in a break room.

   (A) on
   (B) to
   (C) since
   (D) until

2. ------- Kenji Computer Tech, we put an emphasis on teamwork among employees.

   (A) On
   (B) At
   (C) Of
   (D) To

3. Jay & Rat Dry Cleaners is located ------- Reed Shopping Center.

   (A) among
   (B) near
   (C) between
   (D) until

4. The new roads run ------- the city to avoid heavy traffic.

   (A) between
   (B) with
   (C) next
   (D) through

5. We, ------- Fast & Faster Shipping Co., provide a quality service to our customers.

   (A) as
   (B) to
   (C) on
   (D) at

6. Mr. Anderson entered the meeting room ------- Mr. Tanaka's presentation.

   (A) for
   (B) during
   (C) between
   (D) near

7. Love Bagels Inc. has become the most successful bagel company ------- North America.

   (A) at
   (B) under
   (C) in
   (D) on

8. You can cancel the order ------- seven days of ordering if you are dissatisfied with your purchase.

   (A) within
   (B) toward
   (C) before
   (D) among

9. The company conducts several inspections on their five plants ------- the year.

   (A) around
   (B) before
   (C) throughout
   (D) across

10. Those wishing to transfer to different departments ------- the company should contact the HR office.

    (A) among
    (B) within
    (C) since
    (D) whereas

11. To meet the deadline, the project manager worked overtime ------- the weekend.

(A) above
(B) between
(C) during
(D) among

12. The subway station ------- the park is now under construction.

(A) near
(B) next
(C) against
(D) throughout

13. You should arrive at Ms. Anderson's office ------- 3:00 P.M. on Friday.

(A) under
(B) out
(C) on
(D) by

14. For a better view of the ocean, the new restaurant will be constructed ------- the coast.

(A) under
(B) between
(C) among
(D) along

15. The order for office furniture was shipped on Friday ------- the client in Sidney.

(A) to
(B) than
(C) with
(D) like

16. The manager asked that all team members turn in their vacation request forms ------- Monday morning.

(A) by
(B) with
(C) toward
(D) between

17. Mr. Sato will work overtime until next week to finish the project, but he can go on a vacation ------- that.

(A) after
(B) during
(C) above
(D) beside

18. The files are stacked ------- the desk next to the photocopier.

(A) out
(B) from
(C) on
(D) to

19. When you arrive the park, you will see the Community Library ------- the left.

(A) on
(B) for
(C) into
(D) with

20. More customer service centers will be located ------- Avenue Teal and 17th Street.

(A) since
(B) than
(C) up
(D) between

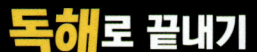 PART 6

Questions 1-4 refer to the following letter.

3421 Holt Street
West Palm Beach, FL 33409

Dear Mr. Orson,

I'm pleased to inform you that you are eligible to participate in our Bookworm Rewards Club. Membership ------- you to receive many special benefits. You can get delivery discounts and a monthly newsletter that includes early ------- about upcoming promotions. Also, we're giving away a free tote bag to all new members. This will be sent ------- four weeks of the receipt of your application. -------.

Sincerely,

The Online Books staff

1. (A) allowed
   (B) will allow

2. (A) information
   (B) performance

3. (A) within
   (B) until

4. (A) As a Bookworm Rewards Club member, we hope you enjoyed these services.
   (B) Join the Bookworm Rewards Club today and take advantage of this great opportunity!

 문장 해석하기

4번 문장을 해석해 보고 문맥상 적절한 것을 골라 보세요.

(A) As a Bookworm Rewards Club member, we hope you enjoyed these services.

(B) Join the Bookworm Rewards Club today and take advantage of this great opportunity!

정답 및 해설 p. 135

어휘 be eligible for ~할 자격이 있다 | participate in ~에 참여하다 | benefit 혜택 | information 정보 | performance 공연 | promotion 홍보, 광고 | give away (무료로) 나눠주다 | receipt 수령, 받음 | application 신청서 | join 가입하다 | take advantage of ~을 이용하다 | opportunity 기회

194

문장 분석하기

>> 정답 및 해설 p. 136

아래 문장 분석을 해보세요.

step1 동사(V)를 찾는다. → step 2 수식어([ ])를 표시한다. → step 3 주어(S), 목적어(O), 보어(C)를 표시한다.

1. The operating expenses have risen over the last three months.

   해석 _____

2. Since 1995, Angel Education has built its reputation in the field.

   해석 _____

3. Candidates who submit their application form before March 2 will be eligible to choose the interview times.

   해석 _____

4. The new model of summer shoes will be shipped to the customers one month from today.

   해석 _____

5. Trendy Shopping Co. offers an additional 10 percent discount during the month of October.

   해석 _____

6. Jay & Rat Dry Cleaners is located near Reed Shopping Center.

   해석 _____

7. Those wishing to transfer to different departments within the company should contact the HR office.

   해석 _____

8. The subway station near the park is now under construction.

   해석 _____

9. The order for office furniture was shipped on Friday to the client in Sidney.

   해석 _____

10. More customer service centers will be located between Avenue Teal and 17th Street.

    해석 _____

UNIT 15

전치사 2

앞에서 배운 시간과 장소를 나타내는 기본적인 전치사 외에 기타 주요 전치사들과 주의해야 할 전치사들을 정리해 봅시다.

토익 필수 어휘

 Track 17

어휘 미리 보기 ▶ 학습할 내용의 어휘와 토익 빈출 어휘를 미리 익혀보세요. 모르는 어휘들에 표시하며 외워 둡시다.

☐ confidential	형 기밀의	☐ order	명동 주문(하다)
☐ permission	명 허가	☐ replace	동 교체하다, 대체하다
☐ sign up for	~을 신청하다	☐ retirement	명 은퇴
☐ further	형 추가의	☐ relationship	명 관계
☐ activity	명 활동	☐ access	동 접근하다, 이용하다
☐ discussion	명 토론회	☐ restrict	동 제한하다
☐ lawyer	명 변호사	☐ official	형 공식적인
☐ detailed	형 자세한	☐ confirm	동 확인하다
☐ look into	동 ~을 조사하다	☐ make a payment	납입하다
☐ complaint	명 불평, 불만	☐ in full	전액으로
☐ experienced	형 숙련된	☐ carefully	부 자세히, 면밀히
☐ exceed	동 초과하다	☐ executive	형 중역의, 임원의
☐ operation	명 운영	☐ unexpected	형 예상치 못한
☐ recent	형 최근의	☐ security	명 보안, 안전
☐ temporarily	부 잠시, 임시로	☐ install	동 설치하다
☐ competitor	명 경쟁 업체	☐ be promoted to	~로 승진하다
☐ earn	동 얻다, 벌다	☐ dedication	명 헌신
☐ considerable	형 상당한	☐ commuter	명 통근자
☐ revenue	명 이익	☐ allocation	명 할당, 분배
☐ recession	명 경기 침체, 불황	☐ thoroughly	부 철저하게, 자세히

어휘 적용하기 ▶ 알맞은 어휘를 써 보세요.

1. _____ documents — 기밀 서류
2. until _____ notice — 추가 공지가 있을 때까지
3. lead a _____ — 토론회를 이끌다
4. the customers' _____ — 고객들의 불만들
5. _____ the limit — 제한을 초과하다
6. economic _____ — 경제 불황
7. _____ a defective product — 결함 있는 제품을 교체하다
8. pay _____ — 전액 납부하다
9. for _____ reasons — 보안상의 이유로
10. _____ examine the report — 보고서를 철저하게 검사하다

정답 1. confidential 2. further 3. discussion 4. complaints 5. exceed 6. recession 7. replace 8. in full 9. security 10. thoroughly

기초 다지기

기초비법 1 주요 전치사

시간과 장소 외의 기타 주요 전치사들을 정리해 봅시다.

by ~의해서, ~로 (행위자, 차이, 교통수단)	The picture was taken **by** him. 사진은 그에 의해 찍혔다. **by doing** ~함으로써 increase **by** 10 percent 10%까지 오르다 **by** car / subway 차 / 지하철로
through ~을 통해(수단)	**through** the Internet / e-mail 인터넷 / 이메일을 통해
with 함께, ~을 가지고 ↔ **without** ~없이	**with** their parents 그들의 부모님과 함께 **without** proper authorization(= permission) 적절한 허가 없이
as ~로서(자격)	work **as** a manager 매니저로서 일하다 **as** proof of payment 지불 증빙으로써
like ~같이, ~처럼(유사) ↔ **unlike** ~와 달리(차이)	**Like** swimming, walking is good for the health. 수영과 같이, 도보도 건강에 좋다. **Unlike** other products, ours are very efficient. 다른 제품들과 달리, 우리 것은 매우 효율적이다.
for ~을 위해서	a meeting **for** sales staff 영업 사원들을 위한 회의 **for** further information 추가 정보를 위해 **for** assistance 도움을 위해
of ~의, ~중에서 (소유, 부분)	the head **of** the division 부서의 장 **of** all the applications 모든 지원서 중에
against ~에 기대어, ~에 반대하여	lean **against** the wall 벽에 기대서다 vote **against** ~에 반대투표를 하다

비법 1 적용하기 | 괄호 안에 알맞은 것을 고르세요.

1. Applicants (with / against) three-year experience are preferred for the position.
2. (Like / For) other companies, we also provide a free sample to our customers.
3. Please keep your receipt (by / as) proof of payment.
4. Mark is responsible for leading a team (as / for) a manager.
5. You cannot access the information (like / without) proper permission.
6. (On / Of) five employees, Ms. Lee is the most qualified person.
7. They will expand business (to / by) developing new products.
8. Please call our customer support center (for / of) further information.
9. Pandora Inc. will launch a new Web site (by / for) customers in the region.
10. The contract was renewed (to / by) Mr. Moor.

정답 및 해설 p. 137

어휘 prefer 선호하다 | receipt 영수증 | access 접근하다, 이용하다 | information 정보 | qualified 자격이 있는 | expand 확장하다 | contract 계약(서) | renew 갱신하다

기초비법 2 형태에 주의해야 할 전치사

❶ -ing 형태 전치사

regarding(= concerning, about, on) ~에 관해(주제)	the meeting **regarding** the management 경영에 대한 회의
following(= after) ~후에	The dinner will begin **following** the speech. 연설 후에 저녁 식사가 시작될 것이다. 형용사 the **following** week 다음 주
including ~을 포함하여 ↔ **excluding** ~을 제외하고	The total comes to $50 **including / excluding** tax. 세금을 포함해서 / 제외하고 총 50달러이다.

❷ 구 전치사

두 가지 이상의 단어들이 하나의 전치사로 쓰이는 것을 구 전치사라고 합니다.

prior to(= before) ~전에	instead of ~대신에
according to ~에 따르면	regardless of ~와 상관없이
in addition to 게다가, 또한	up to ~까지
such as ~와 같은	as a result of ~의 결과로
except for ~을 제외하고	as to(= as for) ~에 관하여
related to ~와 관련된	based on ~을 바탕으로

As a result of the storm damage, cable access will not be available.
폭풍으로 인한 손상의 결과로, 케이블 접속을 이용할 수 없을 것이다.

비법 2 적용하기 | 괄호 안에 알맞은 것을 고르세요.

1. He led the discussion (at / on) the new project.
2. The company held a seminar (following / regarding) the new policy.
3. I need clothes, (prior to / such as) T-shirts and jeans.
4. (According to / Up to) *Monthly Cars*, many new models will be released.
5. I have some questions (regard / regarding) our products.
6. (Resulting / As a result) of his excellent performance, he got a promotion.
7. We offer (based on / up to) 30% discount on all items.
8. (Regarding / Regardless) of the product's condition, we offer a full refund.
9. This contains detailed information (concern / concerning) the warranty.
10. We will provide a free bag (except for / in addition to) a gift certificate.

정답 및 해설 p. 138

어휘 lead 이끌다 | policy 정책 | release 출시하다 | performance 성과 | get a promotion 승진하다 | offer 제공하다 | condition 상태 | full refund 전액 환불 | warranty 품질보증(서) | gift certificate 상품권

실전으로 훈련하기 PART 5

1. You may not use the confidential documents ------- the written permission of the manager.

    (A) into
    (B) until
    (C) among
    (D) without

2. Customers who sign up for a membership card today can save ------- 15 percent on their purchases.

    (A) at
    (B) by
    (C) as
    (D) in

3. ------- further information, please visit our Web site at www.pagoda21.com.

    (A) By
    (B) Of
    (C) For
    (D) From

4. Guests can enjoy outdoor activities ------- fishing, bicycling, and playing tennis.

    (A) according to
    (B) such as
    (C) up to
    (D) based on

5. Ms. Lopez, our marketing director, will lead a discussion ------- the current marketing plan.

    (A) by
    (B) to
    (C) with
    (D) on

6. After graduating from a university, Ms. Paris is now working ------- a lawyer at T&J Associate.

    (A) as
    (B) to
    (C) at
    (D) in

7. All costs below are subject to change based ------- the types of materials.

    (A) on
    (B) of
    (C) for
    (D) from

8. Our do-it-yourself table comes in a box including detailed ------- and a tool kit.

    (A) instruct
    (B) instructor
    (C) instructive
    (D) instructions

9. If you need additional information ------- our program, please send an e-mail to our customer center.

    (A) in
    (B) even if
    (C) about
    (D) so that

10. The company will provide a free lunch at the seminar, ------- pasta, salad, and beverages.

    (A) includes
    (B) included
    (C) include
    (D) including

11. The research and development department is now looking into a number of complaints ------- our new product.

(A) regard
(B) regarding
(C) regards
(D) regarded

12. ------- all the candidates, Mr. Aronson is the most experienced person for the job.

(A) In
(B) At
(C) Of
(D) Out

13. Article submissions to *Travelpia Magazine* must not exceed 5 pages, ------- pictures.

(A) exclude
(B) excluding
(C) exclusive
(D) exclusion

14. For further information ------- the operation hours during the holiday, please contact our ticket booth.

(A) concern
(B) concerns
(C) concerned
(D) concerning

15. ------- of the recent renovation, the employee lounge has been temporarily closed.

(A) Result
(B) Resulted
(C) Resulting
(D) As a result

16. ------- other competitors, the Front Advertising earned considerable revenues during the recession.

(A) Before
(B) Instead
(C) Unlike
(D) Contrary

17. Shoppers can now save up to thirty percent ------- ordering their Natural Wind Hairdryers online.

(A) at
(B) as
(C) by
(D) in

18. Janet Evans will replace Mr. Brown ------- the vice president of Future Electronics after his retirement.

(A) as
(B) like
(C) about
(D) but

19. MAC Tech signed a contract with a new advertising company ------- continuing its relationship with Parker Creative.

(A) up to
(B) except for
(C) as to
(D) instead of

20. Visitors are not allowed to access the restricted areas ------- official permission.

(A) between
(B) without
(C) along
(D) outside

필수 공략하기

필수비법 1 전치사 vs. 부사절 접속사

같은 의미의 전치사와 접속사는 뒤의 구조에 따라 구별할 수 있습니다.

During the first week, the new employees have to attend several training sessions.
전치사   명사
첫 주 동안, 신입 직원들은 몇몇 교육 과정에 참석해야 한다.

While we were working, the supervisor met the clients. 우리가 일하고 있는 동안, 관리자는 고객들을 만났다.
접속사   「주어 + 동사」

	전치사	접속사
시간	during ~동안 before(= prior to) ~전에 after(= following) ~후에 until ~까지 since ~이래로	while ~동안 before ~전에 after ~후에 until ~까지 since ~이래로
이유	because of(= owing to, due to) ~때문에	because(= as, since, now that) ~때문에
양보	in spite of(= despite) 비록 ~에도 불구하고	though(= although, even though, even if) 비록 ~에도 불구하고
조건	without ~없이는	unless ~가 아니라면

 시간을 나타내는 before, after, until, since는 전치사와 접속사의 형태가 같습니다.
She chose Mr. James **after(= following) reviewing his résumé**. 그녀는 제임스 씨의 이력서를 검토한 후 그를 선택했다.
She chose Mr. James **after she reviewed his résumé**.

비법 1 적용하기 | 괄호 안에 알맞은 것을 고르세요.

1. (Because / Because of) high demand, they had to expand the production line.
2. All participants should sign-up in the lobby (before / prior to) they attend their first presentation.
3. (Although / In spite of) the bad weather, the company held its annual family outing at the central park.
4. (While / During) the seminar, the instructor stressed the importance of workplace safety.
5. You cannot exchange the product (unless / without) the original receipt.

정답 및 해설 p. 141

어휘 demand 수요 | expand 확장하다 | participant 참여자 | outing 야유회 | instructor 강사 | stress 강조하다 | importance 중요성 | original 원본의 | receipt 영수증

필수비법 2 전치사 어구

in response **to** ~에 답하여, ~에 응하여	**addition to** ~의 추가(품, 인원)
in compliance **with** ~을 준수하여	**access to** ~에의 접근
in accordance **with** ~과 일치하여	**attention to** ~에 대한 관심 / 주의
in preparation **for** ~을 준비하여	**contribution to** ~에 대한 기여
in the event **of** ~의 경우에	**commitment to** ~에 대한 헌신
in favor **of** ~을 찬성하여	**a rise / increase in** ~의 증가
in light **of** ~으로 비추어 보아	**a fall / decrease in** ~의 감소
at all times 항상	**in** advance 미리
at once 즉시	**in** writing 서면으로
at times 때때로	**in** bulk 대량으로
at least 최소한, 적어도	**in** operation 가동 중인
at no cost 무료로	**in** conclusion 결론적으로
at no extra cost 추가 비용 없이	**(up)on** receipt 수령 시
at one's convenience 편리한 때에	**(up)on** request 요청 시
at the conclusion of ~의 마지막에	**(up)on** arrival 도착 시
under warranty 보증 기간 중에	**out of** stock 재고가 없는
under the terms and conditions 조건하에	**out of** order 고장 난
under construction 공사 중인	**out of** reach 닿지 않는
under the supervision 감독하에	**out of** control 통제 불가능한
under pressure 압박하에	**out of** print 절판된

비법 2 적용하기 | 괄호 안에 알맞은 것을 고르세요.

1. Please register your contact information with Ms. Klein (at / in) the conclusion of the talk.
2. Raley textile company posted a 20 percent increase (in / at) profits this year.
3. Make sure to visit the receptionist (upon / in) arrival.
4. You should wear a safety helmet in the factory (in / at) all times.
5. The passengers who want to cancel the trip should contact our center (for / in) advance.

정답 및 해설 p. 142

어휘 register 등록하다 | talk 연설 | post 게시하다 | make sure to do 반드시 ~하다 | passenger 승객 | cancel 취소하다

PART 5

1. The reservation for the event hall will not be confirmed ------- the payment has been made in full.

   (A) until
   (B) against
   (C) between
   (D) without

2. We are waiting to move to the main building ------- renovations are complete.

   (A) next
   (B) until
   (C) without
   (D) from

3. The executive meeting has been postponed ------- unexpected problems.

   (A) due to
   (B) since
   (C) because
   (D) in order to

4. The store is closed this week ------- the upgraded security camera is installed.

   (A) during
   (B) after
   (C) along
   (D) while

5. The IT technicians should work overtime ------- the regular maintenance work is finished.

   (A) except
   (B) until
   (C) soon
   (D) earlier

6. Tom Cruise was promoted to Personnel manager ------- his hard work and dedication to the company.

   (A) because
   (B) up to
   (C) because of
   (D) though

7. ------- the national holiday, Fresh Grocery will be closed from June 5 to June 9.

   (A) According to
   (B) Because of
   (C) However
   (D) Therefore

8. ------- the coffee shop is located near the subway station, it is always busy with commuters in the morning.

   (A) Instead
   (B) But
   (C) Despite
   (D) Since

9. All finance department staff, ------- the manager, participated in the workshop on budget allocation.

   (A) among
   (B) together
   (C) because
   (D) including

10. ------- Tasha Hobart moved to Boston, she had worked as a regional director in New York.

    (A) Prior
    (B) Near
    (C) Before
    (D) Past

11. Manila branch moved offices ------- after months of preparation and planning.

(A) ease
(B) eased
(C) easy
(D) easily

12. Owing to the ------- of its marketing team, *Travel Now* became the most popular travel magazine in the industry.

(A) expand
(B) expanded
(C) expansion
(D) expansive

13. Copies of the book may not be reproduced ------- the consent of the author.

(A) without
(B) into
(C) until
(D) among

14. ------- that Mr. Graham has been promoted to the operational director, revenues are expected to increase.

(A) From
(B) For
(C) Still
(D) Now

15. The proposed site for our new factory must be examined thoroughly ------- we decide to purchase it.

(A) upon
(B) before
(C) around
(D) from

16. All employees are eligible to use the cafeteria ------- no cost.

(A) at
(B) by
(C) over
(D) from

17. ------- the cafeteria is under renovation, lunch will be available from the snack bar.

(A) Throughout
(B) Within
(C) During
(D) While

18. In the event ------- bad weather, the company picnic will be postponed until next Saturday.

(A) of
(B) against
(C) with
(D) by

19. ------- arriving from the business trip, please come to the office immediately to report the progress.

(A) After
(B) Because
(C) Now that
(D) Even if

20. Due to systematical problems, the company Intranet will not be accessible ------- the next three hours.

(A) for
(B) as
(C) when
(D) greatly

독해로 끝내기   PART 6

어휘, 문법, 독해를 한 번에 해결해야 하는 part 6 연습 문제입니다.

Questions 1-4 refer to the following e-mail.

To: Martin Oakley <m.oakley@hamillenterprises.com>
From: Eva Perry <eva_perry@glintcosmetics.net>
Date: August 6th
Subject: Your inquiry

Dear Mr. Oakley,

I'm pleased that you expressed interest in ------- our research team. -------. To begin the application process, you must first submit a résumé and a cover letter ------- your related experience. You should expect to get a call from one of our human resource employees within three days ------- we receive all of the necessary paperwork. I look forward to seeing your résumé.

Sincerely,

Eva Perry
Human Resources Director, Glint Cosmetics

---

1. (A) joining
   (B) organizing

2. (A) We are happy to inform you that you can start your work beginning September 1.
   (B) I believe that a person with your experience would be an excellent asset to Glint Cosmetics.

3. (A) will describe
   (B) describing

4. (A) after
   (B) following

2번 문장을 해석해 보고 문맥상 적절한 것을 골라 보세요.

(A) We are happy to inform you that you can start your work beginning September 1.
   _____

(B) I believe that a person with your experience would be an excellent asset to Glint Cosmetics.
   _____

정답 및 해설 p. 145

어휘 express 표현하다 | interest in ~의 관심 / 흥미 | join 합류하다 | organize 조직하다 | inform 알리다 | beginning ~부터 | experience 경력 | asset 자산, 재산 | application 지원 | process 절차 | cover letter 커버레터(자기소개서) | describe 묘사하다, 나타내다 | related 관련된 | necessary 필요한 | look forward to doing ~하는 것을 기대하다

206

문장 분석하기

>> 정답 및 해설 p. 146

아래 문장 분석을 해보세요.
| step1 동사(V)를 찾는다. → step 2 수식어([ ])를 표시한다. → step 3 주어(S), 목적어(O), 보어(C)를 표시한다.

1. You may not use the confidential documents without the written permission of the manager.

   해석 _____

2. Guests can enjoy outdoor activities such as fishing, bicycling, and playing tennis.

   해석 _____

3. After graduating from a university, Ms. Paris is now working as a lawyer at T&J Associate.

   해석 _____

4. The research and development department is now looking into a number of complaints regarding our new product.

   해석 _____

5. MAC Tech signed a contract with a new advertising company instead of continuing its relationship with Parker Creative.

   해석 _____

6. The executive meeting has been postponed due to unexpected problems.

   해석 _____

7. The IT technicians should work overtime until the regular maintenance work is finished.

   해석 _____

8. All finance department staff, including the manager, participated in the workshop on budget allocation.

   해석 _____

9. All employees are eligible to use the cafeteria at no cost.

   해석 _____

10. Due to systematical problems, the company Intranet will not be accessible for the next three hours.

   해석 _____

UNIT 16

등위접속사와 명사절 접속사

영어에는 크게 2가지 접속사가 있습니다. 문법적으로 동등한 것들을 연결하는 등위접속사와 주절과 종속절을 연결하는 종속접속사가 있습니다. 이들 중 등위접속사와 종속접속사의 한 종류인 명사절 접속사에 대해 살펴보겠습니다.

토익 필수 어휘

 Track 18

어휘 미리 보기
학습할 내용의 어휘와 토익 빈출 어휘를 미리 익혀보세요. 모르는 어휘들에 표시하며 외워 둡시다.

☐ extension	몡 연장; 내선 번호		☐ donate	동 기부하다	
☐ represent	동 대표하다		☐ non-profit organization	비영리 단체	
☐ duty	몡 업무; 의무		☐ spend time doing	~하는 데 시간을 보내다	
☐ analyze	동 분석하다		☐ satisfied	형 만족한	
☐ response	몡 반응; 대답		☐ calm	형 차분한	
☐ be suitable for	~에 적합하다		☐ in the case of	~의 경우에	
☐ affordable	형 (가격이) 알맞은		☐ express	형 빠른	
☐ necessary	형 필요한		☐ attract	동 유치하다, 끌어오다	
☐ be able to do	~을 할 수 있다		☐ benefits package	복지 혜택	
☐ successfully	분 성공적으로		☐ credit card	신용 카드	
☐ expert	몡 전문가		☐ safety gear	안전 장비	
☐ merger	몡 (기업) 합병		☐ at all times	항상	
☐ favorably	분 호의적으로		☐ performance	몡 성능	
☐ stock price	주가		☐ determine	동 결정하다	
☐ job offer	일자리 제안		☐ be responsible for	~을 책임지다	
☐ brief	형 간략한		☐ monitor	동 감독하다	
☐ distant	형 (거리가) 먼		☐ respond to	동 ~에 답하다	
☐ author	몡 저자, 작가		☐ inquiry	몡 문의 사항, 질문	
☐ budget	몡 예산		☐ properly	분 제대로, 적절히	
☐ proceed with	동 ~을 진행하다		☐ follow up with	동 후속 조치를 취하다	

어휘 적용하기
알맞은 어휘를 써 보세요.

1. Call my _____ 103. — 제 **내선 번호** 103으로 전화하십시오.
2. _____ the company — 회사를 **대표하다**
3. _____ the responses — 반응들을 **분석하다**
4. _____ a job — 일자리에 **적합하다**
5. react _____ to the product — 제품에 **호의적으로** 반응하다
6. refuse the _____ — **일자리 제안**을 거절하다
7. _____ the project — 프로젝트를 **진행하다**
8. _____ time reviewing documents — 서류를 검토하는 데 시간을 **보내다**
9. wear safety gear _____ — **항상** 안전 장비를 착용하다
10. install the program _____ — **제대로** 프로그램을 설치하다

정답 1. extension 2. represent 3. analyze 4. be suitable for 5. favorably 6. job offer 7. proceed with 8. spend 9. at all times 10. properly

기초 다지기

기초비법 1 등위접속사

등위접속사는 절과 절뿐만 아니라 문법적으로 동등한 단어나 구를 연결하는 접속사입니다.

and 그리고(첨가)	or 또는(선택)	nor 또한 ~도 아닌
but(= yet) 그러나(대조)	so 그래서(결과)	

Please check the process regularly **and** accurately. 절차를 정기적으로 그리고 정확하게 확인해 주세요.
He met the sales goal **but** failed to get a promotion. 그는 매출 목표를 달성했지만 승진하는 데 실패했다.
He caught the earlier flight, **so** he didn't miss the meeting. 그는 더 이른 비행기를 타서, 그는 회의를 놓치지 않았다.
→ so는 절과 절만 연결합니다.

기초비법 2 상관접속사

등위접속사들과 짝을 이루는 하나의 표현들입니다. 어울리는 짝끼리 외워둡시다.

both A **and** B A와 B 둘 다	either A **or** B A와 B 둘 중 하나
not only A **but** (also) B(= B as well as A) A뿐만 아니라 B도	neither A **nor** B A와 B 둘 다 아닌

Jonathan has experience in **both** finance **and** accounting. 요나단은 재무와 회계 둘 다에 경력이 있다.
Customers **as well as** employees have confidence in the quality of our new product.
직원들뿐만 아니라 고객들도 우리 신제품의 품질에 자신이 있다.

비법 1&2 적용하기 | 괄호 안에 알맞은 것을 고르세요.

1. The company gave Mr. Nam a job offer, (so / but) he has not yet responded.
2. The company released a new product (and / yet) customers are not satisfied with it.
3. You should submit the report on Monday (or / so) Tuesday.
4. The number of participants is confirmed, (and / but) the schedule is set for the conference.
5. If you have a problem, you can visit our support center (or / nor) our Web site.
6. Both Mr. Parker (or / and) Ms. Allen will attend the technical convention on Saturday.
7. Ms. Lopez has excellent computer skills (not only / as well as) great communication skills.
8. Our customers are satisfied not only with our products (but / also) with our services.
9. My colleague (either / neither) completed nor submitted the form.
10. Not only employees (but / and) also companies are trying to save electricity.

정답 및 해설 p. 147

어휘 yet 아직 | respond 답하다 | release 출시하다 | be satisfied with ~에 만족하다 | submit 제출하다 | participant 참여자 | confirm 확인하다 | colleague 동료 | complete 작성하다 | electricity 전기

기초비법 3 병렬 구조

❶ 등위접속사는 문법적으로 동등한 것을 연결하며 이를 병렬 구조라고도 합니다.

Blair **and** I were surprised at the news. 블레어와 나는 그 소식에 놀랐다.
　　단어　　단어

Speak with the chief **or** with his assistant. 부서장이나 그의 비서와 이야기하세요.
　　　구　　　　　　　구

I called Sara Dyson, **but** she was on a business trip. 나는 사라 다이슨에게 전화를 했지만, 그녀는 출장 중이었다.
　　　절　　　　　　　　　　절

❷ 중복되는 부분은 써도 되지만 생략할 수도 있습니다.

Each room is equipped with a computer **and** (with) a printer. 각 방에는 컴퓨터와 프린터가 갖춰져 있다.
I need to fix the ceiling **and** (to) paint it. 나는 천장을 고치고 페인트칠을 해야 한다.

❸ 세 개 이상 연결되는 경우에는 맨 끝에만 등위 접속사를 넣기도 합니다.

I enjoy reading books, **(and)** watching movies, **and** relaxing at home.
　　　　　A　　　　　　　　　　B　　　　　　　　　　C
나는 책을 읽고, 영화를 보고, 그리고 집에서 휴식을 취하는 것을 즐긴다.

❹ 문장 맨 앞에 쓰지 않습니다.

He needed a break. **But** he continued working. ✗
He needed a break, **but** he continued working. ○ 그는 휴식이 필요했지만 계속 일을 했다.

비법 3 적용하기 | 괄호 안에 알맞은 것을 고르세요.

1. The team plans to find a niche market, to analyze it and (develop / to develop) a new product.
2. We greatly appreciate your patronage and (ask / asking) you to fill out a survey.
3. We are dedicated to developing and (provide / providing) high quality products.
4. We would like to meet you in person and (interview / interviewing) you for the position.
5. The shop remains closed due to several electrical and (structure / structural) renovations.

어휘 plan to do ~할 계획이다 | niche market 틈새시장 | analyze 분석하다 | appreciate 감사하다 | fill out 작성하다 | be dedicated to doing ~하는 데 헌신하다 | would like to do ~하고 싶다 | in person 직접 | due to ~때문에

PART 5

1. Please send me an e-mail ------- call me at extension 155.
   (A) of
   (B) in
   (C) or
   (D) at

2. ------- Mr. Smith or Ms. Millan will represent REA Books at the London Book Fair.
   (A) Both
   (B) Each
   (C) Either
   (D) Neither

3. The team's duty is to conduct a survey, to analyze responses, and ------- the results.
   (A) provides
   (B) to provide
   (C) provided
   (D) provide

4. GN Real Estate can help you to find the most suitable and ------- apartments in the area.
   (A) afford
   (B) affordable
   (C) affordably
   (D) affordability

5. Information about our membership is provided at the service counter ------- in the main lobby.
   (A) and
   (B) but
   (C) also
   (D) either

6. The security officers not only monitor the parking area ------- check the visitors' identification cards.
   (A) therefore
   (B) and then
   (C) however
   (D) but also

7. Our new customers can receive a free mug cup ------- take advantage of a fifty percent discount.
   (A) but
   (B) also
   (C) when
   (D) or

8. Mr. Jones caught an earlier flight, ------- he was able to finish the meeting successfully.
   (A) or
   (B) so
   (C) but
   (D) yet

9. Neither the spokesperson ------- the PR team was responding to press inquiries about the merger.
   (A) nor
   (B) and
   (C) but
   (D) either

10. ------- Mr. Jones nor Mr. Adams accepted the job offer from our competitor, P&G Paint.
    (A) Or
    (B) Either
    (C) Neither
    (D) But

11. Our customers can enjoy various ------- yet affordable foods at Olive Bistro.

(A) delicious
(B) brief
(C) hungry
(D) distant

12. Please fill out weekly reports for the project properly ------- we can follow up with the progress.

(A) also
(B) yet
(C) even
(D) so

13. Both time ------- budget must be considered when we proceed with the new project.

(A) or
(B) and
(C) but
(D) so

14. The Oaktree Union donates funds to local schools ------- non-profit organizations every year.

(A) nor
(B) but
(C) so
(D) and

15. House Holding sells not only office furniture ------- office supplies.

(A) and
(B) but
(C) or
(D) so

16. We spent two years improving the product design, and -------, the customers were satisfied.

(A) fortunate
(B) fortunes
(C) fortunately
(D) fortune

17. You are required to submit an application form ------- a short description of your previous job.

(A) even though
(B) in order to
(C) whether
(D) as well as

18. The company is providing paid vacations and ------- to all employees.

(A) beneficiary
(B) benefits
(C) benefiting
(D) benefited

19. Hyun Auto launched a new line of hybrid cars, ------- it received a favorable review.

(A) or
(B) if
(C) than
(D) and

20. It is difficult for management both to attract ------- to satisfy many customers.

(A) if
(B) and
(C) such
(D) but

필수 공략하기

필수비법 1   명사절 접속사의 쓰임

문장에서 주어, 목적어, 보어로 쓰이는 명사절은 의미에 따라 아래와 같이 크게 2가지 종류가 있습니다.

❶ that

명확한 사실(~라는 것)을 의미할 때 쓰입니다.

주어	**That** the reorganization is important is certain.	구조 조정이 중요하다는 것은 분명하다.
	= **It** is certain **that** the reorganization is important. (가주어 It)	
	→ 주어로 쓰일 때는 가주어 It으로 바꿔 쓰기도 하며, 단수 취급을 합니다.	
목적어	He knows (**that**) he should assess their progress.	그는 그가 그들의 진행 상황을 평가해야 한다는 것을 안다.
	→ 생략 가능	
보어	Our plan is **that** we achieve a monthly goal.	우리의 계획은 월간 목표를 달성하는 것이다.

❷ whether

불명확한 사실(~인지 아닌지)을 의미할 때 쓰이는 whether는 뒤에 or나 to do와도 어울려 쓰일 수 있습니다.

whether A or B	I do not know **whether** he will send an e-mail **or** a letter. 나는 그가 이메일을 보낼지 편지를 보낼지 모른다.
whether or not	I do not know **whether (or not)** this e-mail message is spam. 나는 이 이메일 메시지가 스팸인지 아닌지는 모른다.
whether to do	Salespeople must decide **whether to use** their company car. 판매원들은 그들의 회사 차를 사용할지 안 할지 결정해야 한다.

비법 1 적용하기 | 괄호 안에 알맞은 것을 고르세요.

1. (It / That) is important that all factory workers follow the safety regulations.
2. It is essential for managers (to / that) supervise their teams.
3. That Ms. Patel won the Employee of the Year Award (was / were) not surprising.
4. We know (him / he) is a very qualified person for the director position.
5. I do not know (whether / either) he accepted or refused the offer.

정답 및 해설 p. 151

어휘 supervise 감독하다, 관리하다 | win an award 상을 받다 | qualified 자격을 갖춘

필수비법 2 명사절 that 어구

❶ 「동사 + that절」

다음 동사들은 뒤에 that 절과 자주 어울려 쓰입니다.

announce (that) ~을 발표하다	recommend (that) ~을 추천하다
indicate (that) ~을 나타내다	suggest (that) ~을 제안하다
mention (that) ~라고 언급하다	propose (that) ~을 제안하다
explain (that) ~을 설명하다	ask (that) ~을 요청하다
note (that) ~라고 언급하다 / 유념하다	ensure (that) 확실히 ~하다
determine (that) ~을 결정하다	make sure (that) 확실히 ~하다

A spokesperson **announced (that)** the company hired John Parker as president.
대변인은 존 파커를 사장으로 고용했다고 발표했다.

❷ 「동사 + 사람 + that절」

아래 동사들은 뒤에 사람이 반드시 나와야 하는 동사들입니다.

inform(= notify) 알려주다 / remind 상기시키다
tell 말하다 / advise 조언하다 / instruct 지시하다] **+ 사람 + that**

I would like to **inform you that** the tour is canceled. 투어가 취소되었음을 당신께 알려드립니다.
　　　　　　　　사람

비법 2 적용하기 | 괄호 안에 알맞은 것을 고르세요.

1. I am writing to (announce / inform) you that your order has been confirmed.
2. The president (announced / informed) that the company will expand its business.
3. The Chief of Security (notified / mentioned) to us that we should take precaution.
4. The council (recommended / advised) the director that we need to hold a public discussion.
5. Royal Hospital has (informed / announced) the construction of a new health care center.

정답 및 해설 p. 152

어휘 order 주문(품) | confirm 확인하다, 확정하다 | president 사장 | expand 확장하다 | take precaution 예방 조치를 취하다 | council 의회 | construction 공사, 건설

1. The latest survey indicated ------- most employees are satisfied with the company's benefits packages.

   (A) which
   (B) what
   (C) those
   (D) that

2. Please ------- the team members that the company annual picnic will be held in Boram Park.

   (A) refer
   (B) neglect
   (C) confirm
   (D) inform

3. Salespeople must decide ------- to use the corporate card or to use their credit card when they go on a business trip.

   (A) whether
   (B) both
   (C) not only
   (D) so

4. The supervisors will ------- note that all assembly workers should wear safety gear at all times.

   (A) specify
   (B) specific
   (C) specifically
   (D) specifying

5. The study indicated ------- nearly every customer was happy with the performance of Clean Drum Wash.

   (A) what
   (B) that
   (C) these
   (D) whose

6. We have not determined ------- the seminar will be held in Room 101 or 102.

   (A) regarding
   (B) either
   (C) nearby
   (D) whether

7. Ms. Kelly must decide ------- or not submit the proposal to the director of the department.

   (A) whether
   (B) neither
   (C) either
   (D) unless

8. Factory supervisors are responsible for ------- that all employees are updated on safety policies.

   (A) ensure
   (B) ensuring
   (C) ensures
   (D) ensured

9. Customer surveys ------- indicate a strong positive response to our innovative new computer.

   (A) clear
   (B) clarify
   (C) clearing
   (D) clearly

10. ------- Jerry Simpson accepted the proposal was surprising.

    (A) If
    (B) With
    (C) That
    (D) About

11. ------- is necessary that the car should be inspected regularly.

(A) There
(B) It
(C) What
(D) Which

12. A survey indicates ------- the response to the new product is positive.

(A) they
(B) those
(C) that
(D) them

13. The company announced ------- Justin Cooper became the new president.

(A) because
(B) that
(C) and
(D) both

14. Joseph will be moved to the overseas sales division ------- he has finished learning about international trade.

(A) while
(B) after
(C) then
(D) that

15. I would like to ------- you that I will be leaving Sesco Incorporated.

(A) announce
(B) notify
(C) present
(D) admit

16. Experts ------- that the merger with Synth Electronics will favorably affect the company's stock price.

(A) predicting
(B) predictable
(C) predict
(D) are predicted

17. Visitors must show ------- a valid driver's license or an identification card to security officers.

(A) both
(B) neither
(C) whether
(D) either

18. The contract ------- indicates that contents in the book may not be used without the author's permission.

(A) expressly
(B) expressings
(C) expressive
(D) express

19. It is important ------- people remain calm while they exit the building in the case of fire.

(A) so
(B) what
(C) unless
(D) that

20. Please ------- Miranda Kurr of your selection from the attached list by November 10.

(A) announce
(B) notify
(C) learn
(D) recommend

독해로 끝내기   PART 6

어휘, 문법, 독해를 한 번에 해결해야 하는 part 6 연습 문제입니다.

Questions 1-4 refer to the following article.

Melville Gallery Brings Wildlife to Visitors

------- your children imaginative animal sculptures by famous artist Nicoli Luca at the "Wild Adventure" exhibit at the Melville Gallery. In preparation for this exhibit, Luca spent hundreds of hours observing animals in their natural environments. He also used scientific journals as important ------- to make the sculptures look real. ------- his attention to detail but also his ability to develop creative ideas is what makes him the best artist. -------.

1. (A) To show
   (B) Show

2. (A) resources
   (B) reports

3. (A) Both
   (B) Not only

4. (A) For more information, email the Melville Gallery at info@melvillegallery.com.
   (B) If you are interested in the volunteering job, please send us your résumé.

 문장 해석하기

4번 문장을 해석해 보고 문맥상 적절한 것을 골라 보세요.

(A) For more information, email the Melville Gallery at info@melvillegallery.com.
_____

(B) If you are interested in the volunteering job, please send us your résumé.
_____

정답 및 해설 p. 155

어휘 wildlife 야생 | imaginative 상상력이 풍부한 | sculpture 조각품 | famous 유명한 | in preparation for ~을 준비하여 | observe 관찰하다 | environment 환경 | scientific 과학의 | resource 자원, 자료 | report 보고서 | attention to ~에의 집중 | information 정보 | be interested in ~에 관심이 있다 | volunteer 자원봉사를 하다 | résumé 이력서

문장 분석하기

》 정답 및 해설 p. 155

아래 문장 분석을 해보세요.

step1 동사(V)를 찾는다. → step 2 수식어([ ])를 표시한다. → step 3 주어(S), 목적어(O), 보어(C)를 표시한다.

1. Please send me an e-mail or call me at extension 155.

   해석 _____

2. Either Mr. Smith or Ms. Millan will represent REA Books at the London Book Fair.

   해석 _____

3. The team's duty is to conduct a survey, to analyze responses, and to provide the results.

   해석 _____

4. Information about our membership is provided at the service counter and in the main lobby.

   해석 _____

5. You are required to submit an application form as well as a short description of your previous job.

   해석 _____

6. The latest survey indicated that most employees are satisfied with the company's benefits packages.

   해석 _____

7. Customer surveys clearly indicate a strong positive response to our innovative new computer.

   해석 _____

8. Salespeople must decide whether to use the corporate card or to use their credit card when they go on a business trip.

   해석 _____

9. That Jerry Simpson accepted the proposal was surprising.

   해석 _____

10. Joseph will be moved to the overseas sales division after he has finished learning about international trade.

    해석 _____

전치사·접속사편 / UNIT 16 등위접속사와 명사절 접속사

UNIT 17

부사절 접속사

종속접속사 중 하나인 부사절 접속사는 영어에서 가장 긴 수식어 절을 이끄는 접속사라고 생각하면 됩니다. 부사와 같은데 그 안에 「주어 + 동사」가 포함되어 길이가 길 뿐인 거죠. 일상생활에서도 많이 쓰이는 접속사인 만큼 토익에서도 매달 출제됩니다. 열심히 외워두세요.

토익 필수 어휘

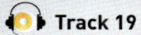

어휘 미리 보기
학습할 내용의 어휘와 토익 빈출 어휘를 미리 익혀보세요. 모르는 어휘들에 표시하며 외워 둡시다.

☐ introduce	동 도입하다, 소개하다	☐ in advance	미리, 사전에
☐ experience	명동 경험(하다)	☐ strictly	부 엄격히
☐ sharp	형 급격한	☐ confidential	형 기밀의
☐ fill out	동 ~를 작성하다	☐ permission	명 허가, 허락
☐ develop	동 개발하다	☐ unfortunately	부 안타깝게도
☐ commercially	부 상업적으로	☐ accommodate	동 수용하다
☐ inspection	명 검사, 점검	☐ cancel	동 취소하다
☐ summarize	동 요약하다	☐ go into effect	효력이 발생되다
☐ article	명 (신문) 기사	☐ go on a business trip	출장 가다
☐ submission	명 제출	☐ amusement park	놀이 공원
☐ delay	명동 지체(시키다)	☐ current	형 현재의
☐ trade	명 거래, 무역	☐ organizational skill	조직 능력
☐ essential	형 필수적인	☐ merchandise	명 제품, 물품
☐ transfer	명동 전근 (가다)	☐ reimburse	동 변제하다
☐ absent	형 결근한	☐ repair	명동 수리(하다)
☐ win an award	상을 타다	☐ run	동 운영하다
☐ immediately	부 즉시, 바로	☐ turn in	~를 제출하다
☐ significant	형 상당한	☐ behind schedule	일정보다 늦은
☐ improvement	명 개선 사항	☐ understaffed	형 일손이 부족한
☐ party	명 당사자	☐ no longer	더 이상 ~않는

어휘 적용하기 알맞은 어휘를 써 보세요.

1. a _____ increase **급격한** 증가
2. _____ a new product 신제품을 **개발하다**
3. _____ test results 연구 결과를 **요약하다**
4. without _____ **지체** 없이
5. _____ to a new office 새로운 사무실로 **전근 가다**
6. Contact us _____. 저희에게 **즉시** 연락하십시오.
7. _____ confidential documents **엄격히** 기밀인 서류
8. without proper _____ 적절한 **허가** 없이
9. _____ many customers 많은 고객을 **수용하다**
10. _____ a report 보고서를 **제출하다**

정답 1. sharp 2. develop 3. summarize 4. delay 5. transfer 6. immediately 7. strictly 8. permission 9. accommodate 10. turn in

기초 다지기

기초비법 1 부사절 접속사 ①

부사절 접속사는 아래와 같은 시간, 조건, 이유 등을 나타냅니다. 주요 부사절 접속사를 알아봅시다.

| 시간 | once ~하고 나서
after ~후에
as ~할 때, ~하면서 | when ~할 때
until ~까지
since ~이래로, ~부터 | while ~하는 동안에
by the time ~까지 | before ~전에
as soon as ~하자마자 |

We will send your shipment **once** we confirm your payment. 일단 지불을 확인하고 나서, 우리는 당신의 배송품을 보낼 것이다.
Since he **joined** our department, Mr. Jones **has worked** hard. 존스 씨는 우리 부서에 합류한 이래로 열심히 일해오고 있다.
(과거) (현재 완료)

 since는 전치사로 쓰일 수도 있으며 뒤에는 과거 시점이 옵니다.
Mr. Jones **has worked** hard **since** 2001. 2001년부터 존스 씨는 열심히 일해오고 있다.
(현재 완료) (과거)

| 조건 | if(= providing (that), provided (that), assuming (that)) ~라면
unless(= if not) 만일 ~이 아니라면　　as long as ~하는 한 |

You will get a discount **providing (that)** you purchase two sets. 두 세트를 구매하면 할인을 받을 것이다.

| 이유 | because(= as, since) ~때문에　　　now that ~이므로 |

Since the manager was absent, the meeting was canceled. 매니저가 결근했기 때문에, 회의가 취소되었다.

비법 1 적용하기 | 괄호 안에 알맞은 것을 고르세요.

1. (As long as / Before) we receive your order today, we can ship the package tomorrow.
2. (By the time / Unless) Mr. Jones became the president, he had worked here for ten years.
3. (Before / If) you have any problems with your computer, please contact us.
4. (Unless / As) the president approves the project, we cannot start it.
5. (Once / Unless) the executives make a decision, planning for the new building will start.
6. Since we (changed / have changed) the design, the new product has become very popular.
7. (After / Before) the employer signs the contract, it will become effective.
8. The policy remains the same (while / unless) it is otherwise mentioned.
9. I will hire him as an assistant (unless / if) he is competent.
10. (Until / As soon as) you have finished the report, please send it to me.

정답 및 해설 p. 157

어휘 order 주문 | ship 배송하다 | president 사장 | executive 임원, 중역 | make a decision 결정하다 | planning 기획 | popular 인기 있는 | contract 계약서 | effective 효력이 있는 | policy 정책 | mention 언급하다 | hire 고용하다 | assistant 비서, 조수 | competent 유능한

기초비법 2 부사절 접속사 ②

양보	though(= although, even though, even if) 비록 ~에도 불구하고
대조	whereas(= while) 반면에

Although he was inexperienced, he got a promotion. 비록 그는 숙련되지 않았지만, 그는 승진했다.
Joe's first novel was a success, **whereas** his second novel became less popular.
조의 첫 번째 소설은 성공적이었던 반면에, 두 번째 소설은 인기가 덜해졌다.

목적	so (that)(= in order that) ~하기 위해서

In order that you may access all parts of the Web site, you must register.
웹사이트의 모든 부분을 이용하기 위해서는 등록을 해야만 한다.

In order that의 that은 생략할 수 없어요!

 같은 의미의 in order to는 뒤에 동사원형이 옵니다.
In order to provide a better service, we developed a new program.
더 좋은 서비스를 제공하기 위해, 우리는 새로운 프로그램을 개발했다.

결과	「so + 형용사 / 부사 + that」 매우 ~해서 ~하다 「such + 명사 + that」

The seminar was **so** successful **that** people were satisfied. 세미나가 매우 성공적이어서 사람들이 만족했다.
　　　　　　　　　　　형용사
This quarter's profit was **such** a considerable decline **that** we were disappointed.
　　　　　　　　　　　　　　　　　　　　명사
이번 분기의 이익이 매우 엄청나게 하락하여 우리는 실망했다.

비법 2 적용하기 | 괄호 안에 알맞은 것을 고르세요.

1. (Even though / So that) Michael was sick, he came to work.
2. (While / In order that) the second quarter's profit is disappointing, the third's is very satisfying.
3. Please fill out a form (so that / in order to) we can provide a better service.
4. Jim Parker worked (so / such) hard that he got a promotion.
5. Mr. Park is so (considerate / consideration) that he helped his colleague to finish the report.

어휘 disappointing 실망스러운 | fill out 작성하다 | get a promotion 승진하다 | considerate 사려 깊은 | colleague 동료

1. Please fill out a form about your experience ------- we can improve our service.

   (A) while
   (B) so that
   (C) neither
   (D) even if

2. Tickets ------- coupons to the movie theater can be downloaded on the Web site.

   (A) so that
   (B) even though
   (C) by the time
   (D) as well as

3. The new line of sneakers must be redeveloped before it will be successful -------.

   (A) commercials
   (B) commercialize
   (C) commercially
   (D) commercial

4. We provide a full refund ------- that products are returned in good conditions.

   (A) whereas
   (B) once
   (C) provided
   (D) although

5. ------- the company installed the new program, the order process has become much faster.

   (A) Nearly
   (B) Though
   (C) Even
   (D) Since

6. Our service representatives receive complaints ------- provide proper solutions to the customers.

   (A) in order that
   (B) as a result of
   (C) so that
   (D) as well as

7. ------- its main supplier went bankrupt, Happy Home Furnishings is having a difficult time.

   (A) So that
   (B) Even though
   (C) Now that
   (D) As soon as

8. IT Telecom decided to renovate the main office ------- relocating to a new location.

   (A) instead of
   (B) in order that
   (C) because
   (D) even if

9. Kenny's Kitchen has improved the quality of its customer service ------- an excellent training program.

   (A) even if
   (B) provided that
   (C) in order to
   (D) as a result of

10. Staff members should notify the manager if they ------- to be absent from work.

    (A) expect
    (B) expecting
    (C) expectation
    (D) expects

11. ------- Mr. Banner has an excellent sales record, he will win the Employee of the Year Award.

(A) As
(B) So that
(C) Besides
(D) Due to

12. The renovation project can begin immediately ------- the management has approved it.

(A) in order to
(B) as a result of
(C) in addition to
(D) now that

13. Product Surplus experienced an increase in sales ------- the significant improvements to its procedures.

(A) once
(B) because of
(C) finally
(D) now that

14. ------- receive a discount coupon, please fill out the following form.

(A) So that
(B) In order to
(C) However
(D) Because

15. The project was so successful ------- the manager gave the team a bonus.

(A) if
(B) though
(C) that
(D) until

16. ------- he retires from LTE Accounting, Richard Miller will work as a financial advisor at Rich Bank.

(A) After
(B) Because
(C) Now that
(D) Even if

17. ------- seats at the theater are limited, you are advised to reserve tickets in advance.

(A) Unless
(B) Because
(C) Once
(D) So that

18. Employment files at Staffing Solutions are strictly confidential ------- the clients give permission.

(A) if
(B) since
(C) because
(D) unless

19. Unfortunately, our new office is ------- small that it cannot accommodate all team members.

(A) so
(B) such
(C) very
(D) truly

20. The meeting was canceled ------- a problem was found in Room 101.

(A) although
(B) even though
(C) because
(D) neither

필수 공략하기

필수비법 1. 전치사와 부사절 접속사

의미가 같은 전치사와 접속사의 경우 아래와 같은 차이로 구별해야 합니다.

During the first week, the new employees should attend training sessions.
전치사 + 명사
첫 주 동안, 신입 직원들은 교육 과정에 참여해야 한다.

While we were working, the supervisor met the clients. 우리가 일하는 동안, 관리자는 고객들을 만났다.
접속사 + 주어 + 동사

	전치사	접속사
시간	during ~동안 before ~전에 after ~후에 until ~까지 since ~이래로	while ~동안 before ~전에 after ~후에 until ~까지 since ~이래로
이유	because of(=owing to, due to) ~때문에	because(= as, since, now that) ~때문에
양보	in spite of(= despite) 비록 ~에도 불구하고	though(= although, even though, even if) 비록 ~에도 불구하고
조건	without ~없이는	unless ~가 아니라면
제외	except (for) ~을 제외하고	except (that) ~을 제외하고

 '시간'을 나타내는 before, after, until, since와 '제외'의 의미의 except는 전치사와 접속사의 형태가 같습니다.

비법 1 적용하기 | 괄호 안에 알맞은 것을 고르세요.

1. (Due to / Because) the rise in fuel prices, there are less vehicles on the road.
2. Mr. Thomas read the newspaper (during / while) he waited for a flight to New York.
3. The factory was closed last week (due to / now that) mechanical problems.
4. The employees cannot go on a vacation (without / unless) the supervisor's permission is given.
5. (Despite / Although) the rapid increase of Internet shopping, purchases are still made in-store.

정답 및 해설 p. 161

어휘 fuel 연료 | factory 공장 | mechanical 기계적인 | go on vacation 휴가 가다 | supervisor 감독관 | permission 허가 | rapid 빠른, 급속한 | purchase 구매(품)

필수비법 2 접속사와 접속부사

절과 절을 연결하는 접속사와 달리, 접속부사는 부사이므로 절과 절을 연결할 수 없습니다. 대신 문장과 문장의 의미를 자연스럽게 연결해 주는 역할을 합니다.

The detailed instructions were given **therefore**, the employees started working. ✗
The detailed instructions were given. **Therefore**, the employees started working. ○
The detailed instructions were given **and therefore**, the employees started working. ○
자세한 지시 사항이 주어졌다. 그러므로, 직원들은 일을 시작했다.

	접속부사	
시간	meanwhile(= meantime) 그동안, 그 사이에	
양보	nevertheless(= nonetheless) 그럼에도 불구하고	
대조	however 그러나	in contrast(= on the contrary) 반대로
결과	therefore(= thus, consequently) 그러므로, 따라서	
첨가	moreover(= besides, additionally, in addition, furthermore, plus) 게다가, 또한	
기타	otherwise 그렇지 않으면 afterward 그다음에 as a result 그 결과 in that case 그런 경우에는 for example(= for instance) 예를 들어	likewise 마찬가지로 in fact 사실은 then 그리고 나서 instead 대신에

For your safety, please read the manual. **In addition**, please follow the precautions below.
안전을 위해서 설명서를 읽으십시오. 또한, 아래 예방 조치를 따르십시오.

비법 2 적용하기 | 괄호 안에 알맞은 것을 고르세요.

1. They changed their return policy to attract more customers. (But / However), the profits declined.
2. The team failed to find a perfect candidate (although / nevertheless) they received many résumés.
3. We will provide a 10 percent discount. (Otherwise / In addition), we will give a free T-shirt to all customers.
4. All residents should not use the elevators today. (Moreover / Instead), please use the stairs.
5. The bus fare will be $2.00 this quarter. (However / Likewise) $3.00 will be charged next quarter.

어휘 profit 이익 | fail to do ~하는 데 실패하다 | perfect 완벽한 | candidate 후보자 | résumé 이력서 | resident 주민 | stairs 계단 | fare 요금 | quarter 분기 | charge 부과하다

1. ------- the sales of this quarter decreased dramatically, the company needs to take innovative action.

   (A) Because
   (B) Moreover
   (C) Therefore
   (D) Nevertheless

2. The ten percent salary increase will not go into effect ------- the first of January.

   (A) yet
   (B) whether
   (C) until
   (D) when

3. Mr. Warden called in sick, so Mr. Wang will supervise the project team ------- his absence.

   (A) while
   (B) during
   (C) because
   (D) among

4. The team noticed an increase in productivity ------- workers began using the new machinery.

   (A) despite
   (B) since
   (C) even
   (D) besides

5. ------- you have registered for our online course, you should follow the next steps.

   (A) So
   (B) Already
   (C) Along
   (D) Once

6. ------- Mr. Black is a new employee, he has extensive knowledge in his field.

   (A) Nevertheless
   (B) Although
   (C) In spite of
   (D) However

7. ------- the current project is finished, we will be allowed to take a vacation.

   (A) Once
   (B) Therefore
   (C) Due to
   (D) Still

8. ------- the location for the fifth annual convention has been selected, the date should be decided.

   (A) Unless
   (B) Therefore
   (C) Because of
   (D) Now that

9. We were able to complete the project successfully ------- a reduced budget.

   (A) even though
   (B) as if
   (C) in spite of
   (D) nevertheless

10. Applicants for this position should have two-year experience ------- organizational skills.

    (A) otherwise
    (B) in addition to
    (C) meanwhile
    (D) even though

228

11. Customers who return any defective item within seven days will be refunded ------- delay.

(A) except
(B) unless
(C) without
(D) instead

12. Mr. Peters was unable to attend the weekly seminar on Friday ------- an urgent meeting with a client.

(A) although
(B) caused
(C) because
(D) due to

13. ------- budget reduction, the town's bus system will continue to run as usual.

(A) Whether
(B) Thus
(C) Either
(D) Despite

14. The members in the sales department work overtime ------- meet the monthly goal.

(A) though
(B) since
(C) unless
(D) in order to

15. ------- the company hired a consulting firm, we have experienced a dramatic increase in profits.

(A) Since
(B) When
(C) Before
(D) Whereas

16. The marketing team finished the project successfully, ------- the work was behind schedule.

(A) in spite of
(B) despite
(C) so as
(D) though

17. ------- the factory was understaffed, all orders were produced on time.

(A) Although
(B) Yet
(C) Meanwhile
(D) But

18. Recent sales of automobiles have decreased ------- the increasing cost of gasoline.

(A) despite
(B) provided that
(C) due to
(D) because

19. ------- the elevators have been repaired, residents in the building no longer have to take the stairs.

(A) Because of
(B) Otherwise
(C) However
(D) Now that

20. ------- he is busy during the weekdays, Mr. Lee works out at a gym every day after work.

(A) Although
(B) Until
(C) Despite
(D) Otherwise

독해로 끝내기   PART 6

어휘, 문법, 독해를 한 번에 해결해야 하는 part 6 연습 문제입니다.

Questions 1-4 refer to the following letter.

549 Twin Willow Lane
Wilmington, NC 28405

Dear Ms. Lopez,

This letter is in response to your request for the ------- (1.) of the air conditioning unit you purchased on June 7. ------- (2.). And we are happy to send you a new model as quickly as possible. ------- (3.), in accordance with the warranty, you are required to send a copy of the receipt first. Once we receive ------- (4.), we can process your request. If you have any questions about the process, please call us at 1-800-555-6677.

Sincerely,

Max Gentry
Warranty Services, Alpha Appliances

1. (A) replacement
   (B) installation

2. (A) We're asking you to complete a customer survey for your new purchase.
   (B) We're sorry you experienced a malfunction in your device.

3. (A) However
   (B) Instead

4. (A) it
   (B) them

문장 해석하기

2번 문장을 해석해 보고 문맥상 적절한 것을 골라 보세요.

(A) We're asking you to complete a customer survey for your new purchase.
_____

(B) We're sorry you experienced a malfunction in your device.
_____

정답 및 해설 p. 165

어휘 in response to ~에 답하여 / 응하여 | request 요청 | replacement 교체품 | installation 설치 | purchase 구매하다; 구매품 | complete 작성하다 | customer survey 고객 설문 조사 | malfunction 오작동, 고장 | device 기기 | however 그러나 | instead 대신에 | in accordance with ~에 따라, ~을 준수하여 | warranty 품질 보증서 | receipt 영수증

문장 분석하기

아래 문장 분석을 해보세요.

step1 동사(V)를 찾는다. → step 2 수식어([ ])를 표시한다. → step 3 주어(S), 목적어(O), 보어(C)를 표시한다.

1. Please fill out a form about your experience so that we can improve our service.

   해석 _____

2. Tickets as well as coupons to the movie theater can be downloaded on the Web site.

   해석 _____

3. IT Telecom decided to renovate the main office instead of relocating to a new location.

   해석 _____

4. In order to receive a discount coupon, please fill out the following form.

   해석 _____

5. Unfortunately, our new office is so small that it cannot accommodate all team members.

   해석 _____

6. The ten percent salary increase will not go into effect until the first of January.

   해석 _____

7. Mr. Warden called in sick, so Mr. Wang will supervise the project team during his absence.

   해석 _____

8. Although Mr. Black is a new employee, he has extensive knowledge in his field.

   해석 _____

9. We were able to complete the project successfully in spite of a reduced budget.

   해석 _____

10. Applicants for this position should have two-year experience in addition to organizational skills.

    해석 _____

UNIT 18

형용사절 접속사

형용사절 접속사는 관계대명사를 말합니다. 관계대명사는 대명사와 달리 접속사 역할을 하며, 긴 형용사이므로 뒤에서 앞의 명사를 수식해줍니다. 이때, 명사를 선행사라고 합니다. 선행사가 사람인지 사물인지에 따라 종류가 나누어지며 관계대명사 뒤의 성분이 무엇이 빠졌는지를 잘 찾아야 합니다. 토익에서 가장 많이 출제되는 관계대명사는 who와 whose임을 밝히며 하나씩 알아봅시다.

토익 필수 어휘

Track 20

어휘 미리 보기 ▶ 학습할 내용의 어휘와 토익 빈출 어휘를 미리 익혀보세요. 모르는 어휘들에 표시하며 외워 둡시다.

☐ profitable	형 수익성이 있는	☐ highly regarded	높이 존경받는
☐ critic	명 비평가	☐ simplify	동 간소화 하다
☐ author	명 저자, 작가	☐ match the standards	기준을 맞추다
☐ novel	명 소설	☐ progress	명 진행, 진척
☐ be scheduled to do	~할 예정이다	☐ demonstration	명 시연회
☐ applicant	명 지원자	☐ notify	동 알리다
☐ apply for	~에 지원하다	☐ seek	동 찾다, 구하다
☐ at least	부 적어도, 최소한	☐ examine	동 검사하다
☐ candidate	명 후보자	☐ discover	동 발견하다
☐ incomplete	형 완전하지 않은	☐ real estate agency	부동산 업체
☐ express	동 표현하다	☐ banquet	명 행사
☐ appreciation	명 감사	☐ expand	동 확장하다
☐ succeed	동 뒤를 잇다	☐ equipment	명 장비
☐ retire	동 은퇴하다	☐ designated	형 지정된
☐ mission	명 임무, 업무	☐ be interested in	~에 관심이 있다
☐ qualification	명 자격 요건	☐ renew	동 갱신하다
☐ meet	동 맞추다, 충족시키다	☐ criteria	명 기준
☐ requirement	명 필수 요건	☐ extend	동 (기한을) 연장하다
☐ vacancy	명 (일자리) 공석	☐ assist	동 도와주다
☐ recognize	동 인정하다	☐ architect	명 건축가

어휘 적용하기 ▶ 알맞은 어휘를 써 보세요.

1. the movie _____   영화 **비평가**
2. _____ the position   그 직책에 **지원하다**
3. _____ two weeks in advance   **적어도** 2주 미리
4. He _____ Ms. Parker.   그는 파커 씨의 **뒤를 이었다**.
5. _____ the requirements   필수 조건을 **충족시키다**
6. fill a job _____   일자리 **공석**을 채우다
7. a highly _____ manager   높이 **평가되는** 매니저
8. hold a product _____   제품 **시연회**를 열다
9. the _____ seat   **지정된** 좌석
10. a renowned _____   유명한 **건축가**

정답 1. critic 2. apply for 3. at least 4. succeeded 5. meet 6. vacancy 7. regarded 8. demonstration 9. designated 10. architect

기초 다지기

기초비법 1 관계대명사의 역할

관계대명사는 「접속사 + 대명사」의 형태로 명사를 수식하거나 명사를 보충하는 형용사 역할을 합니다.

I know a woman. **She** works for Mirae Technology. 나는 미래 테크놀로지에서 일하는 여자를 안다.
→ I know a woman, **and she** works for Mirae Technology.
→ I know a woman **who** works for Mirae Technology.

기초비법 2 관계대명사의 종류 ❶

관계대명사는 대명사와 마찬가지로 격이 있고, 수식하는 명사가 사람인지, 사물인지에 따라 종류가 다릅니다. 먼저, 아래는 선행사가 사람일 때 쓰이는 관계대명사이며 소유격에는 that을 쓸 수 없습니다.

선행사(명사)	주격	목적격	소유격
사람	who, that	whom, that	whose

주격   John is the man **who / that** works hard. 존은 열심히 일하는 남자이다.
= John is the man, **and he** works hard.

목적격   I know the man **whom / that** the manager met. 나는 매니저가 만난 남자를 안다.
= I know the man, **and** the manager met **him**.

소유격   This is the man **whose** books are popular. 이 사람은 책이 인기가 있는 남자이다.
= This is the man, **and his** books are popular.

비법 1&2 적용하기 | 괄호 안에 알맞은 것을 고르세요.

1. The expert (he / who) gave us advice will visit the office.
2. The company hired Mr. Jones, and (he / who) has excellent skills.
3. Mr. Albright called Ms. Kim (who / whom) has significant experience in finance.
4. Visitors (who / whose) have permission can enter the factory.
5. I met Ms. Brown (who / whose) qualifications are very impressive.
6. The HR manager interviewed two candidates (they / who) passed the test.
7. The man (whose / whom) you met at the interview was the president.
8. The employees (that / whose) want to transfer to the Boston branch should contact Mr. Miller.
9. (You / Who) can order some products from our new catalog.
10. We are seeking a technician (who / whose) experience is suitable for our job.

정답 및 해설 p. 167

어휘 expert 전문가 | advice 조언 | hire 고용하다, 채용하다 | skill 능력 | significant 상당한 | experience 경험 | finance 재무 | permission 허가 | factory 공장 | qualification 자격 요건 | impressive 인상적인 | candidate 후보자 | seek 찾다, 구하다 | be suitable for ~에 적합하다

기초비법 3 관계대명사의 종류 ❷

앞에 수식하는 명사가 사물일 때는 다음과 같은 관계대명사를 씁니다. 선행사가 사람일 때와 마찬가지로 소유격은 whose이며 that으로 바꿔 쓸 수 없습니다.

선행사(명사)	주격	목적격	소유격
사물	which, that	which, that	whose

주격 This is a store **which / that** sells jewelry. 이곳은 보석을 파는 상점이다.
　　　　(사물 명사)　　(주격)　　(동사)
　　　= This is a store **and it** sells jewelry.

목적격 This is a store **which / that** he visited. 이곳은 그가 방문했던 상점이다.
　　　　(사물 명사)　(목적격)　(주어)(동사)
　　　= This is a store **and** he visited **it**.

소유격 The company, **whose** products are innovative, is successful. 제품이 혁신적인 그 회사는 성공적이다.
　　　　(사물 명사)　(소유격)　(명사)
　　　= The company is successful **and its** products are innovative.

기초비법 4 관계대명사의 용법

관계대명사에는 명사를 수식하는 한정적 용법과 콤마 뒤에서 앞의 선행사를 보충하는 계속적 용법이 있습니다. 관계대명사 that은 콤마 뒤에서 계속적 용법으로는 쓰이지 않습니다.

명사 수식　This is a store **which / that** he visited. 이곳은 그가 방문했던 상점이다. (한정적 용법)
명사 보충　This is a store, **which** he visited. 이곳은 상점인데, 그가 이곳을 방문했었다. (계속적 용법)
　　　　　　　　　　　　　 ~~that~~

비법 3&4 적용하기 | 괄호 안에 알맞은 것을 고르세요.

1. Customers (who / **which**) want to pay by check should show their ID.
2. Malcom Tech is the firm (who / **whose**) innovative technology changed the world.
3. Mr. Moore attended a seminar, (that / **which**) provided useful information.
4. We will give an award to the employees (that / **whose**) idea is good.
5. This is the book (**that** / whose) the manager read during her vacation.
6. The hotel has amenities (whose / **which**) include an outdoor swimming pool.
7. The computer (**which** / whose) you ordered has finally arrived.
8. The mall sent me a skirt (whose / **which**) I had not ordered.
9. The company (that / **whose**) products are durable gained popularity.
10. Mr. Jacob opened a restaurant (**which** / whose) attracts many customers.

정답 및 해설 p. 168

어휘 customer 고객 | pay 지불하다 | by check 수표로 | award 상 | vacation 휴가 | amenity 편의 시설 | finally 마침내 | durable 내구성이 있는 | gain popularity 인기를 얻다 | attract customers 고객들을 유치하다

PART 5

1. Mr. Anderson opened a store ------- became very profitable.

    (A) who
    (B) which
    (C) they
    (D) he

2. The critic met the well-known author ------- published a novel last year.

    (A) who
    (B) which
    (C) whom
    (D) whose

3. The new book store, ------- is now under construction, is scheduled to open next month.

    (A) who
    (B) which
    (C) whom
    (D) while

4. Applicants, ------- want to apply for the director position, must have at least three years of experience.

    (A) who
    (B) whose
    (C) whom
    (D) which

5. Candidates ------- applications are incomplete will not be considered for the position.

    (A) who
    (B) whose
    (C) their
    (D) they

6. We express our appreciation to the donors ------- support the fundraising event every year.

    (A) he
    (B) who
    (C) some
    (D) also

7. Mr. Evans has succeeded Sharon Voss, ------- is retired from the vice president position of Mark Corporation.

    (A) who
    (B) he
    (C) whose
    (D) his

8. The multinational company, ------- products are made in Korea, is very successful.

    (A) who
    (B) whose
    (C) that
    (D) whom

9. Green World is a non-profit organization ------- mission is to protect an environment.

    (A) which
    (B) whose
    (C) that
    (D) who

10. We will contact candidates ------- qualifications meet the requirements for the vacancy.

    (A) which
    (B) that
    (C) whose
    (D) than

11. Jack Webb, the artist ------- paintings were recognized, is highly regarded in the field.

(A) whose
(B) who
(C) their
(D) they

12. The team will simplify the ordering process, ------- has been the main reason for customers' complaints.

(A) who
(B) what
(C) which
(D) when

13. The company only offers positions to applicants ------- qualifications match the company's standards.

(A) that
(B) than
(C) whose
(D) which

14. If you receive the progress reports from each department manager, please send ------- to Ms. Paris.

(A) them
(B) what
(C) him
(D) there

15. Sales employees ------- wish to attend the product demonstration should notify Mr. Gregory by Friday.

(A) they
(B) who
(C) all
(D) you

16. Our company is seeking new employees, ------- can work abroad.

(A) who
(B) that
(C) whose
(D) which

17. Ms. Sanchez will come to the office to examine the problems ------- were discovered yesterday.

(A) that
(B) what
(C) who
(D) there

18. We attached a list of real estate agencies ------- offices are located near your home.

(A) whose
(B) who
(C) what
(D) whom

19. To celebrate ------- fifth anniversary, the company will hold a banquet this Friday night.

(A) whose
(B) theirs
(C) them
(D) its

20. Monte Bistro, ------- already offers the widest selection of French cuisine, plans to expand its business into fast food chains.

(A) whose
(B) these
(C) which
(D) they

필수 공략하기

필수비법 1 「선행사 + 주격 관계대명사(who, which, that) + 동사」

❶ 주격 관계대명사 뒤의 동사는 선행사와 수일치, 시제, 태가 맞아야 합니다.

Tom and Will are hard workers who (**work**, ~~works~~) overtime.
　　　　　　　　선행사(복수)　　　　복수 동사
톰과 윌은 초과 근무를 하는 성실한 직원들이다.

The manager met the author who (~~publishes~~, **published**) a book last year.
　　　　　　　　　　　　　　　　　　과거 시제　　　　　　　　과거 시간
매니저는 작년에 책을 출간한 저자를 만났다.

I reviewed the report which (~~writes~~, **was written**) by Mr. Lee.
　　　　　　　　　　　　　　　　　수동태　　수식어(목적어 없음)
나는 리 씨에 의해 쓰여진 보고서를 검토했다.

❷ 「주격 관계대명사 + be동사」는 생략이 가능하며, 뒤에 형용사나 분사 등이 남을 수 있습니다.

Anyone (who is) **available** for the seminar should contact Mr. Bell.
세미나에 참석이 가능한 사람은 누구나 벨 씨에게 연락해야 한다.

Those (who are) **interested** in the seminar should contact Mr. Bell.
세미나에 관심 있는 사람들은 벨 씨에게 연락해야 한다.

Those (who are) **planning** to attend the seminar should contact Mr. Bell.
세미나에 참석할 계획인 사람들은 벨 씨에게 연락해야 한다.

비법 1 적용하기 | 괄호 안에 알맞은 것을 고르세요.

1. Anyone who (wish / wishes) to attend an event can call our reservation office.
2. Those who (want / wants) to apply for a job should submit a résumé.
3. Applicants who (has / have) strong computer skills are preferred.
4. The campaign raised over $500,000 which (exceeded / was exceeded) our expectations.
5. Those (interested / interesting) in the training seminar should contact Mr. Bretton.

정답 및 해설 p. 171

어휘 reservation 예약 | apply for ~에 지원하다 | submit 제출하다 | résumé 이력서 | prefer 선호하다 | raise (자금을) 모으다 | exceed 초과하다 | expectation 예상, 기대

필수비법 2 「선행사 + 목적격 관계대명사(whom, which, that) + 주어 + 동사」

목적격 관계대명사는 주격 관계대명사와 달리 be동사 없이 생략이 가능하며 that의 경우 명사절 접속사의 역할도 있으므로 이 둘의 차이를 구별할 수 있어야 합니다.

관계대명사절   I know the manager (that) **he mentioned**. 나는 그가 언급했던 매니저를 알고 있다.
                        선행사(명사)   *불완전*

명사절 접속사   I know (that) **he is a competent manager**. 나는 그가 유능한 매니저임을 알고 있다.
                  선행사 없음   *완전*

필수비법 3 「선행사 + 소유격 관계대명사(whose) + 명사」

소유격 관계대명사는 뒤에 명사인 주어가 오므로 목적격 관계대명사와 구별이 필요합니다. 이 둘의 가장 큰 차이는 관계대명사절의 동사에 있습니다. 동사가 자동사이면 목적어가 올 수 없으므로 목적격 관계대명사를 쓸 수 없어 소유격 관계대명사가 들어가야 합니다.

There are some candidates (~~whom~~, **whose**) applications **are** incomplete.
                                              명사(주어)   *자동사*

지원서들이 완전하지 않은 후보자들이 있다.

We will analyze topics (**which**, ~~whose~~) the management **discussed**.
                                              명사(주어)   *타동사*   + *목적어 없음*

우리는 경영진이 토론한 주제들을 분석할 것이다.

비법 2&3 적용하기 | 괄호 안에 알맞은 것을 고르세요.

1. The travel agencies, (which / whose) tickets are affordable, tend to attract more customers.
2. The person (whom / whose) you met at the conference was my supervisor.
3. The computer (he / his) purchased last month needs to be repaired.
4. The manual that (descriptions / describes) specific details about the product is in the box.
5. The manager asked that (employ / employees) attend the seminar.

정답 및 해설 p. 172

어휘 travel agency 여행사 | affordable 저렴한, 알맞은 | tend to do ~하는 경향이 있다 | attract customers 고객들을 유치하다 | supervisor 감독관, 상사 | describe 설명하다, 나타나다 | specific 구체적인 | details 세부 사항

PART 5

1. All employees who ------- the new equipment must wear safety helmets.

    (A) operate
    (B) operates
    (C) to operate
    (D) are operated

2. Drivers, who ------- park their car in a designated place, will not pay any penalty.

    (A) correct
    (B) correctly
    (C) corrective
    (D) correcting

3. We are looking for a computer technician ------- qualifications meet our standards.

    (A) who
    (B) whom
    (C) whose
    (D) which

4. The marketing department has announced a new advertising campaign ------- will begin next month.

    (A) that
    (B) such
    (C) when
    (D) until

5. We ask ------- you turn off your mobile phone during the musical performance.

    (A) so
    (B) that
    (C) while
    (D) unless

6. Those ------- are interested in the seminar should contact the HR department.

    (A) who
    (B) whom
    (C) which
    (D) whose

7. Anyone ------- is interested in the vacancy should contact the HR department.

    (A) whom
    (B) who
    (C) which
    (D) whose

8. ------- planning to participate in the time management seminar must register with the HR office.

    (A) These
    (B) Those
    (C) This
    (D) That

9. Perfect Fitness has sent messages to customers ------- are expected to renew their memberships.

    (A) who
    (B) whose
    (C) when
    (D) which

10. I have attached a document which ------- the evaluation criteria for the applicants.

    (A) describe
    (B) describes
    (C) is described
    (D) are described

11. The manager praised all of the employees who ------- in the volunteering work.

(A) were involved
(B) have involved
(C) involved
(D) had been involving

12. The accounting director has asked that ------- for business trips be approved by an immediate supervisor.

(A) expenses
(B) expending
(C) expensed
(D) expensive

13. Hartford & Associates has announced ------- Ms. Linda Wither will be the new member to their firm.

(A) who
(B) that
(C) while
(D) because

14. A special offer that ------- the membership by 12 months is available only for $50.

(A) extending
(B) extension
(C) extends
(D) extend

15. Recent surveys indicate ------- most college students prefer to major in business or economics.

(A) which
(B) that
(C) who
(D) those

16. During the meeting, Ms. Hopper will present the plan ------- has created to improve employee productivity.

(A) herself
(B) she
(C) hers
(D) her

17. It is important ------- all visitors wear safety gears when they enter the construction site.

(A) upon
(B) should
(C) that
(D) to

18. People ------- would like to attend a year-end party should call Ms. Bell's office at extension 123.

(A) whom
(B) who
(C) them
(D) themselves

19. We enclosed the receipt for the products ------- you ordered last week.

(A) that
(B) then
(C) who
(D) when

20. Mr. Carmen decided to join the construction project, which ------- by the renowned architect.

(A) is overseeing
(B) was overseen
(C) has overseen
(D) be overseen

독해로 끝내기 PART 6

어휘, 문법, 독해를 한 번에 해결해야 하는 part 6 연습 문제입니다.

Questions 1-4 refer to the following advertisement.

Modern Gallery Announces Re-Opening

After months of closure for renovations, the Modern Gallery will re-open its doors with a unique exhibition starting on April 1. The exhibition -------- sculptures of various sizes. --------. Johnson incorporates metal components -------- are used to make automobiles into her work. The exhibit can be viewed by the public throughout the month of April during the gallery's regular hours. --------, a special after-hours tour for museum donors will be held on April 17.

1. (A) feature
   (B) features

2. (A) It will be the first time renowned artist Edie Johnson has displayed her work in England.
   (B) Edie Johnson has collected these sculptures and donated them to the gallery.

3. (A) who
   (B) that

4. (A) In addition
   (B) Therefore

문장 해석하기

2번 문장을 해석해 보고 문맥상 적절한 것을 골라 보세요.

(A) It will be the first time renowned artist Edie Johnson has displayed her work in England.
_____

(B) Edie Johnson has collected these sculptures and donated them to the gallery.
_____

정답 및 해설 p. 175

어휘 renovation 개조보수 | unique 독특한, 독창적인 | exhibition 전시회 | feature 특색으로 하다 | sculpture 조각품 | renowned 유명한 | work 작품 | collect 수집하다, 모으다 | donate 기부하다 | incorporate A into B A를 B에 포함하다 | component 부품 | view 보다 | throughout ~내내 | in addition 게다가, 또한 | therefore 그러므로, 따라서 | donor 기부자

242

문장 분석하기

》 정답 및 해설 p. 176

아래 문장 분석을 해보세요.
step1 동사(V)를 찾는다. → step 2 수식어([ ])를 표시한다. → step 3 주어(S), 목적어(O), 보어(C)를 표시한다.

1. Mr. Anderson opened a store which became very profitable.

   해석 _____

2. The critic met the well-known author who published a novel last year.

   해석 _____

3. Candidates whose applications are incomplete will not be considered for the position.

   해석 _____

4. Jack Webb, the artist whose paintings were recognized, is highly regarded in the field.

   해석 _____

5. Ms. Sanchez will come to the office to examine the problems that were discovered yesterday.

   해석 _____

6. We ask that you turn off your mobile phone during the musical performance.

   해석 _____

7. Those who are interested in the seminar should contact the HR department.

   해석 _____

8. Those planning to participate in the time management seminar must register with the HR office.

   해석 _____

9. A special offer that extends the membership by 12 months is available only for $50.

   해석 _____

10. During the meeting, Ms. Hopper will present the plan she has created to improve employee productivity.

    해석 _____

전치사·접속사편 Review Test 04

1. The road construction will not begin near Walker Street ------- next week.

   (A) behind
   (B) in
   (C) until
   (D) since

2. The next vice president will give his speech ------- Tuesday at 5 P.M.

   (A) in
   (B) at
   (C) on
   (D) of

3. Shoppers can save almost sixty percent ------- ordering their Fast & Delicious Mixer through the Web site.

   (A) at
   (B) as
   (C) by
   (D) in

4. The customer service center received many complaints ------- the quality of our new cell phone.

   (A) regard
   (B) regarding
   (C) regards
   (D) regarded

5. The CEO ------- that the employees will receive benefits upon 40 hours of work per week.

   (A) specify
   (B) to specify
   (C) has specified
   (D) is specified

6. The director decided to reorganize the team ------- the work can be processed more efficiently.

   (A) because of
   (B) despite
   (C) so that
   (D) in order to

7. Visitors must present their identification cards to the security guards ------- enter the building.

   (A) when
   (B) during
   (C) in order to
   (D) in front of

8. ------- there is no traffic congestion, the office furniture will be delivered this afternoon.

   (A) Assuming
   (B) Excluding
   (C) Otherwise
   (D) Furthermore

9. ------- be eligible for the refund, you must provide the product serial number of the phone.

   (A) Even as
   (B) Since
   (C) Unless
   (D) In order to

10. All customers expect to purchase products that are both ------- and durable.

    (A) afford
    (B) affordable
    (C) affordably
    (D) affordability

11. Those who want to exchange the product should show ------- a membership card or the original receipt.

(A) either
(B) both
(C) each
(D) any

12. All applicants who ------- to apply for the position must submit a résumé to the human resources department.

(A) wish
(B) wishful
(C) wishes
(D) wishing

13. Vice President Angeline Swift, ------- support was important to the merger, was pleased with results.

(A) whose
(B) such
(C) which
(D) those

14. We manufacture furniture such as desks and chairs for ------- home and office use.

(A) both
(B) every
(C) either
(D) whether

15. In ------- with the contract, tenants are not allowed to keep pets in the apartment.

(A) accorded
(B) accordingly
(C) according
(D) accordance

16. Ms. Brown, ------- accepted the invitation, will be attending the Future Energy Summit.

(A) which
(B) they
(C) who
(D) when

17. Mr. Robinson is a famous author ------- work has been recognized by many critics.

(A) which
(B) prior to
(C) as well as
(D) whose

18. The contents of the book may not be used ------- written permission from the publisher.

(A) except
(B) unless
(C) without
(D) instead

19. The parking lots C and D will be closed ------- the construction of a warehouse.

(A) although
(B) caused
(C) because
(D) due to

20. All members must turn in their weekly reports ------- leaving the office on Friday afternoons.

(A) until
(B) before
(C) from
(D) during

LC 맛보기 — 의문사 의문문

Part 2

육하원칙대로 묻는 것에 답하라!

Part 2에서는 육하원칙(5W 1H)을 묻는 의문문이 다수 출제됩니다. 처음 언급되는 의문사를 잘 듣고 그에 맞는 답을 찾으면 됩니다.

종류	예시 문제	정답 포인트
Who 누가	**Who** has been promoted to vice president? 누가 부사장님으로 승진했나요? Mr. Kim has. 김 씨요.	사람 이름이 언급된 대답이나 직책, 부서, 회사명도 가능한 대답이다.
When 언제	**When** will the new tenant move in? 신규 세입자는 언제 이사 오나요? Either August 1st or 2nd. 8월 1일이나 2일이요.	시간, 날짜, 요일 등을 사용한 대답을 찾는다. Where와 When은 발음이 유사하므로 유의하여 듣는다.
Where 어디서	**Where** can I get a dress for the banquet? 연회에 입고 갈 드레스를 어디서 살 수 있을까요? There's a department store nearby. 근처에 백화점이 있어요.	대개 장소, 지명, 위치를 표현하는 전치사구로 대답한 것을 찾는다.
What 무엇을	**What** are your plans for tonight? 오늘 저녁 계획이 뭐에요? Going to the movie. 영화 보러 가요.	무엇이냐고 묻는 것에 대한 정답을 고르되, 「What + 명사(time / color 등)」의 경우 뒤의 명사를 기준으로 답을 찾는다.
How 어떻게	**How** can I get to the reception hall? 연회장에 어떻게 갈 수 있어요? Take the elevator to the third floor. 엘리베이터 타고 3층으로 가세요.	수단이나 방법을 묻는 것에 대한 답을 찾되, 「How + 형용사 / 부사」의 경우 뒤의 표현을 기준으로 답을 찾는다. How long / many / much / often(기간 / 수량 / 가격 / 빈도)
Why 왜	**Why** did he go to Seattle? 그는 왜 시애틀에 갔어요? To attend a conference. 학회에 참석하기 위해서요.	이유를 나타내는 표현들을 익혀둔다. Because / Due to / Since (~때문에) to부정사(~하기 위해)

POINT 위의 의문사 의문문들은 공통적으로 아래 3가지의 주요 포인트가 있음을 꼭 알아두세요.

① Yes / No로 대답할 수 없다.
② 묻는 말에 '모른다', '확인해보겠다' 라고 답을 회피하는 경우 정답이다.
③ 질문과 답변에 유사한 단어가 나오는 경우 오답이다.

실전문제 풀어보기 | 다음 어휘들을 미리 읽어보고 문제를 풀어보세요.

 Track 21

문제 푸는 Skill 문장의 처음에 나오는 의문사 잘 듣기

1.
- organize — 조직하다, 준비하다
- food — 음식
- organic — 유기농의
- sales department — 영업 부서
- be held — 개최되다

2.
- color — 색깔
- paint — 페인트칠하다
- enough — 충분한
- room — 방; 공간; 여유
- collar — 옷깃

3.
- hold the seminar — 세미나를 열다
- downstairs — 아래층
- auditorium — 강당
- find — 찾다, 발견하다
- hole — 구멍
- tomorrow — 내일

4.
- supervisor — 감독관, 상사
- available — 시간이 있는
- factory — 공장
- a little bit — 조금
- have to do — ~해야만 한다
- check — 확인하다
- schedule — 일정

5.
- postpone — 미루다, 연기하다
- post office — 우체국
- Wednesday — 수요일
- because — ~때문에
- make it — 약속을 지키다, 참석하다

6.
- there — 거기
- soup — 수프
- heard — 들었다 (hear의 과거)

1. Mark your answer on your answer sheet. (A) (B) (C)

2. Mark your answer on your answer sheet. (A) (B) (C)

3. Mark your answer on your answer sheet. (A) (B) (C)

4. Mark your answer on your answer sheet. (A) (B) (C)

5. Mark your answer on your answer sheet. (A) (B) (C)

6. Mark your answer on your answer sheet. (A) (B) (C)

» 정답 및 해설 p. 179

파고다 첫토익
PART 5&6

박주희 | 저

토익 필수 문법 & 파트 5, 6 문제풀이 전략서

해설서

신토익 반영 개정판

PAGODA Books

파고다 첫토익
PART 5&6

해설서

PAGODA Books

기본편 UNIT 01 8품사

기초 다지기 / 비법 ❶ 적용하기
본서 p. 14

| 1 대명사 | 2 명사 | 3 명사 | 4 명사 | 5 명사 |
| 6 복수 동사 | 7 단수 명사 | 8 단수 명사 | 9 복수 동사 | 10 단수 동사 |

1 she — (명사 / **대명사**)
해설 she(그녀는)는 여자 이름을 나타내는 명사를 대신하는 대명사입니다.

2 the product — (**명사** / 대명사)
해설 product는 '제품'이라는 의미의 명사로 the 뒤에는 반드시 명사가 와야 합니다.

3 John — (**명사** / 대명사)
해설 '존'이라는 남자 이름이므로 명사입니다.

4 XT Screen TV — (**명사** / 대명사)
해설 XT Screen TV는 제품의 이름이므로 명사입니다.

5 Sharon and Tom — (**명사** / 대명사)
해설 '샤론과 톰'이라는 두 명의 사람 이름이므로 명사이고 복수 취급합니다.

6 are — (단수 동사 / **복수 동사**)
해설 be동사의 종류인 are는 주어가 복수일 때 어울려 쓰이는 복수 동사입니다.

7 Mr. Parker — (**단수 명사** / 복수 명사)
해설 '파커 씨'라는 남자 이름이며, 한 명이므로 대명사 he로 바꿔 쓸 수 있는 3인칭 단수 명사입니다.

8 PAGODA — (**단수 명사** / 복수 명사)
해설 '파고다'라는 회사 이름이므로 명사이고, 회사는 무조건 단수 취급합니다.

9 submit — (단수 동사 / **복수 동사**)
해설 '제출하다'라는 의미의 동사이며, 뒤에 -s가 없으므로 주어가 복수일 때 어울려 쓰이는 복수 동사입니다.

10 provides — (**단수 동사** / 복수 동사)
해설 '제공하다'라는 의미의 동사이며, 뒤에 -s가 있으므로 주어가 단수일 때 어울려 쓰이는 단수 동사입니다.

기초 다지기 / 비법 ❷ 적용하기
본서 p. 15

| 1 단어 | 2 구 | 3 구 | 4 구 | 5 구 |
| 6 절 | 7 구 | 8 절 | 9 절 | 10 문장 |

1 products — (**단어** / 구 / 절)
제품들
해설 복수 형태인 -s가 붙었지만 하나의 단어입니다.

2	new products 새로운 제품들	(단어 / **구** / 절)	**해설** 단어와 단어가 하나의 의미로 쓰이면 구입니다.
3	a decade 10년	(단어 / **구** / 절)	**해설** a나 the 등이 명사 앞에 붙어도 두 개의 단어의 조합이므로 구입니다.
4	the schedule 그 일정	(단어 / **구** / 절)	**해설** schedule은 단어지만 the schedule은 두 개의 단어가 함께 쓰인 구입니다.
5	on the chair 의자 위에	(단어 / **구** / 절)	**해설** 전치사 on 뒤에는 항상 명사가 와서 하나의 덩어리를 이루므로 전치사구입니다.
6	he gets the job 그는 일자리를 얻는다	(구 / **절** / 문장)	**해설** 여러 개의 단어가 쓰인 경우 마침표가 없으면 구 또는 절입니다. 이 경우 주어인 he, 동사인 gets가 있으므로 절입니다
7	very beautiful 매우 아름다운	(**구** / 절 / 문장)	**해설** 부사인 very와 형용사인 beautiful이 함께 쓰였으므로 구입니다.
8	Jim arrives 짐이 도착한다	(구 / **절** / 문장)	**해설** Jim은 주어, arrives는 동사지만 마침표가 없으므로 절입니다.
9	who lived in Canada 캐나다에 사는	(구 / **절** / 문장)	**해설** 접속사 who가 있고 뒤에 동사 lived가 있으므로 절입니다.
10	We visited the factory. 우리는 공장을 방문했다.	(구 / 절 / **문장**)	**해설** 주어와 동사가 있으며, 마침표가 있는 완전한 구조이므로 문장입니다.

필수 공략하기 / 비법 ❶ 적용하기

본서 p. 16

1
(A) celebratory 축하하는 [a]
(B) celebrate 축하하다 [v]
(C) celebration 축하 [n]
(D) celebrates 축하하다 [v]

2
(A) length 길이 [n]
(B) lengthen 길게 하다 [v]
(C) lengthy 긴 [a]
(D) lengthily 길게 [ad]

3
(A) simple 단순한, 간단한 [a]
(B) simply 간단히, 단지 [ad]
(C) simplify 간소화하다 [v]
(D) simplifies 간소화하다 [v]

4
(A) enthuse 열광하다 [v]
(B) enthusiasm 열정 [n]
(C) enthusiastic 열정적인 [a]
(D) enthusiastically 열광적으로 [ad]

5
(A) constructive 건설적인 [a]
(B) construction 건설, 공사 [n]
(C) constructor 건설자 [n]
(D) construct 건설하다 [v]

6
(A) necessarily 어쩔 수 없이 [ad]
(B) necessary 필요한 [a]
(C) necessitate ~을 필요로 하게 만들다 [v]
(D) necessity 필수품 [n]

7
(A) productive 생산적인 [a]
(B) productively 생산적으로 [ad]
(C) product 제품 [n]
(D) productivity 생산성 [n]

8
(A) innovation 혁신 [n]
(B) innovator 혁신가 [n]
(C) innovative 혁신적인 [a]
(D) innovate 혁신하다 [v]

9	(A) assistance 도움	[n]	**13**	(A) employee 직원	[n]
	(B) assist 도와주다	[v]		(B) employ 고용하다	[v]
	(C) assistant 조수, 비서	[n]		(C) employer 고용주	[n]
	(D) assistants 조수, 비서	[n]		(D) employment 고용, 채용	[n]
10	(A) dramatize 각색하다	[v]	**14**	(A) attract 끌어당기다, 유인하다	[v]
	(B) drama 드라마	[n]		(B) attractive 매력적인	[a]
	(C) dramatic 극적인	[a]		(C) attraction 볼거리, 명소	[n]
	(D) dramatically 극적으로	[ad]		(D) attractively 매력적으로	[ad]
11	(A) satisfaction 만족	[n]	**15**	(A) succeed 성공하다	[v]
	(B) satisfy 만족시키다	[v]		(B) success 성공	[n]
	(C) satisfactorily 만족스럽게	[ad]		(C) successful 성공적인	[a]
	(D) satisfactory 만족스러운	[a]		(D) successfully 성공적으로	[ad]
12	(A) excellence 훌륭함, 뛰어남	[n]			
	(B) excellent 훌륭한	[a]			
	(C) excel 뛰어나다	[v]			
	(D) excellently 뛰어나게	[ad]			

기본편 UNIT 02 문장의 5가지 형식

기초 다지기 / 비법 ① 적용하기

본서 p. 22

1 slightly 2 appreciative 3 collaboratively 4 operational 5 reliable
6 effective 7 dramatically 8 reasonable 9 promptly 10 comparable

1 The prices rise (slight / **slightly**).
가격이 약간 오른다.

해설 1형식 자동사 rise 뒤에는 부사가 수식어로 쓰일 수 있습니다.

2 Jane seemed (appreciation / **appreciative**).
제인은 감사하는 것처럼 보였다.

해설 2형식 자동사 seemed 뒤에는 보어로 명사와 형용사가 쓰일 수 있으나 해석상 '상태'를 나타내는 것이 자연스러우므로 형용사가 정답입니다. 명사는 주어와 동격일 때 쓰이는데 「제인 = 감사」는 문맥상 어색합니다.

3 We work (collaboration / **collaboratively**).
우리는 협력하여 일한다.

해설 1형식 자동사 work 뒤에는 부사가 수식어로 쓰일 수 있습니다.

4 The factory remains (operation / **operational**).
그 공장은 운영한 채로 남아 있다.

해설 2형식 자동사 remains 뒤에는 보어로 명사와 형용사가 쓰일 수 있으나 해석상 '상태'를 나타내는 것이 자연스러우므로 형용사가 정답입니다. 명사는 주어와 동격일 때 쓰이는데 「공장 = 운영」은 문맥상 어색합니다.

5 The company is (**reliable** / reliably).
그 회사는 믿을 수 있다.

해설 2형식 자동사 is 뒤에는 보어로 명사와 형용사가 쓰일 수 있으나 부사는 쓰일 수 없습니다.

6 The policy becomes (effectively / **effective**) from March 1.
그 정책은 3월 1일부터 효력이 발생한다.

해설 2형식 자동사 becomes 뒤에는 보어로 명사와 형용사가 쓰일 수 있으나 부사는 쓰일 수 없습니다.

7 The monthly sales will rise (dramatic / **dramatically**).
월별 매출은 상당히 오를 것이다.

해설 1형식 자동사 rise 뒤에는 부사가 수식어로 쓰일 수 있습니다.

8 The prices are very (reason / **reasonable**).
가격이 매우 알맞다.

해설 동사 are와 연결되는 보어로 명사나 형용사가 필요합니다. 하지만 부사 very의 수식을 받아야 하므로 정답은 형용사입니다.

9 The shipment should arrive (prompt / **promptly**).
배송물은 즉시 도착해야 한다.

해설 1형식 자동사 arrive 뒤에는 부사가 수식어로 쓰일 수 있습니다.

10 Two monitors remain (comparison / **comparable**).
두 개의 모니터는 비슷하다.

해설 2형식 자동사 remain 뒤에는 보어로 명사와 형용사가 쓰일 수 있으나 해석상 '상태'를 나타내는 것이 자연스러우므로 형용사가 정답입니다. 명사는 주어와 동격일 때 쓰이는데 「모니터 = 비교」는 문맥상 어색합니다.

기초 다지기 / 비법 ❷ 적용하기

본서 p. 23

1 recommendations	2 happy	3 appreciation	4 excellent	5 informative
6 reservations	7 simple	8 clean	9 grants	10 useful

1 We submit (recommend / **recommendations**).
우리는 추천서를 제출한다.

해설 3형식 타동사 submit 뒤에는 목적어로 명사가 쓰입니다.

2 He always makes me (**happy** / happily).
그는 항상 나를 행복하게 만든다.

해설 동사 makes는 3형식과 5형식으로 모두 쓰입니다. 5형식일 경우 목적어인 me를 보충하며, 문맥상 나의 상태가 '행복한' 것이므로 형용사가 정답입니다.

3 They showed me (**appreciation** / appreciatively).
그들은 나에게 감사를 표했다.

해설 동사 showed는 3형식과 4형식으로 쓰이며, 4형식일 경우 「show + 사람 + 사물」의 형태로 쓰입니다. 사람인 me가 있으므로 직접 준 대상인 사물(추상 명사) 명사가 필요합니다.

4 We consider John (**excellent** / excellently).
우리는 존이 뛰어나다고 여긴다.

해설 동사 consider는 3형식과 5형식으로 쓰이며, 5형식일 경우 문맥상 John의 상태가 '훌륭한' 것이므로 형용사가 정답입니다.

5 I found the workshop (informatively / **informative**).
나는 그 워크숍이 유익하다는 것을 알았다.

해설 동사 found는 find의 과거 형태로 3형식과 5형식으로 쓰이며, 5형식일 경우 문맥상 그 워크숍의 상태가 '유익한' 것이므로 형용사가 정답입니다.

6 We made (reserve / **reservations**).
우리는 예약을 했다.

해설 동사 made는 3형식과 5형식으로 쓰이며, 3형식의 경우 타동사 뒤에 명사 목적어가 필요합니다.

7 They made the design (**simple** / simplicity).
그들은 디자인을 간단하게 만들었다.

해설 동사 made는 3형식과 5형식으로 쓰이며, 5형식일 경우 문맥상 디자인의 상태가 '간단한' 것이므로 형용사가 정답입니다.

8 New employees keep our office (**clean** / cleanliness).
신입 직원들은 우리 사무실을 깨끗하게 (깨끗한 상태로) 유지한다.

해설 동사 keep은 3형식과 5형식으로 쓰이며, 5형식일 경우 문맥상 목적어인 our office의 상태가 '깨끗한' 것이므로 형용사가 정답입니다.

9 The company (makes / **grants**) employees bonuses.
회사는 직원들에게 보너스를 제공한다.

해설 동사 makes는 3, 5형식, grants는 3, 4형식으로 쓰입니다. 뒤에 「명사 + 명사」의 형태로 '직원들에게' '보너스를' '주는' 것이 자연스러우므로 4형식 동사인 grants가 정답입니다.

10 We found the seminar (**useful** / usefully).
우리는 세미나가 유용하다는 것을 알았다.

해설 동사 found는 find의 과거 형태로 3형식과 5형식으로 쓰이며, 5형식일 경우 문맥상 세미나의 상태가 '유용한' 것이므로 형용사가 정답입니다.

필수 공략하기 / 비법 ❶ 적용하기
본서 p. 24

1 work　　**2** show　　**3** attend　　**4** works　　**5** be

1 The two teams (working / **work**) together.
두 팀은 함께 일한다.
해설 문장에 동사가 없으므로 동사인 work가 정답입니다. working은 동사로 쓰일 수 없습니다.

2 Please (**show** / shows) your identification card at the gate.
탑승구에서 당신의 신분증을 보여주세요.
해설 Please 뒤에는 동사원형이 쓰여 명령문을 만듭니다. -s가 추가된 형태는 원형이 아닙니다.

3 Team members must (**attend** / attends) the weekly meeting in Room 1.
팀원들은 1번 회의실에서의 주간 회의에 참석해야 한다.
해설 조동사 must 뒤에는 동사원형을 씁니다.

4 Mr. Hong usually (work / **works**) overtime.
홍 씨는 대개 초과 근무를 한다.
해설 주어가 「Mr. Hong = He」이므로 동사는 -s를 붙인 단수 형태가 쓰입니다.

5 John Park will (**be** / is) eligible for a promotion to manager.
존 박은 매니저로 승진할 자격이 있을 것이다.
해설 앞에 조동사 will이 있으므로 동사원형이 쓰여야 합니다. be동사의 원형은 be이며, 조동사 없이는 주어와 어울려 쓰일 수 없습니다.

필수 공략하기 / 비법 ❷ 적용하기
본서 p. 25

1 gave, 3형식　　**2** should contact, 3형식　　**3** should attend, 3형식　　**4** was, 2형식　　**5** contact, 3형식

1 Dr. Jones **gave** a presentation [at the annual conference] [in London].　　3형식
존스 박사는 발표했다. / 연례 학회에서 / 런던에 있는

2 People [who are interested in the position] **should contact** Mr. Kim.　　3형식
그 직책에 관심 있는 / 사람들은 / 김 씨에게 연락해야 한다.

3 [As the manager], Sarah **should attend** a meeting [next week].　　3형식
매니저로서, / 사라는 회의에 참석해야 한다. / 다음 주에

4 The conference [which was held at the center] **was** [completely] successful.　　2형식
학회는 / 센터에서 열렸던 / 완전히 / 성공적이었다.

5 [If you want to attend], please **contact** us [immediately].　　3형식
당신이 참석하고 싶으면, / 저희에게 연락해주세요. / 즉시

기초 & 필수 문법 실전으로 훈련하기

본서 p. 26

1 (A)	2 (B)	3 (A)	4 (C)	5 (C)	6 (A)	7 (B)	8 (B)	9 (D)	10 (C)
11 (C)	12 (B)	13 (C)	14 (D)	15 (B)	16 (C)	17 (C)	18 (B)	19 (D)	20 (A)

1 Please **(A) welcome** Robert Whiteman to Global Fashion Institute.
로버트 화이트만을 글로벌 패션 협회에 환영해 주십시오.
welcome 환영하다 | institute 협회, 기관

해설 Please 뒤에 동사원형을 써서 명령문을 만듭니다.

2 The finance office will process your invoices **(B) promptly**.
재무 부서는 당신의 영수증들을 즉시 처리할 것이다.
finance 재무, 재정 | process 처리하다 | invoice 송장, 영수증 | promptly 즉시, 바로

해설 동사 will process를 중심으로 앞에 주어, 뒤에 목적어로 완전한 문장이므로 수식어인 부사가 적절합니다.

3 The restaurant, Absolute Taste, can **(A) accommodate** nearly 400 people.
앱솔루트 테이스트 식당은 약 400명의 사람을 수용할 수 있다.
accommodate 수용하다 | nearly 거의, 대략

해설 조동사 can 뒤에는 동사원형을 씁니다.

4 Safety goggles and gloves must be **(C) accessible** to all employees.
안전 고글과 장갑은 모든 직원이 접근할 수 있어야 한다.
safety 안전 | glove 장갑 | accessible 접근할 수 있는 | employee 직원

해설 be동사 뒤에는 보어로 형용사를 씁니다.

5 If they do not **(C) service** these devices, customers will complain.
만약 그들이 이 기기들을 수리하지 않는다면, 고객들이 불평할 것이다.
service 수리하다, 고치다 | device 기기 | customer 고객

해설 부정의 의미를 가진 조동사 do not 뒤에는 동사원형이 와야 합니다. service는 명사와 동사의 형태가 같다는 것을 알아 두세요.

6 In **(A) preparation** for the annual banquet, the company has invited a guest speaker.
연간 행사를 준비하며, 그 회사는 초청 강사를 초대했다.
in preparation for ~을 준비하여 / 대비하여 | annual 일 년의 | banquet 연회, 행사

해설 전치사 In 뒤에는 명사를 씁니다.

7 The design of the new main building on Fifth Avenue is **(B) attractive**.
5번 가의 새 본관 건물의 디자인은 매력적이다.
building 건물 | avenue 도로, 가 | attractive 매력적인

해설 be동사인 is 뒤에는 보어로 형용사를 씁니다.

8 Office Wood Inc. **(B) is offering** a discount on office tables and chairs.
오피스 우드 사는 사무 책상과 의자에 할인을 제공하고 있다.
offer 제공하다 | discount 할인 | table 책상 | chair 의자

해설 빈칸 앞에 주어, 뒤에 목적어가 있지만, 동사가 없으므로 동사 자리입니다. -ing형과 to가 붙은 형태는 동사가 아닙니다. 또한, be동사의 동사원형인 be는 앞에 조동사가 없이 쓰일 수 없으므로 정답은 현재 진행형입니다.

9 The company **(D) reduces** annual operating costs every year through a new production system.
그 회사는 새로운 생산 시스템을 통해 해마다 연간 운영비를 줄인다.
reduce 줄이다 | operating 운영 | cost 비용 | production 생산

해설 빈칸 앞에 주어, 뒤에 목적어가 있지만, 동사가 없으므로 동사 자리입니다. -ing형과 to가 붙은 형태는 동사가 아니므로 동사에 -(e)s가 붙은 3인칭 단수형이 정답입니다.

10 We worked together **(C) productively** to develop a better product.
우리는 더 좋은 제품을 개발하기 위해 생산적으로 함께 일을 했다.

together 함께 | productively 생산적으로 | develop 개발하다 | better 더 좋은 | product 제품

해설 동사가 worked이므로 1형식 문장입니다. 따라서 뒤에는 모두 수식어이며, 부사 together가 있지만, 그 뒤에 또 다른 부사가 올 수 있습니다.

11 The new contract for the merger will be **(C) effective** next week.
합병에 대한 새로운 계약서는 다음 주에 효력이 발생할 것이다.

contract 계약 | merger 합병 | effective 효력이 있는

해설 be동사 뒤에는 보어로 형용사를 씁니다.

12 (B) Reservation for the Galarosa Banquet Hall must be confirmed no later than Friday.
갈라로사 연회 홀의 예약은 늦어도 금요일까지 확정이 되어야 한다.

reservation 예약 | confirm 확인하다 | no later than 늦어도 ~까지

해설 for ~ Hall은 전치사 수식어이고 동사 must be confirmed 앞의 주어 자리에는 명사가 적절합니다.

13 Computer Doctors Inc. operates ten **(C) locations** in this region.
컴퓨터 닥터스 사는 이 지역에 10개의 지점을 운영한다.

operate 운영하다 | location 위치, 지점 | region 지역

해설 동사가 operates이고 ten은 형용사 수식어입니다. 빈칸 뒤에는 전치사 수식어구입니다. 따라서, 목적어 자리에 명사가 필요합니다.

14 All applicants should submit **(D) recommendations** from their previous supervisors.
모든 지원자는 이전 상사들로부터의 추천서를 제출해야 한다.

applicant 지원자 | submit 제출하다 | recommendation 추천서 | previous 이전의 | supervisor 상사

해설 동사 submit 뒤에는 목적어로 명사가 필요합니다. from 이하는 전치사 수식어구입니다.

15 Most of the candidates found the job interview **(B) easy**.
대부분의 후보자는 일자리 면접이 쉽다는 것을 알았다.

candidate 후보자 | job interview 일자리 면접 | easy 쉬운

해설 5형식 동사 find의 과거형인 found 동사를 써 「면접 = 쉬운 상태」라는 의미이므로 목적 보어로 형용사를 씁니다.

16 The price does not **(C) include** these additional features of the device.
가격에는 기기의 이러한 추가적인 특징이 포함되지 않는다.

price 가격 | include 포함하다 | additional 추가의 | feature 특징 | device 기기, 장치

해설 조동사 does not 뒤에는 동사원형을 씁니다.

17 Good Morning Supplies Co. **(C) publishes** a very informative magazine on office supplies.
굿모닝 사무용품점은 사무용품에 대한 매우 유익한 잡지를 출간한다.

publish 출간하다 | informative 유익한 | magazine 잡지 | office supplies 사무용품

해설 빈칸 앞뒤의 명사구만 있으므로 문장의 동사가 필요합니다.

18 Prices of clothing for the new season will rise **(B) sharply** next month.
새로운 시즌의 의류 가격이 다음 달에 급격히 오를 것이다.

clothing 의류, 옷 | rise 오르다 | sharply 급격히

해설 동사 rise는 1형식 동사이므로 뒤에는 수식어인 부사가 옵니다.

19 This document of **(D) excellence** in the new system should be submitted by Friday.
새로운 시스템의 탁월함에 대한 이 서류는 금요일까지 제출되어야 한다.

document 서류 | excellence 뛰어남, 탁월함 | submit 제출하다

해설 전치사 of 뒤에는 명사를 씁니다.

20 The store **(A) offered** new customers a 10% discount coupon.
그 상점은 신규 고객들에게 10%의 할인 쿠폰을 제공했다.

store 상점 | customer 고객 | discount 할인 | coupon 쿠폰

해설 빈칸 뒤에 명사 new customers와 또 다른 명사 a 10% discount coupon이 있는 4형식 문장이므로 4형식 동사를 씁니다.

LC 맛보기   일반 의문문

실전문제 풀어보기   본서 p. 31

1 (C)   **2** (A)   **3** (A)   **4** (B)   **5** (B)   **6** (C)

---

1   Do you plan to go to the post office today?
(A) Here is your mail.
(B) No, she won't be here tomorrow.
(C) Yes, this afternoon.
오늘 우체국에 갈 계획이에요?
(A) 편지 여기 있어요.
(B) 아뇨, 그녀는 내일 여기에 없을 거예요.
(C) 네, 오늘 오후에요.

해설 (A)는 'post office(우체국)'하면 떠오르는 'mail(편지)', (B)는 'today(오늘)'하면 떠오르는 'tomorrow(내일)' 연상 어휘 오답입니다.

---

2   Has Ms. Sanchez reviewed the terms of the contract?
(A) I don't think she's had a chance to do it yet.
(B) The view is magnificent.
(C) He's on my team.
산체스 씨는 계약 조건들을 검토해봤나요?
(A) 그녀가 아직 할 기회가 없었을 거라 생각돼요.
(B) 전망이 정말 훌륭하군요.
(C) 그는 제 팀인데요.

해설 (B)는 review – view 유사 발음 오답입니다. (C)는 질문에서는 여자(Ms. Sanchez)가 나오는데, He로 답하고 있으므로 오답입니다.

---

3   Is Mr. Miyaki going to leave the firm?
(A) No, he's being transferred to another branch.
(B) She left for the day.
(C) I confirmed the reservation.
미야키 씨가 회사를 그만둘 건가요?
(A) 아니요, 다른 지사로 옮기실 거예요.
(B) 그녀는 퇴근했는데요.
(C) 제가 예약 확인했어요.

해설 (B)는 Mr. Miyaki는 남자인데, She로 답하고 있어 주어 불일치 오답입니다. 또한, leave – left 연상 함정이기도 합니다. (C)는 firm – confirmed 유사 발음 오답입니다.

---

4   Could you introduce me to Ms. Ezra?
(A) Yes, she is.
(B) Sure, I'd be happy to.
(C) It'll be reduced.
에스라 씨를 소개해 줄 수 있나요?
(A) 네, 그녀는 그렇죠.
(B) 물론, 기꺼이 해 드릴게요.
(C) 축소될 거예요.

해설 (A)는 You에게 말하고 있는데 She로 답하고 있습니다. 주어의 일치 여부에 주의하세요. (C)는 introduce – reduced 유사 발음 오답입니다.

5 Would you mind closing the windows?
(A) Put them by the window.
(B) Not at all.
(C) We're closing in 10 minutes.

창문을 닫아 주시겠어요?
(A) 그것들을 창문 옆에 두세요.
(B) 그럼요.
(C) 10분 내로 문을 닫을 거예요.

해설 (A)는 windows – window, (C)는 closing – closing 유사 발음 오답입니다. 질문에 들리는 단어와 유사한 발음이 들리면 정답에서 소거해주세요.

---

6 Will you present an award at the ceremony?
(A) Yes, it was last month.
(B) Your presentation was great.
(C) Sure, I'd be glad to.

그 예식에서 상을 수여해 주실래요?
(A) 네, 지난달이었어요.
(B) 당신의 발표는 훌륭했어요.
(C) 그럼요, 기꺼이 하겠습니다.

해설 (A)는 미래로 묻고 있는데, 과거로 대답하고 있으므로 시제가 일치하지 않고, (B)는 present – presentation 유사 발음 오답입니다.

품사편 UNIT 03 명사

기초 다지기 / 비법 1&2 적용하기   본서 p. 36

| 1 summary | 2 decision | 3 careful | 4 application | 5 produces |
| 6 report | 7 response | 8 commercially | 9 product | 10 offices |

1 This is a (summarize / **summary**) of the book.
이것은 그 책의 요약본이다.

해설 a 뒤에는 명사를 씁니다.

2 The managers support the budget (decides / **decision**).
매니저들은 예산 결정을 지지한다.

해설 the 뒤에 두 개의 명사가 하나의 복합 명사로 쓰일 수 있습니다.

3 After a (care / **careful**) consideration, the president approved the plan.
신중한 고려 후에, 사장은 그 계획을 승인했다.

해설 a 뒤는 명사 자리이지만 그 뒤에 명사인 consideration이 이미 있으므로 명사를 수식하는 형용사가 필요합니다.

4 He will examine her (apply / **application**).
그는 그녀의 지원서를 검토할 것이다.

해설 소유격 her 뒤에는 명사가 필요합니다. 참고로, apply는 -ly 형태지만 부사가 아닌 동사입니다.

5 Hemp Audio System's new camera model (**produces** / products) clear images.
헴프 오디오 시스템의 새로운 카메라 모델은 깨끗한 이미지를 만든다.

해설 Hemp Audio System's는 소유격이고 그 뒤에 camera model은 「명사 + 명사」가 한 단어로 쓰인 것이므로 괄호 앞이 모두 주어입니다. 따라서, 빈칸에 문장의 동사가 필요합니다.

6 He read Ms. Anderson's (**report** / reported).
그는 앤더슨 씨의 보고서를 읽었다.

해설 Ms. Anderson's는 소유격이므로 뒤에 명사가 필요합니다. report는 명사와 동사의 형태가 같으며, 이 경우에는 명사로 보고 골라야 합니다.

7 I got a positive (respond / **response**).
나는 긍정적인 반응을 받았다.

해설 「a + 형용사 + -------」의 구조이므로 명사가 정답입니다.

8 The new line was successful (commerce / **commercially**).
새로운 제품 라인은 상업적으로 성공적이었다.

해설 동사 was 뒤에 보어로 형용사가 쓰여 문장이 완전합니다. 따라서, 완전한 문장의 맨 끝에는 수식어인 부사를 써야 합니다. 명사를 수식하거나 보어로 쓰이는 형용사의 쓰임을 잘 판단한 후 답을 고르도록 하세요.

9 The (**product** / productive) was delivered.
그 제품은 배송되었다.

해설 the 뒤에는 명사를 씁니다.

10 The location is ideal for (**offices** / officially).
그 장소는 사무실로 이상적이다.

해설 전치사 for 뒤에는 명사가 반드시 필요합니다. 문장의 맨 끝이라고 해서 부사만 생각해서는 안 됩니다.

기초 다지기 / 비법 ❸ 적용하기

본서 p. 37

| 1 agreement | 2 statements | 3 access | 4 losses | 5 discounts |
| 6 merchandise | 7 work | 8 permission | 9 interest | 10 funding |

1 They reached an (**agreement** / agreements).
그들은 합의에 이르렀다.

해설 an 뒤에는 가산 명사 단수를 씁니다.

2 He sends me (statement / **statements**).
그는 나에게 명세서들을 보내준다.

해설 동사 sends는 4형식 동사이므로 뒤에 사람을 나타내는 간접 목적어(me)와 사물을 나타내는 직접 목적어가 필요합니다. 이때 statement는 가산 명사이므로 a statement 혹은 statements로 쓰여야 하는데 앞에 a가 없으므로 복수 형태가 정답입니다.

3 Employees have (**access** / accesses) to the building.
직원들은 건물에 접근할 수 있다.

해설 동사 have 뒤에 목적어 자리인데 access는 명사일 때 불가산 명사로 쓰이므로 단수 형태가 적절합니다.

4 Due to the recession, we experienced substantial (loss / **losses**) in this quarter.
경기 침체 때문에, 우리는 이번 분기에 상당한 손실을 겪었다.

해설 셀 수 있는 명사 loss는 앞에 a가 없으므로 복수 형태가 정답입니다.

5 ABC Company has (discount / **discounts**) on different products in the shop.
ABC 회사는 상점의 다양한 제품들에 할인한다.

해설 동사 has 뒤에 목적어가 필요합니다. 이때 discount는 가산 명사이므로 a discount 혹은 discounts로 쓰여야 하는데 앞에 a가 없으므로 복수 형태가 정답입니다.

6 Defective (**merchandise** / product) can be replaced at one of our retail shops.
결함 있는 제품은 저희 소매 상점 중 한 곳에서 교체하실 수 있습니다.

해설 두 명사 모두 '제품'이라는 의미를 가지는데 merchandise는 불가산 명사, product는 가산 명사입니다. 가산 명사 product가 쓰이려면 맨 앞에 A가 있어야 하므로 혼자 쓰일 수 있는 불가산 명사 merchandise가 정답입니다.

7 Mr. Moor did outstanding (**work** / task) on the new project.
무어 씨는 새로운 프로젝트에서 훌륭한 업무를 해냈다.

해설 두 명사 모두 '일, 업무'라는 의미를 가지는데 work는 불가산 명사, task는 가산 명사입니다. 가산 명사 task가 쓰이려면 형용사 outstanding 앞에 an이 있어야 하므로 혼자 쓰일 수 있는 불가산 명사 work가 정답입니다.

8 Employees have (permit / **permission**) to park their cars on the newly built parking lot.
직원들은 새로 지은 주차장에 그들의 차를 주차할 허가증을 가지고 있다.

해설 두 명사 모두 '허가'라는 의미를 가지는데 permit는 가산 명사, permission은 불가산 명사입니다. 앞에 a가 없으므로 혼자 쓰일 수 있는 불가산 명사인 permission이 정답입니다.

9 Mr. Parker expressed (**interest** / interests) in the sales position.
파커 씨는 영업직에 관심을 표했다.

해설 명사 interest는 불가산 명사이므로 단수 형태가 정답입니다.

10 We raised (fund / **funding**) for the new manufacturing facilities.
우리는 새로운 제조 시설을 위한 자금을 모았다.

해설 동사 raised 뒤에 목적어가 필요합니다. 가산 명사 fund와 불가산 명사 funding 중 앞에 a 없이 혼자 쓰일 수 있는 것은 불가산 명사 funding입니다.

기초 문법 실전으로 훈련하기

본서 p. 38

1 (D)	2 (D)	3 (C)	4 (B)	5 (C)	6 (B)	7 (A)	8 (B)	9 (C)	10 (D)
11 (C)	12 (C)	13 (A)	14 (C)	15 (A)	16 (A)	17 (B)	18 (B)	19 (A)	20 (D)

---

1 An **(D) agreement** should be carefully reviewed by the manager.
합의서는 매니저에 의해서 꼼꼼하게 검토되어야 한다.
agreement 합의서, 계약서 | carefully 꼼꼼하게, 신중하게 | by ~에 의해서

해설 An 뒤에는 반드시 가산 명사 단수가 필요합니다.

---

2 After a **(D) careful** review, Mr. Cook finally accepted the job offer.
신중한 검토 후에 Cook 씨는 결국 그 일자리 제의를 수락했다.
careful 꼼꼼한, 주의 깊은 | review 검토 | accept 받아들이다, 수락하다

해설 a 뒤에 명사인 review가 있으므로 빈칸은 명사를 수식하는 형용사 자리입니다.

---

3 The new safety regulations will become **(C) effective** next month.
새로운 안전 규정들은 다음 달부터 효력이 발생할 것이다.
regulation 규정 | effective 효력이 있는

해설 동사 become은 2형식 동사이므로 뒤에 보어로 명사나 형용사를 씁니다. 명사 보어는 주어와 동격일 때, 형용사 보어는 주어의 모양이나 상태를 나타낼 때 쓰이는데 문맥상 규정이 '효력이 발생하는' 상태이므로 형용사가 정답입니다.

---

4 Home Sweet Home Inc. will offer 50 percent **(B) discounts** on every purchase this month.
홈 스위트 홈 사는 이번 달에 모든 구매에 대해 50%의 할인을 제공할 것이다.
offer 제공하다 | purchase 구매

해설 빈칸은 동사 will offer의 목적어 자리로 50 percent의 수식을 받습니다. 명사 (A) (B) (C) 중 사람을 의미하는 (C)는 50%의 수식을 받는 것이 어색하고, (A)는 가산 명사이므로 a와 함께 쓰여야 합니다. 따라서 가산 명사의 복수 형태가 정답입니다.

---

5 Super Electric's **(C) profits** have steadily increased by about 10 percent.
슈퍼 전자의 이익은 약 10%까지 꾸준히 증가하고 있다.
profit 이익 | steadily 꾸준히 | increase 증가하다 | about 약, 대략

해설 소유격 Super Electric's 뒤에 명사 자리이며 복수 동사 have와 어울려 쓰여야 하므로 복수 명사가 필요합니다.

---

6 Smart-IT **(B) continually** checks its software to prevent any future complaints.
스마트 IT는 향후 불평을 예방하기 위해 소프트웨어를 지속해서 확인한다.
continually 지속해서, 계속 | prevent 막다, 예방하다 | complaint 불평, 불만

해설 주어 Smart-IT와 동사 checks 사이의 부사 자리입니다. 빈칸 앞의 주어인 명사만 보고 동사를 고르지 않도록 주의하세요.

---

7 A temporary worker will be hired during Mr. Kurosawa's **(A) absence**.
쿠로사와 씨의 부재 중에 임시 직원이 고용될 것이다.
temporary 임시의 | hire 고용하다, 채용하다 | absence 부재, 결근

해설 소유격 -'s 뒤에는 명사를 씁니다.

---

8 Consumer **(B) complaints** are used to improve service quality of the company.
소비자 불만은 회사의 서비스 품질을 개선하기 위하여 사용된다.
consumer 소비자 | improve 증진하다, 개선하다

해설 주어와 동사 사이는 주로 부사가 쓰입니다. 하지만 선택지에 부사가 없고 단수 주어 Consumer와 복수 동사 are가 연결되지 않으므로 복수 명사가 「명사 + 명사」 구조로 쓰입니다.

---

9 You must obtain **(C) certification** to teach yoga to gym members at the fitness center.
헬스클럽에서 회원들에게 요가를 가르치기 위해서는 자격증을 획득해야만 한다.
obtain 얻다, 획득하다 | gym 체육관 | fitness center 헬스클럽

해설 동사 must obtain 뒤에는 목적어가 필요합니다. 이때, certificate는 가산 명사, certification은 불가산 명사입니다. 빈칸 앞에 관사 a가 없으므로 불가산 명사가 정답입니다.

10 The proposal includes **(D) construction** of a new parking lot to offer better service to customers.
제안서에는 고객들에게 더 나은 서비스를 제공하기 위해 새 주차장을 건설하는 것이 포함되어 있다.
proposal 제안서 | include 포함하다 | construction 공사, 건설 | parking lot 주차장

해설 동사 includes 뒤에 목적어 자리이므로 명사를 씁니다.

---

11 Hayes Athletics' latest line of sneakers was successful **(C) commercially**.
헤이스 에스레틱스의 최신 스니커즈 제품 라인은 상업적으로 성공을 거두었다.
latest 최신의 | line 제품 라인 | successful 성공적인 | commercially 상업적으로

해설 빈칸 앞의 successful은 동사 was의 보어로 쓰인 2형식 문장입니다. 즉, 문장이 완전하므로 빈칸은 부사가 필요합니다. 형용사 뒤라고 무조건 명사만 고르지 않도록 주의하세요.

---

12 The team will hire **(C) additional** workers next month for the new project.
그 팀은 신규 프로젝트를 위해 다음 달에 추가 직원들을 고용할 것이다.
hire 고용하다 | additional 추가의

해설 동사 will hire 뒤의 workers는 동사의 목적어입니다. 이때 빈칸은 명사를 수식하는 형용사가 적절합니다.

---

13 All residents in the city have free **(A) access** to the public library.
도시의 모든 거주민은 공공 도서관을 무료로 이용한다.
resident 거주민 | public library 공공 도서관

해설 동사 have의 목적어이면서 형용사 free의 수식을 받는 명사가 적절합니다. 이때 불가산 명사 access는 복수 형태로 쓰이지 않으므로 단수 형태가 정답입니다.

---

14 New **(C) planning** of the convention center will be discussed during the next meeting.
컨벤션 센터의 새로운 계획이 다음 회의 중에 논의될 것이다.
discuss 논의하다 | during ~중에 / 동안에

해설 형용사 new의 수식을 받으며 문장의 주어로 쓰이는 명사 자리입니다. 가산 명사를 쓰려면 관사 A가 필요하므로 혼자 쓰일 수 있는 불가산 명사가 정답입니다.

---

15 The members of the board will approve the budget **(A) decisions** at the monthly meeting.
이사진 구성원들은 월례 회의에서 예산 결정을 승인할 것이다.
board 이사회 | approve 승인하다 | budget 예산 | decision 결정

해설 at 이하는 전치사 수식어구이며 이 문장은 동사 will approve를 중심으로 앞에 주어, 뒤의 목적어가 있는 완전한 문장입니다. 이런 경우 부사 자리일 확률이 높으나 선택지에 부사가 없고, 의미상 '예산 결정'이라는 의미가 자연스러우므로 「명사 + 명사」 형태를 만드는 명사가 정답입니다.

---

16 All employees for a parking **(A) permit** must include their company identification number in a form.
주차 허가증을 위해 모든 직원은 서식에 회사 사원 번호를 포함해야만 한다.
parking 주차 | permit 허가(하다) | form 서식

해설 a parking은 명사지만 문맥상 '주차 허가증'이라는 의미가 자연스러우므로 「명사 + 명사」의 형태를 만드는 명사가 정답입니다.

---

17 Most employees at the factory assess the workplace for stressful **(B) tasks**.
공장 대부분의 직원은 일터를 스트레스받는 업무를 하는 곳으로 평가한다.
factory 공장 | assess 평가하다 | workplace 일터, 직장 | task 업무

해설 「전치사 + 형용사 + -------」의 구조이므로 명사가 필요합니다. 이때 가산 명사 task는 앞에 a를 쓰거나 복수 명사의 형태로 쓰여야 하므로 정답은 복수 형태입니다.

---

18 In **(B) response** to customers' requests, the shop offers several new menus.
고객 요청에 대응하여, 그 상점은 몇몇 새로운 메뉴를 제공한다.
in response to ~에 대응하여 / 반응하여 | request 요청 | offer 제공하다 | several 몇몇

해설 전치사 In 뒤에는 명사가 필요합니다.

19 Your **(A) attendance** is requested at the fifth annual Mega Corp. Charity Dinner.

제5회 연례 메가 사 자선 만찬에 당신의 참석을 요청합니다.

attendance 참석 | request 요구하다, 요청하다 | annual 연례의 | charity 자선

해설 소유격 Your 뒤에는 명사가 필요합니다.

20 Products must meet the **(D) requirements** of the government.

제품들은 정부의 필수 조건들을 충족시켜야만 한다.

meet 충족시키다, 맞추다 | requirement 필수 조건 | government 정부

해설 the 뒤의 자리이므로 명사를 씁니다. 'meet the requirements(필수 조건을 충족시키다)'라는 표현도 함께 알아두세요.

필수 공략하기 / 비법 ❶ 적용하기
본서 p. 40

1 assistance **2** distributor **3** applicants **4** supplier **5** attendee

1 Customers can contact the service department for (assistant / **assistance**).

고객들은 도움을 위해 서비스 부서에 연락하시면 됩니다.

해설 전치사 for 뒤의 명사 자리이며, 사람 명사와 사물 명사 중 의미상 자연스러운 것은 assistance 입니다. 참고로, 'for assistance(도움을 위해서는)'라는 표현을 알아두세요.

2 Docmeds Corp. is the primary (**distributor** / distribution).

덕메즈 사는 주요 배급 업체이다.

해설 the 뒤에 이어질 사람 명사와 사물 명사 중 의미상 자연스러운 것은 「회사 = 배급 업체」라는 의미이므로 distributor가 정답입니다. 사람 명사 중 '회사'로 해석하면 더욱 자연스러운 경우도 있습니다.

3 All job (**applicants** / applications) should submit their résumés.

모든 지원자는 그들의 이력서를 제출해야 한다.

해설 주어 자리에 사람 명사와 사물 명사를 구분하는 문제입니다. 이력서를 '제출해야' 하므로 사람 명사를 씁니다.

4 Alpha Inc. is the leading (supply / **supplier**).

알파 사는 선도적인 공급 업체이다.

해설 the 뒤에 이어질 명사 중 「알파 사 = 공급 업체」이므로 supplier가 정답입니다.

5 Each (attendance / **attendee**) should complete a form.

각 참가자는 서식을 작성해야 한다.

해설 '서식을 작성해야' 한다는 의미이므로 Each 뒤의 주어 자리에 들어가는 명사 중 사람인 attendee가 정답입니다.

필수 공략하기 / 비법 ❷&❸ 적용하기
본서 p. 41

1 approval **2** supplies **3** openings **4** safety **5** productivity

1 We need the manager's (approve / **approval**).

우리는 매니저의 승인이 필요하다.

해설 소유격 뒤에 명사가 와야 하며 approve는 동사, approval은 명사입니다. approval은 형용사의 형태인 -al로 끝나지만, 명사라는 점에 주의하세요.

2 The manager purchased office (supply / **supplies**).

매니저는 사무용품을 샀다.

해설 명사 office와 함께 어울려 쓰이며 문맥상 구매할 수 있는 것은 '사무용품'이라는 의미로 쓰이는 supplies가 정답입니다. office supplies는 항상 뒤에 오는 supplies가 복수 형태입니다.

3 They have various job (opens / **openings**).
그들은 다양한 일자리 공석을 가지고 있다.

해설 명사 job과 함께 어울려 하나의 의미를 이루는 것은 명사인 openings입니다.

4 Please follow the (safe / **safety**) precautions.
안전 예방 조치를 따르십시오.

해설 「the + ------- + 명사」의 구조는 보통 형용사 자리이지만 '안전 예방 조치'라는 표현은 「명사 + 명사」로 쓰입니다.

5 They increased employee (productively / **productivity**).
그들은 직원 생산성을 높였다.

해설 명사 employee와 어울려 쓰이며 문맥상 높일 수 있는 것은 productivity(생산성)입니다.

필수 문법 실전으로 훈련하기
본서 p. 42

| 1 (C) | 2 (A) | 3 (C) | 4 (B) | 5 (C) | 6 (B) | 7 (C) | 8 (C) | 9 (A) | 10 (B) |
| 11 (B) | 12 (B) | 13 (A) | 14 (D) | 15 (D) | 16 (A) | 17 (B) | 18 (A) | 19 (D) | 20 (D) |

1 The company is accepting applications for an **(C) opening** in the budget office.
그 회사는 예산 부서의 공석에 대한 지원서를 받는 중이다.
accept 수락하다, 받다 | application 지원서 | opening 공석 | budget 예산

해설 an 뒤에는 명사가 와야 하며 선택지 중 명사의 형태는 -ing 형태입니다.

2 Please read the **(A) technical** requirements before you use this new computer.
이 새 컴퓨터를 사용하기 전에 기술적인 필수 조건들을 읽어보십시오.
technical 기술적인 | requirement 필수 조건

해설 the 뒤에는 명사 자리인데 빈칸 뒤에 이미 명사 requirements가 있으므로 그 사이는 명사를 수식하는 형용사 자리입니다.

3 Watson Electronics' customer service center **(C) operates** from 9 A.M. to 10 P.M.
왓슨 전자의 고객 서비스 센터는 오전 9시부터 오후 10시까지 운영한다.
operate 운영하다 | from A to B A에서 B까지

해설 소유격 뒤에 3개의 명사가 하나의 단어로 쓰여 긴 주어로 쓰였습니다. 빈칸 뒤는 전치사가 이끄는 수식어구이므로 문장의 동사가 필요합니다.

4 All assembly workers at Metalwork Productions must follow the company's **(B) safety** regulations.
메탈워크 프로덕션의 모든 조립 라인 직원들은 회사의 안전 규정을 준수해야만 한다.
assembly 조립 | follow 따르다, 준수하다 | regulation 규정

해설 「소유격 + ------- + 명사」의 구조인데 명사의 상태가 '안전한' 것이 아니므로 형용사는 아닙니다. '안전'에 대한 '규정'을 준수해야 하는 것이므로 복합명사가 되어야 합니다.

5 Mr. Paulson has received **(C) approval** from his supervisor to take a day off for health-related issues.
폴슨 씨는 건강상의 문제로 하루 휴가를 내기 위해 그의 상사로부터 승인을 받았다.
receive 받다 | supervisor 상사, 감독관 | take a day off 하루 휴가를 내다

해설 동사 has received 뒤에 목적어인 명사가 필요합니다.

6 The **(B) delivery** of the VT-Screen monitor was delayed due to system errors.
VT-스크린 모니터의 배송이 시스템 오류로 인해 지연되었다.
delay 미루다, 연기하다 | due to ~때문에 | error 오류

해설 The 뒤에는 명사 자리인데 delivery(배송)는 추상 명사, deliverer(배송 업재[체])는 사람 명사로 문맥상 자연스러운 것을 골라야 합니다. 지연된 것은 배송 업자가 아닌 '배송'이므로 delivery를 고릅니다.

품사편 / UNIT 03 명사

7 The store received many **(C) complaints** from the customers about its service.

그 가게는 서비스에 대해 고객들로부터 많은 불평을 받았다.

complaint 불평, 불만 | customer 고객

해설 빈칸은 동사 received 뒤의 목적어 자리이며, many 뒤에 쓰이므로 복수 명사를 씁니다. (B)는 동사이므로 주의하세요.

8 The How To Books has met the children's learning **(C) needs** of the Ever Ville area for nearly a decade.

하우 투 북스는 약 10년간 에버 빌 지역 학생들의 배움의 요구를 충족시켜 왔다.

meet the needs 요구를 충족시키다 | learning 배움 | nearly 약, 거의 | a decade 10년

해설 「소유격 + 명사 + -------」의 구조이고 동사 has met과 의미상 자연스러운 것은 '배움을 충족시키는 것'이 아닌 '배움의 요구를 충족시키는 것'이므로 needs가 정답입니다. need는 명사와 동사의 형태가 같습니다.

9 During the speech, the new global manager has disclosed the **(A) innovative** measures.

연설 중에, 새 글로벌 매니저는 혁신적인 정책들을 발표했다.

during ~중에 | speech 연설 | disclose 발표하다, 공개하다 | innovative 혁신적인 | measure 조치, 정책

해설 「the + ------- + 명사」의 구조이므로 빈칸은 형용사가 필요합니다. 빈칸 뒤의 measures는 동사로 '측정하다', 명사로는 '조치'라는 의미입니다. 이 문장의 동사는 has disclosed이므로 measures가 동사가 아닙니다.

10 After two years of **(B) construction**, the corporation still failed to follow the safety regulations.

2년간의 공사 후에, 그 회사는 여전히 안전 규정을 준수하는 것에 실패했다.

construction 공사 | corporation 회사 | fail to do ~하는 것을 실패하다

해설 전치사 of 뒤에는 전치사의 목적어인 명사가 필요합니다. 문맥상 '공사' 2년 후가 자연스러우므로 사물 명사가 정답입니다.

11 Ms. Thomson **(B) successfully** finalized the business contract with ED Engineering.

톰슨 씨는 ED 엔지니어링과의 비즈니스 계약을 성공적으로 마무리 지었다.

successfully 성공적으로 | finalize 마무리 짓다 | contract 계약

해설 빈칸 앞의 주어와 뒤의 동사 finalized 사이에는 부사를 씁니다.

12 All of the office **(B) supplies** are kept in a storage area on the third floor.

모든 사무용품은 3층의 보관 구역에 보관되어 있다.

office supplies 사무용품 | keep 보관하다 | storage 보관

해설 All of the의 경우 뒤에 오는 명사에 수일치를 하는데 office는 단수 명사이며 동사 are kept는 복수 동사입니다. 따라서, 빈칸은 복수 명사가 들어가며, office와 하나의 단어로 쓰이는 supplies가 정답입니다.

13 Venessa Napoli, a local **(A) environmentalist**, will give a speech during the annual meeting.

지역 환경학자인 버네사 나폴리가 연례 회의 중에 연설할 것이다.

environmentalist 환경학자 | give a speech 연설하다 | annual 일 년의, 연례의

해설 빈칸 앞뒤의 콤마 사이는 「a + 형용사 + -------」의 구조입니다. 선택지에서 단수 명사는 (A)입니다. 참고로, 주어와 동사 사이에 명사가 들어가는 경우는 주어와 동격일 때입니다.

14 If you experience any problem with our product, please call our support center for **(D) assistance**.

저희 제품과 관련해 어떠한 문제를 겪으신다면, 도움을 위해 저희 지원 센터에 전화를 주십시오.

experience 경험하다, 겪다 | support 지원 | assistance 도움

해설 전치사 for 뒤에는 명사가 필요하며 문맥상 자연스러운 것은 추상 명사입니다.

15 Many job **(D) applicants** participated in our internship program last summer.

작년 여름 많은 일자리 지원자들이 우리 인턴십 프로그램에 참여했다.

participate in ~에 참여하다

해설 Many 뒤에 올 수 있는 복수 형태의 사물 명사와 사람 명사 중 문맥상 자연스러운 것을 고르면 인턴십 프로그램에 참여하는 것은 '사람'이므로 (D)가 정답입니다.

16 For a better working atmosphere in the office, the **(A) participation** of employees is essential.
사무실의 더 나은 업무 분위기를 위해, 직원들의 참여가 필수적이다.
atmosphere 분위기 | essential 필수적인

해설 the 뒤에는 명사 자리이며 추상 명사와 사람 명사 중 문맥상 자연스러운 것은 추상 명사입니다.

17 Passengers on a strict diet should indicate their meal **(B) preferences** in advance.
엄격한 식단 조절을 하는 승객들은 미리 선호 식단을 표시해야 한다.
passenger 승객 | strict 엄격한 | diet 식단 | indicate 표시하다 | in advance 미리, 사전에

해설 명사 meal과 함께 어울려 '선호 식단'으로 쓰이는 meal preference를 묻는 문제입니다.

18 (A) Confirmation of your hotel reservation will be sent by e-mail within a few hours.
귀하의 호텔 예약 확인서는 몇 시간 내에 이메일로 전송될 것입니다.
confirmation 확인(서) | reservation 예약

해설 문장의 주어 자리이므로 명사가 정답입니다.

19 For **(D) safety** reasons, all personnel should wear a safety goggle.
안전상의 이유로, 모든 직원은 안전 고글을 착용해야 한다.
personnel 인사팀, 직원들

해설 「전치사 + ------ + 명사」의 구조로 형용사 자리입니다. 하지만, 이유의 모양이나 상태가 '안전한' 것이 아니므로 복수 명사인 「명사 + 명사」의 형태로 쓰여야 합니다. 'For safety reasons'는 하나의 표현으로 암기해 두세요.

20 A new urban water management for **(D) residential** areas was developed.
거주 지역의 새로운 도시 수질 관리법이 개발되었다.
urban 도시의 | management 관리 | residential 거주의, 주거의 | develop 개발하다

해설 「전치사 + ------ + 명사」의 구조이므로 형용사가 정답입니다.

독해로 끝내기

본서 p. 44

1 (A)　**2** (B)　**3** (B)　**4** (A)

Urban Apparel Announces Big Change

March 3rd - Urban Apparel, Canada's number one retailer for women's casual clothing, will soon **1. (A) market** its styles in the United States. The company has been in operation for nearly a decade and is ready to expand its operations. A spokesperson reported that the merchandise will be available to American **2. (B) consumers** in July. This is to meet a **3. (B) rising** demand for high-quality clothing. **4. (A) Analysts agree that Urban's strategy will be successful.**

어반 어패럴이 큰 변화를 발표하다

3월 3일 – 캐나다의 최고 여성 캐주얼 의류 소매 업체인 어반 어패럴은 그들의 스타일을 미국에서 곧 시장화할 것입니다. 이 회사는 약 10년간 운영을 해오고 있으며 사업을 확장할 준비를 하고 있습니다. 대변인은 제품은 미국 소비자들이 7월에 이용할 수 있다고 보도했습니다. 이런 조치의 원동력은 고품질의 의류에 대한 증가하는 수요 때문입니다. 분석가들은 어반의 전략은 성공적일 것이라는 데 동의합니다.

문장 해석하기

(A) Analysts agree that Urban's strategy will be successful.
분석가들은 어반의 전략은 성공적일 것이라는 데 동의합니다.

(B) Urban Apparel will make a full refund.
어반 어패럴은 전액 환불을 해드릴 것입니다.

문장 분석하기

본서 p. 45

1 [After a careful review], Mr. Cook [finally] **accepted** the job offer.
　　　　　　　　　　　　　　　　S　　　　　　　V　　　　　O

신중한 검토 후에 Cook 씨는 결국 그 일자리 제안을 수락했다.

2 The new safety regulations **will become** effective [next month].
　　　　　　　S　　　　　　　　　V　　　　　C

새로운 안전 규정들은 다음 달부터 효력이 발생할 것이다.

3 Home Sweet Home Inc. **will offer** [50 percent] discounts [on every purchase] [this month].
　　　　S　　　　　　　　V　　　　　　　　　　　O

홈 스위트 홈 사는 이번 달에 모든 구매에 대해 50%의 할인을 제공할 것이다.

4 Smart-IT [continually] **checks** its software [to prevent any future complaints].
　　S　　　　　　　　　　V　　　　　O

스마트 IT는 향후 불평을 예방하기 위해 소프트웨어를 지속해서 확인한다.

5 You **must obtain** certification [to teach yoga] [to gym members] [at the fitness center].
　　S　　V　　　　　　O

헬스클럽에서 회원들에게 요가를 가르치기 위해서는 자격증을 획득해야만 한다.

6 The proposal **includes** construction [of a new parking lot] [to offer better service] [to customers].
　　　S　　　　　V　　　　　O

제안서에는 고객들에게 더 나은 서비스를 제공하기 위해 새 주차장을 건설하는 것이 포함되어 있다.

7 Hayes Athletics' latest line [of sneakers] **was** successful [commercially].
　　　　　S　　　　　　　　　　　　　V　　　C

헤이스 에스레틱스의 최신 스니커즈 제품 라인은 상업적으로 성공을 거두었다.

8 The team **will hire** additional workers [next month] [for the new project].
　　S　　　V　　　　　O

그 팀은 신규 프로젝트를 위해 다음 달에 추가 직원들을 고용할 것이다.

9 All residents [in the city] **have** free access [to the public library].
　　　S　　　　　　　V　　　O

도시의 모든 거주민은 공공 도서관을 무료로 이용한다.

10 The members [of the board] **will approve** the budget decisions [at the monthly meeting].
　　　S　　　　　　　　　　V　　　　　　O

이사진 구성원들은 월례 회의에서 예산 결정을 승인할 것이다.

품사편 UNIT 04 대명사

기초 다지기 / 비법 ① 적용하기

본서 p. 48

1 They	2 Their	3 her	4 her	5 us
6 our	7 him	8 You	9 me	10 their own

1 (**They** / Their) will go on vacation next week.
그들은 다음 주에 휴가를 갈 것이다.

해설 주어 자리이므로 주격이 정답입니다.

2 (They / **Their**) company was built in 2001.
그들의 회사는 2001년에 지어졌다.

해설 동사는 was built, 주어는 company이며 명사 앞에는 소유격을 써야 합니다. 문장 맨 앞이라고 무조건 주격을 쓰지 않도록 주의하세요.

3 This gift is for (she / **her**).
이 선물은 그녀를 위한 것이다.

해설 전치사 for 뒤에는 목적격이 와야 합니다. 대명사 her는 소유격과 목적격의 형태가 같으나 어떤 자리에 쓰이느냐에 따라 의미가 달라집니다.

4 Ms. Anderson bought the chair at (**her** / she) expense.
앤더슨 씨는 그녀의 비용으로 의자를 샀다.

해설 전치사 at과 명사 expense 사이에는 소유격을 써야 합니다. 위의 문제와 같이 her가 정답이지만 각각 다른 쓰임이므로 비교해 두세요.

5 Our manager sent a letter to (our / **us**).
우리 매니저는 우리에게 편지를 보냈다.

해설 전치사 to 뒤에는 목적격인 us가 정답입니다. our는 소유격이므로 뒤에 명사가 있어야 합니다.

6 Alice assisted (us / **our**) workshop.
앨리스는 우리 워크숍을 도와주었다.

해설 동사 assisted와 목적어 workshop 사이에는 소유격이 필요합니다. 앞의 동사만 보고 목적격인 us를 고르지 않도록 주의하세요.

7 We recommend (**him** / he) to the position.
우리는 그에게 그 직책을 제안한다.

해설 동사 recommend와 to 이하의 전치사 수식어구 사이에 들어갈 수 있는 것은 목적격입니다.

8 (**You** / Your) can order the office supplies online.
당신은 온라인으로 사무용품을 주문할 수 있다.

해설 동사 can order 앞의 주어 자리에는 주격 대명사가 옵니다. Your는 소유격이므로 뒤에 명사가 와야 합니다.

9 John showed (**me** / my) the room.
존은 나에게 방을 보여주었다.

해설 알맞은 격을 고를 때에는 the에 주의합니다. the와 소유격은 함께 쓰일 수 없으며, show는 4형식 동사이므로 뒤에 목적어가 2개 올 수 있습니다.

10 They have presented (**their own** / them) designs.
그들은 그들 자신의 디자인을 발표했다.

해설 동사 have presented와 명사 목적어 designs 사이에는 소유격이 들어가야 합니다. their own은 their와 같은 쓰임입니다.

기초 다지기 / 비법 2&3 적용하기

본서 p. 49

| 1 hers | 2 mine | 3 me | 4 hers | 5 mine |
| 6 himself | 7 themselves | 8 herself | 9 himself | 10 herself |

1 My room has one window, but (she / **hers**) has two windows.
나의 방은 창문이 하나이지만, 그녀의 것(그녀의 방)은 창문이 두 개이다.

해설 동사 has의 주어 자리에 주격 대명사와 소유대명사 둘 다 가능하므로 문맥상 자연스러운 것을 골라야 합니다. 앞의 내용에서 나의 방을 언급하고 있기 때문에 '그녀의 방'과 비교하는 것이 자연스러우므로 her room을 줄여서 표현한 소유대명사가 정답입니다.

2 The supervisor dislikes her idea, but he likes (me / **mine**).
상사는 그녀의 아이디어를 싫어하지만, 그는 나의 것(나의 아이디어)을 좋아한다.

해설 동사 likes 뒤에는 목적격 대명사와 소유대명사 모두 가능하지만, 문맥상 앞에서 비교하는 대상이 '그녀의 아이디어'와 '나의 아이디어'이므로 my idea를 줄여서 표현한 소유대명사가 정답입니다.

3 The supervisor dislikes Mr. Kim, but he likes (**me** / mine).
상사는 김 씨를 싫어하지만, 그는 나를 좋아한다.

해설 '김 씨'와 '나'를 비교하고 있으므로 나를 언급하는 목적격 대명사 me가 정답입니다.

4 The office supplies on the desk are (her / **hers**).
책상 위에 있는 사무용품들은 그녀의 것(그녀의 사무용품)이다.

해설 be동사 are 뒤에 대명사를 넣으면 주어와 동격이 됩니다. 이 문장의 주어인 사무용품이 그녀가 될 수는 없으므로 '그녀의 것(her office supplies)'을 줄여서 표현한 hers가 정답입니다.

5 The award winner, John Lehman, is a colleague of (me / **mine**).
수상자인 존 리먼은 나의 동료 중 한 명이다.

해설 전치사 뒤에는 목적격과 소유대명사 모두 올 수 있으나, '~의 ~ 중 하나'라고 할 때는 소유대명사를 씁니다. 참고로 '너의 ~ 중 하나'는 of 뒤에 yours를, '그의 ~ 중 하나'는 his처럼 소유대명사가 쓰입니다.

6 The new director introduced (him / **himself**) at the meeting.
신임 부장님은 회의에서 그 자신을 소개했다.

해설 동사 introduced 뒤의 목적어 자리에는 둘 다 쓰일 수 있습니다. 하지만 남성으로 칭할 수 있는 것은 주어인 The new director뿐이며 이 사람이 그 '자신을 직접' 소개했다는 내용이므로 주어와 목적어가 같은 대상일 때 쓰는 재귀대명사 himself가 정답입니다.

7 The employees solved the problem by (them / **themselves**).
직원들은 그들 스스로 문제를 해결했다.

해설 전치사 by 뒤의 목적격 자리에는 둘 다 가능합니다. 이 문장에서 대명사 복수로 칭할 수 있는 것은 주어인 employees이며 그들이 '스스로' 문제를 해결한 것이므로 재귀대명사 themselves가 정답입니다.

8 Ms. Lopez arranged my schedule (her / **herself**).
로페스 씨는 그녀가 직접 내 일정을 잡았다.

해설 동사 arranged를 중심으로 앞에 주어, 뒤에 목적어가 있는 완전한 문장입니다. 따라서, 소유격과 목적격이 가능한 her는 쓰일 수 없으며 강조 용법으로 쓰며 '직접'이라는 의미를 가진 herself가 정답입니다.

9 Mr. Clark met the client (**himself** / herself).
클락 씨는 직접 그 고객을 만났다.

해설 완전한 문장의 맨 끝에서 강조 용법으로 쓰인 두 개의 재귀대명사 중 주어가 남자인 Mr. Clark이므로 himself가 정답입니다.

10 Ms. Anderson (her / **herself**) reviews the reports.
앤더슨 씨는 그녀가 직접 보고서를 검토한다.

해설 동사 reviews를 중심으로 주어와 목적어가 있는 완전한 문장입니다. 따라서, 소유격과 목적격이 가능한 her는 쓰일 수 없으며 강조 용법으로 쓰며 '직접'이라는 의미를 가진 herself가 정답입니다.

기초 문법 실전으로 훈련하기   본서 p. 50

| 1 (C) | 2 (B) | 3 (B) | 4 (D) | 5 (B) | 6 (A) | 7 (D) | 8 (A) | 9 (D) | 10 (C) |
| 11 (D) | 12 (B) | 13 (B) | 14 (C) | 15 (B) | 16 (A) | 17 (C) | 18 (C) | 19 (D) | 20 (A) |

1 In order to increase customer satisfaction, **(C) we** must create a new system.
고객 만족을 높이기 위해서, 우리는 새로운 시스템을 개발해야만 한다.
in order to do ~하기 위해서 | customer satisfaction 고객 만족 | create 만들다

해설 빈칸 앞의 콤마까지는 수식어구이며 뒤에 동사인 must create가 있으므로 빈칸은 주어 자리입니다. 선택지 중 주어로 쓰일 수 있는 것은 주격 대명사 (C)뿐입니다.

2 Mr. Lee and Mr. Anderson are planning to make the presentation, but Mr. Joan may join **(B) them**.
리 씨와 앤더슨 씨가 발표할 계획이지만, 조안 씨가 그들에게 합류할지도 모른다.
plan to do ~할 계획이다 | make a presentation 발표하다 | may ~일지도 모른다 | join 합류하다

해설 빈칸은 동사인 may join 뒤에 있으므로 목적격 대명사 (B)와 (D)가 가능합니다. 재귀대명사 (D)는 주어와 목적어가 같을 때 쓰는데, may join의 주어는 Mr. Joan이므로 himself가 되어야 합니다. 따라서, 앞의 Mr. Lee and Mr. Anderson을 칭하는 (B)가 정답입니다.

3 The new director will meet with Mr. Wright to negotiate the contract with **(B) him**.
새로운 부장은 라이트 씨와 계약에 대해 협상하기 위해서 그를 만날 것이다.
negotiate 협상하다 | contract 계약

해설 전치사 with 뒤의 목적격 대명사가 필요한 자리입니다. 목적격 대명사 (B)는 앞의 Mr. Wright를 가리키고, 재귀대명사 (C)는 주어인 The new director를 가리킵니다. 문맥상, 주어인 부장은 제 3자인 Mr. Wright와 협상하기 위해 만나는 것이므로 (B)가 정답입니다.

4 Mr. Jones will travel by **(D) himself** to the conference next Monday.
존스 씨는 다음 주 월요일에 혼자서 학회에 출장을 갈 것이다.
travel 여행가다, 출장 가다

해설 전치사 by 뒤에 들어갈 수 있는 목적격은 (C)와 (D)가 있으며, 이들이 가리키는 명사는 주어인 Mr. Jones뿐이므로 주어와 목적어가 같을 때 쓰이는 재귀대명사가 정답입니다. 참고로, 'by oneself(혼자, 스스로)'란 표현도 기억해두세요.

5 Mr. Kim's hotel reservations for his business trips are always made by **(B) his** assistant.
김 씨의 출장 시 호텔 예약은 항상 그의 비서가 한다.
reservation 예약 | business trip 출장 | always 항상 | assistant 비서

해설 빈칸은 전치사 by와 뒤의 명사 사이에 있으므로 소유격 대명사가 정답입니다. 위의 문제와 비슷한 자리라고 해서 by himself를 고르지 않도록 주의합니다.

6 The shop expressed their **(A) appreciation** for the patronage of loyal customers.
그 상점은 단골들의 애용에 감사를 표했다.
express 표현하다 | appreciation 감사 | patronage 애용 | loyal 충성적인

해설 빈칸 앞에는 소유격 대명사가 있고 뒤에는 전치사 수식어구가 있으므로 빈칸은 전치사 뒤의 명사 자리입니다. 소유격 대명사는 반드시 뒤에 명사가 와야 한다는 점을 기억하세요.

7 Customers were asked to complete a questionnaire by **(D) themselves**.
고객들은 그들 스스로 질문지를 작성해달라는 요청을 받았다.

be asked to do ~하도록 요청받다 | complete 작성하다 | questionnaire 질문지

해설 전치사 by 뒤에 목적격 대명사가 와야 하며 선택지는 모두 목적격으로 쓰일 수 있는 재귀대명사들입니다. 이 경우는 이들이 가리키는 명사가 무엇인지 앞에서 찾아야 합니다. 주어가 복수 명사 Customers이므로 (D)가 정답입니다.

8 After Christine Martha's transfer to this branch, **(A) she** will reorganize our team.
크리스틴 마사 씨가 이 지점으로 전근 온 후에, 그녀가 우리 팀을 다시 조직할 것이다.

transfer to ~로의 이전 / 전근 | branch 지점, 지사 | reorganize 다시 조직하다, 구조조정을 하다

해설 빈칸 앞은 부사절 접속사 After가 이끄는 수식어절이며 뒤는 동사 will reorganize가 있으므로 빈칸은 주어 자리입니다. 선택지 중 주어로 쓰일 수 있는 주격 대명사 (A)와 소유대명사 (C) 중 문맥상 팀을 다시 조직할 수 있는 주체는 앞의 Christine Martha라는 여자이므로 (A)가 정답입니다. (C)는 앞의 Christine Martha's transfer를 가리키며 그 여자의 '전근'이 팀을 다시 조직할 수는 없습니다.

9 The new director, Ms. Christie, prepared the presentation **(D) herself**.
신임 부장인 크리스티 씨는 그녀가 직접 프레젠테이션을 준비했다.

prepare 준비하다

해설 빈칸은 문장의 맨 끝이며 이 문장은 동사 prepared를 중심으로 앞에 주어와 뒤의 목적어가 있는 완전한 문장입니다. 따라서, 문장이 완전할 때 주어를 강조해 주는 재귀대명사가 정답입니다.

10 Although Mr. Adam's presentation was too long, **(C) mine** met the time limit.
비록 아담 씨의 프레젠테이션은 너무 길었지만, 내 것은 시간제한을 맞췄다.

meet 맞추다, 충족시키다 | limit 제한

해설 Although부터 콤마까지는 부사절 접속사절로 수식어이며, 빈칸 뒤에는 동사 met이 있으므로 빈칸은 주어 자리입니다. 선택지 중 주어로 쓰일 수 있는 것은 소유대명사인 (C)뿐입니다.

11 Please familiarize **(D) yourself** with the safety regulations before you start the work at the factory.
공장에서 일을 시작하기 전에 당신 스스로 안전 규정을 숙지하도록 하십시오.

familiarize A with B A가 B에 대해 친숙해지다 / 숙지하다 | safety regulation 안전 규정 | factory 공장

해설 동사 familiarize의 목적어 자리이므로 소유격인 (B)를 제외한, 목적격 (A), 소유대명사 (C), 재귀대명사 (D) 모두 가능합니다. 이 문제의 핵심은 명령문의 주어 you가 항상 생략되어 있다는 것입니다. 따라서 주어가 다시 목적어로 돌아오는 재귀대명사 (D)가 들어가야 합니다. (C)는 앞에 '~의 것'이라고 언급된 것이 없으므로 들어갈 수 없습니다.

12 After we have reviewed Ms. White's interview results, we will send **(B) her** the employment contract to sign.
우리는 화이트 씨의 면접 결과를 검토한 후에 그녀에게 서명할 채용 계약서를 보낼 것이다.

review 검토하다 | result 결과 | employment 채용 | contract 계약서

해설 send가 4형식 동사로 쓰인 「send + 목적격 + the employment contract」의 구조입니다. 주격인 (A)를 제외한 모든 선택지가 정답 후보이며 주어가 we이므로 재귀대명사 (D)는 오답입니다. 나머지 중 문맥상 앞에서 가리키는 것은 앞에 Ms. White이므로 (B)가 정답입니다.

13 Employees who want to go on vacation should contact **(B) their** managers by June 2.
휴가를 가고 싶은 직원들은 그들의 매니저에게 6월 2일까지 연락해야 한다.

go on vacation 휴가를 가다

해설 동사 should contact 뒤에 목적어인 명사 managers가 이미 있으므로 빈칸은 명사 앞에 쓰는 소유격 대명사만이 올 수 있습니다.

14 Keep **(C) our** laboratory clean in order to get more accurate results.
더욱 정확한 결과를 얻기 위해 우리의 실험실을 깨끗한 상태로 유지해야 한다.

laboratory 실험실 | in order to do ~하기 위해서 | accurate 정확한

해설 명령문 구조로, 동사 Keep 뒤에 목적어인 명사 laboratory가 있으므로 소유격 대명사가 정답입니다.

15 Mr. Sanders was recognized for his **(B) impressive** work on the recent merger with MR Techwin.
샌더스 씨는 MR 테크윈과의 최근 합병에 대한 그의 인상적인 업무로 인해 인정을 받았다.
recognize 알아차리다, 인정하다 | impressive 인상적인 | recent 최근의 | merger 합병

해설 「전치사 + 소유격 대명사 + ------- + 명사」의 구조로, 소유격 대명사 뒤에 이미 명사가 있으므로 명사 앞에서 이를 수식하는 형용사가 정답입니다. his만 보고 명사를 찾거나, 뒤의 work를 동사로 보고 부사를 고르지 않도록 주의하세요.

16 (A) You may order any necessary office supplies through the Internet.
당신은 인터넷을 통해 필요한 어떠한 사무용품들을 주문할 수 있다.
order 주문하다 | necessary 필요한 | office supplies 사무용품

해설 동사 may order 앞의 주어 자리로 주격 대명사 (A)와 소유대명사 (C)가 들어갈 수 있습니다. 소유대명사 (C)가 들어가는 경우 그 앞에 '너의 것'으로 가리킬 수 있는 대상이 있어야 하는데 없으므로 주격이 정답입니다.

17 Employees who are returning from the business trip should notify Mr. Kim of **(C) their own** arrival time.
출장에서 돌아온 직원들은 김 씨에게 그들 자신의 도착 시각을 알려야 한다.
notify A of B A에게 B를 알리다 | arrival 도착

해설 「전치사 + ------- + 명사 + 명사」의 구조로 전치사 뒤에 목적어로 명사가 이미 있으므로 그 앞에는 소유격 대명사가 적절합니다. own은 소유격을 강조하는 말로 생략할 수 있습니다.

18 IDER Inc.'s new line of sports cars will improve its **(C) competitiveness** in the automotive industry.
아이더 사의 스포츠 차의 신형 제품 라인은 자동차 업계에서의 경쟁력을 높일 것이다.
improve 개선되다, 증진되다 | competitiveness 경쟁력 | automotive 자동차의 | industry 산업, 업계

해설 소유격 대명사 its 뒤에는 반드시 명사가 와야 하며 빈칸 뒤에는 전치사 수식어구가 있으므로 빈칸에는 명사가 정답입니다.

19 We need to finish this project successfully if time permits **(D) us** to do so.
시간이 우리가 그렇게 하도록 허락한다면 우리는 이 프로젝트를 성공적으로 마쳐야 한다.
successfully 성공적으로 | permit A to do A가 ~하도록 허가하다

해설 접속사 if 뒤의 주어 time과 동사 permits 뒤의 목적어 자리이므로 소유대명사 (C)와 목적격 대명사 (D)가 들어갈 수 있습니다. 문맥상, 직역하면 시간이 '우리에게' 그렇게 하도록 허가한다면, 즉 '우리가 시간이 된다면'이란 의미로 쓰이므로 목적격 대명사가 정답입니다.

20 Last Monday, Ms. Clark indicated that all supplies in the boxes were **(A) hers**.
지난주 월요일에, 클록 씨는 상자에 있는 모든 용품이 그녀의 것이라고 표시해두었다.
indicate that ~라고 표시하다 / 나타나다 | supplies 용품

해설 be동사인 were 뒤에 주어와 보어 관계에 있습니다. 소유격을 제외한 대명사들이 모두 보어로 쓰일 수 있으므로 해석을 통해 정답을 찾을 수 있습니다. 동사 were의 주어는 that 뒤의 all supplies 이므로 용품들이 '그녀의 것'이라고 표시해두었다는 의미로 소유대명사가 정답입니다.

필수 공략하기 / 비법 ❶ 적용하기

본서 p. 52

1 that　　**2** those　　**3** Anyone　　**4** Those　　**5** Anybody

1 Our warranty is longer than (**that** / those) of other shops.
우리의 품질 보증서는 다른 상점들의 그것(품질 보증서)보다 길다.

해설 대명사 that과 those는 앞에 나온 명사를 대신하며 전명구 등의 수식을 받을 수 있습니다. 이때 앞에 가리키는 명사가 단수이면 that을, 복수이면 those를 씁니다. 이 문장에서는 앞에 나온 warranty를 가리키며 단수 명사이므로 that이 정답입니다.

2 The second quarter's profits are higher than (that / **those**) of the first quarter.
2분기의 이익들은 1분기의 그것들(이익들)보다 높다.

해설 앞의 명사를 대신하는 that과 those의 쓰임 구별 문제입니다. 앞에 가리키는 명사가 profits이며 복수 명사이기 때문에 those가 대신 쓰입니다.

3 (These / **Anyone**) who registered for the workshop should contact me.
워크숍에 참석한 사람은 누구든 제게 연락하셔야 합니다.

해설 괄호 뒤의 who 이하의 수식을 받으며 '~한 사람 누구나'로 쓰이는 것은 Anyone입니다. 대명사 These는 수식을 받을 수 없습니다.

4 (Anyone / **Those**) who are interested in the seminar should contact Nikko Papas.
세미나에 관심 있는 사람들은 니코 파파스에게 연락해야 한다.

해설 Anyone who와 Those who 모두 가능하지만, 이 둘은 단수와 복수의 차이가 있습니다. 이것은 who 뒤의 동사를 보고 알 수 있는데 who 이하의 동사가 복수 동사 are이므로 Those가 정답입니다.

5 (**Anybody** / Those) who shows excellent computer skills will be hired as an assistant.
훌륭한 컴퓨터 능력을 보여주는 사람은 누구나 비서로 고용될 것이다.

해설 Anybody(= Anyone)는 단수로, Those 는 복수 취급합니다. who 이하의 동사가 단수 동사 shows이므로 정답은 Anybody입니다.

필수 공략하기 / 비법 ❷ 적용하기

본서 p. 53

1 the other **2** another, the other **3** another **4** others **5** the others

1 We develop two products. We will release one and then (another / **the other**).
우리는 2개의 제품을 개발한다. 우리는 하나를 출시할 것이며, 그다음 나머지 하나를 출시할 것이다.

해설 앞에서 2개의 제품 중 하나가 출시되면 '정해져 있는' 하나가 남게 되므로 the other가 정답입니다.

2 There are three shipments. One is for China, (**another** / the other) for Japan and (another / **the other**) for India.
3개의 배송물이 있다. 하나는 중국으로, 둘 중 (아무거나) 하나는 일본으로, 남은 하나는 인도로 보내진다.

해설 3개 중 1개가 중국으로 보내지면 남은 2개 중 '정해져 있지 않은' 하나가 일본으로 가게 되므로 another, 그 후에는 '정해져 있는' 한 개가 남게 되므로 the other가 정답입니다.

3 One brand always competes with (**another** / the other).
하나의 브랜드는 항상 다른 (아무거나 하나) 브랜드와 경쟁한다.

해설 하나의 브랜드가 경쟁하는 다른 브랜드의 개수가 앞에서 정해져 있지 않기 때문에 '정해져 있지 않은' 하나인 another가 정답입니다.

4 One test has been completed, and (**others** / the others) are still being done.
하나의 테스트가 완료되었고 다른 것들은 계속되고 있다.

해설 하나의 테스트가 완료되고 몇 개가 계속되고 있는지 알 수 없기 때문에 '정해져 있지 않은' 여러 개를 가리키는 others가 정답입니다.

5 There are four employees. One is cleaning the equipment and (others / **the others**) are taking a break.
4명의 직원이 있다. 한 명은 장비를 청소하고 있고, 나머지 다른 사람들(3명)은 휴식을 취하고 있다.

해설 정해져 있는 4명의 직원 중 한 명을 제외한 3명이 휴식을 취하고 있으므로 '정해져 있는' 3명을 가리키는 것은 the others입니다.

필수 문법 실전으로 훈련하기

본서 p. 54

1 (C)	2 (B)	3 (D)	4 (A)	5 (C)	6 (A)	7 (D)	8 (D)	9 (D)	10 (B)
11 (A)	12 (C)	13 (C)	14 (D)	15 (C)	16 (B)	17 (A)	18 (B)	19 (C)	20 (D)

1 If you have any problem with our PT Mixer, you can exchange it for **(C) another**.

저희 PT 믹서기에 어떤 문제가 있다면, 그것을 (아무거나) 다른 것으로 교환하실 수 있습니다.

problem 문제 | exchange A for B A를 B로 교환하다

해설 선택지의 부정대명사 중 (B)는 뒤에 반드시 명사와 함께 쓰여야 하므로 빈칸에 들어갈 수 없습니다. 나머지 중 문맥상 앞에 it이 가리키는 것은 PT Mixer이며 이것이 문제가 있으면 '정해져 있지 않은' 아무거나 다른 하나로 바꿔준다는 의미이므로 (C)가 정답입니다. (D)는 '서로'라는 의미의 대명사로 문맥상 어색합니다.

2 **(B) Those** who show excellent communication skills will be considered for the manager position.

훌륭한 의사소통 능력을 보여주는 사람들은 매니저 직책에 고려될 것이다.

those who ~하는 사람들 | excellent 훌륭한, 뛰어난 | skill 능력 | consider 고려하다

해설 주어 자리에 쓰이며 뒤의 who 이하의 수식을 받을 수 있는 것은 (B)뿐입니다. Those who를 꼭 외워두세요.

3 The monthly subway pass is the best option for commuters, but **(D) others** are available.

월간 지하철 탑승권은 통근객들에게는 제일 나은 선택이지만 다른 것들도 이용할 수 있다.

monthly 매월, 달마다 | subway 지하철 | pass 탑승권 | commuter 통근객 | available 이용 가능한

해설 접속사 but 뒤의 주어 자리에 쓰이는 부정대명사를 찾는 문제로 (B)는 뒤에 명사와 함께 쓰여야 하므로 오답입니다. 나머지 중 복수 동사 are와 수일치하고 문맥상 '정해져 있지 않은 다른' 선택 사항들도 가능하다는 내용이므로 (D)가 정답입니다. (A)와 (C)는 단수 취급합니다.

4 The CEO announced **(A) his** decision to select Mr. Miller as the chief operating officer of the company.

대표 이사는 회사의 최고 운영 책임자로 밀러 씨를 선택했다는 그의 결정을 발표했다.

announce 발표하다 | decision 선택 | chief operating officer(COO) 최고 운영 담당자

해설 동사 announced 뒤에 목적어인 명사 decision이 있으므로 빈칸은 명사와 함께 쓰이는 소유격 대명사 자리입니다. (D)도 뒤에 명사가 올 수는 있지만, 복수 명사가 와야 하므로 오답입니다.

5 **(C) Anyone** who wishes to join at this year's fund-raiser is asked to sign up at Ms. Cox's office.

올해의 자금 모금 행사에 참여하고 싶은 사람은 누구나 코크스 씨의 사무실에서 신청하실 것을 요청합니다.

anyone who ~하는 사람 | join 참여하다, 합류하다 | fund-raiser 자금 모금 행사 | be asked to do ~하도록 요청되다 | sign up 신청하다

해설 주어 자리에서 뒤의 who 이하의 수식을 받을 수 있는 것은 (C)뿐입니다. 'Anyone who'를 꼭 외워두세요.

6 Thanks to its **(A) stability** during the global economic crisis, APL Inc. has become the most successful corporation.

세계 경제 위기 중에도 안정성 덕분에, APL 사는 가장 성공적인 기업이 되었다.

thanks to ~덕분에 | stability 안정성 | during ~중에 | crisis 위기 | corporation 회사, 기업

해설 소유격 대명사인 its가 있고 뒤에 전치사 during 이하의 수식어구가 있으므로 빈칸은 명사 자리입니다.

7 Experts who used our TX tablet PC mentioned that **(D) it** was the most successful device in the market.

TX 태블릿 PC를 사용하는 전문가들은 그것이 시장에서 가장 성공적인 기기라고 말했다.

expert 전문가 | mention that ~라고 언급하다 | device 장치, 기기

해설 that절의 주어 자리이므로 주어로 쓰일 수 있는 것은 (D)입니다. 대명사 it은 주격과 목적격의 형태가 같으나 이 경우 주격으로 보고 정답으로 선택해야 합니다. (A)와 (B)는 소유격, (C)는 목적격입니다.

8 Of the ten attendees, nine are from Korea, but **(D) the other** is from Germany.
10명의 참석자 중에, 9명은 한국에서 왔으나 나머지 한 명은 독일에서 왔다.
of ~중에서 | attendee 참석자

해설 접속사 but 뒤의 주어 자리이며 단수 동사 is 와 어울려 쓰일 수 있는 것은 (D)뿐입니다. (A)는 항상 뒤에 명사가 와야 하며 (B)와 (C)는 복수 취급하므로 복수 동사와 어울려 쓰입니다.

9 The survey results of our new product are very similar to **(D) those** of the old one.
우리 신제품의 설문 조사 결과는 이전 것의 그것들과 매우 유사하다.
survey 설문 조사 | result 결과 | be similar to ~와 유사하다

해설 전치사 to 뒤에 쓰이며 빈칸 뒤의 전치사 수식 어구의 수식을 받는 대명사는 지시대명사 (B)와 (D)입니다. 문맥상 신제품의 설문 조사 결과들과 이전 것의 결과들을 비교하고 있으므로 results를 대신 가리키는 복수 대명사 (D)가 정답입니다.

10 Because Mr. Jones is going on vacation next week, Ms. Endo will finalize the project **(B) herself**.
존스 씨가 다음 주에 휴가를 갈 것이기 때문에, 엔도 씨는 직접 프로젝트를 마무리할 것이다.
go on vacation 휴가를 가다 | finalize 마무리 짓다

해설 Because부터 콤마까지는 수식어절이며, 동사 will finalize를 중심으로 앞에 주어와 뒤에 목적어가 있는 완전한 문장입니다. 완전한 문장의 맨 끝에는 대명사 중에서 강조 용법으로 쓰이는 재귀대명사가 들어갈 수 있습니다.

11 **(A) Anyone** who is interested in the training seminar can contact this number.
교육 세미나에 관심이 있는 사람은 누구나 이 번호로 연락하십시오.
be interested in ~에 관심이 있다

해설 주어 자리로 뒤의 who 이하의 수식을 받는 대명사 (A)와 (D)입니다. who 뒤의 동사가 단수 동사 is이므로 단수 취급하는 (A)가 정답입니다.

12 Ms. Kamaki has been running **(C) her own** business for more than a decade now.
카마키 씨는 현재 10년 이상 그녀 자신의 사업을 운영해오고 있다.
run 운영하다 | more than ~이상 | a decade 10년

해설 동사 has been running 뒤에 명사 business 가 있으므로 빈칸은 소유격 대명사를 씁니다. 선택지에서 소유격은 own과 함께 쓰인 (C)입니다.

13 If your computer is not working, you can use **(C) mine** to finish the report.
만약 당신의 컴퓨터가 작동하지 않는다면, 보고서를 끝내는 데 제 것을 사용하셔도 됩니다.
work 작동하다

해설 동사 can use의 목적어 자리이므로 소유격 (B)를 제외한 선택지들 모두 가능합니다. 먼저, 주어가 you이므로 재귀대명사를 쓰려면 yourself입니다. 또한, 문맥상 가리키는 대상이 '내'가 아닌 'my computer'이므로 이를 줄여 '내 것'이라고 한 소유대명사가 정답입니다.

14 The performance of the new A-Smart computer is superior to **(D) that** of our competitors'.
신형 A-Smart 컴퓨터의 성능은 경쟁 업체들의 그것보다 뛰어나다.
performance 성능 | be superior to ~보다 뛰어나다 | competitor 경쟁 업체

해설 선택지는 모두 지시대명사이며 뒤의 전치사 of 이하의 수식을 받을 수 있는 것은 (C)와 (D)입니다. 문맥상 '신형 컴퓨터의 성능'과 '경쟁 업체들의 컴퓨터 성능'을 비교하고 있으므로 단수 명사인 performance를 대신하는 (D)가 정답입니다.

15 After Mr. Jones signs the contract, **(C) it** should be sent directly to the HR manager.
존스 씨가 계약에 서명하고 나서, 그것은 인사 팀장에게 바로 보내져야 한다.
contract 계약 | directly 바로, 직접 | HR(= Human Resource) 인사팀

해설 After부터 콤마까지는 수식어절이며 빈칸은 문장의 주어 자리이므로 주격 대명사 (C)가 정답입니다. (A)와 (D)는 목적격, (B)는 뒤에 명사와 함께 쓰여야 합니다.

16 Elvis W. France has contributed to Pandora Music during **(B) his** 15-year service at the company.
엘비스 W. 프랑스 씨는 회사에서의 그의 15년 근무 동안 판도라 뮤직에 기여했다.
contribute to ~에 기여하다 | during ~중에 / 동안에 | service 근무

해설 during은 전치사이며, 그 뒤에 「------ + 형용사 + 명사」의 구조입니다. 즉, 전치사 뒤에 명사가 있으므로 그 앞에 대명사를 넣는 경우 소유격 대명사만이 올 수 있습니다.

17 Customers preferred our products instead of **(A) other** devices in the market because of the low price.
고객들은 저렴한 가격 때문에 시장의 다른 기기들 대신에 우리 제품들을 선호한다.
prefer 선호하다 | instead of ~대신에 | device 장치, 기기

해설 명사 devices와 어울려 쓰일 수 있는 것은 (A)뿐입니다. (C)와 (D)는 뒤에 명사가 올 수 없으며, (B)는 명사가 오기도 하나 가산 단수 명사만 올 수 있습니다.

18 The detailed analyses of last three years' sales are included in **(B) his** final report.
지난 3년의 매출에 대한 자세한 분석들이 그의 최종 보고서에 포함되어 있다.
detailed 자세한 | analysis 분석(단수) | include 포함하다

해설 전치사 in 뒤에 명사인 report가 있고 그 앞에 형용사가 있습니다. 즉, 명사가 이미 있다면 그 앞에는 소유격만 올 수 있습니다.

19 (C) Those who are attending the training session should contact Mr. Lee.
교육 과정에 참석하고 있는 사람들은 리 씨에게 연락해야 한다.
attend 참석하다 | training session 교육 과정

해설 주어 자리에 쓰이며 뒤에 who 이하의 수식을 받을 수 있는 것은 대명사 (A)와 (C)입니다. 이 둘의 차이는 수일치인데, who 뒤의 동사가 복수 동사인 are이므로 (C)가 정답입니다. (A)는 anyone과 같은 의미로 단수 취급합니다.

20 Mr. Jackson has filled in a self-evaluation form, but Ms. Lopez did not complete **(D) hers**.
잭슨 씨는 자기 평가 서식을 작성했으나 로페스 씨는 그녀의 것을 아직 작성하지 않았다.
fill in 작성하다 | evaluation 평가 | form 서식 | complete 작성하다

해설 동사 did not complete의 목적어 자리이므로 주격인 (C)를 제외한 나머지 선택지가 가능합니다. 문맥상 주어인 로페스 씨가 아직 작성하지 않은 것은 앞에 언급된 'a self-evaluation form'이므로 소유대명사가 정답입니다.

UNIT 04

독해로 끝내기

본서 p. 56

1 (B)　**2** (A)　**3** (B)　**4** (A)

To: Hazel Gordon <hgordon@estorage.net>
From: Summer Resort <service@summerresort.com>
Subject: RE: Information request

Dear Ms. Gordon,

Thank you for **1. (B) considering** Summer Resort for your upcoming company banquet. I believe that once you see our modern amenities, you will definitely want to book your event here. I would like to meet with you at the resort to answer any questions you may have. During **2. (A) our** appointment, we will offer you a full tour of the facility. **3. (B) Please let me know a convenient date and time for you.** We will do everything to meet your needs and surpass all **4. (A) expectations**.

Sincerely,

Brandy Wang
Special occasions coordinator, Summer Resort

수신: 헤이즐 고든 <hgordon@estorage.net>
발신: 섬머 리조트 <service@summerresort.com>
제목: 답장: 정보 요청

고든 씨께,

섬머 리조트를 귀하의 다음 회사 연회에 고려해 주신 것을 감사드립니다. 귀하께서 장소의 현대 시설 전체를 보신다면 분명 이곳에서 귀하의 행사를 예약하고 싶어지실 것입니다. 이곳 리조트에서 귀하를 만나 궁금하신 점에 대해 답변을 드리고 싶습니다. 우리의 약속 중에는, 시설을 전체 투어 하실 수 있게 해드립니다. 귀하께서 편하신 날짜와 시간을 알려주십시오. 저희는 귀하의 요구를 충족시키고 모든 기대를 뛰어넘기 위해 모든 것을 해드릴 것입니다.

브랜디 왕 드림
섬머 리조트, 특별 행사 진행 담당자

문장 해석하기

(A) I was pleased to meet with you at the resort last week.
저는 지난주에 리조트에서 귀하를 만나 기뻤습니다.

(B) Please let me know a convenient date and time for you.
귀하께서 편하신 날짜와 시간을 알려주십시오.

문장 분석하기

본서 p. 57

1 Mr. Jones **will travel** [by himself] [to the conference] [next Monday].
　　　S　　　　V

존스 씨는 다음 주 월요일에 혼자서 학회에 출장을 갈 것이다.

---

2 Customers **were asked to complete** a questionnaire [by themselves].
　　　S　　　　　V　　　　　　　　　O

고객들은 그들 스스로 질문지를 작성해달라는 요청을 받았다.

---

3 [After we have reviewed Ms. White's interview results], we **will send** her the employment contract [to sign].
　　　　　　　　　　　　　　　　　　　　　　　　　　　　S　　V　　I.O.　　　D.O.

우리는 화이트 씨의 면접 결과를 검토한 후에 그녀에게 서명할 채용 계약서를 보낼 것이다.

---

4 (you) **Keep** our laboratory clean [in order to get more accurate results].
　　　S　　V　　　　O　　　　O.C.

더욱 정확한 결과를 얻기 위해 우리의 실험실을 깨끗한 상태로 유지해야 한다.

---

5 [Last Monday], Ms. Clark **indicated** that all supplies in the boxes were hers.
　　　　　　　　　　S　　　　V　　　　　　　　　　O

지난주 월요일에, 클록 씨는 상자에 있는 모든 용품이 그녀의 것이라고 표시를 해두었다.

---

6 [Thanks to its stability] [during the global economic crisis], APL Inc. **has become** the most successful corporation.
　　　　　　　　　　　　　　　　　　　　　　　　　　　　　　　　S　　　V　　　　　　　　C

세계 경제 위기 중에도 안정성 덕분에, APL 사는 가장 성공적인 기업이 되었다.

---

7 Anyone [who is interested in the training seminar] **can contact** this number.
　　　S　　　　　　　　　　　　　　　　　　　　　　V　　　　　O

교육 세미나에 관심이 있는 사람은 누구나 이 번호로 연락하십시오.

---

8 Ms. Kamaki **has been running** her own business [for more than a decade] [now].
　　S　　　　V　　　　　　　O

카마키 씨는 현재 10년 이상 그녀 자신의 사업을 운영해오고 있다.

---

9 Elvis W. France **has contributed to** Pandora Music [during his 15-year service] [at the company].
　　　S　　　　　V　　　　　　　　O

엘비스 W. 프랑스 씨는 회사에서의 그의 15년 근무 동안 판도라 뮤직에 기여했다.

---

10 Mr. Jackson **has filled in** a self-evaluation form, but Ms. Lopez **did not complete** hers.
　　　S　　　　V　　　　　O　　　　　　　S　　　　V　　　　O

잭슨 씨는 자기 평가 서식을 작성했으나 로페스 씨는 그녀의 것을 아직 작성하지 않았다.

품사편 UNIT 05 형용사

기초 다지기 / 비법 ❶ 적용하기
본서 p. 60

1 sharp 2 recommendation 3 enjoyable 4 locations 5 approximately
6 available 7 increasingly 8 innovative 9 cooperative 10 proper

---

1 There was a (**sharp** / sharply) increase in sales after the new proposal.
새로운 제안 후에 매출에 급격한 증가가 있었다.

해설 a와 명사 increase 사이에서 뒤의 명사를 수식하는 형용사 sharp가 정답입니다. 참고로 increase는 명사와 동사의 형태가 같으며 a 뒤에 쓰였으므로 명사입니다.

---

2 The CEO gave her an excellent (recommendable / **recommendation**).
대표 이사는 그녀에게 좋은 추천을 해주었다.

해설 앞의 an과 이어지므로 명사 recommendation이 정답입니다. 이때 앞의 형용사 excellent는 뒤의 명사를 수식합니다.

---

3 We had a thoroughly (**enjoyable** / enjoyably) dining experience.
우리는 완전히 즐거운 저녁 식사 경험을 했다.

해설 「a + 부사 + 형용사 + 명사 + 명사」의 구조로 명사와 명사가 하나의 복합 명사로 쓰인 경우 그 앞에는 형용사가 수식합니다.

---

4 We have twenty branch (locates / **locations**) in the city.
우리는 그 도시에 20개의 지점을 가지고 있다.

해설 twenty는 형용사 취급을 하고 그 뒤에는 명사인 branch가 온 구조입니다. 하지만 20개의 지점인 경우 수일치를 맞춰 twenty branches라고 해야 합니다. 이 문장에서는 복합 명사이면서 수일치를 맞춰야 하므로 복수 명사 locations가 정답입니다.

---

5 It takes (approximate / **approximately**) ten minutes to review the new proposal.
새로운 제안서를 검토하는 데 약 10분이 걸린다.

해설 minutes는 명사, ten은 형용사 취급이므로 그 앞에서 부사가 수식합니다.

---

6 Anyone (**available** / availably) for the seminar should contact Mr. Kim.
세미나에 참석 가능한 사람은 누구나 김 씨에게 연락해야 한다.

해설 주어 Anyone 뒤에서부터 seminar까지는 앞의 주어를 수식하는 형용사 역할을 합니다. 주어와 동사 사이에서 뒤의 동사를 수식하는 경우 부사가 오지만 주어를 수식하는 경우 형용사가 오기도 합니다. '시간이 있는' 사람은 누구나 연락해야 하므로 형용사 available이 정답입니다.

---

7 It becomes the (increasing / **increasingly**) popular brand in the market.
그것은 시장에서 점점 더 인기 있는 브랜드가 되고 있다.

해설 「the + ------ + 형용사 + 명사」의 구조이므로 뒤의 형용사를 수식하는 부사가 정답입니다.

---

8 The city museum hired (innovatively / **innovative**) local artists last week.
지난주에 시립 박물관은 혁신적인 지역 예술가들을 고용했다.

해설 동사 hired 뒤에 목적어로 명사 artists, 그 앞에 형용사인 local이 있으나 그 앞을 부사가 수식하게 되면, '혁신적으로 지역적인' 예술가란 의미가 되어 어색합니다. 이때 형용사 앞에 또 다른 형용사가 뒤의 명사를 수식할 수 있다는 것을 알고 있다면 '혁신적인 지역 예술가들'이란 의미의 innovative를 고를 수 있습니다.

9 We work together for (**cooperative** / cooperatively) research projects.
우리는 협력 연구 프로젝트를 위해 함께 일한다.

해설 전치사 for 뒤에 「명사 + 명사」인 research projects가 있으므로 그 앞에서 형용사가 수식합니다.

10 Visitors are prohibited to enter the building without (properly / **proper**) permission.
방문객들은 알맞은 허가 없이는 건물로 들어가는 것이 금지되어 있다.

해설 전치사 without 뒤에 명사인 permission이 있으므로 그 앞에서 형용사가 수식합니다.

기초 다지기 / 비법 2&3 적용하기

본서 p. 61

| 1 cautious | 2 simple | 3 accessible | 4 impressive | 5 attractive |
| 6 cautiously | 7 several | 8 openings | 9 miniature | 10 diverse |

1 The technician became (caution / **cautious**) after the accident in the lab.
그 기술자는 연구실에서 사고가 난 후에 조심스러워졌다.

해설 2형식 자동사 became 뒤에는 보어로 명사와 형용사가 들어갈 수 있습니다. 명사가 보어로 쓰이는 경우는 주어와 동격일 때, 주어의 모양이나 상태를 나타낼 때는 형용사가 쓰입니다. 문맥상 주어인 기술자가 '조심'이 아닌 '조심스러운' 상태이므로 형용사 cautious가 정답입니다.

2 The manager made the process (simplicity / **simple**).
매니저는 그 절차를 간소하게(간소한 상태로) 만들었다.

해설 문장이 완전할 때 주로 맨 끝은 부사 자리지만, 동사 made는 make의 과거형으로 5형식 문장을 만들 수 있습니다. 이 문장은 목적어인 the process를 '간단한' 상태로 만들었다는 의미이므로 목적 보어 자리에 형용사 simple이 적절합니다.

3 The building is easily (access / **accessible**) by the employees.
그 건물은 직원들에 의해 쉽게 접근될 수 있다.

해설 부사 easily와 뒤의 by 이하는 모두 수식어이므로 앞의 is 동사 뒤에 보어가 들어가야 합니다. 명사와 형용사 중 문맥상 자연스러우며 부사의 수식을 받는 것은 형용사입니다.

4 We found your résumé very (**impressive** / impressively).
저희는 당신의 이력서가 매우 인상적이라는 것을 알았습니다.

해설 부사 very는 수식어이며 동사는 find의 과거인 found입니다. 3형식 구조로 보고 부사인 impressively를 쓰면 '매우 인상 깊게 당신의 이력서를 찾아냈다'라는 의미로 어색합니다. '당신의 이력서가 인상적이라는 것을 알았다'라는 5형식의 해석이 자연스러우므로 목적 보어 자리에 형용사가 정답입니다.

5 Internet access makes our resort (**attractive** / attractively) to visitors.
인터넷 접근은 우리 리조트를 방문객들에게 매력적인 곳으로 만들어 준다.

해설 동사 make는 3형식으로 쓰이면 'make a cake(케이크를 만들다)'와 같이 물리적으로 만드는 것을 의미하는데 이 문장에서 인터넷 접근이 리조트를 만들 수는 없습니다. 따라서, 5형식으로 쓰인 구조이며 괄호 안에는 목적 보어로 형용사가 들어가 목적어인 our resort의 상태가 '매력적인' 것으로 해석이 됩니다.

6 Workers should handle the fragile product (cautious / **cautiously**).
직원들은 깨지기 쉬운 물건을 조심스럽게 다뤄야 한다.

해설 동사 handle은 3형식 동사로 앞뒤에 주어와 목적어가 있는 완전한 문장입니다. 따라서, 문장 맨 끝에 수식어인 부사가 들어갑니다.

7 Mrs. Cook got (little / **several**) suggestions on her proposals.
쿡 씨는 그녀의 제안서에 대한 몇몇 제안을 받았다.

해설 형용사 several 뒤에는 반드시 복수 명사를, 한정사 little(거의 없는)은 뒤에 불가산 명사, 즉 단수 명사를 씁니다.

8 C&B Industries has various (opening / **openings**) for the positions.
C&B 산업은 직책들에 다양한 공석들이 있다.

해설 형용사 various 뒤에는 복수 명사가 와야 하므로 openings가 정답입니다. -ing 형태의 명사인 opening(일자리 공석)을 꼭 알아두세요.

9 Customers can find the (multiple / **miniature**) version at our retail stores.
고객들은 우리의 소매상점들에서 소형 버전을 찾을 수 있다.

해설 명사 version을 수식하는 형용사를 찾는 문제로 단수 명사와 쓰일 수 있는 것은 miniature입니다. multiple은 뒤에 복수 명사가 옵니다.

10 The new company offers a (several / **diverse**) range of products.
새로운 회사는 다양한 범위의 제품들을 제공한다.

해설 형용사 several 뒤에는 복수 명사를 쓰지만, range는 단수 명사이므로 함께 쓰일 수 없습니다. diverse는 'a diverse range of(다양한 범위의)'라는 하나의 표현으로 쓰입니다.

기초 문법 실전으로 훈련하기

본서 p. 62

| 1 (A) | 2 (C) | 3 (C) | 4 (B) | 5 (D) | 6 (D) | 7 (C) | 8 (A) | 9 (A) | 10 (D) |
| 11 (D) | 12 (A) | 13 (C) | 14 (B) | 15 (C) | 16 (D) | 17 (D) | 18 (A) | 19 (A) | 20 (A) |

1 All of the company's factories will be **(A) operational** next week.
모든 회사 공장들은 다음 주에 운영이 될 것이다.
factory 공장 | operational 운영하는

해설 next week은 시간 표현이므로 부사 취급을 하며 앞의 be동사 뒤에 보어로 올 수 있는 것은 명사 (C), (D)와 형용사 (A)입니다. 문맥상 주어인 공장의 운영이 되는 '상태'이므로 형용사가 정답입니다.

2 The new employee, Eddie Harvey, has already become a **(C) valuable** employee.
신입 직원인 에디 하베이는 이미 소중한 직원이 되었다.
already 이미 | valuable 소중한, 가치 있는

해설 「a + ------ + 명사」의 구조이므로 뒤의 명사를 수식하는 형용사가 정답입니다.

3 Applicants for the assistant position must send a résumé and a list of applicable **(C) qualifications** to Elsa France.
비서직의 지원자들은 이력서와 적용할 수 있는 자격 요건을 엘사 프랑스에게 보내야만 합니다.
assistant 비서 | applicable 적용할 수 있는 | qualification 자격 요건

해설 「전치사 + 형용사 + -------」의 구조이며 형용사는 전치사의 목적어로 쓰일 수 없으므로 그 뒤에는 목적어로 쓰이는 명사가 와야 합니다. 앞의 형용사 applicable은 명사를 수식합니다.

4 Harrison & Associates offers its employees **(B) excellent** health benefits.
해리슨 & 어소시에이츠는 직원들에게 훌륭한 건강 복지 혜택들을 제공한다.
excellent 훌륭한, 뛰어난 | benefit 복지 혜택

해설 동사 offers를 쓴 4형식 문장입니다. its employees는 간접 목적어, health benefits는 「명사 + 명사」로 쓰인 직접 목적어입니다. 직접 목적어 앞에 빈칸이 있으므로 이를 수식하는 형용사 (B)가 정답입니다. 복합 명사의 경우 그 앞에는 부사가 아닌 형용사가 수식한다는 점에 주의하세요.

5 **(D) Exactly** thirty percent of all recently hired employees graduated from foreign universities.
최근 고용된 모든 직원 중 정확히 30%가 해외 대학교를 졸업했다.

exactly 정확히, 딱 | recently 최근에 | hired 고용된 | graduate from ~을 졸업하다 | foreign 외국의

해설 명사 percent와 그 앞의 형용사 thirty 앞이므로 부사 자리입니다. 숫자 표현은 형용사 취급한다는 것을 꼭 알아두세요.

6 The special training for **(D) managerial** staff will be held at the company training center next week.
관리직 직원들을 위한 특별 교육이 회사의 교육 센터에서 다음 주에 개최될 것이다.

special 특별한 | training 교육, 훈련 | managerial 관리의 | be held 개최되다

해설 전치사 for 뒤에는 목적어인 명사 staff가 이미 있으므로 빈칸은 이 명사를 수식하는 형용사 자리입니다.

7 Among thousands of applicants, Mr. Goldsberry was, also **(C) remarkably** the most popular.
수천 명의 지원자 중에, 골즈베리 씨가 또한 놀랍게도 가장 인기가 있었다.

among ~중에 / 사이에 | remarkably 놀랍게도 | popular 인기 있는

해설 also는 부사이며 빈칸이 be동사 뒤의 자리이므로 명사나 형용사 자리로 생각할 수 있습니다. 하지만 그 뒤에 the 이하의 형태가 와서 이미 완전한 문장이 되었으므로 부사인 (C)가 들어가야 합니다. 명사 앞이라 해도 a, the와 같은 한정사 앞에서는 형용사가 수식할 수 없다는 점을 주의하세요.

8 The manager developed a new system, and the team members found it **(A) useful**.
매니저는 새로운 시스템을 개발했고 팀원들은 그것이 유용하다는 것을 알았다.

develop 개발하다 | useful 유용한

해설 절과 절을 접속사 and가 연결하고 있습니다. find의 과거 동사인 found 뒤에 목적어인 it이 있고 이것이 가리키는 것은 앞의 a new system입니다. 문맥상, 그 시스템이 '유용한' 것임을 알아낸 것이므로 5형식 구조이며, 빈칸은 목적 보어 자리로 형용사 (A)가 정답입니다.

9 To be considered for the position, submit your résumé **(A) promptly**.
그 직책에 고려되기 위해서는, 이력서를 바로 보내십시오.

be considered (직책에) 고려되다 | submit 제출하다 | résumé 이력서 | promptly 즉시, 바로

해설 To부터 콤마까지는 수식어이며, 뒤의 명령문 구조에서 주어인 you가 생략되어 있고 submit 뒤에 목적어까지 있는 완전한 문장입니다. 따라서, 문장의 맨 끝에는 부사 자리입니다.

10 This Saturday, local chefs will gather for the cooking **(D) competition**.
이번 주 토요일, 지역 주방장들이 요리 대회를 위해 모일 것이다.

local 지역의 | chef 주방장 | gather 모이다 | cooking 요리 | competition 대회, 시합

해설 주어가 local chefs, 동사가 will gather인 완전한 문장이므로 부사 자리라 생각할 수 있지만, 선택지에 부사가 없습니다. 문맥상 '요리 대회'라는 의미가 자연스러우므로 cooking과 함께 복합 명사를 만드는 (D)가 정답입니다.

11 Favorite Donuts has four **(D) locations** in the center of downtown.
페이보릿 도너츠는 시내 중심에 4개의 지점을 보유하고 있다.

location 지점, 위치 | in the center of ~의 중심에 | downtown 도심

해설 동사 has의 목적어 자리이면서 형용사 four의 수식을 받는 명사 자리입니다. four의 수식을 받으므로 복수 명사인 (D)가 정답입니다.

12 The **(A) original** budget allocation for the building renovation was approximately two million dollars.
건물 개조보수를 위한 최초 예산 할당금은 약 200만 달러였다.

original 원본의 | budget 예산 | allocation 할당 | approximately 대략

해설 「The + ------- + 명사 + 명사」의 구조이므로 뒤의 명사를 수식하는 형용사 (A)가 정답입니다.

13 Team members are advised to attend the professional **(C) development** seminar at 5 P.M.
팀원들은 오후 5시에 전문 개발 세미나에 참석할 것을 권고받았다.

be advised to do ~하도록 권고받다 | professional 전문적인 | development 개발

해설 「the + 형용사 + ------- + 명사」의 구조이며 문맥상 '개발에 대한 세미나', 즉 명사와 명사가 하나의 단어로 쓰이는 것이 자연스러우므로 (C)가 정답입니다. 형용사는 복합 명사도 수식할 수 있습니다.

14 The personnel director delivered a **(B) lengthy** talk to the successful candidates.
인사팀 부장은 합격자들에게 장문의 연설을 했다.
personnel 인사팀 | deliver a talk 연설하다 | lengthy 긴, 장문의 | successful candidate 합격자

해설 a와 뒤의 명사 talk 사이의 형용사 자리입니다. 참고로, talk는 동사로 '말하다'란 의미가, 명사로 '연설'이란 의미가 있습니다.

15 Customers will find the new product in **(C) various** sizes at our retail stores.
고객들은 우리 상점에서 다양한 크기의 신제품을 찾아보실 것입니다.
customer 고객 | retail store 소매상점

해설 뒤의 명사 sizes와 어울리는 형용사 어휘를 고르는 문제입니다. 문맥상 자연스럽고 복수 명사 sizes와 어울려 쓰이는 것은 (C)입니다. various는 뒤에 항상 복수 명사를 씁니다.

16 The assembly line workers have **(D) extensive** knowledge about our company's safety regulations.
조립 라인 직원들은 우리 회사의 안전 규정에 관한 폭넓은 지식을 가지고 있다.
assembly 조립 | extensive 방대한, 폭넓은 | knowledge 지식 | safety regulation 안전 규정

해설 동사 have의 목적어인 명사 knowledge가 빈칸 뒤에 있으므로 이를 수식하는 형용사 (D)가 정답입니다.

17 Better Thinking Consulting provides **(D) numerous** ways to promote your business on the Web site.
베터 씽킹 컨설팅은 웹사이트에 귀하의 사업을 홍보하는 많은 방법을 제공해 드립니다.
provide 제공하다 | way 방법 | promote 홍보하다

해설 명사 ways를 수식하는 형용사 어휘를 고르는 문제입니다. 선택지 중 뒤의 복수 명사와 어울려 쓰이며 문맥상 자연스러운 것은 (D)입니다.

18 It will take **(A) approximately** twelve hours for your delivery to be shipped to your home.
당신의 배송품이 집으로 배송되는 데 약 12시간이 걸릴 것입니다.
take 시간이 걸리다 | approximately 대략 | delivery 배송 | be shipped 배송되다

해설 명사 hours가 있고 그 앞에 형용사 twelve가 있으므로 빈칸은 이 형용사를 수식하는 부사 자리입니다. approximately는 숫자 표현 앞에 자주 어울려 쓰이는 부사입니다.

19 Angel Suppliers successfully reduced nearly $10 million from their **(A) total** annual production costs.
엔젤 서플라이어스는 약 1000만 달러의 총 연간 생산비를 성공적으로 감소시켰다.
reduce 줄이다, 감소시키다 | million 백만 | annual 연간의 | production cost 생산비

해설 「소유격 + ------- + 형용사 + 명사 + 명사」의 명사구 구조입니다. 빈칸은 뒤의 형용사인 annual을 수식하는 부사 자리지만 선택지에 부사가 없습니다. 형용사 앞에 또 다른 형용사가 뒤의 명사를 수식할 수 있으므로 정답은 (A)입니다.

20 The company is hiring an especially **(A) energetic** member for the new department.
그 회사는 새로운 부서에 특히나 활력이 넘치는 직원을 채용하고 있다.
especially 특별히 | energetic 활력이 넘치는 | department 부서

해설 「an + 부사 + ------- + 명사」의 구조이므로 부사의 수식을 받으며 뒤의 명사를 수식하는 형용사 (A)가 정답입니다.

필수 공략하기 / 비법 ❶ 적용하기

본서 p. 64

1 considerable **2** reliable **3** responsible **4** advisable **5** confidential

1 He has a (**considerable** / considerate) amount of money.
그는 상당한 양의 돈을 가지고 있다.

해설 괄호 안의 형용사들은 뒤에 오는 명사 amount를 수식합니다. 따라서, 돈의 양이 '상당한' 양이라는 의미로 considerable이 정답입니다.

2 The company offers (reliant / **reliable**) service to the customers.
그 회사는 고객들에게 믿을 수 있는 서비스를 제공한다.

해설 뒤의 명사인 service를 수식하며, 문맥상 자연스러운 것은 '믿을 수 있는'이라는 의미의 reliable입니다.

3 The pilot is (**responsible** / respective) for the safety of the passengers.
조종사는 승객들의 안전을 책임진다.

해설 is 뒤에 보어로 쓰여 주어인 pilot의 상태를 나타내는 것은 '책임을 지는'이라는 의미의 responsible입니다. 또한, 'be responsible for(~을 책임지다)'라는 표현을 알아두세요.

4 It is (**advisable** / advisory) to wear safety gear at all times in the factory.
공장 안에서는 항상 안전 장비를 착용하는 것이 바람직하다.

해설 동사 is 뒤에서 보어로 쓰이며 문맥상 자연스러운 것은 '바람직한'이라는 의미의 advisable입니다. 'It is advisable to do(~하는 것은 바람직하다)'라는 표현을 알아두세요.

5 The contact information is strictly (confident / **confidential**).
연락처는 엄격히 기밀이다.

해설 is 뒤의 보어 자리이므로 주어진 The contact information의 상태를 나타내는 형용사가 정답입니다. 정보는 '기밀인' 것이므로 confidential이 정답입니다. 'strictly confidential(엄격히 기밀인)'이란 표현을 알아두세요.

필수 공략하기 / 비법 2&3 적용하기

본서 p. 65

1 timely **2** daily **3** basis **4** representative **5** potential

1 You should complete the report in a (time / **timely**) fashion.
당신은 시기적절하게 보고서를 작성해야 한다.

해설 명사 fashion을 수식하는 형용사 자리이므로 「명사 + -ly」의 형태인 timely가 정답입니다.

2 We write the (day / **daily**) report during the week.
우리는 주중에 일일 보고서를 쓴다.

해설 명사 report를 수식하는 형용사 자리이므로 「명사 + -ly」의 형태인 daily가 정답입니다.

3 The data must be updated on a monthly (based / **basis**).
데이터는 달마다 업데이트되어야 한다.

해설 a와 형용사 뒤의 자리이므로 명사인 basis가 정답입니다. 이때, 앞의 monthly는 형용사라는 점에 주의하세요.

4 Our sales (**representative** / representation) will visit your company.
우리 영업 직원이 당신의 회사를 방문할 것이다.

해설 문맥상 sales(영업, 매출)는 회사를 방문할 수는 없습니다. 즉, 괄호 안에는 명사 sales와 함께 어울려 쓰일 명사가 들어가야 합니다. representation(대표)은 추상 명사이므로 문맥상 어색하고, 형용사와 명사의 형태가 같은 representative는 '대표자, 직원'이란 의미로 해석이 자연스러우므로 정답입니다.

5 Mr. Webb has great (potentially / **potential**) for the position.
웹 씨는 그 직책에 엄청난 잠재력을 가지고 있다.

해설 동사 has의 목적어이며 형용사 great의 수식을 받는 명사 자리입니다. potential은 -al로 끝나는 형용사 형태이지만 명사로도 쓰이므로 정답입니다.

필수 문법 실전으로 훈련하기

본서 p. 66

1 (D)	2 (D)	3 (D)	4 (B)	5 (B)	6 (B)	7 (B)	8 (C)	9 (A)	10 (D)
11 (A)	12 (C)	13 (B)	14 (C)	15 (D)	16 (A)	17 (D)	18 (C)	19 (C)	20 (C)

1 Modern Interior Design becomes dangerously **(D) reliant** on the imported materials.
모던 인테리어 디자인은 수입 재료에 위험하게도 의존적이게 된다.
dangerously 위험하게 | reliant 의존적인 | imported 수입된 | material 재료

해설 앞의 부사 수식을 받으며 2형식 자동사 becomes의 보어로 쓰이는 형용사 (D)가 정답입니다. 명사 (B)도 보어 자리에 쓰일 수 있으나 부사 뒤에는 명사가 오지 않습니다.

2 Sales **(D) representatives** are allowed to participate in the product development.
영업 직원들은 제품 개발에 참여하도록 허가가 된다.
sales 매출, 영업 | representative 대표자, 직원 | be allowed to do ~하도록 허가되다 | participate in ~에 참여하다 | development 개발

해설 문맥상 '영업이 제품 개발에 참여하다'라는 내용이 어색하므로 빈칸까지가 하나의 주어임을 알 수 있습니다. 제품 개발에 참여할 수 있는 주체인 '사람'이면서 복수 동사 are와 어울려 쓰일 수 있는 것은 '대표자, 직원'이란 의미의 명사 representative의 복수 형태입니다. 참고로, representative는 형용사의 형태이지만 명사로도 쓰일 수 있습니다.

3 The company offers a **(D) diverse** range of internship roles for undergraduates.
그 회사는 대학생들을 위한 다양한 범위의 인턴십 역할을 제공한다.
offer 제공하다 | a diverse range of 다양한 범위의 | role 역할 | undergraduate 대학생

해설 단수 명사 range와 어울려 쓰이는 형용사를 고르는 문제입니다. 먼저, 선택지의 형용사 중 (A)와 (C)는 뒤에 복수 명사만이 올 수 있으므로 들어갈 수 없습니다. 나머지 중 문맥상 자연스러운 것은 (D)입니다.

4 As the general manager, you are **(B) personally** responsible for signing the contract agreement.
총괄 매니저로서, 당신은 직접 계약서에 서명할 책임이 있다.
be responsible for ~을 책임지다 | personally 개인적으로, 직접 | contract agreement 계약서

해설 be동사 are 뒤의 보어인 형용사 앞의 빈칸으로, 뒤의 형용사를 수식하는 부사가 정답입니다. 동사 are만 보고 형용사를 고르지 않도록 주의하세요.

5 It is **(B) advisable** to follow the safety regulations while working in the factory.
공장에서 일하는 동안 안전 규정을 준수하는 것이 바람직하다.
advisable 바람직한 | follow (규정 등을) 따르다, 준수하다 | safety regulation 안전 규정 | while ~동안에 | factory 공장

해설 동사 is 뒤의 보어로 형용사 (A)와 (B) 둘 중 알맞은 것을 고르는 문제입니다. (A)는 '조언의, 자문의', (B)는 '바람직한'의 의미로 문맥상 자연스러운 것은 (B)입니다. 'it is advisable to do(~하는 것이 바람직하다)'란 표현을 외워두세요.

6 A spokesperson announced a 30 percent increase in net profits this year from **(B) comparable** month last year.
대변인은 작년의 같은 월 대비 올해의 순이익이 30% 증가했음을 발표했다.
spokesperson 대변인 | announce 발표하다 | increase in ~의 증가 | net profit 순이익 | comparable 비슷한

해설 앞의 전치사 from과 목적어인 명사 month 앞의 형용사 자리입니다. 선택지에서 형용사는 -able로 끝나는 (B)입니다.

7 The new nurse, Linda Wither, is especially **(B) friendly** to the children.
새로운 간호사인 린다 위더는 특히나 어린이들에게 다정하다.
nurse 간호사 | especially 특별히 | friendly 친근한, 다정한

해설 부사의 수식을 받으며 동사 is의 보어로 쓰이는 형용사 자리입니다. 형용사 friendly는 명사 friend에 -ly를 붙인 형용사로 정답은 (B)입니다. 「형용사 + -ly」는 부사지만, 「명사 + -ly」는 형용사임을 기억해두세요.

8 The personnel director put an emphasis on the safe storage of **(C) confidential** documents.
인사팀 부장은 기밀 서류의 안전한 보관에 대해 강조했다.

personnel 인사팀 | put an emphasis 강조하다 | storage 보관 | confidential 기밀의

해설 「전치사 + ------- + 명사」의 구조로 뒤의 명사를 수식하는 형용사 자리입니다. 선택지에서 형용사는 '자신감 있는'이란 의미의 (A)와 '기밀의'란 의미의 (C)가 있으며 둘 중 문맥상 자연스러운 (C)가 정답입니다.

9 All employees should receive **(A) approval** from their supervisors to take a vacation.
모든 직원은 휴가를 가기 위해서 그들의 상사에게 승인을 받아야 한다.

receive 받다 | approval 승인 | supervisor 감독관, 상사 | take a vacation 휴가 가다

해설 동사 should receive 뒤의 목적어 자리이므로 명사가 들어가야 합니다. 선택지에서 명사는 -al로 끝나는 (A)입니다. 형용사의 형태지만 명사로만 쓰인다는 점에 주의하세요.

10 All applications for this position should be submitted in a **(D) timely** manner.
그 직책의 모든 지원서는 시기적절하게 제출되어야 한다.

position 직책 | submit 제출하다 | in a timely manner 시기적절한 방식으로

해설 a와 명사 사이의 형용사 자리이며 선택지에서 형용사는 「명사 + -ly」의 형태의 (D)입니다.

11 The new employees should become **(A) familiar** with company policies.
신입 직원들은 회사 정책에 대해 친숙해져야 한다.

familiar with ~에 친숙한 | policy 정책

해설 2형식 자동사 become 뒤의 보어 자리이며 선택지에서 보어로 쓰일 수 있는 것은 형용사인 (A) 뿐입니다.

12 Mountain Sports, Inc. has announced the **(C) strategic** closure of its plants in China.
마운틴 스포츠 사는 중국에 있는 공장의 전략적인 폐쇄를 발표했다.

announce 발표하다 | strategic 전략적인 | closure 차단, 폐쇄 | plant 공장

해설 「the + ------- + 명사」 사이의 형용사 자리로 선택지에서 형용사는 (C)입니다. 참고로, (D)가 부사이므로 -ly가 생략된 형태를 형용사로 볼 수 있으나 '전략적인'이란 형용사는 -ic의 형태입니다.

13 The new company, Mega Engine, has great **(B) potential** for success.
신생 회사인 메가 엔진은 성공에 대한 엄청난 잠재력을 가지고 있다.

great 엄청난 | success 성공

해설 동사 has의 목적어이며 형용사 great의 수식을 받는 명사 자리입니다. 선택지에서 명사로 쓰일 수 있는 것은 '잠재력'이란 의미의 (B)입니다. 참고로 potential은 형용사와 명사의 형태가 같습니다.

14 Kimberly can **(C) perfectly** finish the newly assigned project on time.
킴벌리는 새로 할당된 프로젝트를 정시에 완벽하게 끝낼 수 있다.

perfectly 완벽히 | assigned 할당된 | on time 정각에

해설 조동사 can 뒤의 동사원형 finish 사이의 부사 자리입니다. 동사의 형태 사이에 들어가 수식어로 쓰일 수 있는 것은 부사입니다.

15 KCC Paints developed several **(D) different** finishes for the store building project.
KCC 페인츠는 상점 공사 프로젝트용의 다양한 다른 마감재를 개발했다.

develop 개발하다 | different 다른 | finish 마감재

해설 동사 developed 뒤에 목적어로 쓰인 것이 finishes로, 이 경우 명사로 쓰였음을 알 수 있습니다. 따라서, 명사 앞에서 이를 수식하는 것은 형용사 (D)입니다. 많은 단어가 명사와 동사로 함께 쓰이기 때문에 주어진 자리를 보고 파악하는 연습을 해야 합니다.

16 The CFO has signed a five-year **(A) contract** with the suppliers for better materials.
최고 재무 책임자는 더 나은 자재를 위해 공급 업체들과 5년 계약서를 체결했다.

sign 서명하다 | contract 계약서 | supplier 공급 업체 | material 재료, 자재

해설 five-year는 숫자 표현으로 형용사 취급되며 뒤에는 전치사 수식어구가 있으므로 빈칸은 「a + 형용사 + -------」의 명사 자리입니다. 선택지에서 명사는 (A)와 (B)이며, a 뒤에는 가산 단수 명사인 (A)가 와야 합니다.

17 The success of Unique Furniture is **(D) dependent** on the high performance of its employees.
유니크 가구의 성공은 직원들의 높은 성과에 의존하고 있다.
success 성공 | be dependent on ~에 의존하다 | performance 성과

해설 동사 is 뒤에는 보어가 필요하며, 보어로 쓰일 수 있는 것은 명사 (D)와 형용사 (B), (C)입니다. 이 중 'be dependent on'이라는 표현으로 쓰이며 문맥상 자연스러운 것은 (D)입니다.

18 A renowned scientist, Eddie Harvey, is invited to visit the Newton R&D Center's **(C) innovative** research facility.
유명한 과학자인 에디 하베이 씨는 뉴턴 연구 개발 센터의 혁신적인 연구 시설을 방문하도록 초청되었다.
renowned 유명한 | scientist 과학자 | be invited to do ~하도록 초대되다 | innovative 혁신적인 | facility 시설

해설 「소유격 + ------- + 명사 + 명사」의 구조에서 빈칸에는 형용사가 적절합니다.

19 The new store, Foot Design Shop, will offer **(C) comfortable** shoes for office workers.
새로운 상점인 풋 디자인 샵은 직장인들에게 편안한 신발을 제공할 것이다.
comfortable 편안한 | office worker 직장인

해설 동사 will offer 뒤에 목적어인 명사 shoes가 있으므로 그 앞에는 shoes를 수식하는 형용사 (C)가 정답입니다.

20 Mr. Anderson gave a very **(C) informative** presentation to all the participants at the seminar.
앤더슨 씨는 세미나의 모든 참여자에게 매우 유익한 발표를 했다.
give a presentation 발표하다 | informative 유익한 | participant 참여자

해설 「a + 부사 + ------- + 명사」의 구조이므로 부사의 수식을 받으며 뒤의 명사를 수식하는 형용사 (C)가 정답입니다.

독해로 끝내기

본서 p. 68

1 (A)　**2** (B)　**3** (B)　**4** (B)

To: All staff members
From: Sam Anderson
Subject: Annual awards banquet

All staff members are invited to attend the annual awards banquet to honor Janet Roberts. Ms. Roberts has shown a firm **1. (A) commitment** to teamwork and customer service throughout her time with Farland Industrial. **2. (B) We're pleased to have the chance to express our appreciation for her efforts.** At the banquet, Ms. Roberts **3. (B) will accept** the Employee of the Year Award after the dinner. She will then give a brief speech regarding advancements in various engineering **4. (B) industries**. Please send an e-mail to me about your attendance.

Sam Anderson
Planning Committee, Farland Industrial

수신: 전 직원
발신: 샘 앤더슨
제목: 연례 시상 연회

전 직원을 재닛 로버츠에게 영예를 주기 위한 연례 시상 연회에 초대합니다. 파랜드 산업에 있는 기간 동안 로버츠 씨는 팀워크와 고객 서비스에 확고한 헌신을 보여줬습니다. 저희는 그녀의 노력에 감사를 표할 기회를 가지게 되어 기쁩니다. 연회에서 만찬 후 로버츠 씨는 올해의 직원 상을 받을 것입니다. 그다음, 다양한 엔지니어링 업계에서의 발전에 대한 그녀의 간단한 연설이 있을 것입니다. 참석 여부를 제게 이메일로 보내주시기 바랍니다.

기획 위원회, 파랜드 산업
샘 앤더슨 드림

문장 해석하기

(A) We are happy to announce it will be held every two years.
　　저희는 행사가 2년에 한 번씩 열릴 것임을 알리게 되어 기쁩니다.

(B) We're pleased to have the chance to express our appreciation for her efforts.
　　저희는 그녀의 노력에 감사를 표할 기회를 가지게 되어 기쁩니다.

문장 분석하기

본서 p. 69

1 All of the company's factories **will be** operational [next week].
        S   V   C
    모든 회사 공장들은 다음 주에 운영이 될 것이다.

2 The manager **developed** a new system, and the team members found it useful.
        S   V   O   S   V O O.C.
    매니저는 새로운 시스템을 개발했고 팀원들은 그것이 유용하다는 것을 알았다.

3 The original budget allocation [for the building renovation] **was** [approximately] two million dollars.
                      S   V   C
    건물 개조보수를 위한 최초 예산 할당금은 약 200만 달러였다.

4 Modern Interior Design **becomes** [dangerously] reliant [on the imported materials].
            S   V   C
    모던 인테리어 디자인은 수입 재료에 위험하게도 의존적이게 된다.

5 Sales representatives **are allowed to participate in** the product development.
           S   V   O
    영업 직원들은 제품 개발에 참여하도록 허가가 된다.

6 A spokesperson **announced** a 30 percent increase [in net profits] [this year] [from comparable month] [last year].
        S   V   O
    대변인은 작년의 같은 월 대비 올해의 순이익이 30% 증가했음을 발표했다.

7 Kimberly **can** [perfectly] **finish** the newly assigned project [on time].
        S   V   O
    킴벌리는 새로 할당된 프로젝트를 정시에 완벽하게 끝낼 수 있다.

8 KCC Paints **developed** several different finishes [for the store building project].
        S   V   O
    KCC 페인츠는 상점 공사 프로젝트용의 다양한 다른 마감재를 개발했다.

9 The success of Unique Furniture **is dependent on** the high performance [of its employees].
                S   V   O
    유니크 가구의 성공은 직원들의 높은 성과에 의존하고 있다.

10 A renowned scientist, Eddie Harvey, **is invited to visit** the Newton R&D Center's innovative research facility.
        S   =   S (동격)   V   O
    유명한 과학자인 에디 하베이 씨는 뉴턴 연구 개발 센터의 혁신적인 연구 시설을 방문하도록 초청되었다.

품사편 UNIT 06 부사

기초 다지기 / 비법 1&2 적용하기

본서 p. 72

| 1 narrow | 2 current | 3 there | 4 really | 5 finally |
| 6 quickly | 7 sure | 8 usually | 9 competitive | 10 financial |

1 The city expanded the road because it was too (**narrow** / narrowly).
그 도시는 도로가 너무 좁기 때문에 도로를 확장했다.

해설 too가 부사이므로 앞의 was 뒤에 올 수 있는 것은 보어로 쓰인 형용사입니다.

2 Please check the (**current** / now) schedule.
현재 일정을 확인하십시오.

해설 「the + ------- + 명사」는 형용사 자리이므로 형용사인 current가 정답입니다. 참고로, current와 now의 의미는 같으나 각각 형용사와 부사로 품사가 다릅니다.

3 She will attend the conference (this / **there**).
그녀는 그곳에서 학회에 참석할 것이다.

해설 this는 대명사이므로 주어, 목적어, 보어 자리에 들어가며, there는 장소를 나타내는 부사이므로 수식어입니다. 이 문장은 완전하기 때문에 수식어인 there가 정답입니다.

4 It is a (real / **really**) innovative design.
그것은 정말 혁신적인 디자인이다.

해설 「a + ------- + 형용사 + 명사」의 구조이며 형용사는 부사가 수식합니다.

5 The manager (final / **finally**) decided to hire a new employee.
매니저는 마침내 새로운 직원을 채용하기로 결정했다.

해설 빈칸은 주어와 동사 사이 자리이며, 동사 decided는 부사가 수식합니다.

6 They finish the work (quick / **quickly**).
그들은 일을 빨리 마친다.

해설 문장이 완전하므로 부사가 적절합니다.

7 Jin-ho Kim is not (**sure** / surely) if he will accept the offer.
김진호는 그가 제안을 받아들일지 확실하지 않다.

해설 if 이하는 부사절이고, is 뒤에는 보어인 형용사를 써야 합니다.

8 Mr. Jones (usual / **usually**) works overtime on Friday.
존스 씨는 보통 금요일에 초과 근무를 한다.

해설 빈칸은 주어와 동사 사이 자리이며, 동사 works는 부사가 수식합니다.

9 The company gives (**competitive** / competitively) salary.
그 회사는 경쟁력 있는 급여를 준다.

해설 동사 gives와 목적어인 명사 salary 사이에는 뒤의 명사를 수식하는 형용사가 적절합니다.

10 Low profits this year has become a major (**financial** / financially) concern.
올해의 낮은 이익은 주요 재정적 관심사가 되었다.

해설 「a + 형용사 + ------- + 명사」의 구조로, 명사는 그 앞의 형용사 수식을 받습니다.

기초 다지기 / 비법 ❸ 적용하기

본서 p. 73

| 1 completely | 2 successful | 3 currently | 4 collaboratively | 5 Regrettably |
| 6 Successful | 7 courteous | 8 completely | 9 clearly | 10 immediately |

1 The system will be (complete / **completely**) operational.
그 시스템은 완전히 작동할 것이다.

해설 be동사 뒤에 보어인 형용사 operational이 있으므로 수식어 부사가 적절합니다.

2 The project is (**successful** / successfully).
그 프로젝트는 성공적이다.

해설 be동사 뒤에는 보어인 형용사가 적절합니다.

3 We are (current / **currently**) working to improve the system.
우리는 현재 시스템을 개선하기 위해 일하는 중이다.

해설 동사 「be + doing」 사이는 부사 자리입니다.

4 The departments work (collaborative / **collaboratively**).
그 부서들은 협력하여 일한다.

해설 1형식 자동사 work 뒤에는 부사가 적절합니다.

5 (**Regrettably** / Regrettable), we do not have the stock.
안타깝게도, 저희는 재고가 없습니다.

해설 절의 맨 앞에 콤마가 있고 괄호는 뒤의 절을 수식하므로 부사가 정답입니다.

6 (**Successful** / Successfully) applicants should have excellent computer skills.
성공적인 지원자들은 훌륭한 컴퓨터 능력을 갖춰야 한다.

해설 명사 applicants를 수식하는 형용사 자리입니다.

7 Please be (**courteous** / courteously) to other employees.
다른 직원들에게 예의 바르게 하십시오.

해설 be동사 뒤에 to 이하는 전치사 수식어구이므로 보어인 형용사가 정답입니다.

8 They have (complete / **completely**) finished the project.
그들은 프로젝트를 완전히 완료했다.

해설 동사 「have + p.p.」 사이는 부사 자리입니다.

9 The financial crisis is (clear / **clearly**) a sign of bankruptcy.
재정 위기는 확실히 파산의 징조이다.

해설 be동사 뒤에 a sign 이하의 명사가 보어로 쓰였습니다. a sign of bankruptcy는 명사구이므로 형용사가 아닌 부사가 수식합니다.

10 You should contact the office (immediate / **immediately**) after you arrive at the airport.
당신은 공항에 도착한 후 즉시 사무실에 연락해야 한다.

해설 after 이하는 부사절이므로 수식어이고, 앞의 절은 완전하므로 수식어인 부사가 정답입니다.

기초 문법 실전으로 훈련하기

본서 p. 74

| 1 (D) | 2 (B) | 3 (A) | 4 (C) | 5 (B) | 6 (B) | 7 (B) | 8 (B) | 9 (A) | 10 (D) |
| 11 (D) | 12 (C) | 13 (A) | 14 (B) | 15 (B) | 16 (D) | 17 (D) | 18 (D) | 19 (A) | 20 (C) |

1 An **(D) increasingly** large number of companies are changing their return policy.
점점 더 많은 수의 회사들이 그들의 환불 정책을 변경하고 있다.

a number of 많은 | increasingly 점점 더 | policy 정책

해설 「An + ------- + 형용사 + 명사」의 구조이므로, 뒤의 형용사를 수식하는 부사 자리입니다. An만 보고 명사인 (A)를 고르지 않도록 주의하세요.

2 Mr. Adam has made a **(B) significant** contribution to the company.
아담 씨는 회사에 상당한 기여를 해왔다.
make a contribution to ~에 기여하다 | significant 상당한

해설 「a + ------- + 명사」의 구조이므로 뒤의 명사를 수식하는 형용사 자리입니다.

3 Attendance in the safety training workshop is a **(A) requirement** for new workers at Serom Factory.
새롬 공장의 신입 직원들에게 안전 교육 워크숍의 참석은 필수 조건이다.
attendance 참석 | safety 안전 | requirement 필수 조건

해설 「a + ------- + 수식어구」이므로 명사가 정답입니다. 위의 1, 2번과 함께 모두 a 뒤에 빈칸이지만 그 뒤의 구조에 따라 답이 달라질 수 있다는 것을 정리해 두세요.

4 All members of Costen Floors will have a thoroughly **(C) enjoyable** dining experience.
코스텐 플로어스의 모든 직원은 완벽히 즐거운 저녁 식사 경험을 할 것이다.
thoroughly 철저히, 완벽히 | enjoyable 즐거운 | dining 저녁 식사 | experience 경험

해설 dining experience와 같이 두 개 이상의 명사가 하나의 단어로 쓰이는 경우 그 앞에는 형용사가 수식합니다. 「a + 부사 + ------- + 명사 + 명사」 구조입니다.

5 The Orange Shopping Center is **(B) conveniently** located near the subway station.
오렌지 쇼핑센터는 지하철역 근처에 편리하게 위치되어 있다.
be located ~에 위치되다 | conveniently 편리하게 | near ~근처에

해설 「be + p.p.」의 수동 형태의 동사 사이에는 부사가 옵니다.

6 The prices of high-end cars will rise **(B) steadily** over the next two years.
고급 차량의 가격이 앞으로 2년 동안 꾸준히 증가할 것이다.
high-end 고급의 | rise 오르다 | steadily 꾸준히 | over ~동안

해설 동사 rise는 1형식 자동사이므로 빈칸은 부사 자리입니다.

7 Delight Pastries offers **(B) excellent** prices on its cakes and desserts.
딜라이트 패이스트리스는 케이크와 디저트에 좋은 가격을 제공한다.
offer 제공하다 | excellent 훌륭한

해설 동사 offer 뒤의 목적어 prices를 바로 앞에서 수식해 주는 자리이므로 형용사가 정답입니다. 참고로, 부사는 주어와 동사 사이에 들어가야 합니다.

8 The tickets for the performance are **(B) easily** available at the booth.
공연의 티켓은 매표소에서 쉽게 구매할 수 있다.
performance 공연 | easily available 쉽게 구매할 수 있는 | booth 매표소

해설 be동사 are 뒤에 보어인 형용사 available이 있으므로 완전한 문장입니다. 이때 형용사 바로 앞에서 부사가 이를 수식합니다.

9 Ms. Shultz in the planning department is **(A) clearly** a very effective negotiator.
기획 부서의 슐츠 씨는 확실히 매우 효과적인 협상가이다.
planning 기획 | department 부서 | clearly 확실히, 명백히 | effective 효과적인 | negotiator 협상가

해설 be동사인 is 뒤에 보어로 a 이하의 명사구가 있으므로 완전한 문장입니다. 이때 이 명사구를 수식하는 것은 형용사가 아닌 부사입니다. a나 the와 같은 한정사 앞에는 부사가 그 뒤의 명사구를 수식한다는 것을 기억하세요.

10 The pictures of **(D) distinctive** fashion items are included in the May issue of the magazine.
독특한 패션 제품의 사진들은 잡지의 5월호에 포함되어 있다.
distinctive 독특한 | item 물건, 제품 | include 포함하다 | issue (신문, 잡지의) 호

해설 「전치사 + ------- + 명사 + 명사」의 구조로, 두 개의 명사가 하나의 단어처럼 쓰였으므로 이를 수식하는 형용사가 정답입니다.

11 Supermarket profits from organic foods continue to experience steady **(D) growth**.
유기농 음식으로 인한 슈퍼마켓 이익은 꾸준한 증가를 계속 겪고 있다.
profit 이익 | organic food 유기농 음식 | continue to do 계속 ~하다 | experience 겪다 | steady 꾸준한 | growth 증가

해설 빈칸 앞에 동사 experience와 형용사 steady가 있으며, 이때 동사의 목적어가 없으므로 빈칸은 명사 자리입니다.

품사편 / UNIT 06 부사

12 Mr. Howard can **(C) easily** be contacted by e-mail while he is away on business.
하워드 씨는 사업차 멀리 있는 동안에 이메일로 쉽게 연락이 될 수 있다.
contact 연락하다 | while ~동안에 | on business 사업차

해설 동사 can be contacted 사이에서 수식할 수 있는 것은 부사입니다.

---

13 There are **(A) currently** many vacant positions to fill at ADIC Technologies Co.
ADIC 테크놀로지 사에는 현재 채워야 할 많은 공석이 있다.
currently 현재, 지금 | vacant 비어 있는 | position (일)자리

해설 There are는 '~가 있다'라는 의미의 동사로 뒤에 주어가 오는 구조로 쓰입니다. 따라서, 빈칸 뒤의 many vacant positions가 주어입니다. 주어와 동사 사이에는 부사가 들어갑니다.

---

14 The PR division of the AT Engineering Ltd. **(B) recently** released its sales figures.
AT 엔지니어링 사의 홍보 부서는 최근에 매출 수치를 발표했다.
division 부서 | recently 최근에 | release 발표하다 | sales figure 매출 수치

해설 주어는 The PR division, 동사는 released 입니다. 그 사이 of 이하는 수식어구이므로, 빈칸은 주어와 동사 사이의 부사 자리입니다.

---

15 The convention center has a parking **(B) structure** on its east wing.
컨벤션 센터는 동쪽 관에 주차 구조물을 보유하고 있다.
parking 주차 | structure 구조물 | east 동쪽의 | wing 부속 건물

해설 빈칸 뒤의 on 이하는 전치사 수식어구이고 빈칸 앞은 has가 동사, a parking이 목적어로 완전해 보입니다. 하지만 선택지에는 부사가 없으며, 이때는 해석을 통해 「a + 명사 + 명사」의 구조로 쓰였다는 것을 파악해야 합니다. 따라서, '주차 구조물, 주차장'의 의미로 쓰인 structure가 정답입니다.

---

16 The project manager has **(D) successfully** completed the presentation to the client.
프로젝트 매니저는 고객에게 성공적으로 프레젠테이션을 마쳤다.
successfully 성공적으로 | complete 완료하다 | client 고객

해설 동사 「has + p.p.」 사이에는 부사가 들어갑니다.

---

17 **(D) Rental** agreements should be signed by both tenants and building owners.
임대 계약서는 세입자와 건물주 양측에 의해 서명이 되어야 한다.
rental 임대의 | agreement 합의서, 계약서 | both A and B A와 B 둘 다 | tenant 세입자 | owner 소유주, 건물주

해설 빈칸은 뒤의 명사인 agreements를 수식하는 형용사 자리입니다. 문장의 맨 앞에 무조건 부사가 온다고 생각하지 않도록 주의합니다.

---

18 **(D) Remarkably**, patrons have not complained about the delay in shipping packages.
놀랍게도, 단골들은 물건 배송의 지연에 대해 불평하지 않았다.
remarkably 놀랍게도 | patron 단골 | complain about ~에 대해 불평하다 | delay 지연, 지체 | ship 배송하다 | package 소포, 물건

해설 빈칸 뒤에 콤마가 있고 뒤의 절은 완전하므로 빈칸은 뒤의 절을 수식하는 부사 자리입니다. 위의 17번 문제와 비교해 주세요.

---

19 Researchers in the laboratory will conduct a DNA test **(A) personally**.
실험실의 연구원들은 직접 DNA 테스트를 할 것이다.
laboratory 실험실 | conduct a test 테스트를 하다 | personally 직접

해설 동사 will conduct를 중심으로 앞의 주어, 뒤는 목적어가 있는 완전한 문장이므로 빈칸은 부사가 적절합니다.

---

20 A new staff member is responsible for stocking the cabinet with office **(C) supplies**.
신입 직원은 사무용품들을 캐비닛에 채워 넣는 일을 담당한다.
be responsible for ~을 책임지다 / 담당하다 | stock (물건 등을) 채우다

해설 위의 문제와 마찬가지로 빈칸이 문장의 맨 끝에 있으나 빈칸은 문맥상 '사무용품'이란 의미의 복합 명사로 쓰여야 하므로 명사인 (C)가 정답입니다.

필수 공략하기 / 비법 ① 적용하기

본서 p. 76

1 yet **2** still **3** yet **4** only **5** very

1 Designers have (not / **yet**) to conduct a survey on the new product.
디자이너들은 신제품에 대한 설문 조사를 아직 하지 않았다.

해설 'have yet to do(아직 ~하지 않았다)'의 표현을 외워두세요.

2 The new product is (yet / **still**) not ready to be launched.
신제품은 아직 출시 준비가 되지 않았다.

해설 부사 yet과 still은 부정문에서 그 의미가 같지만, 위치가 다릅니다. not 앞에는 still이, not 뒤에는 yet이 쓰입니다.

3 Designers at Life Inc. had not started the survey (**yet** / still).
라이프 사의 디자이너들은 아직 설문 조사를 시작하지 않았다.

해설 부사 yet과 still은 부정문에서 그 의미가 같지만, 위치가 다릅니다. not 앞에는 still이, not 뒤에는 yet이 쓰입니다.

4 The employee lounge on the seventh floor can be used (very / **only**) by its employees.
7층에 있는 직원 휴게소는 직원들에 의해서만 사용될 수 있다.

해설 부사 very는 뒤에 형용사나 부사만 수식하므로 답이 될 수 없지만, only는 뒤에 구나 절을 주로 수식하며 강조하는 부사입니다.

5 The new project was (**very** / only) successful.
새로운 프로젝트는 매우 성공적이었다.

해설 부사 very는 뒤에 형용사나 부사만 수식하므로 정답입니다. only는 뒤에 구나 절을 수식하며 강조하는 부사입니다.

필수 공략하기 / 비법 ② 적용하기

본서 p. 77

1 Nearly **2** shortly **3** high **4** hard **5** highly

1 (Near / **Nearly**) 50% of companies made profits this year.
올해 약 50%의 회사들이 이익을 냈다.

해설 숫자 앞에서 이를 수식하는 부사 자리입니다. 둘 다 부사이므로 의미상 자연스러운 것을 찾으면 '거의, 약'이라는 의미의 Nearly입니다.

2 Our new store will be opened (short / **shortly**).
우리의 새로운 상점은 곧 문을 열 것이다.

해설 완전한 절의 맨 끝은 부사 자리입니다. 둘 다 부사이므로 미래 시제와 어울려 쓰이며 문맥상 자연스러운 것을 찾으면 shortly입니다.

3 The attendance at the seminar was (**high** / highly).
세미나의 참석률은 높았다.

해설 be동사 was 뒤에 보어가 필요하므로 형용사와 부사 모두 가능한 high가 정답입니다. highly는 부사로만 쓰이므로 보어로 쓸 수 없습니다.

4 They are unable to work (**hard** / hardly) because they are too tired.
그들은 너무 피곤했기 때문에 일을 할 수 없었다.

해설 동사 work 뒤에 부사 자리입니다. 둘 다 부사이므로 문맥상 자연스러운 것을 찾으면 '열심히'라는 의미의 hard입니다. 참고로, hardly는 not의 의미이므로 unable(할 수 없는)과 같은 부정적인 의미와 함께 사용할 수 없습니다.

5 Ms. Lee is a (high / **highly**) qualified manager.
리 씨는 매우 자격을 갖춘 매니저이다.

해설 「a + ------ + 형용사 + 명사」의 구조로 빈칸은 부사 자리입니다. 둘 다 부사이므로 문맥상 자연스러운 것을 찾으면 highly입니다. 'highly qualified(매우 자격을 갖춘)'라는 표현을 알아두세요.

필수 문법 실전으로 훈련하기

본서 p. 78

| 1 (A) | 2 (D) | 3 (D) | 4 (C) | 5 (A) | 6 (D) | 7 (A) | 8 (B) | 9 (B) | 10 (B) |
| 11 (A) | 12 (C) | 13 (C) | 14 (B) | 15 (D) | 16 (C) | 17 (D) | 18 (D) | 19 (B) | 20 (B) |

1 Customers who purchased an air conditioning should clean the filters **(A) frequently**.
에어컨을 구매한 고객들은 필터를 자주 청소해야 한다.
customer 고객 | purchase 구매하다 | frequently 자주

해설 동사 should clean을 중심으로 앞은 주어, 뒤는 목적어의 완전한 문장이므로 부사가 정답입니다. 부사는 반드시 문장이 완전해야만 쓰일 수 있습니다.

2 Purchasing tickets on the Web Site is **(D) highly** recommended.
웹사이트에서 티켓을 구매하는 것을 매우 추천해 드립니다.
purchase 구매하다 | recommend 추천하다

해설 「be + p.p.」 사이의 부사 자리로 선택지는 모두 부사입니다. 문맥상 자연스러운 것은 highly입니다. 'highly recommended(강력하게 추천되는)'라는 표현을 외워두세요.

3 You can purchase sofas and chairs that are very **(D) comfortable** at reasonable prices at this store.
당신은 이 상점에서 저렴한 가격에 매우 편안한 소파와 의자들을 구매할 수 있다.
comfortable 편안한 | reasonable 알맞은, 저렴한

해설 부사 very와 at 이하의 전치사구는 모두 수식어입니다. 따라서, 앞의 동사 are 뒤에 보어가 필요합니다. 보어가 될 수 있는 것은 명사와 형용사지만 부사 very의 수식을 받는 것은 형용사입니다.

4 We are **(C) currently** working on developing a state-of-the-art microwave.
우리는 현재 최신의 전자레인지를 개발하는 일을 하고 있다.
develop 개발하다 | state-of-the-art 최신의 | microwave 전자레인지

해설 동사 are working 사이는 부사 자리로 선택지는 모두 부사입니다. 문맥상, 현재 진행 사이에는 (C)가 적절합니다.

5 Renovations to the floor in the building's main lobby are **(A) nearly** finished.
건물 본관 로비의 바닥 개조보수는 거의 끝났다.
renovation 개조보수 | floor 층, 바닥 | lobby 로비 | nearly 거의

해설 「be + p.p.」 사이의 부사 자리입니다. (A)는 '거의, 약'이라는 의미의 부사이고 나머지는 '가까이'라는 의미의 부사입니다. 문맥상 '거의 끝났다'란 의미가 자연스러우므로 (A)가 적절합니다.

6 The community center displays sculptures made by Tom Sander, a local **(D) enthusiast**.
커뮤니티 센터는 그 지역의 열렬한 지지자인 톰 샌더에 의해 만들어진 동상을 전시한다.
display 전시하다 | sculpture 동상 | local 지역의 | enthusiast 열렬한 지지자

해설 「a + 형용사 + ------」의 구조이므로 빈칸은 명사 자리입니다. 이때 a 이하는 바로 앞의 Tom Sander와 동격이므로 (A)의 '열정'과 (D)의 '열정적인 사람' 중 사람 명사인 (D)가 정답입니다.

7 M&L Associates will **(A) shortly** be opening a new office in New York.
M&L 어소시에이츠는 뉴욕에 곧 새로운 사무실을 열 것이다.
shortly 곧

해설 동사 will be opening 사이의 부사 자리로 선택지는 동사 (D)를 제외하고 모두 부사로 쓰입니다. 하지만 문맥상 '짧게'라는 의미보다 '곧' 문을 열 것이라는 의미가 자연스러우므로 (A)가 정답입니다.

8 Employees at ADDY Laboratories work **(B) collaboratively** to develop better medicine.
ADDY 연구소의 직원들은 더 좋은 약을 개발하기 위해 협력하여 일한다.
laboratory 연구실, 실험실 | collaboratively 협력하여 | medicine 약

해설 동사 work는 1형식 자동사이므로 뒤에는 부사가 수식어로 쓰입니다.

9 Profits at Delicious Doughnuts have decreased by **(B) nearly** ten percent this month.
이번 달, 딜리셔스 도너츠의 이익은 약 10%까지 감소했다.
profit 이익 | decrease 감소하다 | by ~까지

해설 빈칸은 뒤의 숫자 표현인 ten을 수식하는 부사 자리로, 숫자 표현 앞에 자주 어울려 쓰이는 (B)가 정답입니다.

10 Researchers at M&L Co. Ltd. will conduct extensive tests to establish the product's **(B) marketability**.

M&L 사의 연구원들은 제품의 시장성을 확립하기 위해 폭넓은 테스트를 할 것이다.

conduct a test 테스트를 하다 | establish 확립하다, 설립하다 | marketability 시장성

해설 빈칸 앞에 소유격의 형태인 -'s가 있으므로 빈칸은 명사 자리입니다.

11 The new printer from Virgil Electronics **(A) hardly** needs a user's manual because it is so easy to operate.

버질 전자의 신제품 프린터는 작동이 매우 쉽기 때문에 사용자 설명서가 거의 필요하지 않다.

manual 설명서 | operate 작동하다

해설 동사 needs를 수식하는 부사 자리로 선택지는 모두 부사입니다. 이 중 (A) hardly는 not의 의미이며 이 외는 모두 '열심히'라는 의미입니다. 문맥상 because 이하에서 작동이 쉽다고 했으므로 설명서가 '거의 필요하지 않다'란 의미의 (A)가 정답입니다.

12 Those who have not **(C) yet** submitted their application form must do so by this Wednesday.

지원서를 아직 제출하지 않은 사람들은 이번 주 수요일까지 그렇게 해주십시오.

those who ~하는 사람들 | submit 제출하다 | application form 지원서

해설 선택지는 모두 부사로 이 중 (A)와 (C)는 부정문에서는 '아직'이란 같은 의미로 쓰입니다. 이때, not 뒤에는 yet이, not 앞에는 still이 들어가야 하므로 정답은 (C)입니다.

13 Although the event is a month from now, the organizers have **(C) yet** to determine the venue.

비록 행사는 오늘부터 한 달 후에 하지만, 조직자들은 아직 장소를 결정하지 않았다.

although 비록 ~지만 | organizer 조직자 | have yet to do 아직 ~하지 않았다 | determine 결정하다 | venue 장소

해설 'have yet to do(아직 ~하지 않았다)'란 표현을 꼭 기억해 두세요.

14 Each employee will work **(B) closely** with their team members to make the project successful.

모든 직원은 프로젝트를 성공적으로 만들기 위해 팀원들과 밀접하게 일을 할 것이다.

closely 밀접히 | successful 성공적인

해설 1형식 동사 work 뒤는 부사 자리이며, 'work closely(밀접하게 일하다)'란 표현 또한 꼭 기억해 두세요.

15 A letter will be sent to our customers **(D) shortly** after we change the policy.

우리가 정책을 변경한 직후에 고객들에게 편지가 발송될 것이다.

customer 고객 | shortly 곧 | policy 정책

해설 after 이하는 모두 수식어절이고 앞의 완전한 문장에 미래 시제인 will이 쓰였으므로 '곧'이란 의미의 부사가 정답입니다.

16 Although sales were relatively **(C) high**, the company's net profits declined in the third quarter.

매출이 상대적으로 높긴 했지만, 그 회사의 순이익은 3분기에 하락했다.

sales 매출 | relatively 상대적으로 | high 높은 | net profit 순이익 | decline 감소하다 | quarter 분기

해설 relatively는 부사이며, 동사 were의 보어가 될 수 있는 것은 형용사 (C)입니다. (A)는 명사, (B)는 부사, (D)는 동사이므로 빈칸에 들어갈 수 없습니다.

17 Werner Power **(D) successfully** negotiates a merger with Green Energy Systems.

워너 파워는 그린 에너지 시스템스와의 합병을 성공적으로 협상한다.

successfully 성공적으로 | negotiate 협상하다 | merger 합병

해설 빈칸은 주어와 동사 사이의 부사 자리입니다.

18 You can find your **(D) ideal** place to live through our Web site www.dreamhouse.com.

당신의 저희 웹사이트 www.dreamhouse.com을 통해 당신이 살 이상적인 장소를 찾으실 수 있습니다.

ideal 이상적인 | live 살다 | through ~을 통해

해설 「소유격 + ------- + 명사」의 구조로, 바로 앞에서 명사를 수식하는 형용사가 정답입니다.

19 The order was made more than two weeks ago, but the shipment **(B) still** has not arrived.
주문이 2주보다 더 전에 되었지만, 배송물은 아직 도착하지 않았다.
make an order 주문하다 | more than ~이상 | shipment 배송물

해설 선택지는 모두 부사이며 이 중 (A)와 (B)는 부정문에서 둘 다 '아직'이라는 의미로 쓰입니다. 이때, not 뒤에는 yet이, not 앞에는 still이 들어가야 합니다. 빈칸은 not 앞에 있으므로 (B)가 정답입니다.

20 Ms. Davis received a pay raise due to her **(B) exceptional** work on the Dreg Foods advertising campaign.
데이비스 씨는 드레그 푸즈 광고 캠페인에 대해 훌륭한 작업을 했기 때문에 임금 인상을 받았다.
pay raise 임금 인상 | due to ~때문에 | exceptional 훌륭한, 뛰어난

해설 「소유격 + ------- + 명사」의 구조로 바로 앞에서 명사를 수식하는 형용사가 정답입니다. 명사와 동사의 형태가 같은 work가 어떤 자리에 쓰였는지 확인한 뒤 문제를 풀어야 합니다.

독해로 끝내기

본서 p. 80

1 (A) **2** (B) **3** (A) **4** (B)

TO: Gerald Scott <g.scott@onlinemail.com>
FROM: Wendy Marsden <w.marsden@emailnow.net>
SUBJECT: Richmond Cooking Club

Dear Mr. Scott,

I'd like to thank you for visiting the Richmond Cooking Club last Friday. You gave numerous creative recipe ideas that our members can 1. **(A) apply** to their own home cooking. 2. **(B) All of our members were satisfied with your class.** Based on the 3. **(A) response** to your talk, everyone would be happy to see you teach another cooking lesson. I hope that you would consider attending one of our gatherings 4. **(B) once again** in the next few months. Please let me know about your upcoming schedule.

Sincerely,

Wendy Marsden

수신: 제럴드 스콧 <g.scott@onlinemail.com>
발신: 웬디 마스던 <w.marsden@emailnow.net>
제목: 리치먼드 요리 동호회

스콧 씨께,

지난 금요일 리치먼드 요리 동호회에 방문해 주셔서 감사합니다. 저희 회원들이 그들의 집에서 요리할 때 적용할 수 있는 많은 독특한 요리법을 알려주셨습니다. 저희 회원 모두가 당신의 수업에 만족했습니다. 귀하 연설의 반응을 바탕으로 모두가 귀하가 다른 요리 수업을 보고 싶어 할 것입니다. 저는 귀하가 다시 한번 앞으로 몇 달 후에 저희 모임 중 하나에 참석하는 것을 고려해 주셨으면 합니다. 앞으로의 일정에 대해 알려주십시오.

웬디 마스던 드림

문장 해석하기

(A) Please fill out the form about last Friday's cooking class.
지난 금요일 요리 수업에 대해 서식을 작성해 주십시오.

(B) All of our members were satisfied with your class.
저희 회원 모두가 당신의 수업에 만족했습니다.

문장 분석하기

본서 p. 81

1 An increasingly large number of companies **are changing** their return policy.
　　　　　　　　S　　　　　　　　　　　　　　　　V　　　　　　　　O
점점 더 많은 수의 회사들이 그들의 환불 정책을 변경하고 있다.

2 Attendance [in the safety training workshop] **is** a requirement [for new workers] [at Serom Factory].
　　　S　　　　　　　　　　　　　　　　　　　　V　　C

새롬 공장의 신입 직원들에게 안전 교육 워크숍의 참석은 필수 조건이다.

---

3 All members of Costen Floors **will have** a thoroughly enjoyable dining experience.
　　　S　　　　　　　　　　　　　V　　　　　　　　　O

코스텐 플로어스의 모든 직원은 완벽히 즐거운 저녁 식사 경험을 할 것이다.

---

4 The Orange Shopping Center **is** [conveniently] **located** [near the subway station].
　　　S　　　　　　　　　　　　V

오렌지 쇼핑센터는 지하철역 근처에 편리하게 위치되어 있다.

---

5 The prices [of high-end cars] **will rise** [steadily] [over the next two years].
　　　S　　　　　　　　　　　　　V

고급 차량의 가격이 앞으로 2년 동안 꾸준히 증가할 것이다.

---

6 Ms. Shultz [in the planning department] **is** [clearly] a very effective negotiator.
　　　S　　　　　　　　　　　　　　　　　V　　　　　　C

기획 부서의 슐츠 씨는 확실히 매우 효과적인 협상가이다.

---

7 The convention center **has** a parking structure [on its east wing].
　　　S　　　　　　　　　V　　　O

컨벤션 센터는 동쪽 관에 주차 구조물을 보유하고 있다.

---

8 [Remarkably], patrons **have not complained about** the delay [in shipping packages].
　　　　　　　　S　　　V　　　　　　　　　　　　　O

놀랍게도, 단골들은 물건 배송의 지연에 대해 불평하지 않았다.

---

9 You **can purchase** sofas and chairs [that are very comfortable] [at reasonable prices] [at this store].
　　　S　　V　　　　　O

당신은 이 상점에서 저렴한 가격에 매우 편안한 소파와 의자들을 구매할 수 있다.

---

10 The community center **displays** sculptures [made by Tom Sander], [a local enthusiast].
　　　　S　　　　　　　　　V　　　　O

커뮤니티 센터는 그 지역의 열렬한 지지자인 톰 샌더에 의해 만들어진 동상을 전시한다.

UNIT 06

품사편 UNIT 07 비교 구문

기초 다지기 / 비법 1&2 적용하기
본서 p. 84

1 impressive	2 big	3 simply	4 accurately	5 powerful
6 quickly	7 possible	8 accurate	9 well	10 profitable

1 The applicant's qualifications are (**impressive** / more impressively).
지원자의 자격 요건은 인상적이다.

해설 be동사 are의 보어가 필요하므로 형용사 impressive가 정답입니다. more impressively는 부사의 비교급이므로 보어로 쓰일 수 없습니다.

2 The main building is as (**big** / bigger) as the college gym.
본관 건물은 대학교 체육관만큼 크다.

해설 원급 비교 구문인 as ~ as 사이에는 형용사나 부사의 원급만 들어갈 수 있습니다.

3 You can exchange the item as (simple / **simply**) as possible.
제품을 가능한 한 간소하게 교환하실 수 있습니다.

해설 원급 비교 구문인 as ~ as 사이에는 형용사나 부사의 원급이 들어갈 수 있으며 앞의 as를 제외한 앞의 구조에 형용사가 필요한지, 부사가 필요한지 구별해야 합니다. 괄호 앞의 구조가 동사 can exchange를 중심으로 주어와 목적어가 모두 있으므로 부사가 정답입니다.

4 You should report the facts as (accurate / **accurately**) as possible.
당신은 사실을 가능한 한 정확하게 보고해야 한다.

해설 원급 비교 구문 as ~ as 사이의 형용사와 부사 중 앞의 구조가 동사 should report를 중심으로 주어와 목적어가 모두 있으므로 부사가 정답입니다.

5 Small cars are as (**powerful** / powerfully) as large cars.
소형차들은 대형차들만큼 강력하다.

해설 원급 비교 구문 as ~ as 사이의 형용사와 부사 중 be동사 are 뒤에 보어가 필요하므로 형용사인 powerful이 정답입니다.

6 The order was shipped as (quick / **quickly**) as other companies.
주문은 다른 회사들만큼 빠르게 배송되었다.

해설 원급 비교 구문 as ~ as 사이의 형용사와 부사 중 앞의 구조가 「be + p.p.」의 수동 형태로 완전한 구조이므로 부사가 정답입니다.

7 Please finish your work as soon as (**possible** / possibly).
당신의 업무를 가능한 한 빨리 완료하십시오.

해설 원급 비교 구문을 이용한 표현 'as soon as possible(가능한 한 빨리)'을 꼭 외워 두세요.

8 The survey results are as (**accurate** / accurately) as the data on the computer.
설문 조사 결과들은 컴퓨터에 있는 데이터만큼 정확하다.

해설 원급 비교 구문 as ~ as 사이의 형용사와 부사 중 be동사 are 뒤에 보어가 필요하므로 형용사인 accurate가 정답입니다.

9 The new employee completes the task as (**well** / good) as other members.
신입 직원은 다른 직원들만큼 일을 잘 완수한다.

해설 원급 비교 구문 as ~ as 사이의 형용사와 부사 중 앞의 구조가 동사 completes를 중심으로 주어와 목적어가 모두 있으므로 부사가 정답입니다.

10 The new branch is as (profit / **profitable**) as other branches in the city.
새로운 지점은 도시의 다른 지점들만큼 수익이 난다.

해설 원급 비교 구문 as ~ as 사이의 형용사와 부사 중 앞의 be동사 is 뒤에 보어가 필요하므로 형용사인 profitable이 정답입니다.

기초 다지기 / 비법 3&4 적용하기

본서 p. 85

| 1 bigger | 2 than | 3 important | 4 more carefully | 5 expensive |
| 6 stronger | 7 considerably | 8 very | 9 even | 10 much |

1 The City Hall is (big / **bigger**) than the community center.
시청은 커뮤니티 센터보다 크다.

해설 뒤에 than이 있으므로 앞에는 비교급인 bigger가 옵니다.

2 She speaks more clearly (as / **than**) other people.
그녀는 다른 사람들보다 말을 더 명확하게 한다.

해설 비교급 more clearly와 함께 어울려 쓰일 수 있는 것은 than입니다.

3 This month's issue is more (**important** / importantly) than the last month's.
이번 달의 이슈는 지난달의 이슈보다 더 중요하다.

해설 형용사와 부사의 비교급을 구별해야 합니다. be동사인 is의 보어이면서 비교급으로 쓰이는 것은 형용사 important입니다.

4 Workers should handle the fragile products (more careful / **more carefully**).
직원들은 깨지기 쉬운 제품들을 더욱더 조심스럽게 다뤄야 한다.

해설 형용사의 비교와 부사의 비교 중 괄호 앞이 동사 should handle을 중심으로 앞에 주어와 뒤에 목적어가 있는 완전한 구조이므로 부사의 비교급이 정답입니다. 참고로, 비교급은 뒤에 than이 생략될 수 있습니다.

5 The new washing machine is less (**expensive** / expensively) than the previous model.
새 세탁기는 이전 모델보다 덜 비싸다.

해설 괄호 뒤에 than이 있고 앞에는 '덜~하는 / 하게'란 less가 있는 비교급 비교 구문입니다. 이때 동사 is는 뒤에 보어로 형용사가 필요하므로 expensive가 정답입니다.

6 The team has become much (**stronger** / strong) than before.
그 팀은 그 전보다 훨씬 더 강력해졌다.

해설 than과 함께 쓰이는 것은 비교급인 stronger입니다. 또한, 앞의 much는 비교급을 수식하는 부사로 쓰였습니다.

7 The prices have become (considerable / **considerably**) higher than last year.
가격이 작년보다 훨씬 더 올랐다.

해설 괄호 뒤의 higher than을 보아 비교급 문장입니다. 이때, higher는 have become 뒤의 보어 자리이므로 형용사의 비교급입니다. 따라서, 그 앞에는 부사가 수식합니다.

8 The new employee completed his work (**very** / even) quickly.
신입 직원은 그의 업무를 매우 빨리 완료했다.

해설 quickly는 부사의 원급이므로 very가 수식합니다. even은 비교급을 수식하는 부사입니다.

9 The office building is (very / **even**) older than it looks.
사무실 건물은 보이는 것보다 훨씬 더 오래되었다.

해설 비교급 older는 부사 even의 수식을 받습니다.

10 The new office building is (more / **much**) bigger than the old one.
새로운 사무실 건물은 예전 것보다 훨씬 더 크다.

해설 비교급 bigger는 much의 수식을 받습니다. more와 -er은 함께 어울려 쓰이지 않는다는 것에 주의합니다.

기초 문법 실전으로 훈련하기

본서 p. 86

| 1 (B) | 2 (C) | 3 (B) | 4 (C) | 5 (D) | 6 (C) | 7 (A) | 8 (A) | 9 (C) | 10 (A) |
| 11 (B) | 12 (A) | 13 (C) | 14 (B) | 15 (C) | 16 (B) | 17 (B) | 18 (C) | 19 (D) | 20 (A) |

1 Mr. Anderson's sales projection is **(B) more** accurate than mine.
앤더슨 씨의 매출 예상치는 내 것보다 더 정확하다.
projection 예상 | accurate 정확한

해설 than은 뒤에 비교 대상을 나타내므로 앞에는 비교급이 와야 합니다.

2 Our technicians are working even more **(C) swiftly** to meet the increasing needs.
우리 기술자들은 증가하는 요구를 맞추기 위해 더욱더 신속히 일하고 있다.
technician 기술자 | swiftly 신속히, 재빨리 | meet the needs 요구를 맞추다

해설 빈칸 앞에는 비교급 more와 이를 수식하는 부사 even이 있습니다. 문장의 동사는 are working으로 1형식 자동사이므로 빈칸에는 부사인 (C)가 들어가야 합니다.

3 System errors on the assembly lines are becoming more **(B) frequent**.
조립 라인의 시스템 오류가 점점 더 빈번해지고 있다.
error 오류 | assembly 조립 | frequent 잦은, 빈번한

해설 비교급 형태를 만드는 more 앞에 2형식 동사 are becoming이 있으므로 뒤에는 보어로 형용사가 적절합니다.

4 Employees who participated in the seminar should contact Rebecca Arnold by no **(C) later** than Tuesday.
세미나에 참석한 직원들은 늦어도 화요일까지 레베카 아널드에게 연락해야 한다.
participate in ~에 참여하다 | by ~까지 | no later than 늦어도 ~까지

해설 비교 대상을 나타내는 than이 있으면 그 앞에는 반드시 비교급이 있어야 하므로 (C)가 정답입니다.

5 All employees are required to report information as **(D) accurately** as possible.
전 직원들은 가능한 한 정확하게 정보를 보고하도록 요구된다.
be required to do ~하도록 요구되다 | report 보고하다 | information 정보 | accurately 정확히

해설 원급 비교 구문인 as ~ as possible 사이에는 형용사나 부사의 원급이 들어가며, (C)와 (D) 중 동사 are required to report를 중심으로 주어와 목적어가 있는 완전한 문장이므로 부사가 정답입니다.

6 The new product is more expensive **(C) than** old one.
신제품은 예전 것보다 더 비싸다.
expensive 비싼 | old 이전의

해설 비교급 more가 있는 것으로 보아 비교 대상을 나타내는 than이 정답입니다.

7 Using the computer to complete the task will be **(A) even** faster than writing on a paper.
업무를 완료하기 위해 컴퓨터를 사용하는 것은 종이에 쓰는 것보다 훨씬 더 빠를 것이다.
complete 완료하다 | task 업무, 일

해설 비교급 faster를 수식할 수 있는 것은 부사 (A)입니다. (B)와 (C)는 원급을 수식할 수 있으며 (D)는 -er과 함께 쓰일 수 없습니다.

8 Compared to other speakers, Mr. Park put **(A) greater** emphasis on the importance of leisure time.
다른 강연자들에 비해, 박 씨는 휴가 시간의 중요성에 대해 더욱더 강조했다.
compared to ~와 비교하여 | put an emphasis 강조하다 | importance 중요성 | leisure 레저, 여가

해설 동사 put과 명사 emphasis 사이의 형용사 자리입니다. 비교급 비교 (A)와 원급 비교 (D) 중, (D)는 비교 대상이 맞지 않으므로 비교급 비교인 (A)가 정답입니다.

9 The business contract must be reviewed very **(C) carefully** before both parties sign it.
사업 계약서는 양측 당사자들이 서명하기 전에 매우 자세히 검토되어야 한다.
contract 계약서 | review 검토하다 | carefully 꼼꼼히, 자세히 | party 당사자

해설 before 이하는 수식어절이며 앞은 must be reviewed의 수동 형태로 완전한 문장입니다. 따라서, 빈칸은 부사 자리이고 부사 (C)와 (D) 중 앞의 부사 very의 수식을 받는 것은 원급인 (C)입니다.

10 Charlie Brown's second novel is as famous **(A) as** the first one.
찰리 브라운의 두 번째 소설은 첫 번째 것만큼 유명하다.

novel 소설 | famous 유명한

해설 「as + 형용사 + ------」의 구조이며 두 번째 소설과 첫 번째 소설을 동등하게 비교하고 있으므로 원급 비교 구문 형태 (A)가 정답입니다.

---

11 The HG Auto's newly released car is much more **(B) affordable**.
HG 자동차의 새로 출시된 차량은 훨씬 더 저렴하다.

released 출시된 | affordable 저렴한, 알맞은

해설 비교급을 만드는 more와 이를 수식하는 부사 much가 있고 동사 is의 보어가 없으므로 동사의 보어로 쓰이는 형용사 (B)가 정답입니다.

---

12 The newly purchased machine can complete work **(A) even** more quickly.
새로 구매된 기계는 훨씬 더 빠르게 일을 완료할 수 있다.

purchased 구매된 | machine 기계 | complete 완료하다 | quickly 빠르게

해설 부사의 비교급인 more quickly를 수식하는 것은 (A)뿐입니다. 부사 (B)와 (D)는 원급을 수식하며, (C)는 뒤에 명사가 와야 합니다.

---

13 Our customer service center will solve your problems as **(C) rapidly** as possible.
저희 고객 서비스 센터는 가능한 한 신속하게 귀하의 문제들을 해결해 드릴 것입니다.

solve 해결하다 | rapidly 빠르게, 신속하게

해설 원급 비교 구문인 as ~ as possible 사이에는 형용사와 부사의 원급인 (A)와 (C)가 들어갈 수 있는데 둘 중 동사 will solve를 중심으로 주어, 목적어가 있는 완전한 문장이므로 부사가 정답입니다.

---

14 The job market has become less **(B) predictable** than ever because of the economic crisis.
경제 위기 때문에, 취업 시장은 그 어느 때보다 덜 예측 가능해지고 있다.

predictable 예측할 수 있는 | than ever 그 어느 때보다 | economic 경제의 | crisis 위기

해설 than 앞에 비교급의 형태인 less가 있으므로 그 뒤에는 형용사나 부사가 들어갈 수 있습니다. 이때 동사 has become 뒤에 보어가 없으므로 보어로 쓰일 수 있는 형용사가 정답입니다.

---

15 The Home Appliance's fourth quarter profits were **(C) considerably** higher than those of the third.
홈 가전의 4분기 이익은 3분기의 이익보다 훨씬 더 높았다.

appliance 가전 | quarter 분기 | profit 이익 | considerably 상당히, 훨씬

해설 비교급 higher가 있으며 이때 higher는 were 뒤의 보어로 쓰인 형용사의 비교급입니다. 따라서, 비교급 앞에는 부사가 이를 수식합니다.

---

16 From March 1, smoking outside the entrance of the main building will be **(B) strictly** prohibited.
3월 1일부터, 본관 입구 밖에서 흡연하는 것은 엄격히 금지될 것이다.

entrance 입구 | strictly 엄격히 | prohibit 금지하다

해설 동사 「will + be + p.p.」 사이에는 부사가 들어가야 하므로 정답은 (B)입니다. 참고로, 선택지 (C)는 형용사의 비교급입니다.

---

17 UT Air's main goal for this year is to develop even **(B) stronger** relationship with other regional airlines.
UT 항공의 올해의 주목표는 다른 지역 항공사들과 훨씬 더 강한 관계를 만드는 것이다.

goal 목표 | develop 만들다, 개발하다 | relationship 관계 | regional 지역의

해설 부사 even과 명사 relationship 사이의 형용사 자리입니다. 선택지에서 부사인 (C)를 제외한 나머지 모두 형용사이며 빈칸 앞의 부사 even의 수식을 받을 수 있는 것은 비교급 (B)입니다.

---

18 The changes in management are **(C) significantly** more effective than before.
경영의 변화는 이전보다 훨씬 더 효과적이다.

management 경영, 관리 | significantly 상당히, 훨씬 | effective 효과적인

해설 형용사의 비교급인 more effective 앞에는 부사가 수식합니다.

---

19 The new software program, Design Expert-V, is more **(D) dependable** than the competitors'.
새로운 소프트웨어 프로그램인, Design Expert-V는 경쟁 업체들의 것보다 더 믿을 수 있다.

dependable 믿을 수 있는, 신뢰할 수 있는 | competitor 경쟁 업체

해설 than 앞에 비교급 형태인 more가 있으며, 동사 is는 뒤에 보어가 필요하므로 보어가 될 수 있는 형용사 (D)가 정답입니다.

20 A **(A) recent** survey shows that our loyal customers are willing to purchase our new product.

최근 설문 조사는 단골들이 우리 신제품을 기꺼이 구매할 의향이 있다는 것을 보여준다.

recent 최근의 | survey 설문 조사 | loyal 충성적인 | be willing to do 기꺼이 ~하다

해설 「A + ------- + 명사」의 구조이므로 형용사 자리입니다. 선택지에서 형용사는 (A)뿐입니다. (B)와 (D)는 부사, (C)는 명사입니다.

필수 공략하기 / 비법 ❶ 적용하기

본서 p. 88

1 easiest   **2** efficient   **3** highest   **4** freshest   **5** biggest

---

1 Of all available means, the subway is the (**easiest** / most easily) way to get to the MEC Hotel.

이용 가능한 모든 수단 중에, 지하철이 MEC 호텔로 가는 가장 쉬운 방법이다.

해설 the와 명사 사이에는 형용사 자리이므로 형용사의 최상급인 easiest가 정답입니다. most easily는 부사의 최상급입니다.

---

2 The customers chose a(n) (most efficient / **efficient**) design.

고객들은 효율적인 디자인을 선택했다.

해설 명사 design 앞은 형용사 자리로 최상급과 원급 모두 가능하지만, 최상급을 쓰는 경우 앞에 the나 소유격 또는 범위가 나타나 있어야 합니다. 앞에 a가 있고 범위도 없으므로 원급인 efficient가 정답입니다.

---

3 The community center is the (higher / **highest**) building in this area.

커뮤니티 센터는 이 지역에서 가장 높은 건물이다.

해설 the와 명사 building 사이는 형용사 자리입니다. 선택지는 형용사 high의 비교급과 최상급이므로 모두 형용사입니다. 하지만 앞에 the가 있고 뒤에는 in this area란 범위가 나타나 있으므로 최상급인 highest가 정답입니다.

---

4 We sell the (fresh / **freshest**) fruit in the region.

우리는 이 지역에서 가장 신선한 과일을 판매합니다.

해설 the와 명사 fruit 사이는 형용사 자리로 선택지에는 형용사 fresh의 비교급과 최상급이 있습니다. 앞에 the가 있고 뒤에는 in the region이란 범위가 나타나 있으므로 최상급 freshest가 정답입니다.

---

5 The community center is the (bigger / **biggest**) of the three buildings.

커뮤니티 센터는 3개의 건물 중에 가장 크다.

해설 앞의 the는 최상급 앞에 붙는 형태이며 뒤에 of 이하는 범위를 나타내는 표현입니다. 따라서, 3개의 건물 중에 '가장 큰'이라는 의미로 최상급 biggest가 정답입니다.

필수 공략하기 / 비법 ❷ 적용하기

본서 p. 89

1 at least   **2** no later   **3** no longer   **4** as   **5** more than

---

1 Applicants should have a college degree and (less / **at least**) three years of experience.

지원자들은 대학 학위와 최소 3년의 경력이 있어야 한다.

해설 문맥상 '최소한, 적어도'라는 의미의 at least가 정답입니다.

2 The reservation should be confirmed (**no later** / the same) than December 10.
예약은 늦어도 12월 10일까지 확정되어야 한다.

해설 뒤의 than과 어울려 쓰이며 문맥상 자연스러운 것은 no later입니다. 'no later than(늦어도 ~까지)'이란 표현을 알아두세요.

3 We are sorry to inform you that the service is (**no longer** / at least) available.
저희는 서비스가 더는 이용 가능하지 않다는 것을 알려드리게 되어 유감입니다.

해설 문맥상 '더는 ~않는'이라는 의미의 no longer가 정답입니다.

4 This year's net profit is the same (**as** / than) that of last year.
올해의 이익은 작년의 것과 같다.

해설 the same과 함께 쓰여 올해와 작년을 비교하는 표현은 as가 정답입니다.

5 The company plans to hire (**more than** / no later than) 100 new employees.
그 회사는 100명 이상의 신입 사원을 채용할 계획이다.

해설 뒤의 숫자 표현과 어울려 쓰이며 문맥상 자연스러운 것은 '~이상'이라는 의미의 more than입니다.

필수 문법 실전으로 훈련하기

본서 p. 90

| 1 (B) | 2 (C) | 3 (D) | 4 (C) | 5 (D) | 6 (B) | 7 (C) | 8 (A) | 9 (C) | 10 (D) |
| 11 (D) | 12 (C) | 13 (B) | 14 (C) | 15 (C) | 16 (A) | 17 (A) | 18 (A) | 19 (C) | 20 (B) |

1 Votega Vennet Inc. makes the **(B) finest** shoes of any manufacturers.
보테가 베넷 사는 어떠한 제조 업체 중에서도 가장 좋은 신발을 만든다.
fine 좋은 | manufacturer 제조 업체

해설 the와 명사 shoes 사이의 형용사 자리이며 선택지에서 부사인 (A)를 제외한 나머지 모두 형용사입니다. 원급 (D), 비교급 (C), 최상급 (B) 중, 앞의 the 뒤에 쓰이며 범위를 나타내는 of 이하와 함께 쓰일 수 있는 것은 최상급 (B)입니다.

2 Of so many similar coffee makers, Bean-Lover is the least **(C) expensive**.
매우 많은 유사한 커피 제조기 중에, 빈 러버는 가장 덜 비싸다.
similar 비슷한 | least 가장 덜 | expensive 비싼

해설 the least는 「the + 최상급」의 형태입니다. 또한, 동사 is의 보어가 없으므로 형용사인 (C)가 보어로 들어가야 합니다. the만 보고 명사 (A)를 고르거나, 완전한 문장을 수식하는 부사 (D)를 고르지 않도록 주의합니다.

3 Of the five members, Ms. Paris is the **(D) most knowledgeable** about the power point program.
다섯 명의 직원 중에, 패리스 씨가 파워포인트 프로그램에 대해 가장 잘 알고 있다.
be knowledgeable about ~에 대해 잘 알다

해설 「the + ------ + about」의 구조로 빈칸은 명사 자리로 보입니다. 하지만 문장 맨 앞에 범위를 나타내는 표현인 of 이하가 있고 선택지에는 최상급이 있으므로 (B)와 (D) 중 해석상 적절한 것을 골라야 합니다. 빈칸에 명사를 넣으면 주어인 「패리스 씨 = 지식」이 되므로 어색합니다. 앞의 범위 표현과 어울려 쓰이며 the 뒤에 쓰일 수 있는 최상급이 정답입니다.

4 Andrew Martin showed a **(C) bold** marketing plan to the head of the department.
앤드루 마틴 씨는 부서장에게 과감한 마케팅 계획을 보여주었다.
bold 과감한, 대범한 | marketing 마케팅 | plan 계획 | department 부서

해설 「a + ------ + 명사 + 명사」의 구조이므로 빈칸은 형용사 자리입니다. 선택지에서 형용사는 (C)와 (D)가 있으며 빈칸 앞에 a가 있고 범위를 나타내는 표현이 없으므로 원급인 (C)가 정답입니다. 최상급은 앞에 a와 함께 쓰일 수 없습니다.

5 The new employee at the restaurant, Ms. Parker, serves the customers **(D) more attentively**.
레스토랑 신입 직원인, 파커 씨는 고객들을 보다 세심하게 접대한다.
serve 접대하다 | attentively 귀 기울여, 세심하게

해설 동사 serves를 중심으로 앞에 주어, 뒤에 목적어가 있는 완전한 문장입니다. 따라서, 빈칸에는 부사의 비교급인 (D)가 들어가야 합니다. 참고로, than이 없이도 비교급을 쓸 수 있습니다.

6 Mega Computer is **(B) urgently** recruiting highly qualified programmers for its new branch.
메가 컴퓨터는 새 지점에 매우 자격을 갖춘 프로그래머들을 급히 채용하고 있다.
urgently 긴급히 | highly qualified 매우 자격을 갖춘 | branch 지점, 지사

해설 동사 「be + doing」 사이에는 부사가 적절하므로 정답은 (B)입니다. (D)의 최상급은 형용사이므로 들어갈 수 없습니다.

7 **(C) Of** all the candidates, Mr. Aronson is the most experienced person for the job.
모든 후보자 중에, 아론슨 씨가 그 직업에 가장 숙련된 사람이다.
candidate 후보자 | experienced 숙련된

해설 알맞은 전치사를 묻는 문제로 뒤의 사람 명사인 candidates와 문맥상 함께 쓰일 수 있으며, 뒤에 최상급 the most 이하의 범위가 되는 표현이므로 '~중에서'라는 의미의 (C)가 정답입니다.

8 The company received positive reviews last year, but, they set an even **(A) higher** standard for this year.
그 회사는 작년에 좋은 평가를 받았으나 올해는 더욱 높은 기준을 정했다.
positive 긍정적인 | review 평가 | set a standard 기준을 정하다

해설 「an + 부사 + ------- + 명사」의 구조이므로 빈칸은 형용사 자리입니다. 선택지에서 형용사는 (A)와 (B)이며, 원급과 비교급 중 앞의 even의 수식을 받는 것은 비교급인 (A)입니다. 참고로, (C)는 부사, (D)는 명사입니다.

9 The Dresser's Shop will **(C) no** longer provide free T-shirts to new customers.
드레서스 샵은 더는 신규 고객들에게 무료 티셔츠를 제공하지 않을 것이다.
no longer 더는 ~않는 | provide 제공하다

해설 no longer라는 표현의 (C)가 정답입니다. 앞의 조동사 will 뒤의 동사원형은 provide입니다.

10 Passengers on Flight 559 must be at their gate **(D) at least** 90 minutes prior to the departure.
559편의 승객들은 출발 최소 90분 전에 게이트에 있어야 한다.
passenger 승객 | prior to ~전에 | departure 출발

해설 선택지에서 뒤의 숫자 표현인 90 minutes와 어울려 쓰이며 문맥상 자연스러운 것은 (D)입니다. 'at least(적어도, 최소한)'라는 표현을 외워두세요.

11 The new director of the company will give a **(D) brief** presentation on how to improve performance.
회사의 신임 부장은 성과를 개선할 방법에 대해 간략한 발표를 할 것이다.
give a presentation 발표하다 | how to do ~하는 방법 | improve 증진하다, 개선하다 | performance 성과

해설 a와 뒤의 명사 presentation 사이의 알맞은 형용사를 고르는 문제입니다. 먼저 (C)는 뒤에 복수 명사만 올 수 있고, (B)는 과거에 있었던 일을 나타내므로 미래 시제와 어울리지 않습니다. (A)와 (D) 중, 최상급인 (A)는 앞에 the와 어울려 쓰이므로 오답입니다. 따라서, (D)가 정답입니다. 이 문제는 다른 선택지들이 왜 답이 될 수 없는지를 알아야 풀 수 있는 문제입니다.

12 We, Paradise Inc., want to hire a person who has **(C) at least** five years of experience in the game industry.
우리, 파라다이스 사는 게임 업계에 최소한 5년의 경력을 가진 사람을 고용하기를 원한다.
hire 고용하다 | experience 경력, 경험 | industry 업계, 산업

해설 five years라는 숫자 표현과 어울려 쓰이며 문맥상 자연스러운 것은 (C)입니다.

13 Even though Mr. Anderson has just started working at the law firm, he is **(B) highly** respected by his colleagues.
비록 앤더슨 씨가 법률 회사에서 이제 막 일을 시작했음에도 불구하고 그는 동료들에게 매우 존경받고 있다.
even though 비록 ~에도 불구하고 | law firm 법률 회사 | respect 존경하다 | colleague 동료

해설 동사 「be + p.p.」 사이의 부사 자리입니다. 선택지에서 (A)는 '높은', '높게'란 의미로 형용사와 부사의 형태가 같고 이의 최상급, 비교급인 (C)와 (D)도 형용사와 부사로 쓰입니다. 또한, (B)는 '매우'란 의미의 부사입니다. 따라서, 선택지 모두 부사로 쓰이므로 해석으로 구별해야 합니다. 문맥상 '높게' 존경받는 것이 아닌, '매우' 존경을 받고 있다는 의미가 자연스러우므로 (B)가 정답입니다.

14 Jung Hoon Kim has worked the **(D) hardest** of all employees, so he will receive the Employee of the Year Award.
김정훈 씨는 전 직원 중에 가장 열심히 일을 해왔으므로, 그는 올해의 직원 상을 받을 것이다.
hard 열심히 | receive 받다 | award 상

해설 the와 전치사 수식어 of 사이의 명사 자리입니다. 하지만, 선택지에는 형용사와 부사의 형태가 같은 (B)와 이의 비교급, 최상급인 (C)와 (D), 그리고 '거의 ~가 아닌'이라는 의미의 부사 (A)가 있습니다. 이 문제는 「the + 최상급 + 범위」의 구조로 정답은 (D)입니다.

15 The head chef of the restaurant praised the **(C) cleanliness** of the kitchen.
레스토랑의 주방장은 주방의 청결함을 칭찬했다.
praise 칭찬하다 | cleanliness 청결함

해설 빈칸은 the와 전치사 수식어 of 사이의 명사 자리입니다. 선택지에 명사인 (C)가 있으나, 형용사의 최상급인 (D)도 있으므로 해석으로 구별해야 합니다. 문맥상, of 이하는 '부엌 중에'가 아닌 '부엌의'란 의미로 해석되며 빈칸은 형용사 자리가 아니므로 명사가 정답입니다.

16 Star Organic Bread sells the **(A) freshest** salads and sandwiches in the region.
스타 오가닉 브레드는 이 지역에서 가장 신선한 샐러드와 샌드위치를 판매한다.
sell 판매하다 | region 지역

해설 「the + ------- + 명사」의 구조로 빈칸은 형용사 자리이며 선택지에서 부사인 (C)를 제외한 나머지는 모두 형용사입니다. 이 중 the 뒤에 쓰이며 범위를 나타내는 in the region과 함께 쓰일 수 있는 것은 최상급인 (A)입니다.

17 The contract between these two companies was signed **(A) later** than expected.
이 두 회사 사이의 계약서는 기대보다 늦게 서명이 되었다.
contract 계약서 | sign 서명하다 | than expected 기대보다, 예상보다

해설 빈칸 뒤의 than이 단서가 됩니다. 문장에 than이 있는 경우 그 앞에는 반드시 비교급이 있어야 하므로 비교급인 (A)가 정답입니다.

18 Products from ATT Co. Ltd. are going to be **(A) cheaper** than its competitors'.
ATT 사의 제품들은 경쟁사들의 것보다 더 저렴해질 것이다.
be going to do ~할 것이다 | cheap 저렴한 | competitor 경쟁사

해설 뒤에 than이 있으므로 빈칸은 비교급인 (A)와 (C)가 들어갈 수 있습니다. 형용사 비교급과 부사의 비교급 중 빈칸이 be동사의 보어 자리이므로 형용사인 (A)가 정답입니다.

19 The new director, Mr. Powell, has managed the team much **(C) more efficiently**.
신임 부장인, 포웰 씨는 팀을 훨씬 더 효율적으로 관리하고 있다.
manage 관리하다 | efficiently 효율적으로

해설 동사 has managed를 중심으로 앞에 주어, 뒤에 목적어가 있는 완전한 문장입니다. 따라서, 빈칸은 부사 자리이며 선택지의 부사 (C)와 (D) 중 부사 much의 수식을 받는 것은 비교급인 (C)입니다.

20 Mr. Simmons has the most **(B) impressive** qualifications of any applicants for the job.
시먼스 씨는 그 직책의 그 어떤 지원자 중에서 가장 인상적인 자격 요건을 갖추고 있다.
impressive 인상적인 | qualification 자격 요건 | applicant 지원자

해설 빈칸은 최상급인 the most 뒤의 자리이며, 그 뒤에 명사인 qualifications가 있으므로 이를 수식하는 형용사가 정답입니다.

품사편 / UNIT 07 비교 구문 57

독해로 끝내기

본서 p. 92

1 (B) 2 (B) 3 (A) 4 (A)

To: All staff members
From: Arline Dugan
Date: March 4th
Subject: Dress code

In order to present a more unified appearance to our customers, we, Turrel Bank, has decided to 1. **(B) revise** the company dress code. Staff members will be issued company uniforms, which must be worn during working hours. Each employee will receive three shirts.

2. **(B) Additional** shirts may be purchased from the personnel office for $35 each. Employees should email their size preferences to Rebecca Arnold by no 3. **(A) later** than March 23. 4. **(A) Thank you for your cooperation.**

Regards,

Arline Dugan
Office manager Turrel Bank

수신: 전 직원들
발신: 알린 듀간
날짜: 3월 4일
제목: 복장 규정

저희 고객들에게 더욱 단합된 모습을 보여주기 위해, 저희 터럴 은행은 회사의 복장 규정을 수정하기로 결정했습니다. 직원들은 회사 유니폼을 받게 될 것이며 이는 근무 중에 반드시 입어야 합니다. 모든 직원은 3장의 셔츠를 받게 될 것입니다. 추가 셔츠는 장당 35달러에 인사팀에서 구매할 수 있습니다. 직원들은 선호하는 사이즈를 늦어도 3월 23일까지 레베카 아널드 씨에게 이메일로 보내주시기 바랍니다. 협조해 주셔서 감사합니다.

터럴 은행, 사무부장
알린 듀간 드림

문장 해석하기

(A) Thank you for your cooperation.
협조에 주셔서 감사합니다.

(B) We will contact you soon.
저희가 곧 연락 드리겠습니다.

문장 분석하기

본서 p. 93

1 Our technicians **are working** [even more swiftly] [to meet the increasing needs].
　　　　S　　　　　　V
우리 기술자들은 증가하는 요구를 맞추기 위해 더욱더 신속히 일하고 있다.

---

2 All employees **are required to report** information [as accurately as possible].
　　　　S　　　　　　　　V　　　　　　　O
전 직원들은 가능한 한 정확하게 정보를 보고하도록 요구된다.

---

3 The HG Auto's newly released car **is** [much more] affordable.
　　　　　　　S　　　　　　　　　V　　　　　　C
HG 자동차의 새로 출시된 차량은 훨씬 더 저렴하다.

---

4 The job market **has become** less predictable [than ever] [because of the economic crisis].
　　　S　　　　　　V　　　　　C
경제 위기 때문에, 취업 시장은 그 어느 때보다 덜 예측 가능해지고 있다.

5 The Home Appliance's fourth quarter profits **were** [considerably] higher [than those of the third].
   S   V   C

   홈 가전 사의 4분기 이익은 3분기의 이익보다 훨씬 더 높았다.

---

6 UT Air's main goal [for this year] **is** to develop even stronger relationship [with other regional airlines].
   S   V   C

   UT 항공의 올해의 주목표는 다른 지역 항공사들과 훨씬 더 강한 관계를 만드는 것이다.

---

7 [Of so many similar coffee makers], The Bean-Lover **is** the least expensive.
                                       S   V   C

   매우 많은 유사한 커피 제조기 중에, 빈 러버는 가장 덜 비싸다.

---

8 Mega Computer **is** [urgently] **recruiting** highly qualified programmers [for its new branch].
   S   V   O

   메가 컴퓨터 사는 새 지점에 매우 자격을 갖춘 프로그래머들을 급히 채용하고 있다.

---

9 The Dresser's Shop **will** [no longer] **provide** free T-shirts [to new customers].
   S   V   O

   드레서스 샵은 더는 신규 고객들에게 무료 티셔츠를 제공하지 않을 것이다.

---

10 The head chef [of the restaurant] **praised** the cleanliness [of the kitchen].
    S   V   O

    레스토랑의 주방장은 주방의 청결함을 칭찬했다.

품사편 Review Test 01

Review Test 01
본서 p. 94

1 (B) 2 (B) 3 (D) 4 (B) 5 (A) 6 (C) 7 (A) 8 (B) 9 (A) 10 (C)
11 (A) 12 (D) 13 (B) 14 (D) 15 (A) 16 (D) 17 (C) 18 (B) 19 (C) 20 (C)

---

1 **(B) Applicants** for the Public Relations department are required to have at least 5 years of related experience.
홍보 부서의 지원자들은 최소한 5년의 관련 경력이 요구된다.
applicant 지원자 | department 부서 | be required to do ~하도록 요구되다 | at least 적어도, 최소한

해설 빈칸 뒤는 전치사 for 이하의 수식어이며 그 뒤에는 동사 are required to have가 있으므로 빈칸은 동사 앞의 주어 자리입니다. 주어 자리에 올 수 있는 것은 명사이므로 (B)가 정답입니다.

---

2 The board members **(B) formally** appointed Mr. Reed as a new chairman for the next year.
이사진들은 리드 씨를 내년 새 의장으로 공식적으로 임명했다.
board 이사회 | formally 공식적으로 | appoint 임명하다 | chairman 의장

해설 주어와 동사 사이의 부사 자리이므로 정답은 (B)입니다.

---

3 Please show **(D) consideration** for visitors when you talk on the phone in the gallery.
미술관 내에서 전화할 때에는 방문객들에게 배려심을 보여주십시오.
consideration 고려, 배려 | talk on the phone 전화를 하다 | gallery 미술관

해설 명령문의 동사 show의 목적어 자리입니다. 따라서, 목적어 자리에 올 수 있는 명사 (D)가 정답입니다. 참고로, 선택지에서 (A)와 (B)는 '상당한', '사려 깊은'이라는 의미의 형용사입니다.

---

4 Because Mr. Miller's partner was on a business trip, he gave the presentation **(B) himself**.
밀러 씨의 파트너가 출장 중이기 때문에, 그가 직접 발표를 했다.
give a presentation 발표하다

해설 알맞은 인칭대명사를 고르는 문제입니다. Because부터 콤마까지는 수식어절이며, 동사 gave를 중심으로 그 앞에 주어와 뒤에 목적어가 있는 완전한 문장입니다. 문장이 완전할 때 주어를 강조해 주기 위해 쓰일 수 있는 것은 재귀대명사입니다.

---

5 The office **(A) managers** are responsible for reporting the progress to the management.
사무부장들은 경영진에게 진행 상황을 보고할 책임이 있다.
be responsible for ~을 책임지다 | report 보고하다 | progress 진행 상황 | management 경영진

해설 주어와 동사 사이의 부사 자리이지만 선택지에 부사가 없습니다. 또한, 주어는 단수 명사인 The office지만 동사가 복수 동사인 are라는 점에서 빈칸에는 복수 명사가 들어가 「명사 + 명사」의 구조로 쓰인다는 것을 알 수 있습니다. 문맥상 '사무부장들'이 책임을 지는 것이므로 (A)가 정답입니다.

---

6 The new contract signed by both parties will be **(C) effective** starting next week.
양측 당사자들에 의해 서명된 새 계약서는 다음 주를 시작으로 효력이 발생할 것이다.
contract 계약서 | party 당사자 | effective 효력이 있는 | starting ~을 시작으로

해설 빈칸 앞에 be동사가 있고 starting 이하는 수식어구입니다. 2형식 동사 be 뒤에는 보어로 명사와 형용사가 쓰일 수 있는데 문맥상 계약서의 상태가 '효력이 있는' 것이므로 형용사인 (C)가 정답입니다.

---

7 The application must be submitted to the HR assistant **(A) at least** two business days in advance.
지원서는 적어도 영업일 2일 전에 미리 인사팀 팀원에게 제출되어야 한다.
application 지원서 | submit 제출하다 | HR 인사팀 | in advance 미리, 사전에

해설 빈칸 앞은 완전한 절이며, 뒤의 시간 표현인 two business days in advance는 수식어 취급을 합니다. 즉, 완전한 문장에서 숫자 표현 앞에 쓰이고 문맥상 자연스러운 것은 (A)입니다.

8 Many companies are becoming **(B) increasingly** reliant on the online marketing.
많은 회사가 점점 더 온라인 마케팅에 의존하고 있다.
increasingly 점점 더 | reliant on ~에 의존적인

해설 2형식 자동사 are becoming과 그 뒤의 형용사 보어인 reliant 사이에서 형용사를 수식하는 부사 자리입니다.

9 Flight 233 to Paris will take off 5 hours **(A) later** than expected because of the weather condition.
파리행 233편 비행기는 날씨 상황 때문에 예상보다 5시간 늦게 이륙했다.
take off 이륙하다 | because of ~때문에

해설 문장 안에 than이 있다면 그 앞에는 반드시 비교급 형태가 와야 하므로 정답은 (A)입니다.

10 The new assignment was too challenging for Mr. Ross to finish by **(C) himself**.
새로운 업무는 로스 씨가 혼자서 끝내기는 너무 어려웠다.
assignment 업무 | challenging 어려운, 힘든

해설 전치사 by 뒤에 올 수 있는 대명사는 목적격인 (A)와 재귀대명사 (C), 소유대명사 (D)입니다. 이 중 문맥상 앞에 가리키는 대상이 로스 씨이며 그가 '혼자서, 스스로' 끝내는 것이 힘들다는 내용이므로 'by oneself(혼자서, 스스로)'란 표현으로 쓰인 (C)가 정답입니다. (A)를 넣으려면 로스 씨 외의 다른 남자가 언급되어 있어야 하며, (D)는 '그의 것'이란 의미로 어색한 내용이 되므로 답이 될 수 없습니다.

11 Employees must receive **(A) approval** from the immediate supervisors before changing their shift.
직원들은 교대 근무를 변경하기 전에 직속 상관들에게 승인을 받아야만 한다.
receive 받다 | approval 승인 | immediate supervisor 직속 상관 | shift 교대 근무

해설 동사 must receive 뒤의 목적어 자리이며, 목적어로 쓰이는 것은 명사입니다. 선택지에서 명사는 -al로 끝나는 (A)입니다.

12 The marketing agency, New Thinking Co. is **(D) highly** recommended by its customers.
마케팅 업체인 뉴 씽킹 사는 고객들에 의해 강력히 추천된다.
agency 회사, 업체 | highly recommended 강력히 추천되는

해설 「be + p.p.」 사이의 부사 자리이며, 선택지는 모두 부사입니다. (D)를 제외한 나머지는 모두 '높게'란 의미가 있으며, '높게 추천되는' 것이 아닌 '강력히 추천되는' 것이므로 (D)가 정답입니다.

13 After a long discussion, the new project was **(B) finally** approved by the company executives.
긴 토론 후에, 새로운 프로젝트는 마침내 회사 임원들에 의해 승인되었다.
discussion 토론 | finally 마침내, 드디어 | approve 승인하다 | executive 임원, 중역

해설 「be + p.p.」 사이의 부사 자리이므로 정답은 (B)입니다.

14 Ms. Sanchez completed her **(D) proposal** for the construction of the new research facility.
산체스 씨는 새로운 연구 시설 건설을 위한 그녀의 제안서를 완료하였다.
complete 완료하다 | proposal 제안서 | construction 건설, 공사 | facility 시설

해설 동사 completed의 목적어 자리이며 소유격 her 뒤의 명사 자리입니다. 소유격 대명사는 반드시 뒤에 명사가 와야 하므로 정답은 -al 형태의 명사 (D)입니다.

15 The factory workers should familiarize themselves with the new **(A) safety** regulations.
공장 직원들은 새 안전 규정에 대해 스스로가 잘 알고 있어야 한다.
familiarize A with B A가 B에 대해 친숙해지다 / 숙지하다 | regulation 규정

해설 「the + 형용사 + ------- + 명사」의 구조로 뒤에 오는 명사를 수식하는 형용사나 복합 명사로 쓰이는 명사가 올 수 있습니다. 문맥상 규정의 상태가 안전한 것이 아닌, 안전함에 대한 규정이므로 「명사 + 명사」로 쓰여 (A)가 정답입니다.

16 We offer **(D) our** loyal customers a 30 percent discount on all items for only three days.
저희는 3일 동안만 저희 충성 고객들에게 전 품목 30%의 할인을 해드립니다.
loyal 충성적인 | discount 할인 | item 물건, 제품

해설 동사 offer 뒤의 목적어인 명사 loyal customers 앞에 알맞은 대명사를 고르는 문제입니다. 명사 앞에 올 수 있는 것은 소유격 대명사 (D)뿐입니다.

17 If you have any problems with your vacuum cleaner, you can replace it with **(C) another**.

당신의 진공청소기에 문제가 있다면, 그것을 아무거나 다른 것으로 교체할 수 있습니다.

vacuum cleaner 진공청소기 | replace A with B A를 B로 교체하다

> **해설** 알맞은 부정대명사를 고르는 문제로 앞에 it이 가리키는 것은 vacuum cleaner입니다. 문제가 있을 시 이것을 '아무거나 다른 하나'로 교체할 수 있다는 내용이므로 (C)가 정답입니다. (A)는 '서로'란 의미로 앞에 언급된 것이 하나뿐이므로 오답이며, (B)와 (D)는 뒤에 명사가 함께 쓰여야 합니다.

18 The director's **(B) most recent** movie, *Falling in Love*, will be released on December 1.

그 감독의 가장 최근 영화인 〈사랑에 빠지다〉가 12월 1일에 개봉될 것이다.

recent 최근의 | release 개봉하다

> **해설** 소유격과 명사 movie 사이의 형용사 자리이며, 선택지에서 형용사는 최상급 형태의 (B)뿐입니다.

19 Prices and detailed descriptions about the products are **(C) readily** accessible on the Web site.

제품에 대한 가격 및 자세한 설명은 웹사이트에서 쉽게 이용할 수 있다.

detailed 자세한 | description 설명 | readily 쉽게 | accessible 접근할 수 있는, 이용할 수 있는

> **해설** be동사 are 뒤의 보어인 accessible 앞의 빈칸으로, 이 문장은 빈칸이 없어도 완전합니다. 따라서, 형용사 앞에 부사인 (C)가 와야 합니다.

20 It is **(C) advisable** to keep a copy of your passport and identification card in the hotel.

호텔에 여권과 신분증 사본을 보관하는 것이 바람직하다.

advisable 바람직한 | keep 보관하다 | a copy of ~의 사본 | passport 여권

> **해설** be동사 is는 뒤에 보어로 명사와 형용사가 필요합니다. 선택지에는 '조언의, 자문의'란 의미의 (A)와 '바람직한'이라는 의미의 (C)가 있습니다. 문맥상 적절한 (C)이며, 'It is advisable to do(~하는 것은 바람직하다)'라는 표현을 묻는 문제이기도 합니다.

LC 맛보기   2인 이상 사진

실전문제 풀어보기   본서 p. 97

1 (A)   **2** (A)

1 **(A) People have opened their umbrellas.**
(B) People are standing on the sidewalk.
(C) Workers are painting lines on the street.
(D) A police officer is directing traffic.

(A) 사람들은 우산을 폈다.
(B) 사람들은 보도에 서 있다.
(C) 인부들은 거리 위에 선을 칠하고 있다.
(D) 한 명의 경찰관이 교통 정리를 하고 있다.

> **해설** (B)는 사람들이 횡단보도에 서 있지 않으며, (C), (D)는 사진에 인부들이나 경찰관이 보이지 않으므로 오답입니다. 사진에 나온 것들을 중심으로 들어야 합니다.

2 **(A) Some people are seated at the table.**
(B) Some women are examining the menu.
(C) A waiter is filling a glass with water.
(D) A man is reaching for some bread.

(A) 몇몇 사람들은 식탁에 앉아 있다.
(B) 몇몇 여자들은 메뉴를 살펴보고 있다.
(C) 웨이터는 컵에 물을 채우고 있다.
(D) 한 남자는 빵을 집으려고 손을 뻗고 있다.

> **해설** (B)는 사진으로는 알 수 없으며, (C)는 웨이터가 사진에 보이지 않아 오답입니다. (D) 역시 사진에서 볼 수 없는 모습입니다. 사람들의 전반적인 공통점을 묘사한 표현이 정답입니다.

동사편 UNIT 08 동사의 형태와 수일치

기초 다지기 / 비법 ❶ 적용하기

본서 p. 102

1 opened	2 opened	3 Allow	4 producing	5 responsible
6 inspected	7 recommended	8 suggestions	9 be	10 has reviewed

1 Mr. Davis (**opened** / opening) a new store in this city.
데이비스 씨는 이 도시에 새로운 상점을 열었다.

해설 문장의 동사 자리로, doing 형태는 「be + doing」으로 쓰여야 동사가 될 수 있습니다. 따라서, 과거 형태인 opened가 정답입니다.

2 The company has (**opened** / opening) a branch in this area.
그 회사는 이 지역에 지점을 열었다.

해설 동사 has 뒤에 올 수 있는 형태는 p.p. 형태의 opened입니다. -ed 형태는 과거 동사지만, have나 be동사와 함께 쓰이면 p.p.로 봅니다.

3 (**Allow** / Allows) every member to enter the laboratory.
모든 직원이 실험실에 들어오도록 허락해 주십시오.

해설 문장의 주어가 없으므로 동사원형의 형태가 들어가 명령문을 만들어야 합니다.

4 Apple Love Co. is (**producing** / product) a new line of cell phones.
애플 러브 사는 새로운 핸드폰 제품 라인을 생산하고 있다.

해설 is 뒤에는 「be + doing」 형태와 「be + 명사」 형태가 모두 가능하지만, 명사 뒤는 a new line 이하가 올 수 없습니다. 따라서, 진행 형태가 와서 뒤의 명사를 목적어로 취해야 합니다.

5 Mr. Rogers is (responding / **responsible**) for marketing.
로저스 씨는 마케팅을 책임지고 있다.

해설 be동사 is 뒤에는 진행 형태나 보어 형용사 둘 다 올 수 있지만, 「be + doing」은 뒤에 명사가 와야 하므로 보어로 쓰인 형용사 responsible이 정답입니다. 참고로, 'be responsible for(~을 책임지다)'라는 표현을 알아두세요.

6 The factory was (**inspected** / inspecting) last month.
그 공장은 지난달에 검사를 받았다.

해설 was 뒤에는 두 형태 모두 올 수 있습니다. 「be + p.p.」의 수동 형태인 경우 뒤에 목적어가 없고, 「be + doing」의 진행 형태인 경우 뒤에 목적어가 와야 합니다. 괄호 뒤의 last month는 수식어이므로 수동 형태를 만드는 inspected가 정답입니다.

7 The manger (**recommended** / recommendations) Ms. Parker for the position.
매니저는 그 자리에 파커 씨를 추천했다.

해설 괄호는 문장의 동사 자리이므로 recommended가 정답입니다.

8 The new CEO has (suggested / **suggestions**) about the new product.
새로운 대표 이사는 신제품에 대한 제안들을 가지고 있다.

해설 동사 has 뒤에는 p.p. 형태의 suggested와 명사 suggestions 모두 가능하지만 「has + p.p.」의 형태일 경우 뒤에 명사인 목적어야 와야 합니다. 괄호 뒤에는 전치사 수식어가 있으므로 has만 동사로 보고 그 뒤에 목적어인 명사가 들어가야 합니다.

9 Please (is / **be**) ready for the next presentation.
다음 프레젠테이션을 준비해 주십시오.

해설 명령문의 형태인 Please 뒤에는 동사원형이 들어가며, is의 동사원형은 be입니다.

10 The manager (**has reviewed** / is reviewed) all applications.
매니저는 모든 지원서를 검토했다.

해설 완료 형태인 「have + p.p.」와 수동 형태인 「be + p.p.」의 차이는 뒤에 목적어가 있는지 여부입니다. 괄호 뒤에는 명사 all applications가 있으므로 완료 형태인 has reviewed가 정답입니다.

기초 다지기 / 비법 2&3 적용하기
본서 p. 103

1 has	**2** are	**3** was	**4** show	**5** limitations
6 provides	**7** announce	**8** gave	**9** reviewed	**10** does not

1 Mr. Martine (**has** / have) new applications to review.
마틴 씨는 검토할 새로운 지원서를 가지고 있다.

해설 주어가 Mr.이며 이는 He로 바꿔 쓸 수 있습니다. 즉, 3인칭 단수이므로 단수 동사 has가 들어가야 합니다.

2 They (is / **are**) ready to sign the contract.
그들은 계약서를 사인할 준비가 되었다.

해설 주어가 복수인 They이므로, 동사도 복수 동사인 are가 정답입니다.

3 The product (**was** / were) quite successful this season.
그 제품은 이번 시즌에 매우 성공적이었다.

해설 주어가 단수 명사인 The product이며, 이는 It으로 바꿔 쓸 수 있습니다. 따라서, 단수 동사인 was가 정답입니다.

4 The surveys (**show** / shows) that many potential customers are willing to pay more.
설문 조사는 많은 잠재 고객들이 기꺼이 더 많이 지불할 것이라는 것을 보여준다.

해설 주어가 복수인 The surveys이므로 동사도 복수 동사인 show를 써야 합니다.

5 There were (limitation / **limitations**) for the new plan.
새로운 계획에 제한이 있었다.

해설 There were는 하나의 동사 형태로, 바로 뒤에 주어를 쓰며, 수일치는 were에 맞춰야 합니다. 따라서, 복수 명사인 limitations가 정답입니다.

6 JH Pharmaceuticals (provide / **provides**) the best quality medicine for children.
JH 제약은 아이들을 위한 최고 품질의 약을 제공한다.

해설 주어인 회사 이름은 -s가 붙어도 단수 취급합니다. 따라서, 단수 동사인 provides를 씁니다.

7 The president will (**announce** / announces) his projections for next quarter's sales.
사장은 다음 분기 매출에 대한 그의 예상을 발표할 것이다.

해설 조동사 will 뒤에는 동사원형이 옵니다. 조동사 뒤에 오는 동사는 주어와의 수일치에 영향을 받지 않습니다.

8 Steve Jobs (**gave** / give) a memorable speech before retiring.
스티브 잡스는 은퇴 전에 기억에 남을 연설을 했다.

해설 주어가 남자 이름이므로 대명사로 바꿔보면 He입니다. 즉, 단수 동사인 gives를 써야 하지만 괄호 안에 없으므로 과거 동사인 gave가 정답입니다.

9 The managers (**reviewed** / reviews) all applications for the position.
매니저들은 그 자리의 모든 지원서를 검토했다.

해설 주어가 복수이므로 복수 동사인 review를 써야 하지만, 괄호 안에 없으므로 reviewed가 정답입니다.

10 The price (do not / **does not**) include government taxes.
가격에는 정부의 세금이 포함되지 않는다.

해설 주어가 단수이며 대명사로 바꾸어 보면 It입니다. 즉, 단수 동사인 does not이 정답입니다.

기초 문법 실전으로 훈련하기

본서 p. 104

| 1 (B) | 2 (B) | 3 (D) | 4 (A) | 5 (B) | 6 (C) | 7 (A) | 8 (A) | 9 (B) | 10 (B) |
| 11 (A) | 12 (C) | 13 (C) | 14 (C) | 15 (A) | 16 (C) | 17 (D) | 18 (A) | 19 (C) | 20 (A) |

1 There was great **(B) enthusiasm** among customers waiting for the new product launch.
새로운 제품 출시를 기다리는 고객들 사이에 엄청난 열정이 있었다.
enthusiasm 열정 | among ~중에 / 사이에 | wait for ~을 기다리다 | launch 출시

해설 형용사 great과 그 앞에 동사 There was가 있으므로 빈칸은 문장의 주어 자리입니다. 정답은 명사인 (B)입니다.

2 Payments for the purchases must **(B) be received** before the product is shipped for delivery.
제품이 배송을 위해 배달되기 전에 구매에 대한 납입금이 받아져야만 한다.
payment 지불금, 납입금 | receive 받다 | ship 배달하다 | delivery 배송

해설 조동사 must 뒤에는 동사원형을 씁니다. (C)와 수동 형태의 원형인 (B) 중 뒤에 before 이하는 수식어이고, 뒤에 목적어인 명사가 없으므로 수동 형태의 (B)가 정답입니다.

3 The head of the department has **(D) finalized** the contract with the new client.
부서장은 새로운 고객과의 계약을 마무리 지었다.
department 부서 | finalize 마무리 짓다 | contract 계약서 | client 고객

해설 동사 has 뒤에는 동사원형이나, doing 형태가 올 수 없습니다. 또한, the 이하의 명사구 앞에는 형용사가 수식할 수 없습니다. 따라서, 가장 적절한 것은 「has + p.p.」의 완료 형태로 뒤에 목적어인 명사가 올 수 있는 (D)입니다.

4 In order to increase productivity, new rules **(A) regulate** the working hours of the employees.
생산성을 높이기 위해, 새로운 규정들이 직원들의 근무 시간을 규제하고 있다.
in order to do ~하기 위해서 | productivity 생산성 | rule 규정 | regulate 규제하다

해설 In부터 콤마까지는 수식어이며, new rules가 주어, 빈칸 뒤의 the 이하는 목적어입니다. 즉, 문장의 동사가 없으므로 (D)를 제외한 동사 중 복수 주어와 수일치가 맞는 것은 (A)뿐입니다.

5 Profit **(B) increases** are the main reasons for the business expansion.
이익 증가는 사업 확장의 주된 이유다.
profit 이익 | increase 증가 | main 주된 | expansion 확장

해설 Profit은 명사, are는 동사인데 이 둘의 수일치가 맞지 않으므로 Profit과 함께 빈칸까지가 하나의 주어이며, 빈칸에는 복수 명사인 (B)가 정답입니다. 참고로, 「명사 + 명사」가 하나의 의미로 쓰일 수 있으며 이때 수일치는 뒤의 명사에 맞춰줍니다.

6 All staff members in the sales department must **(C) submit** their receipts by Friday.
영업 부서의 모든 직원은 금요일까지 그들의 영수증들을 제출해야만 한다.
staff member 직원 | sales department 영업 부서 | submit 제출하다 | receipt 영수증

해설 동사 must 뒤에 동사원형을 써야 하므로 (C)가 정답입니다.

7 The Berry Donuts **(A) has opened** five new stores throughout the area.
베리 도너츠는 전 지역에 걸쳐 다섯 개의 새로운 상점을 개점했다.
throughout ~전역에 걸쳐 | area 지역

해설 문장의 동사 자리이므로 (A)와 (B) 중 하나를 선택해야 합니다. 주어인 The Berry Donuts는 -s로 끝나지만, 회사 이름인 고유 명사이므로 단수 취급합니다.

8 Employees can **(A) participate** in any of our time management seminar.
직원들은 우리의 시간 관리 세미나 중 어떤 것이라도 참석할 수 있다.
employee 직원 | participate in ~에 참석하다 | time management 시간 관리

해설 조동사 can 뒤에는 동사원형을 써야 하므로 (A)가 정답입니다.

9 The customer **(B) surveys** do not indicate any changes in their preferences.
고객 설문 조사는 그들의 선호도에 대한 어떠한 변화도 나타내지 않는다.
customer 고객 | survey 설문 조사 | indicate 나타내다 | preference 선호도

해설 단수 명사 The customer와 복수 명사 do not의 수일치가 맞지 않으므로 The customer와 함께 빈칸까지가 하나의 주어가 되어야 합니다. 따라서 빈칸에는 복수 명사인 (B)가 정답입니다.

10 Participating in this seminar will **(B) broaden** your expertise in this field.
이 세미나에 참석하는 것은 이 분야에 대한 당신의 전문 지식을 넓혀줄 것이다.
participate in ~에 참석하다 | broaden 넓혀주다 | expertise 전문 지식 | field 분야

해설 조동사 will 뒤에는 동사원형이 와야 하므로 동사의 어미 -en으로 끝나는 (B)가 정답입니다. broad는 '넓은'이라는 의미의 형용사임에 주의하세요.

11 (A) Delays in responding to complaints are the important issues at the meeting.
불만 사항에 답하는 데 지연되는 것은 회의에서의 중요한 화젯거리이다.
delay 지연, 지체 | respond to ~에 답하다 | complaint 불평, 불만

해설 빈칸 뒤는 전치사 수식어구이므로 빈칸은 동사 are의 주어가 와야 합니다. 선택지 중 복수 동사인 are와 어울려 쓰일 수 있는 것은 (A)뿐입니다. delay는 명사와 동사의 형태가 같으며, 이 문장의 경우 명사로 보고 선택해야 합니다.

12 There is **(C) speculation** that the previous president was fired.
이전 사장이 해고되었다는 추측이 있다.
speculation 추측, 짐작 | previous 이전의 | president 사장 | fire 해고하다

해설 동사 There is 뒤에는 단수 명사가 들어가야 하므로 정답은 (C)입니다.

13 Mr. Anderson **(C) has seen** the new model for the renovations of the office building.
앤더슨 씨는 사무실 건물의 개조보수를 위한 새로운 모델을 보았다.
renovation 개조보수

해설 빈칸은 문장의 동사 자리입니다. 동사 (A)와 (C) 중, 주어가 3인칭 단수이므로 see는 sees가 되어야 합니다. 따라서, 수일치가 맞는 (C)가 정답입니다.

14 The manager of the accounting department **(C) reviewed** the financial reports from all departments.
회계 부서의 매니저는 모든 부서의 재무 보고서를 검토했다.
accounting department 회계 부서 | review 검토하다

해설 The manager가 주어이고 of 이하는 수식어구, 빈칸 뒤도 the reports가 명사이며 from 이하는 수식어구입니다. 따라서, 빈칸은 문장의 동사 자리입니다. 주어가 단수 명사이므로 (D)의 경우 reviews가 되어야 합니다. 따라서 과거 동사인 (C)가 정답입니다.

15 (A) Reports about the production plans are supported by the manager.
생산 계획에 대한 보고서는 매니저에 의해 지지가 되고 있다.
report 보고서 | about ~에 관하여 / 대하여 | production 생산 | support 지지하다

해설 about부터 plans까지는 수식어이므로 빈칸은 동사 are supported의 주어인 명사 자리입니다. 복수 동사 are와 함께 쓰일 수 있는 복수 명사 (A)가 정답입니다.

16 The Seventh Annual Book Fairs will be **(C) held** in Ashville on May 10.
제7회 연례 책 박람회는 5월 10일에 애쉬빌에서 열릴 것이다.
fair 박람회 | hold 개최하다

해설 will be 뒤에는 「be + p.p.」와 「be + doing」의 두 가지 형태가 올 수 있습니다. 이 둘의 차이는 뒤에 목적어인 명사가 있는지 여부입니다. 선택지 (C)와 (D) 중 뒤에 전치사 수식어구가 있어 명사가 없으므로 수동 형태의 (C)가 정답입니다.

17 The shipments **(D) will be** delivered once we confirm your payment.
우리가 당신의 납입금을 확인하고 나서 배송물을 배송할 것이다.
shipment 배송물 | deliver 배송하다 | once 일단 ~하고 나서 | confirm 확인하다 | payment 납입금

해설 p.p. 형태의 delivered와 어울려 쓰이는 알맞은 be동사를 고르는 문제입니다. 선택지 중 (B)와 (C)는 동사가 아니므로 들어갈 수 없고, (A)는 복수 주어인 shipments와 수일치가 맞지 않으므로 남은 선택지 (D)가 정답입니다. 과거나 미래 형태의 동사는 주어와의 수일치에 상관이 없습니다.

18 The new washing machines **(A) become** popular in Korea and Japan.
새로운 세탁기는 한국과 일본에서 인기가 있다.
washing machine 세탁기 | popular 인기 있는

해설 알맞은 동사의 형태를 고르는 문제입니다. 선택지 중 (C)는 동사가 아니며, 나머지 중 복수 주어인 machines와 함께 쓰일 수 있는 복수 동사는 (A)뿐입니다. (B)와 (D)는 단수 주어와 어울려 쓰입니다.

19 Good Image's video system **(C) produces** the best quality pictures.
굿 이미지의 비디오 시스템은 최고 품질의 사진을 생산한다.
produce 생산하다 | quality 품질 | picture 사진, 그림

해설 빈칸 앞뒤에는 명사만 있으므로 빈칸은 동사 자리입니다. 선택지 중 (B)와 (C)가 동사이며 단수 주어인 system과 어울려 쓰이는 것은 단수 동사인 (C)입니다.

20 GD Electronics **(A) has** chosen John Adams as a new vice president.
GD 전자는 존 애덤스를 새로운 부사장으로 선정했다.
choose 선택하다 | as ~로서 | vice president 부사장

해설 p.p. 형태의 chosen과 어울려 쓰이는 알맞은 동사를 고르는 문제입니다. 먼저 p.p.는 완료와 수동 두 가지로 쓰일 수 있습니다. 또한, 주어가 회사 이름일 경우 -s가 있어도 단수 취급하므로 단수 동사인 (A)와 (C)가 정답 후보입니다. 뒤에 John Adams 라는 명사가 있으므로 「have + p.p.」 형태의 완료가 정답입니다.

필수 공략하기 / 비법 ❶ 적용하기

본서 p. 106

| 1 a | 2 This | 3 much | 4 Few | 5 some |
| 6 All | 7 her | 8 response | 9 Any | 10 every |

1 I need to buy (**a** / a few) computer.
나는 컴퓨터 한 대를 살 필요가 있다.

해설 뒤에 오는 명사가 단수이므로 a가 정답입니다. a few 뒤에는 복수 명사가 옵니다.

2 (**This** / These) new product will be released soon.
이 신제품은 곧 출시될 것이다.

해설 This 뒤에는 단수 명사가, These 뒤에는 복수 명사가 오며 product는 단수이므로 This가 정답입니다.

3 The Web site includes (many / **much**) information.
그 웹사이트는 많은 정보를 포함하고 있다.

해설 many 뒤에는 복수 명사, much 뒤에는 불가산 단수 명사가 오므로 much가 정답입니다.

4 (**Few** / Little) managers attended the meeting.
매니저들이 회의에 거의 참석하지 않았다.

해설 Few는 many와 마찬가지로 뒤에 복수 명사가, Little은 much와 마찬가지로 불가산 단수 명사가 옵니다. 뒤에 managers는 복수이므로 Few가 정답입니다.

5 We received (a little / **some**) complaints from our customers.
우리는 고객들로부터 몇몇 불평들을 받았다.

해설 a little은 뒤에 불가산 단수 명사가, some은 단수 명사와 복수 명사가 모두 올 수 있습니다. 뒤에 복수 명사인 complaints가 있으므로 some이 정답입니다.

6 (Every / **All**) employees should attend the workshop.
모든 직원은 워크숍에 참석해야 한다.

해설 Every와 All은 '모든'이란 같은 의미로 쓰이지만, Every 뒤에는 가산 단수 명사만 올 수 있습니다. 반면 All은 가산 명사의 경우 복수 형태와 어울려 쓰이므로 복수 명사 employees와 어울리는 정답은 All입니다.

7 Mr. Jones will examine (many / **her**) application.
존스 씨는 그녀의 지원서를 검토할 것이다.

해설 many 뒤에는 복수 명사가, 소유격 her 뒤에는 모든 형태의 명사가 올 수 있습니다. 뒤의 application은 단수 명사이므로 her가 정답입니다.

8 I got a positive (**response** / responses).
나는 긍정적인 반응을 받았다.

해설 단수를 나타내는 a와 명사를 수식하는 형용사 positive로 보아 단수 명사인 response가 정답입니다.

9 (All / **Any**) Sturdy Plastics employee can participate in the event.
어떠한 스털디 플라스틱스의 직원이라도 행사에 참여할 수 있다.

해설 All은 뒤에 복수 명사나 불가산 단수 명사가 올 수 있지만, 가산 단수 명사는 쓸 수 없습니다. 하지만 Any는 뒤에 모든 명사가 오며 긍정문에 쓰이면 '어떤 ~라도'의 의미로 쓰입니다. 뒤에 오는 employee가 가산 단수 명사이므로 Any가 정답입니다.

10 The company gives employees bonuses (**every** / a few) year.
그 회사는 직원들에게 매년 보너스를 준다.

해설 every 뒤에는 가산 단수 명사가, a few 뒤에는 복수 명사가 옵니다. 뒤에 오는 year가 가산 단수 명사이므로 every가 정답입니다.

필수 공략하기 / 비법 ❷ 적용하기

본서 p. 107

1 is **2** are **3** is **4** is **5** Each

---

1 Much of the equipment (**is** / are) defective.
장비 중 많은 것들이 결함이 있다.

해설 Much 뒤에는 of the 이하에 무조건 불가산 단수 명사가 오며 동사도 단수 동사를 씁니다.

2 Some of the products (is / **are**) new in this store.
이 상점의 제품 중 몇몇은 신상품이다.

해설 Some of the 뒤에는 복수 명사와 불가산 단수 명사가 올 수 있습니다. 두 가지 모두 가능하기 때문에 뒤의 명사가 어떤 것인지에 따라 각각 수일치를 맞춰야 합니다. 뒤의 명사가 products로 복수 명사이므로 복수 동사인 are가 정답입니다.

3 All of the equipment (**is** / are) defective.
모든 장비가 결함이 있다.

해설 All of the 뒤에는 복수 명사와 불가산 단수 명사가 올 수 있습니다. 따라서, 뒤의 명사에 따라 각각 수일치를 맞춰야 합니다. 뒤의 명사가 equipment로 불가산 단수 명사이므로 is가 정답입니다.

4 One of the products (**is** / are) defective.
제품 중 하나가 결함이 있다.

해설 One of the 뒤에는 가산 복수 명사가 오지만 One이 주어이므로 단수 동사인 is가 정답입니다.

5 (Every / **Each**) of the new employees was greeted by the new president.
각각의 신입 직원은 신임 사장의 환영을 받았다.

해설 Every와 Each는 뒤에 가산 단수 명사가 온다는 공통점이 있지만, of the와 함께 쓰일 수 있는 것은 Each뿐입니다.

필수 문법 실전으로 훈련하기

본서 p. 108

1 (D) 2 (C) 3 (C) 4 (D) 5 (A) 6 (D) 7 (B) 8 (D) 9 (B) 10 (D)
11 (C) 12 (C) 13 (B) 14 (A) 15 (A) 16 (A) 17 (B) 18 (D) 19 (C) 20 (C)

---

1 **(D) Any** new employee in the team should notify Mr. Simmons in the personnel.
팀의 어떠한 신입 직원들이라도 인사팀의 시먼스 씨에게 알려야 한다.
notify 알리다 | personnel 인사팀

해설 뒤에 오는 가산 단수 명사 employee와 어울려 쓰일 수 있는 한정사는 모든 명사와 쓰이는 (D)뿐입니다. (A)와 (B)는 뒤에 가산 복수나 불가산 단수와 쓰이고, (C)는 복수 명사와만 쓰입니다. 참고로, 사람 명사는 가산 명사입니다.

---

2 One possible **(C) conclusion** is that we need to develop more innovative products.
하나의 가능한 결론은 우리가 더 혁신적인 제품들을 개발할 필요가 있다는 것이다.
possible 가능한 | conclusion 결론 | develop 개발하다 | innovative 혁신적인

해설 One의 맨 끝에서 형용사 possible의 수식을 받는 가산 단수 명사 자리입니다. 따라서, 명사인 (C)가 정답입니다.

---

3 One of the **(C) responsibilities** of the president is that he evaluates the performance of the managers.
사장의 책임 중 하나는 매니저들의 성과를 평가하는 것이다.
responsibility 책임 | president 사장 | evaluate 평가하다 | performance 성과

해설 One of the 뒤에는 가산 복수 명사가 와야 하므로 명사 (B), (C) 중 복수 명사인 (C)가 정답입니다. 2번 문제와 비교해 볼 때, 「One + 가산 단수 명사」가, 「One of the + 복수 명사」가 오지만 공통적인 것은 단수 동사를 쓴다는 것입니다.

---

4 Our research and development team received many **(D) complaints** about the new product.
우리 연구 개발팀은 신제품에 대해 많은 불평을 받았다.
receive 받다 | complaint 불평, 불만 | product 제품

해설 many 뒤에는 복수 명사를 써야 하므로 정답은 (D)입니다. 참고로, complain은 동사이며, 이 뒤에 -t를 붙인 complaint는 명사 형태입니다.

---

5 **(A) All** participants of the weekend's workshop should sign up on the Web site.
주말 워크숍의 모든 참여자는 웹사이트에서 등록해야만 한다.
participant 참여자 | weekend 주말 | sign up 등록하다

해설 가산 복수 명사와 어울려 쓰일 수 있는 것은 (A)뿐입니다. (B)와 (C)는 가산 단수 명사와, (D)는 불가산 단수와만 어울려 쓰입니다.

---

6 Nature Love Inc.'s **(D) many** additions to their Web site have attracted more customers.
네이쳐 러브 사의 웹사이트의 많은 추가 사항이 더 많은 고객을 유치했다.
addition to ~의 추가 | attract 끌어오다, 유치하다 | customer 고객

해설 어휘 문제처럼 보이는 문법 문제입니다. 복수 명사 additions와 어울려 쓰이며 문맥상 자연스러운 것은 (D)입니다.

---

7 The company presented an award to **(B) some** of the best employees.
그 회사는 최고의 직원 중 몇몇 사람에게 상을 주었다.
present 주다, 제시하다 | award 상

해설 빈칸은 전치사 to 뒤의 명사 자리이며, 명사 대신 쓰이는 부정 대명사를 고르는 문제입니다. (A)는 every of the의 쓰임이 없으며, (C)와 (D)는 of the 뒤에 불가산 명사가 옵니다. 따라서, of the 뒤에 복수 명사나 불가산 명사 모두 쓸 수 있는 (B)가 정답입니다.

---

8 The company required **(D) its** managers to obtain any professional certification.
그 회사는 그들의 매니저들에게 전문적인 자격증을 획득할 것을 요구했다.
require 요구하다 | obtain 얻다, 획득하다 | professional 전문적인 | certification 자격증

해설 빈칸 뒤의 복수 명사 앞에 쓰일 수 있는 것은 모든 명사와 어울려 쓰이는 소유격 (D)뿐입니다. 나머지는 모두 뒤에 단수 명사가 와야 합니다.

9 Most of the workers **(B) are** interested in the new incentive program.
직원들의 대부분은 새로운 인센티브 프로그램에 관심이 있다.
be interested in ~에 관심이 있다

해설 Most of the의 경우, 뒤의 명사에 수일치를 맞춰야 합니다. workers는 복수 명사이므로 복수 동사 (B)가 정답입니다.

10 Fly High Airline will guarantee that **(D) each** of the passengers has a discount coupon.
플라이 하이 항공은 각각의 승객이 할인 쿠폰을 받을 것을 보장할 것이다.
guarantee that ~을 보장하다 | passenger 승객 | discount 할인

해설 접속사 that 뒤의 주어 자리로 뒤의 of the 이하와 어울려 쓰일 수 없는 (A)를 제외한 나머지가 정답 후보입니다. (C)는 of the 뒤에 복수 명사 passengers와 어울려 쓰일 수 없고, (B)와 (D) 중 뒤의 동사가 단수인 has이므로 (D)가 정답입니다. all of the passengers인 경우 수일치는 뒤의 명사에 맞추기 때문에 동사가 have가 되어야 합니다.

11 Many of the **(C) applicants** for the vacancy are trained in different fields of science.
일자리 공석의 지원자 중 많은 사람은 과학의 다른 분야에서 교육을 받았다.
applicant 지원자 | vacancy 일자리 공석 | train 교육하다, 훈련하다 | different 다른 | field 분야 | science 과학

해설 Many of the 뒤에는 복수 명사가 와야 하므로 명사 (B)와 (C) 중 복수 명사인 (C)가 정답입니다.

12 The construction crews must wear a safety helmet and goggle at all **(C) times**.
공사 직원들은 안전모와 고글을 항상 착용해야만 한다.
construction 공사 | crew 직원 | wear 입다, 착용하다 | safety 안전 | at all times 항상

해설 all 뒤에는 복수 명사나 불가산 단수 명사가 옵니다. 보통 명사들은 셀 수 있기 때문에 복수 명사인 (C)가 정답입니다. at all times라는 표현을 꼭 알아두세요.

13 We, at AHA Shipping, apologize for **(B) any** inconvenience caused by the delays.
우리, AHA 배송은 지연 때문에 야기된 모든 불편에 대해 사과드립니다.
apologize for ~에 대해 사과하다 | inconvenience 불편함 | cause 일으키다 | delay 지연, 지체

해설 뒤에 오는 단수 명사와 어울려 쓰일 수 있는 것은 모든 명사와 어울려 쓰이는 (B)뿐입니다. 나머지는 모두 뒤에 복수 명사가 와야 합니다.

14 Resolving customers' complaints is one of the difficult **(A) challenges** in this job.
고객들의 불평을 해결하는 것은 이 직업의 가장 어려운 일 중 하나이다.
resolve 해결하다 | complaint 불평, 불만 | challenge 어려운 일

해설 「one of the + 복수 명사」의 구조를 알아야 합니다. 선택지의 명사 (A)와 (B) 중 복수 명사인 (A)가 정답입니다. 「one + 가산 단수 명사」와 그 쓰임을 구별해 두세요.

15 The next **(A) theme** for Mr. Peterson's presentation will be time management.
피터슨 씨의 프레젠테이션 다음 주제는 시간 관리에 대한 것이다.
them 주제 | time management 시간 관리

해설 빈칸은 주어가 되는 명사 자리입니다. 명사인 (A)와 (C) 중 The 뒤에는 모든 명사가 오고 동사가 will be이면 주어와의 수일치와 상관이 없으므로 정답을 고를 수 없습니다. 이 문제는 뒤의 내용에 수일치를 맞춰야 합니다. 뒤에 언급된 주제가 time management 하나이므로 단수 명사가 정답입니다.

16 After the employees read the new contract, **(A) most** have accepted the changed policies.
직원들이 새로운 계약서를 읽고 난 후에, 대부분은 변경된 정책들을 받아들였다.
contract 계약서 | accept 수락하다 | changed 변경된 | policy 정책

해설 After부터 콤마까지는 수식어이며, 빈칸은 동사 have accepted의 주어 자리입니다. every를 제외하고 모두 부정대명사로 쓰여 빈칸에 들어갈 수 있지만, 이 중 복수 동사인 have와 어울려 쓰일 수 있는 것은 (A)뿐입니다. (B)와 (C)는 항상 단수 취급되므로 has를 써야 합니다.

17 Each of the instructors at Excel Academy **(B) has** at least five years of experience in the field.
각각의 엑셀 아카데미의 강사는 적어도 그 분야에서 5년의 경력을 가지고 있다.
instructor 강사 | at least 최소한, 적어도 | experience 경험 | field 분야

해설 문장의 동사 자리이므로 (A)와 (D)를 제외하고, (B)와 (C) 중 주어와 수일치하는 동사를 골라야 합니다. 주어는 Each이므로 단수 동사 (B)가 정답입니다. 「each of the + 복수 명사」이지만 each는 항상 단수 취급합니다.

18 A movie ticket can be purchased at **(D) any** box office at the theater.
영화표는 극장의 어떤 매표소에서라도 구매할 수 있습니다.
purchase 구매하다 | box office 매표소 | theater 극장

해설 단수 명사 box office와 어울려 쓰일 수 있는 것은 모든 명사와 쓰이는 (D)뿐입니다. box office는 셀 수 있는 명사이므로 (A), (B), (C)와 쓰이려면 box offices의 복수 형태여야 합니다.

19 (C) All new factory trainees must wear their name badges during the tour.
모든 새로운 공장 훈련생은 그들의 명찰을 투어 중에 착용해야만 한다.
factory 공장 | trainee 훈련생, 교육생 | during ~중에 / 동안에

해설 복수 명사와 불가산 단수 명사 둘 다 함께 쓸 수 있는 것은 (C)뿐입니다. 나머지 선택지는 가산 단수 명사와 어울려 쓰일 수 있습니다.

20 (C) Every seminar attendee has to sign the non-disclosure agreement.
모든 세미나 참석자는 비공개 계약서에 서명해야만 한다.
attendee 참여자 | sign 서명하다 | non-disclosure 비공개 | agreement 계약서, 합의서

해설 가산 단수 명사 attendee와 어울려 쓰일 수 있는 것은 (C)뿐입니다. 나머지 선택지는 복수 명사와 어울려 쓰일 수 있습니다.

독해로 끝내기

본서 p. 110

1 (B) **2** (A) **3** (A) **4** (B)

NOTICE to all nursing students:

Metro Hospital is now accepting applications for its summer internship program for nursing students. This paid internship includes on-site experience and performs many clinical **1. (B) procedures**. Graduates of the program have given favorable feedback about their experience at Metro Hospital. For **2. (A) many**, the internship was an opportunity to develop essential skills in the field. **3. (A) If you are interested in the position, you must submit an application before May 7th.** Metro Hospital **4. (B) considers** candidates who have displayed excellence both academically and personally.

모든 간호 학생들에게 드리는 공지 사항

메트로 병원은 현재 지역의 간호 학생들을 위한 올여름 인턴십 프로그램 지원서를 받고 있습니다. 이 보수가 지불되는 인턴십은 현장 경험과 많은 임상 절차들을 수행합니다. 이 프로그램의 졸업생들은 메트로 병원에서의 경험에 대해 매우 호의적인 의견을 주고 있습니다. 많은 사람에게 인턴십은 필수적인 능력을 개발할 좋은 기회였습니다. 이 자리에 관심이 있으시다면 5월 7일 전까지 지원서를 제출해 주십시오. 메트로 병원은 학문적으로 그리고 개인적으로 우수함을 보여주는 지원자들을 고려합니다.

문장 해석하기

(A) If you are interested in the position, you must submit an application before May 7th.
이 자리에 관심이 있으시다면 5월 7일 전까지 지원서를 제출해 주십시오.

(B) Your qualifications are impressive, so we would like to work with you.
당신의 자격 요건이 인상적이어서, 우리는 당신과 일하고 싶습니다.

문장 분석하기

본서 p. 111

1 **There was** great enthusiasm [among customers] [waiting for the new product launch].
　　　V　　　　　S

신제품 출시를 기다리는 고객들 사이에 엄청난 열정이 있었다.

---

2 [In order to increase productivity], new rules **regulate** the working hours [of the employees].
　　　　　　　　　　　　　　　　　　　　　S　　　　V　　　　　　O

생산성을 높이기 위해, 새로운 규정들이 직원들의 근무 시간을 규제하고 있다.

---

3 Profit increases **are** the main reasons [for the business expansion].
　　　S　　　　　V　　　C

이익 증가는 사업 확장의 주된 이유다.

---

4 The customer surveys **do not indicate** any changes [in their preferences].
　　　S　　　　　　　　V　　　　　　　O

고객 설문 조사는 그들의 선호도에 대한 어떠한 변화도 나타내지 않는다.

---

5 The Seventh Annual Book Fairs **will be held** [in Ashville] [on May 10].
　　　S　　　　　　　　　　　　　　V

제7회 연례 도서 박람회는 5월 10일에 애쉬빌에서 열릴 것이다.

---

6 One [of the responsibilities] [of the president] **is** that he evaluates the performance [of the managers].
　　　S　　　　　　　　　　　　　　　　　　　　　V　　　　C

사장의 책임 중 하나는 매니저들의 성과를 평가하는 것이다.

---

7 Nature Love Inc.'s many additions [to their Web site] **have attracted** more customers.
　　　　　　S　　　　　　　　　　　　　　　　　　V　　　　　　　O

네이처 러브 사의 웹사이트의 많은 추가 사항이 더 많은 고객을 유치했다.

---

8 Fly High Airline **will guarantee** that each of the passengers has a discount coupon.
　　　S　　　　　　V　　　　　　　　O

플라이 하이 항공은 각각의 승객이 할인 쿠폰을 받을 것을 보장할 것이다.

---

9 The construction crews **must wear** a safety helmet and goggle [at all times].
　　　S　　　　　　　　　V　　　　　　O

공사 직원들은 안전모와 고글을 항상 착용해야만 한다.

---

10 The next theme [for Mr. Peterson's presentation] **will be** time management.
　　　　S　　　　　　　　　　　　　　　　　　　　　V　　　C

피터슨 씨의 프레젠테이션 다음 주제는 시간 관리에 대한 것이다.

동사편 UNIT 09 시제

기초 다지기 / 비법 ❶ 적용하기

본서 p. 114

1 finished	**2** announce	**3** will raise	**4** attended	**5** sent
6 has	**7** participates	**8** arrived	**9** will distribute	**10** shortly

1 Mr. Kang (finishes / **finished**) the report last month.
강 씨는 지난달에 보고서를 끝냈다.

해설 현재와 과거 시제 중 last month와 어울려 쓰이는 것은 과거 시제인 finished입니다.

2 They often (**announce** / will announce) the results.
그들은 자주 결과들을 발표한다.

해설 현재와 미래 시제 중 often과 어울려 쓰이는 것은 반복적인 사실을 나타내는 현재 시제입니다.

3 The shop (raises / **will raise**) the prices next month.
그 상점은 다음 달에 가격을 올릴 것이다.

해설 현재와 미래 시제 중 next month와 어울려 쓰이는 것은 will raise입니다.

4 Many people (attend / **attended**) the conference in 2009.
많은 사람이 2009년도에 학회에 참석했었다.

해설 현재와 과거 시제 중 정확한 과거 시점인 in 2009와 어울려 쓰이는 것은 attended입니다.

5 We (**sent** / send) the report to Mr. Pam a week ago.
우리는 일주일 전에 팸 씨에게 보고서를 보냈다.

해설 과거와 현재 시제 중 a week ago와 어울려 쓰이는 것은 과거 시제인 sent입니다.

6 Our division (**has** / will have) a team meeting every Friday.
우리 부서는 매주 금요일마다 팀 회의를 한다.

해설 현재와 미래 시제 중 every Friday와 어울려 쓰이는 것은 반복적인 사실을 나타낼 때 쓰는 현재 시제 has입니다.

7 Mr. James always (participated / **participates**) in workshops.
제임스 씨는 워크숍에 항상 참석한다.

해설 과거와 현재 시제 중 always와 어울려 쓰이는 것은 participates입니다.

8 John (**arrived** / arrives) in London yesterday.
존은 어제 런던에 도착했다.

해설 과거와 현재 시제 중 yesterday라는 과거 시점과 어울려 쓰이는 것은 arrived입니다.

9 Mr. Kim (distributes / **will distribute**) the memo shortly.
김 씨는 곧 회람을 배포할 것이다.

해설 현재와 미래 시제 중 soon과 같은 의미인 shortly와 어울려 쓰이는 것은 will distribute입니다.

10 He is expected to leave (lately / **shortly**).
그는 곧 떠날 예정이다.

해설 부사 lately(최근에)는 과거 시제와 어울려 쓰이고, shortly(곧)는 미래 시제와 어울려 쓰입니다. 이 문장의 동사인 is expected to는 will과 같은 표현이므로 shortly가 정답입니다.

기초 다지기 / 비법 ❷ 적용하기

본서 p. 115

1 has worked	2 worked	3 had graduated	4 arrived	5 will have worked
6 visited	7 started	8 has managed	9 led	10 has conducted

1 Mr. Jones (worked / **has worked**) as a director in the finance department since 2001.
존스 씨는 2001년도부터 재무 부서에서 부장으로 일을 해오고 있다.

해설 과거와 현재 완료 시제 중 「since + 과거 시점」과 어울려 쓰이는 것은 과거 시점부터 지금까지 해오고 있는 것을 표현하는 현재 완료 has worked입니다.

2 Mr. Jobs (**worked** / has worked) as a manager in 2001.
잡스 씨는 2001년도에 매니저로 일했었다.

해설 과거와 현재 완료 시제 중 「in + 과거 시점」과 어울려 쓰이는 것은 과거의 특정 한 시점을 나타내는 worked입니다.

3 Before he joined the company, he (graduates / **had graduated**) from university.
그가 회사에 입사하기 전에 그는 대학을 졸업했다.

해설 현재와 과거 완료 시제 중, 「Before + 주어 + 동사」가 과거를 의미하므로 과거보다 더 전의 상황을 나타내는 had graduated가 정답입니다.

4 Before she (arrives / **arrived**), the instructor had finished the lecture.
그녀가 도착하기 전에, 강사는 강연을 끝냈다.

해설 현재와 과거 시제 중 뒤에 오는 절의 시제가 과거보다 더 전인 과거 완료 had finished이므로 빈칸은 과거 시제인 arrived가 정답입니다.

5 The CEO (will work / **will have worked**) for five years by next month.
대표 이사는 다음 달이면 5년 동안 일을 해오고 있는 것이 된다.

해설 by next month는 미래의 단서가, for five years는 완료의 단서가 되므로 이를 함께 표현한 미래 완료 will have worked가 정답입니다.

6 After we had changed the menu, more customers (will visit / **visited**) the shop.
우리가 메뉴를 바꾼 후에, 더 많은 고객이 상점을 방문했다.

해설 미래와 과거 시제 중, 「After + 주어 + 과거 완료」이므로 과거 완료 후에 일어난 일은 과거 시제인 visited가 정답입니다.

7 The company has gained a reputation since they (start / **started**) the business.
그 회사는 사업을 시작했던 이래로 명성을 얻어오고 있다.

해설 since 뒤에는 과거 시점이나 과거 시제가 와서 그 이후에 있었던 일을 나타냅니다. 따라서 과거 시제인 started가 정답입니다.

8 Tom (managed / **has managed**) the team over the past two years.
톰은 지난 2년 동안 팀을 관리해 오고 있다.

해설 과거와 현재 완료 중 over the past two years라는 기간의 의미와 어울려 쓰이는 것은 과거부터 지금까지의 일을 의미하는 현재 완료 has managed입니다. past만 보고 과거 시제라고 생각하지 않도록 주의하세요.

9 Ms. Cooper (**led** / has led) the team a few years ago.
쿠퍼 씨는 몇 년 전에 팀을 이끌었다.

해설 과거와 현재 완료 시제 중 정확한 과거 시점인 a few years ago와 어울려 쓰이는 것은 과거 시제인 led입니다.

10 Dr. Cooker (conducted / **has conducted**) tests since three years ago.
쿠커 박사는 3년 전부터 실험을 해오고 있다.

해설 과거와 현재 완료 시제 중 「since + 과거 시점」과 어울려 쓰이는 것은 현재 완료 시제인 has conducted입니다.

기초 문법 실전으로 훈련하기

본서 p. 116

1 (C)	2 (D)	3 (C)	4 (C)	5 (C)	6 (D)	7 (C)	8 (D)	9 (D)	10 (C)
11 (D)	12 (D)	13 (D)	14 (C)	15 (B)	16 (B)	17 (D)	18 (C)	19 (C)	20 (A)

1 The chief financial officer **(C) revised** the proposal about the budget allocation last week.

최고 재무 담당자는 예산 할당에 대한 제안서를 지난주에 수정했다.

chief financial officer 최고 재무 담당자 | revise 수정하다 | proposal 제안서 | budget 예산 | allocation 할당, 분배

해설 last week이라는 과거 시점을 나타내는 수식어가 있으므로 과거 시제인 (C)가 정답입니다.

2 Mr. Park **(D) taught** beginner yoga at this institute seven years ago.

박 씨는 7년 전에 이 학원에서 초급 요가를 가르쳤었다.

institute 학원

해설 seven years ago라는 과거 시점을 나타내는 수식어가 있으므로 과거 시제인 (D)가 정답입니다.

3 Mr. Paterson, the event coordinator, will manage the **(C) upcoming** banquet next month.

행사 준비 위원인 패터슨 씨가 다음 달에 다가오는 행사를 담당할 것이다.

coordinator 준비 위원 | manage 담당하다, 관리하다 | numerous 많은 | adjacent 가까운 | upcoming 다가오는 | frequent 잦은, 빈번한 | banquet 행사

해설 알맞은 형용사를 고르는 문제로 뒤에 banquet을 수식하며 어울리는 것을 찾아야 합니다. (A)는 뒤에 -s 형태의 복수 명사가 와야 하므로 오답이고 나머지 중 미래 시제인 will manage와 어울려 쓰이는 것은 미래의 단서인 (C)입니다.

4 The hospital has high **(C) expectations** for the new doctors, who graduated from foreign universities.

병원 측은 외국 대학을 졸업한 신규 의사들에게 높은 기대를 하고 있다.

hospital 병원 | expectation 기대 | graduate from ~을 졸업하다 | foreign 외국의

해설 high는 수식어인 형용사이고 뒤에 for 이하도 수식어구이므로 빈칸은 has 뒤의 목적어 자리입니다. 따라서, 명사인 (C)가 정답입니다. 현재 완료 형태 has expected는 뒤에 목적어인 명사가 나와야 하므로 (B)는 답이 될 수 없습니다.

5 Mr. Aronson **(C) has** worked as purchasing director at Delcom Inc. over the past ten years.

아론슨 씨는 델콤 사에서 구매부장으로 지난 10년간 일을 해오고 있다.

purchasing director 구매부장

해설 주어가 Mr.이면 He이므로 단수 동사를 써야 합니다. 선택지에서 단수 동사는 (C)뿐입니다. 참고로, over the past 10 years는 현재 완료의 단서입니다.

6 After a sharp increase in profits, the store **(D) now** operates five new branches in the region.

이익의 급격한 증가 후에, 그 상점은 현재 이 지역에 5개의 새 지점을 운영하고 있다.

sharp 급격한 | increase in ~의 증가 | profit 이익 | forward 앞으로 | far 멀리 | operate 운영하다 | branch 지점, 지사 | region 지역

해설 주어와 동사 사이의 부사 자리이며, 선택지는 모두 부사입니다. 문장의 동사 operates가 현재 시제이므로 이와 어울려 쓰이는 (D)가 정답입니다. (B)는 미래 시제와 어울려 쓰입니다.

7 We are **(C) currently** working on developing more durable products.

우리는 현재 더 내구성 있는 제품들을 개발하는 일을 하고 있다.

nearly 거의, 약 | currently 현재, 지금 | recently 최근에 | durable 내구성이 있는

해설 현재 진행 시제 사이의 부사 자리입니다. 이 중 현재와 어울리는 것은 (C)입니다. (A)는 미래, (D)는 과거 시제와 어울려 쓰이는 부사입니다.

8 Employees at Saturn Manufacturing **(D) work** every Saturday.

새턴 제조업의 직원들은 매주 토요일에 일한다.

manufacturing 제조업

해설 문장에 동사가 없으므로 빈칸은 동사 자리이며, 선택지 중 동사는 (A)와 (D)뿐입니다. 둘 중 every Saturday라는 시간의 단서와 어울려 쓰이는 것은 현재 시제인 (D)입니다.

동사편 / UNIT 09 시제

9 Bingo Beverage Co. recently **(D) conducted** a customer survey to look into the market trend.
빙고 음료 사는 시장 트렌드를 조사하기 위해 최근에 고객 설문 조사를 시행했다.
recently 최근에 | conduct a survey 설문 조사를 하다 | look into 조사하다

해설 문장의 동사 자리로 부사 recently의 수식을 받습니다. 부사 recently는 과거 시제와 어울려 쓰이므로 (D)가 정답입니다.

10 The Best Cooking Class has held **(C) competitions** for their new students.
베스트 쿠킹 클래스는 새로운 수강생들을 위한 대회를 개최해 오고 있다.
hold 개최하다 | competition 경쟁, 대회

해설 동사 has held 뒤에는 목적어인 명사가 와야 하므로 (C)가 정답입니다.

11 Mr. Spenser **(D) will have worked** in the restaurant for five months by the end of the year.
스펜서 씨는 올해 말이면 5개월 동안 레스토랑에서 근무하는 것이 된다.
by the end of ~의 말

해설 문장의 동사 자리로 (A)는 동사의 형태가 아니므로 오답입니다. for five months는 현재 완료 시제와, by the end of는 미래와 어울려 쓰입니다. 따라서, 이 두 가지 시제가 모두 포함된 미래 완료 시제 (D)가 정답입니다.

12 Promising candidates are expected to meet the president **(D) soon** to have an interview.
유망한 후보자들은 면접을 보기 위해 곧 사장을 만날 예정이다.
promising 유망한 | candidate 후보자 | be expected to do ~할 예정이다 | president 사장

해설 (A)는 접속사, (B)는 「such + 명사 + that」으로 쓰이는 접속사, (C)와 (D)는 부사입니다. 먼저, 빈칸 뒤에는 「주어 + 동사」가 없기 때문에 접속사는 들어갈 수 없습니다. 부사 중 미래의 의미인 동사 are expected to do와 어울려 쓰일 수 있는 것은 (D) 입니다.

13 When Mr. James **(D) moved** to New York in 2001, he began his career as an accountant.
제임스 씨가 2001년에 뉴욕으로 이사했을 때, 그는 회계사로서 경력을 시작했다.
career 경력 | accountant 회계사

해설 접속사 When이 이끄는 절의 동사 자리입니다. 과거 시점의 단서인 in 2001이 있으므로 과거 시제인 (D)가 정답입니다.

14 Grayson Clothing **(C) suffered** from losses last year while the competitors increased their sales.
경쟁 업체들의 매출이 오른 반면 그레이슨 의류는 작년에 손실로 고통을 받았다.
suffer from ~로 고통 받다 | loss 손실, 손해 | while ~반면에 | competitor 경쟁 업체 | increase 증가하다 | sales 매출

해설 문장의 동사 자리이며 과거 단서 last year와 어울려 쓰일 수 있는 것은 과거 시제인 (C)입니다. (D)는 수일치가 맞지 않습니다.

15 The company **(B) occasionally** holds company-wide meetings to discuss current internal issues.
회사는 회사 내부의 현안들을 논의하기 위해 가끔 회사 전체 회의를 개최한다.
current 현재의 | internal 내부의

해설 선택지 부사 중 (A), (C), (D)는 과거 시제와 어울리는 부사이며, (B)만이 현재 시제와 어울려 쓰입니다.

16 The new laptop XG **(B) has become** more popular since we changed the design.
새로운 노트북 XG는 우리가 디자인을 바꾼 이래로 더욱 인기 있어 졌다.
laptop 노트북 | popular 인기 있는 | change 바꾸다, 변경하다

해설 전치사와 접속사 둘 다 쓰이는 since는 '~이래로, ~부터'라는 의미로 뒤에 과거 시점이 오며, 과거부터 지금까지 계속되는 일을 의미합니다. 따라서, 현재 완료 시제와 어울려 쓰입니다.

17 Barker's Donuts has ten **(D) locations** throughout the country.
바커스 도너츠는 전국적으로 10개의 지점을 가지고 있다.
location 지점, 위치 | throughout the country 전국에 걸쳐, 전국적으로

해설 동사 has를 현재 완료로 만들어 has located라고 쓴다면, 뒤에 목적어인 명사가 필요합니다. 그러나 뒤에 명사가 없으므로 has 뒤에 목적어인 명사 (D)를 써 줍니다.

18 The new advertisement campaign will **(C) favorably** affect the sales of the new product.
새로운 광고 캠페인은 신제품의 판매에 호의적인 영향을 줄 것이다.
advertisement campaign 광고 활동 | favorably 호의적으로 | affect 영향을 주다

해설 동사 will affect 사이는 부사 자리이므로 (C)가 정답입니다.

19 The company's awards ceremony **(C) had begun** before all participants attended.
회사 시상식은 모든 참여자가 참석하기 전에 시작했다.
awards ceremony 시상식 | participant 참여자

해설 문장의 동사 자리이며, 이 문장에는 접속사 before 뒤에 또 다른 동사가 있습니다. before 뒤의 동사가 과거 시제이므로 과거보다 더 과거의 시제인 과거 완료 (C)가 정답입니다.

20 Before Mr. Parker entered the conference hall, Mr. Jobs' keynote address **(A) had started**.
파커 씨가 학회장으로 들어가기 전에, 잡스 씨의 기조연설이 시작되었다.
enter 들어가다 | conference 학회 | keynote address 기조연설

해설 문장의 동사 자리인데, 이 문장은 접속사 Before 뒤에 과거 시제인 entered가 있습니다. 즉, 과거보다 더 과거에 일어난 일을 이야기하고 있으므로 과거 완료인 (A)가 정답입니다.

필수 공략하기 / 비법 ❶ 적용하기
본서 p. 118

1 are meeting **2** will have finished **3** were discussing **4** will be sending **5** has been developing

1 The managers (met / **are meeting**) the new employees now.
매니저들은 현재 신입 직원들을 만나고 있다.

해설 과거와 현재 진행 시제 중 현재를 나타내는 now와 어울려 쓰이는 것은 are meeting입니다.

2 Mr. Thomson (**will have finished** / had finished) the report by tomorrow.
톰슨 씨는 내일까지 보고서를 끝낼 것이다.

해설 미래 완료와 과거 완료 시제 중 미래 시점을 나타내는 by tomorrow와 어울려 쓰이는 것은 will have finished입니다.

3 We (are discussing / **were discussing**) the topic yesterday.
우리는 어제 주제에 대해 논의하는 중이었다.

해설 현재 진행과 과거 진행 시제 중 yesterday와 어울려 쓰이는 것은 were discussing입니다.

4 The company (has sent / **will be sending**) a letter to customers soon.
그 회사는 곧 고객들에게 편지를 보낼 것이다.

해설 현재 완료와 미래 진행 시제 중 미래 단서인 soon과 어울려 쓰이는 것은 will be sending입니다.

5 The R&D team (**has been developing** / will have developed) a new product for five months.
연구 개발 부서는 5개월 동안 신제품을 개발해 오고 있다.

해설 현재 완료 진행과 미래 완료 시제 중 for five months라는 단서와 어울려 쓰이는 것은 has been developing입니다. 미래의 단서가 없으므로 will have developed는 답이 될 수 없습니다.

필수 공략하기 / 비법 ❷&❸ 적용하기
본서 p. 119

1 arrive **2** will go **3** waited **4** submit **5** be held

1 When I (**arrive** / will arrive) at the hotel, I will contact you.
내가 호텔에 도착할 때, 당신에게 연락할 것입니다.

해설 When 뒤의 부사절의 시제는 주절이 미래일 때 현재 시제를 써야 합니다.

2 We (go / **will go**) to the picnic if the weather is good.
우리는 날씨가 좋다면 야유회를 갈 것이다.

해설 시간을 나타내는 if라는 부사절 접속사 뒤의 시제가 현재 is라는 것은 앞의 주절이 미래 시제였다는 것과 같습니다.

3 Mr. Jones (**waited** / will wait) for her until the restaurant closed.
존스 씨는 레스토랑이 문을 닫을 때까지 그녀를 기다렸다.

해설 시간을 나타내는 접속사 until 뒤가 과거 시제라는 것은 주절도 과거 시제라는 것입니다.

4 The manager recommended that he (**submit** / submits) the reports by Friday.
매니저는 그가 금요일까지 보고서를 제출하라고 권고했다.

해설 주어 he는 현재 시제일 때 submits로 쓰는 것이 맞지만 앞에 제안 동사인 recommend that이 있으므로 빈칸 앞에 should가 생략되어 있습니다. 따라서, 동사원형인 submit이 정답입니다.

5 The manager requested that meetings (are held / **be held**) in the conference room.
매니저는 회의가 회의실에서 열리도록 요청했다.

해설 앞에 요청 동사인 request that이 있으므로 빈칸 앞에 should가 생략되어 있습니다. 따라서 동사원형인 be held가 정답입니다.

필수 문법 실전으로 훈련하기

본서 p. 120

| 1 (D) | 2 (B) | 3 (B) | 4 (B) | 5 (D) | 6 (A) | 7 (B) | 8 (B) | 9 (B) | 10 (B) |
| 11 (A) | 12 (A) | 13 (C) | 14 (C) | 15 (B) | 16 (A) | 17 (A) | 18 (D) | 19 (B) | 20 (D) |

1 Safety inspectors recommended that every worker **(D) wear** a safety helmet in the factory.
안전 검사관들이 모든 직원이 공장에서 안전모를 착용하도록 권고했다.
safety inspector 안전 검사관 | safety helmet 안전모 | factory 공장

해설 recommended that과 같이 제안, 요청 등의 동사는 that절의 동사 앞에 should가 생략됩니다. 따라서, 동사원형인 (D)가 정답입니다. 참고로, every 뒤에는 단수 동사인 (B) 또는 (C)가 오지만 should가 생략되어 쓸 수 없습니다.

2 Body Fit Fitness Club is **(B) urgently** recruiting highly qualified yoga instructors.
바디 핏 헬스클럽은 매우 자격을 갖춘 요가 강사들을 급하게 채용하고 있다.
urgently 급하게 | recruit 채용하다 | highly qualified 매우 자격을 갖춘 | instructor 강사

해설 「be + doing」 사이의 부사 자리이므로 (B)가 정답입니다. 동사의 형태 사이에는 부사가 들어간다는 것을 기억해 두세요.

3 Next Friday, Health for Life **(B) will create** a new feedback system.
다음 주 금요일, 헬스 포 라이프는 새로운 피드백 시스템을 만들 것이다.
create 만들다 | feedback 피드백, 의견

해설 (C)를 제외한 나머지 선택지는 모두 동사입니다. 문장 맨 앞에 Next Friday가 미래를 의미하는 단서이므로 미래 시제인 (B)가 정답입니다.

4 We will give a full refund for your purchase once your defective item **(B) arrives**.
당신의 결함 있는 제품이 도착하고 나서 당신 구매품에 대해 전액 환불을 해 드릴 것입니다.
a full refund 전액 환불 | purchase 구매(품) | once ~하고 나서 | defective 결함 있는

해설 시간을 나타내는 부사절 접속사 once 뒤의 동사 자리입니다. 주절의 시제가 미래이므로 once 뒤에는 현재 시제가 쓰입니다. 선택지 (B)와 (D) 중 빈칸의 주어가 단수인 item이므로 단수 동사 (B)가 정답입니다.

5 Ms. Seiko **(D) wanted** to purchase some items for her business trip, but the shop had already closed.
세이코 씨는 출장에 대비해 몇몇 물건을 사고 싶었지만, 상점은 이미 문을 닫았다.
purchase 구매하다 | item 물건 | business trip 출장 | already 이미

해설 빈칸에 알맞은 동사의 시제를 찾는 문제로 단서가 될 수 있는 것은 접속사 but 뒤의 동사 had closed뿐입니다. 한 문장에 동사가 2개일 때 서로 시제를 일치시켜야 하며, 과거 완료가 이미 쓰였으므로 과거 시제를 써야 합니다.

6 Jane Olsen will **(A) soon** publish a new book, *Great Neighborhood Recipes*.
제인 올슨은 〈훌륭한 이웃의 요리법〉에 대한 신간을 곧 출간할 것이다.
publish 출간하다 | neighborhood 이웃 | recipe 요리법

해설 동사 will publish 사이에는 부사가 들어가며 미래 시제와 어울려 쓰이는 부사는 (A)입니다.

7 After three months of renovation, the plant is expected to reopen **(B) shortly**.
3개월의 개조보수 이후에, 그 공장은 곧 문을 다시 열 예정이다.
renovation 개조보수 | plant 공장 | initially 처음에 | shortly 곧 | equally 공평하게

해설 문장 맨 끝에 알맞은 부사 어휘를 고르는 문제로 이 문장의 동사 is expected to reopen은 미래를 의미하는 동사입니다. 따라서, 미래 시제와 어울려 쓰이는 (B)가 정답입니다.

8 The company **(B) has received** several complaints over the last three months about the new product.
그 회사는 지난 3개월 동안 신제품에 대한 많은 불평을 받아오고 있다.
receive 받다 | several 많은 | complaint 불평, 불만

해설 선택지는 모두 동사로 이들 중 over the last three months와 어울려 쓰이는 것은 현재 완료 (B)입니다.

9 Once all applicants submit their résumés, the vice president **(B) will choose** the best candidate.
모든 지원자가 이력서들을 제출하고 나서, 부사장이 최고의 후보자를 선택할 것이다.
once 일단 ~하고 나서 | submit 제출하다 | candidate 후보자

해설 시간을 나타내는 부사절 접속사 Once가 쓰인 경우, 주절이 미래일 때 시제를 일치하지 않고 현재 시제를 씁니다. Once 이하가 현재 시제라는 것은 주절이 미래 시제라는 것입니다.

10 A list of agenda will be sent to the managers by e-mail before the meeting **(B) begins**.
회의가 시작하기 전에 안건의 목록이 이메일로 매니저들에게 보내질 것이다.
agenda (회의) 안건 | by e-mail 이메일로 | meeting 회의

해설 접속사 before 뒤에 알맞은 동사를 찾는 문제입니다. (C)는 동사가 아니고, (D)는 수일치가 맞지 않습니다. 나머지 중 앞의 주절이 미래이고, before는 시간을 나타내는 부사절 접속사이므로 현재 시제가 적절합니다.

11 Because Ms. Finch is now on a business trip, we **(A) recommend** that Mr. Steinberg attend the seminar instead.
핀치 씨가 현재 출장 중이기 때문에, 우리는 스테인버그 씨에게 세미나에 대신 참석하라고 제안했다.
on a business trip 출장 중인 | compel 강요하다 | invent 발명하다 | attend 참석하다

해설 Mr. Steinberg 뒤에 동사에 -s가 없다는 것이 단서로, 즉 앞에 should가 생략되어 동사원형인 attend가 쓰인 것임을 알아야 합니다. 그러므로 제안, 요청의 동사인 (A)가 정답입니다.

12 When we **(A) open** the historical sites to tourists, our town will receive a lot of attention.
우리가 여행객들에게 유적지를 공개한다면, 우리 도시는 많은 관심을 받게 될 것이다.
historical site 유적지 | tourist 여행객 | attention 관심, 집중

해설 주절이 미래 시제이므로 빈칸도 이와 일치되는 미래인 (B)를 넣어야 할 것 같지만, 시간을 나타내는 부사절 when 뒤에는 미래가 아닌 현재 시제를 써야 합니다. 따라서, (A)와 (D) 중 수일치가 맞는 (A)가 정답입니다.

13 Many people **(C) were watching** the performance in the park when it was raining.
비가 내리고 있을 때, 많은 사람이 공원에서 공연을 보는 중이었다.
performance 공연

해설 빈칸은 문장의 동사이며 when 이하에는 과거 시제인 동사 was raining이 있습니다. 시간의 부사절인 when 이하가 과거 시제이면, 주절도 과거 시제입니다. 시간과 조건의 부사절 동사가 현재 시제일 때만 주의하세요.

14 Next week, the cafeteria **(C) will be** temporarily closed due to maintenance work.
다음 주에, 구내식당은 유지보수 작업 때문에 잠시 문을 닫을 것이다.
cafeteria 구내식당 | temporarily 임시로, 잠시 | due to ~때문에 | maintenance 유지보수

해설 미래 시제의 단서인 Next week과 어울려 쓰이는 것은 (C)입니다.

15 John Anderson's paintings are **(B) recognizable** by his exceptional use of vivid colors.

존 앤더슨의 그림들은 선명한 색상을 훌륭하게 사용하는 것으로 쉽게 알아볼 수 있다.

painting 그림 | recognizable 쉽게 알아볼 수 있는 | exceptional 훌륭한 | vivid 선명한

해설 be동사 뒤에 올 수 있는 것은 보어로 쓰이는 형용사 (B)와 진행 시제로 쓰이는 (C)입니다. 진행 시제는 뒤에 목적어인 명사가 와야 하는데 이 문장은 뒤에 수식어가 있으므로 2형식의 구조임을 알 수 있습니다. 따라서, 형용사인 (B)가 정답입니다.

16 At the next weekly meeting, Ms. Lopez **(A) will discuss** the new products under development.

다음 주 회의에서, 로페스 씨는 개발 중인 신제품들에 대해 논의할 것이다.

weekly 주간의 | discuss 논의하다 | under development 개발 중인

해설 빈칸은 문장의 동사 자리로 선택지 중 동사는 (A)와 (B)뿐입니다. 둘 중에 미래 시제의 단서인 next와 어울려 쓰이는 것은 (A)입니다.

17 If the CEO **(A) approves** the renovation plans, the contractor will work on the interior right away.

만약 대표 이사가 개조보수 계획을 승인한다면, 계약 업자는 인테리어 일을 바로 할 것이다.

approve 승인하다 | renovation 개조보수 | contractor 계약 업자 | right away 즉시

해설 빈칸은 조건의 접속사 If절의 동사 자리로 선택지 중 동사는 (A)와 (C)뿐입니다. 뒤에 주절에 will work가 쓰였는데, 조건의 부사절에서는 주절이 미래 시제일 때 현재 시제를 쓰므로 (A)가 정답입니다.

18 According to jobposting.com, many job seekers are **(D) aggressively** searching for stable jobs.

jobposting.com에 따르면, 많은 구직자가 안정적인 일자리를 공격적으로 찾고 있다.

according to ~에 따르면 | job seeker 구직자 | search for ~을 찾다 | stable 안정된

해설 be searching이라는 진행 시제 동사 사이에는 부사 (D)를 쓸 수 있습니다.

19 Therm Technology Inc. has been implementing **(B) measures** to recover from the yearly loss.

Therm 테크놀로지 사는 연간 손실액을 회복하기 위해 조치를 시행해오고 있는 중이다.

measure 조치 | recover from ~을 회복하다 | yearly 연간의 | loss 손실

해설 동사 has been implementing은 현재 완료 진행 시제로 동사이므로 뒤에 목적어인 명사가 와야 합니다. 동사 measure(측정하다)는 '조치'라는 의미의 명사로도 쓰입니다.

20 Tickets for the musical performance at Dream Theater are fully **(D) refundable** until this Friday.

드림 극장에서의 뮤지컬 공연 티켓은 이번 주 금요일까지 전액 환불 가능하다.

performance 공연 | fully 전액 | refundable 환불 가능한

해설 빈칸 앞에 fully와 뒤의 until 이하는 모두 수식어입니다. be동사 are 뒤에 올 수 있는 것은 (C)와 (D)이며, be doing은 뒤에 목적어가 와야 하는데 아무것도 없으므로 보어인 형용사가 정답입니다.

독해로 끝내기

본서 p. 122

1 (B)　**2** (B)　**3** (A)　**4** (A)

WANTED: Personal shoppers at Blooming Department Store

1. (B) Blooming Department Store is seeking two full-time employees for personal shopper positions. The personal shoppers **2. (B) will be assisting** customers with merchandise selection and outfit coordination. Two years' experience in a retail sales environment is preferred. **3. (A) However**, applicants with an extensive knowledge of fashion will also be considered. Applicants must be **4. (A) proficient** in using a computer, as all client information is added to our database. Applications can be picked up at our customer service counter.

모집: 블루밍 백화점의 개인 쇼퍼

블루밍 백화점은 개인 쇼퍼 자리의 상근 직원 두 명을 찾고 있습니다. 개인 쇼퍼들은 제품 선택과 의상 연출을 하는 데 고객들을 도와드릴 것입니다. 소매업 환경에서 2년간의 경력이 선호됩니다. 하지만 지원자의 패션에 대한 폭넓은 지식 또한 고려 대상이 됩니다. 모든 고객 정보를 저희 데이터베이스에 추가해야 하므로 지원자들은 컴퓨터를 사용하는 데 능숙해야 합니다. 지원서는 저희 고객 서비스 센터에서 가져가실 수 있습니다.

문장 해석하기

(A) Blooming Department Store will finally open its door after three months of renovations.
블루밍 백화점은 3개월의 개조보수 후에 마침내 문을 열게 됩니다.

(B) Blooming Department Store is seeking two full-time employees for personal shopper positions.
블루밍 백화점은 개인 쇼퍼 자리의 상근 직원 두 명을 찾고 있습니다.

문장 분석하기

본서 p. 123

1 The chief financial officer (S) **revised** (V) the proposal (O) [about the budget allocation] [last week].
최고 재무 담당자는 예산 할당에 대한 제안서를 지난주에 수정했다.

2 The hospital (S) **has** (V) high expectations (O) [for the new doctors], [who graduated from foreign universities].
병원 측은 외국 대학을 졸업한 신규 의사들에게 높은 기대를 하고 있다.

3 Mr. Spenser (S) **will have worked** (V) [in the restaurant] [for five months] [by the end of the year].
스펜서 씨는 올해 말이면 5개월 동안 레스토랑에서 근무하는 것이 된다.

4 The new laptop XG (S) **has become** (V) more popular (C) [since we changed the design].
새로운 노트북 XG는 우리가 디자인을 바꾼 이래로 더욱 인기 있어졌다.

5 The new advertisement campaign (S) **will** (V) [favorably] **affect** the sales (O) [of the new product].
새로운 광고 캠페인은 신제품의 판매에 호의적인 영향을 줄 것이다.

6 Safety inspectors (S) **recommended** (V) that every worker wear a safety helmet (O) [in the factory].
안전 검사관들은 공장에서는 모든 직원이 안전모를 착용해야 한다고 제안했다.

7 Body Fit Fitness Club (S) **is** (V) [urgently] **recruiting** highly qualified yoga instructors (O).
바디 핏 헬스클럽은 매우 자격을 갖춘 요가 강사들을 급하게 채용하고 있다.

8 We (S) **will give** (V) a full refund (O) [for your purchase] [once your defective item arrives].
당신의 결함 있는 제품이 도착하고 나서 구매품에 대해 전액 환불을 해드릴 것입니다.

9 Jane Olsen (S) **will** (V) [soon] **publish** a new book (O), *Great Neighborhood Recipes* (O 동격).
제인 올슨은 〈훌륭한 이웃의 요리법〉에 대한 신간을 출간할 것이다.

10 [According to jobposting.com], many job seekers (S) **are** (V) [aggressively] **searching for** stable jobs (O).
jobposting.com에 따르면, 많은 구직자가 안정적인 일자리를 적극적으로 찾고 있다.

동사편 UNIT 10 능동태와 수동태

기초 다지기 / 비법 ❶ 적용하기

본서 p. 126

1 prepared 2 recommendations 3 locations 4 recently 5 currently
6 collaboratively 7 collaboratively 8 been attending 9 responsible 10 refunding

1 We have (preparing / **prepared**) the annual party.
우리는 연례행사를 준비했다.

해설 have 뒤에 동사의 형태를 추가할 때 doing의 형태는 쓸 수 없습니다. 완료 형태는 「have + p.p.」이므로 prepared가 정답입니다.

2 We have submitted (recommend / **recommendations**).
우리는 추천서를 제출했다.

해설 「have + p.p.」의 완료 형태는 능동태이며, submit이 타동사이므로 뒤에 목적어인 명사가 와야 합니다.

3 We have three (locates / **locations**) in Nashville.
우리는 내슈빌에 3개의 지점을 가지고 있다.

해설 three는 수식어이므로 이 문장의 동사는 have입니다. 따라서, 뒤에는 명사가 와야 합니다.

4 Ms. Ash has (recent / **recently**) finished the report.
애쉬 씨는 최근에 보고서를 끝냈다.

해설 완료 형태인 「has + p.p.」 사이에는 부사를 쓸 수 있습니다.

5 We are (current / **currently**) working on the project.
우리는 현재 프로젝트 작업을 하고 있다.

해설 are working은 진행 형태로 그사이에는 부사를 쓸 수 있습니다.

6 The two teams work (collaboration / **collaboratively**).
두 팀은 협력하여 일한다.

해설 동사 work는 1형식 자동사이므로 뒤에 부사를 쓸 수 있습니다.

7 The two teams have been working (collaboration / **collaboratively**).
두 팀은 협력하여 일을 해오고 있다.

해설 완료 진행 형태인 have been working은 시제가 변해도 태는 변하지 않습니다. 위의 6번 문제와 마찬가지로 뒤에 부사를 쓸 수 있습니다.

8 The director has (attending / **been attending**) a meeting.
부장은 회의에 참석하고 있다.

해설 have[has] 뒤에 doing의 형태는 쓸 수 없습니다. 따라서, 완료 진행 형태로 has been attending이 와야 합니다.

9 John is (**responsible** / responding) for all food preparation.
존은 모든 음식 준비를 책임지고 있다.

해설 be동사 뒤에는 형용사가 보어로 오거나, 진행 시제로 doing 형태가 올 수 있습니다. 진행 형태 「be + doing」 뒤에는 명사가 와야 하는데 괄호 뒤에는 전치사 수식어구가 있으므로 보어로 형용사를 써야 합니다.

10 The company is (refundable / **refunding**) a defective product.
회사는 결함 있는 제품을 환불해 드립니다.

해설 be동사 뒤에는 형용사가 보어로 오거나, 진행 시제로 doing 형태가 올 수 있습니다. 괄호 뒤에 목적어로 쓰인 명사가 있으므로 진행 형태인 refunding이 정답입니다.

기초 다지기 / 비법 2&3 적용하기

본서 p. 127

1 are shipped   2 developed   3 was published   4 have received   5 increasing
6 was rescheduled   7 impressed   8 recommended   9 is rising   10 arrived

1 All orders (are shipping / **are shipped**) by trains.
모든 주문품은 기차로 배송된다.

해설 현재 진행과 현재 수동태의 차이는 뒤에 목적어인 명사가 있는지 여부입니다. 뒤에 by 이하의 수식어구가 있으므로 수동태인 are shipped가 정답입니다.

2 T&T Co. (**developed** / was developed) the innovative products.
T&T 사는 혁신적인 제품들을 개발했다.

해설 과거 시제와 과거 수동태 중 괄호 뒤에 명사인 목적어가 있으므로 능동태인 developed가 정답입니다.

3 The weekly journal (has published / **was published**) last week.
주간 잡지는 지난주에 출간되었다.

해설 현재 완료와 과거 수동태 중 뒤에 last week은 시간을 나타내는 수식어이므로 목적어가 없이 쓰는 수동태 was published가 정답입니다.

4 They (**have received** / are received) poor service.
그들은 안 좋은 서비스를 받았다.

해설 현재 완료와 현재 수동태 중 뒤에 명사인 poor service가 있으므로 능동태인 have received가 정답입니다.

5 H&L Company will be (**increasing** / increased) the shipping fee.
H&L 사는 배송비를 인상할 것이다.

해설 will be 뒤에는 진행을 만드는 doing 형태와 수동을 만드는 p.p. 형태의 -ed가 모두 올 수 있습니다. 괄호 뒤에 명사가 있으므로 능동인 진행 will be increasing이 정답입니다.

6 The weekly meeting (has rescheduled / **was rescheduled**) for May 10.
주간 회의가 5월 10일로 다시 일정이 잡혔다.

해설 현재 완료와 과거 수동태 중 뒤에 전치사 수식어가 있으므로 수동태인 was rescheduled가 정답입니다.

7 The performance (**impressed** / was impressed) many people.
그 공연은 많은 사람에게 깊은 인상을 주었다.

해설 과거 시제와 과거 수동태 중 뒤에 many people은 명사이므로 능동태인 impressed가 정답입니다.

8 The training course is highly (recommending / **recommended**).
그 교육 과정은 강력히 추천된다.

해설 앞에 부사 highly를 제외하면 is 뒤에 오는 동사 형태 doing과 p.p.를 구분하는 문제입니다. 뒤에 아무것도 없으므로 수동태인 is recommended가 정답입니다.

9 The oil price (**is rising** / is risen).
기름값이 오르고 있다.

해설 자동사 rise는 수동태가 존재하지 않습니다.

10 The shipment (**arrived** / was arrived) at the airport.
배송물이 공항에 도착했다.

해설 자동사 arrive는 수동태가 존재하지 않습니다.

기초 문법 실전으로 훈련하기

본서 p. 128

| 1 (A) | 2 (C) | 3 (C) | 4 (B) | 5 (B) | 6 (B) | 7 (D) | 8 (B) | 9 (A) | 10 (A) |
| 11 (A) | 12 (C) | 13 (D) | 14 (A) | 15 (B) | 16 (A) | 17 (A) | 18 (C) | 19 (A) | 20 (A) |

1 Our new branches **(A) are located** in the downtown area to attract more visitors.
더 많은 방문객을 유치하기 위해 우리의 새로운 지점들은 시내 지역에 위치되어 있다.
branch 지점, 지사 | be located ~에 위치되다 | area 지역 | attract 유치하다, 끌어오다

해설 빈칸은 문장의 동사 자리입니다. 빈칸 뒤에 전명구의 수식어가 있으니 수동태 형태의 동사가 들어가야 합니다. 수동태 (A)와 (D) 중 주어가 복수이므로 (A)가 정답입니다.

2 Whereas competitors experienced considerable losses, the Ultra Steel Inc. **(C) has remained** profitable.
경쟁 업체들은 상당한 손실을 겪고 있는 반면에, 울트라 철강 사는 이익을 내고 있다.
whereas 반면에 | competitor 경쟁 업체 | considerable 상당한 | loss 손해, 손실 | profitable 이익이 나는, 수익성이 있는

해설 Whereas부터 콤마까지는 수식어절이고, 빈칸은 앞의 주어에 이어지는 동사 자리입니다. (B)를 제외한 나머지 동사 중 수일치가 맞지 않는 (A)는 오답. 자동사 remain은 수동태 형태가 없으므로 정답은 (C)입니다.

3 The shipment of office furniture for the new office should **(C) arrive** early tomorrow.
새로운 사무실용 사무 가구의 배송물은 내일 일찍 도착해야 한다.
shipment 배송물

해설 조동사 should 뒤에 동사원형 arrive가 정답입니다. 빈칸 뒤는 모두 부사로 수식어이고, 1형식 자동사인 arrive 뒤에 목적어를 취하지 않습니다.

4 The results of the customer surveys **(B) are summarized** in the weekly report.
고객 설문 조사의 결과들은 주간 보고서에 정리되어 있다.
result 결과 | survey 설문 조사 | summarize 정리하다, 요약하다

해설 선택지는 모두 동사인데, 먼저 복수 주어인 results와 수일치가 맞지 않는 (D)는 오답입니다. 빈칸 뒤는 모두 수식어이므로 선택지 중 수동태 형태의 동사는 (B)입니다.

5 According to the policy, no drinks may be **(B) kept** in the theater.
정책에 따르면, 음료수는 극장 내에 보관하실 수 없습니다.
according to ~에 따르면 | policy 정책 | theater 극장

해설 be동사 뒤에 올 수 있는 것은 수동 형태로 쓰일 수 있는 (B)와 진행 형태로 쓰일 수 있는 (D)입니다. 빈칸 뒤에 목적어가 없으므로 수동태가 정답입니다.

6 The seminar was **(B) originally** scheduled for September 26, but it was delayed.
세미나는 원래 9월 26일로 예정되어 있었지만 연기되었다.
be scheduled for ~로 예정되다 | delay 연기하다, 미루다

해설 수동 형태의 was scheduled 사이에 들어갈 수 있는 것은 부사입니다.

7 Paterson Lindo is **(D) scheduling** meetings with all the managers for the next quarter's budget decision.
패터슨 린도는 다음 분기 예산 결정을 위해 모든 매니저와의 회의 일정을 잡는 중이다.
schedule 일정을 잡다 | quarter 분기 | budget 예산 | decision 결정

해설 동사 is와 명사 meetings 사이에 들어갈 알맞은 형태를 고르는 문제입니다. 선택지에서 명사와 동사의 형태로 쓰이는 (A)와 (C)를 제외하고, 수동태를 만드는 (B)와 능동태를 만드는 (D)는 is 뒤에 쓸 수 있습니다. 하지만, 뒤에 목적어인 명사가 있으므로 능동태인 (D)가 정답입니다.

8 All assembly machinery must be **(B) inspected** by a technician every six months.
모든 조립 기계들은 기술자에 의해 6개월마다 점검되어야만 한다.
assembly 조립 | machinery 기계 | inspect 점검하다, 검사하다 | technician 기술자

해설 be동사 뒤에 올 수 있는 (B)와 (C) 중 뒤에 by 이하는 모두 수식어이므로 수동 형태인 (B)가 정답입니다.

9 The light tables and chairs in the employee cafeteria can be **(A) rearranged** easily.
직원 구내식당의 가벼운 테이블과 의자들은 쉽게 재배열될 수 있다.
light 가벼운 | rearrange 재배열하다

해설 be동사 뒤에 올 수 있는 (A)와 (D) 중 뒤에 수식어인 부사가 있으므로 수동 형태인 (A)가 정답입니다.

---

10 Last month, the company **(A) implemented** a new compensation program.
지난달, 회사는 새로운 보상 프로그램을 시행했다.
implement 시행하다 | compensation 보상

해설 빈칸은 문장의 동사 자리입니다. 과거 시제의 단서인 Last month로 보아 (A)와 (C)가 정답 후보입니다. 빈칸 뒤에 a 이하의 목적어인 명사가 나오므로 능동태인 (A)가 정답입니다.

---

11 Jessica Park **(A) has shared** the information on the new market trend with many colleagues.
제시카 박은 많은 동료와 함께 새로운 시장 경향에 대한 정보를 공유했다.
share 공유하다 | information 정보 | trend 트렌드, 경향 | colleague 동료

해설 빈칸은 문장의 동사 자리입니다. (A)와 (D) 중, (A)는 현재 완료의 능동태, (D)는 과거 완료의 수동태이며, 빈칸 뒤에 명사인 the 이하가 목적어로 쓰였으므로 능동태인 (A)가 정답입니다.

---

12 Many journalists **(C) had requested** interviews with the CEO about the acquisition.
많은 기자가 인수에 대해 대표 이사와 인터뷰를 요청했다.
journalist 기자 | request 요청하다 | acquisition (회사) 인수

해설 선택지의 동사 중 뒤에 명사 interviews가 올 수 없는 것은 수동태인 (B)입니다. 나머지 능동태 중 시제를 떠나 「Many + 복수 명사」와 수일치하는 것은 과거 시제인 (C)입니다.

---

13 Security officers recommend that passwords **(D) be changed** every six months.
보안 담당자들은 비밀번호를 6개월마다 변경할 것을 권장한다.
recommend that ~을 추천하다

해설 이 문장은 「recommend that + 주어 + (should) 동사」의 구조로, 빈칸 앞에는 should가 생략되어 있습니다. 따라서, 완료의 원형인 (C)와 수동의 원형인 (D)가 정답 후보입니다. 빈칸 뒤에 every six months는 수식어로, 동사의 목적어가 없으므로 수동태인 (D)가 정답입니다.

---

14 The managers from all departments **(A) were involved** in the product launch.
모든 부서의 매니저들이 제품 출시에 관여했다.
department 부서 | be involved in ~에 관여하다 | launch 출시

해설 The managers가 주어이고 from 이하와 in 이하는 모두 수식어이므로 빈칸에는 수동 형태의 동사가 필요합니다. 따라서, 선택지 중 수동태인 (A)가 정답입니다.

---

15 In the supermarket, bottles of water and juice **(B) can be found** in the beverage aisle.
슈퍼마켓에서, 물과 주스는 음료 코너에서 찾을 수 있습니다.
bottle 병 | beverage 음료수 | aisle 복도, (슈퍼마켓) 코너

해설 선택지는 모두 동사입니다. 빈칸 앞의 주어, 뒤는 모두 수식어이므로 수동 형태의 동사를 써야 합니다. 따라서, 정답은 (B)입니다.

---

16 If every beaker in the laboratory is not labeled **(A) correctly**, the test results will not be accurate.
실험실의 모든 비커에 라벨이 정확하지 않으면, 실험 결과는 정확하지 않을 것이다.
beaker (실험) 비커 | laboratory 실험실 | label 라벨을 붙이다 | correctly 정확히, 제대로 | result 결과 | accurate 정확한

해설 앞에 not은 부사이며 is labeled는 수동 형태이므로 뒤에 명사가 아닌 부사가 들어가야 합니다.

---

17 The new Clean & Fast printer is **(A) representative** of MG Technology Co.
새로운 클린 앤드 패스트 프린터는 MG 테크놀로지 사를 대표한다.
be representative of ~을 대표하다

해설 빈칸 뒤가 수식어이므로 수동태가 되어야 하는 것처럼 보일 수 있으나 'be representative of(~을 대표하다)'는 하나의 정해진 표현이므로 암기해서 풀어야 합니다.

18 Last night's fire at the restaurant's kitchen **(C) caused** huge losses.
지난밤의 레스토랑 부엌의 화재는 엄청난 손실을 일으켰다.
cause 일으키다, 야기시키다 | loss 손실, 손해

해설 Last가 과거 시간을 나타내고 있으므로 과거 시제인 (B)와 (C)가 정답 후보입니다. 빈칸 뒤에는 명사인 huge losses가 있으므로 능동태인 (C)가 정답입니다.

19 All flights heading to San Francisco **(A) will be postponed** until further notice.
샌프란시스코로 향하는 비행기들은 추가 공지가 있을 때까지 지연될 것이다.
flight 비행기 | head to ~로 향하다 | postpone 미루다, 연기하다 | until further notice 추후 공지가 있을 때까지

해설 빈칸은 주어 All flights의 동사 자리입니다. 빈칸 뒤에 until 이하는 수식어이므로 수동 형태인 (A)가 정답입니다.

20 Every request form must **(A) be attached** to the original receipt.
모든 요청서는 원본 구매 영수증에 첨부되어야 한다.
request form 요청서 | attach 첨부하다 | original 원래의, 원본의 | receipt 영수증

해설 조동사 must 뒤에는 동사원형 자리로 수동 형태의 원형인 (A)와 완료 형태의 원형인 (C)가 정답 후보입니다. 빈칸 뒤에 to 이하는 수식어이므로 수동태인 (A)가 정답입니다.

필수 공략하기 / 비법 ① 적용하기   본서 p. 130

1 will be released **2** is being repaired **3** has been completed **4** has been rescheduled **5** have been distributed

1 The movie (**will be released** / will release) this summer.
그 영화는 이번 여름에 개봉될 것이다.

해설 미래 수동태와 미래 시제 중 뒤에 시간을 나타내는 수식어가 있으므로 목적어 없이 쓰일 수 있는 수동태가 정답입니다.

2 His car (**is being repaired** / is repairing) by a mechanic.
그의 차는 수리공에 의해 수리되고 있다.

해설 현재 진행 수동태와 현재 진행 시제 중 뒤에 by 이하의 수식어구를 제외하면 목적어가 없으므로 수동태가 정답입니다.

3 The form (has completed / **has been completed**).
서식이 작성되었다.

해설 현재 완료와 현재 완료 수동태 중 빈칸 뒤에 명사가 없으므로 수동태가 정답입니다.

4 The weekly meeting (will reschedule / **has been rescheduled**) for April 1.
주간 회의가 4월 1일로 다시 일정이 잡혔다.

해설 미래 시제와 현재 완료 수동태 중 뒤에 목적어가 없으므로 수동태가 정답입니다.

5 The budget reports (**have been distributed** / have distributed) to all attendees.
예산 보고서는 모든 참석자에게 배포되었다.

해설 현재 완료 수동태와 현재 완료 시제 중 목적어가 없으므로 수동태가 정답입니다.

필수 공략하기 / 비법 ② 적용하기   본서 p. 131

1 with **2** for **3** in **4** on **5** for

1 We were satisfied (to / **with**) the survey results of the new product.
우리는 신제품의 설문 결과에 만족했다.

해설 'be satisfied with(~에 만족하다)'를 외워두세요.

2 The team workshop is scheduled (in / **for**) 10 A.M. on Thursday.
팀 워크숍은 목요일 오전 10시로 예정되었다.

해설 'be scheduled for(~로 예정되어 있다)'를 외워두세요.

3 Employees who are interested (**in** / about) the position should contact the HR team.
그 자리에 관심 있는 직원들은 인사팀에 연락해야 한다.

해설 'be interested in(~에 관심이 있다)'을 외워두세요.

4 The estimated value of buildings is based (in / **on**) the property's structural condition.
건물의 추정 가치는 건물의 구조적인 상태를 기반으로 한다.

해설 'be based on(~에 기초하다)'을 외워두세요.

5 The team's manager, Melinda, is known (**for** / by) her exceptional organizational skills.
팀 매니저인 멜린다는 훌륭한 조직 능력으로 유명하다.

해설 'be known for(~로 알려져 있다)'를 외워두세요.

필수 문법 실전으로 훈련하기

본서 p. 132

| 1 (D) | 2 (D) | 3 (C) | 4 (C) | 5 (B) | 6 (D) | 7 (A) | 8 (C) | 9 (C) | 10 (B) |
| 11 (B) | 12 (A) | 13 (C) | 14 (B) | 15 (C) | 16 (C) | 17 (A) | 18 (B) | 19 (B) | 20 (B) |

1 Successful candidates for the vacancies **(D) will be contacted** by the personnel manager next week.
공석의 성공적인 후보자들은 인사팀 담당자에게 다음 주에 연락을 받을 것이다.
candidate 후보자 | vacancy 일자리 공석 | contact 연락하다

해설 선택지가 모두 동사이고 빈칸 뒤가 수식어이므로 수동태 형태가 정답입니다. 선택지 중 수동태는 (B)와 (D)이며, 둘 중 미래 시제의 단서인 next와 어울리는 것은 (D)입니다.

2 The new overseas buyers **(D) will arrive** at the headquarters next Monday.
새로운 해외 구매자들이 다음 주 월요일에 본사에 도착할 것이다.
overseas 해외의 | headquarters 본사

해설 빈칸 뒤는 수식어이지만, 이 선택지는 자동사인 arrive를 변형시킨 것이므로 수동태가 존재하지 않습니다. 따라서 (A)와 (C)는 오답이며, 미래 시제의 단서인 next와 어울려 쓰이는 것은 (D)뿐입니다.

3 The James West Company **(C) has donated** 100 desks and chairs to local schools.
제임스 웨스트 사는 100대의 책상과 의자를 지역 학교들에 기부해 오고 있다.
donate 기부하다 | local 지역의

해설 선택지의 동사 중 현재 완료 시제인 (C)를 뺀 나머지는 모두 수동태입니다. 하지만, 빈칸 뒤에 명사가 있으므로 능동태인 (C)가 정답입니다.

4 Min Soo Park, a service manager of XT Motors Center, is overseeing **(C) negotiations** with Auto-Glass.
XT 모터스 센터의 서비스 매니저인 박민수는 오토 글라스와의 협상을 감독하고 있다.
oversee 감독하다 | negotiation 협상

해설 빈칸 앞의 동사가 진행 형태인 「be + doing」이며, 뒤에는 수식어입니다. 따라서, 목적어인 명사 (C)가 들어가야 합니다.

5 The Smith Sum Community center **(B) will be holding** its annual charity event tomorrow.
스미스 섬 커뮤니티 센터는 연간 자선 행사를 내일 개최할 것이다.
hold 개최하다 | annual 연간의 | charity 자선 사업

해설 먼저 선택지의 동사 중 뒤에 its 이하의 명사를 목적어로 쓸 수 없는 것은 수동 형태인 (A)와 (C)이며, 나머지 능동 형태 중 tomorrow와 어울려 쓰이는 것은 미래 시제입니다.

동사편 / UNIT 10 능동태와 수동태 87

6 The new high-tech device has been marketed **(D) successfully** in ten different countries.
새로운 최첨단 장비는 10개의 다른 나라들에 성공적으로 광고되어 오고 있다.
high-tech 최첨단의 | device 장비, 기기 | market (상품을) 내놓다, 광고하다

해설 has been marketed는 현재 완료 수동태이므로 뒤에 명사가 아닌 부사가 옵니다.

7 Dell Field Avenue is too **(A) narrow** for drivers to park large cars.
델 필드 가는 운전자들이 큰 차를 주차하기에 너무 좁다.
narrow 좁은 | park 주차하다

해설 빈칸 앞의 too는 수식어인 부사입니다. be동사 뒤에는 보어로 명사와 형용사가 올 수 있고, 능동과 수동의 형태일 때는 doing과 p.p.가 올 수 있습니다. 하지만, 선택지를 보면 doing이나 p.p.가 없으므로 능동태와 수동태의 구별 문제가 아닙니다. 이 문제는 is를 2형식 자동사로 보고 풀어야 하므로 즉, 형용사 보어 (A)가 정답입니다.

8 The company's stock price rose **(C) sharply** after they announced the merger with a giant.
대기업과의 합병을 발표한 후에 회사의 주가가 급격히 상승했다.
stock price 주가 | rise 상승하다, 오르다 | sharply 급격히 | announce 발표하다 | merger 합병

해설 빈칸 앞의 rose는 1형식 자동사인 rise의 과거 형태이며, after 이하는 모두 수식어입니다. 따라서, 부사 (C)가 정답입니다.

9 The newly built apartments are **(C) equipped** with cost-effective household appliances.
새로 지어진 아파트들은 비용 효율적인 가전제품들을 갖추고 있다.
be equipped with ~을 갖추다 | cost-effective 비용 효율적인 | household appliance 가전제품

해설 이 문제는 능동태, 수동태의 구별로 풀어도 되지만, 'be equipped with(~을 갖추다)'라는 표현을 암기해 두는 것이 좋습니다.

10 Ricky Luis has been highly **(B) recommended** for the graphic design position.
리키 루이스는 그래픽 디자인 직책에 강력히 추천되고 있다.
highly recommended 강력히 추천되는

해설 부사 highly와 빈칸 뒤의 전치사 수식어를 제외하고 has been 뒤에 올 수 있는 것을 고르는 문제입니다. been은 be동사의 변형 형태이므로 뒤에 올 수 있는 것은 능동 형태를 만드는 (C)와 수동 형태를 만드는 (B)입니다. 둘 중 뒤에 목적어가 없으므로 수동태 (B)가 정답입니다.

11 Joseph Taylor **(B) will have worked** as a department director for two years by next year.
내년이면 Joseph Taylor는 2년 동안 부서장으로서 일하게 되는 것이다.
department director 부서장

해설 빈칸 앞이 주어이며, 뒤는 as와 for, by의 전치사 수식어구들만 있습니다. 즉, 수동태를 골라야 하는데 선택지에 수동태가 없는 이유는 work가 1형식 자동사이기 때문입니다. 따라서, 시제 단서들을 이용해서 정답을 골라야 합니다. 먼저 for two year는 기간을, next는 미래를 나타내므로 이 둘을 합친 미래 완료 시제 (B)가 정답입니다.

12 The updated schedules for this year's company events **(A) will be published** on October 31.
올해 회사 행사의 업데이트된 일정표는 10월 31일에 나올 것이다.
schedule 일정 | publish 출간하다

해설 선택지는 모두 동사로 빈칸 뒤가 on 이하의 수식어구이므로 수동태인 (A)가 정답입니다.

13 While the main office is **(B) being renovated**, we need to move to the new office on Seventh Avenue.
본관이 개조보수 중인 동안에 우리는 7번 가에 있는 새 사무실로 옮겨야 한다.
while ~동안에 | main office 본관 | avenue 길, 도로

해설 동사 is 뒤에 올 수 있는 알맞은 형태를 선택지에서 찾아야 합니다. 먼저 (A)는 동사원형이므로 올 수 없고, (C)는 능동인 진행 형태를 만드나 뒤에 목적어가 없습니다. be동사 뒤에 보어로 명사 (D)도 가능은 하지만, 해석상 「본관 = 개조보수」가 어색하므로 오답입니다. 따라서, 목적어 없이 쓰이며 문맥상 자연스러운 것은 현재 진행 수동태 (B)입니다.

14 Applications **(B) are being accepted** for the conference due to the extended deadline.
연장된 마감일 때문에, 학회 신청서는 계속 받아지고 있는 중이다.
applicant 신청서 | conference 학회 | due to ~때문에 | extended (시간이) 연장된 | deadline 마감일

해설 이 문장은 주어 Applicants를 제외한 for 이하가 모두 수식어입니다. 즉, 빈칸은 동사 자리이며, 수동 형태여야 하므로 정답은 (B)입니다. 참고로, (C)도 수동의 형태이지만, be는 앞에 조동사 없이 혼자서 쓰일 수 없습니다.

15 The Job's keynote address is scheduled **(C) for** 9 A.M. on Monday.
잡스의 기조연설은 월요일 오전 9시로 예정되어 있다.
keynote address 기조연설 | be scheduled for ~로 예정되다

해설 수동태 뒤에는 by를 쓰지만, 다른 전치사를 쓰는 표현들이 있습니다. 'be scheduled for(~로 예정되다)'를 암기해두세요.

16 The performance of Mr. Morris' innovative project has been evaluated **(C) favorably**, but he failed to get a promotion.
모리스 씨의 혁신적인 프로젝트의 성과는 호의적으로 평가되어 왔지만, 그는 승진하는 데 실패했다.
evaluate 평가하다 | favorably 호의적으로 | fail to do ~하는 데 실패하다

해설 동사 has been evaluated는 현재 완료 수동의 형태입니다. 수동태는 뒤에 명사가 오지 않고 그 자체로 문장이 완전하며, 뒤에 수식어인 부사가 올 수 있습니다.

17 The manager has suggested that the meeting **(A) be postponed** until next Tuesday.
매니저는 회의를 다음 주 화요일까지 미루는 것을 제안했다.
suggest that ~라고 제안하다 | postpone 미루다, 연기하다

해설 접속사 that 뒤의 동사 자리이며, 뒤의 until 이하는 수식어입니다. 따라서 수동태가 필요합니다. be가 쓰인 이유는 앞에 has suggested that 때문입니다. 제안, 요청 동사는 that절의 동사 앞에 should가 항상 생략되어 있습니다.

18 Mr. Watson has been **(B) consistently** regarded as the competent manager in the company.
왓슨 씨는 회사에서 유능한 매니저로 지속해서 여겨지고 있다.
consistently 지속해서 | be regarded as ~로 여겨지다 | competent 유능한

해설 현재 완료 수동 형태인 has been regarded 사이는 부사 자리입니다.

19 Because the cost of raw materials has risen **(B) sharply**, Beauty Fashion Co. has to raise the prices of all items.
원자재의 비용이 급격히 올랐기 때문에, 뷰티 패션 사는 전 품목의 가격을 올려야만 한다.
raw material 원자재 | sharply 급격히 | raise 올리다 | item 제품, 물건

해설 현재 완료인 「has + p.p.」는 능동태이므로 뒤에는 명사 (D)가 와야 하지만, has risen에서 risen은 rise의 p.p.이므로 rise의 특징과 똑같습니다. 즉, 1형식 자동사이므로 뒤에는 부사가 와야 합니다.

20 The film director, Andy Brook **(B) is known** for his well-made movies.
영화감독인 앤디 브룩은 그의 명작 영화로 알려져 있다.
director 감독 | be known for ~로 알려져 있다 | well-made 잘 만들어진, 명작의

해설 빈칸은 문장의 동사 자리로 뒤에 수식어구 for 이하가 있으므로 수동태인 (B)가 정답입니다. 'be known for(~로 알려져 있다)'도 잘 암기해두세요.

독해로 끝내기

본서 p. 134

1 (A) 2 (B) 3 (A) 4 (A)

To: Deborah Dorsey <ddorsey@alvesfinancial.com>
From: Greg Neil <gneil@alvesfinancial.com>
Date: June 9
Subject: Reimbursement of expenses

수신: 드보라 도시 <ddorsey@alvesfinancial.com>
발신: 그레그 닐 <gneil@alvesfinancial.com>
날짜: 6월 9일
제목: 비용 환급

Dear Ms. Dorsey,

I received your e-mail on May 30 regarding reimbursement for your business dinner. Unfortunately, your request was submitted too late. 1. **(A) Therefore**, this month's paycheck does not include this amount. Your request 2. **(B) will be processed** next week. In the future, please submit all receipts to the accounting department on time to avoid delays in 3. **(A) payment**. 4. **(A) Thank you for your cooperation in advance.**

Sincerely,

Greg Neil
Head accountant, Alves Financial

도시 씨께,

5월 30일에 귀하께서 사업상 저녁을 드신 것에 대한 환급에 대한 이메일을 받았습니다. 안타깝게도, 귀하의 요청은 너무 늦게 제출되었습니다. 따라서, 오늘 아침 지급된 급여에는 이 금액이 포함되지 않습니다. 귀하의 요청은 다음 주에 처리될 것입니다. 앞으로는 지급의 지연을 피하고자 매월 마지막 날 전에 모든 영수증을 회계부서에 제출하도록 하십시오. 협조해주심에 미리 감사드립니다.

알버즈 파이낸셜, 수석 회계사
그레그 닐 드림

문장 해석하기

(A) Thank you for your cooperation in advance.
협조해 주심에 미리 감사드립니다.

(B) I look forward to seeing you again.
다시 만나 뵙길 기대합니다.

문장 분석하기

본서 p. 135

1 The results [of the customer surveys] **are summarized** [in the weekly report].
  S   V
고객 설문 조사의 결과들은 주간 보고서에 정리되어 있다.

2 The seminar **was** [originally] **scheduled for** September 26, but it **was delayed**.
  S   V   V   O   S   V
세미나는 원래 9월 26일로 예정되어 있었지만 연기되었다.

3 Mr. Lindo **is scheduling** meetings [with all the managers] [for the next quarter's budget decision].
  S   V   O
린도 씨는 다음 분기 예산 결정을 위해 모든 매니저와의 회의 일정을 잡는 중이다.

4 Jessica Park **has shared** the information [on the new market trend] [with many colleagues].
  S   V   O
제시카 박은 많은 동료와 함께 새로운 시장 경향에 대한 정보를 공유해 왔다.

5 The new Clean & Fast printer **is representative of** MG Technology Co.
  S   V   O
새로운 클린 앤드 패스트 프린터는 MG 테크놀로지 사를 대표한다.

6 Successful candidates [for the vacancies] **will be contacted** [by the personnel manager] [next week].
  S   V
공석의 최종 합격자들은 인사팀 담당자에게 다음 주에 연락을 받을 것이다.

7 The company's stock price **rose** [sharply] [after they announced the merger with a giant].
　　　　　　S　　　　　　　　　V

대기업과의 합병을 발표한 후에 회사의 주가가 급격히 상승했다.

---

8 The newly built apartments **are equipped with** cost-effective household appliances.
　　　　　　S　　　　　　　　　V　　　　　　　　　O

새로 지어진 아파트들은 비용 효율적인 가전제품들을 갖추고 있다.

---

9 Applications **are being accepted** [for the conference] [due to the extended deadline].
　　　S　　　　　　V

연장된 마감일 때문에, 학회 신청서는 계속 받아지고 있는 중이다.

---

10 The performance [of Mr. Morris' innovative project] **has been evaluated** [favorably], but he **failed** to get a promotion.
　　　　　S　　　　　　　　　　　　　　　　　　V　　　　　　　　　　　　　S　V　　　O

모리스 씨의 혁신적인 프로젝트의 성과는 호의적으로 평가되어 왔지만, 그는 승진하는 데 실패했다.

동사편 Review Test 02

Review Test 02
본서 p. 136

1 (A)	2 (B)	3 (C)	4 (C)	5 (D)	6 (D)	7 (D)	8 (A)	9 (D)	10 (C)
11 (C)	12 (B)	13 (C)	14 (D)	15 (D)	16 (D)	17 (A)	18 (D)	19 (A)	20 (C)

1 TAYO Bus Line **(A) brought** nearly 100,000 visitors into our region last year.
타요 버스 라인은 작년에 약 10만 명의 방문객들을 우리 지역으로 유치했다.
bring 데려오다 | nearly 약, 대략 | region 지역

해설 빈칸은 동사 자리로 수일치, 시제, 태에 맞는 것을 골라야 합니다. 먼저 과거 시점의 단서인 last year가 있으므로 과거 시제인 (A)와 (D)가 정답 후보입니다. 이때 빈칸 뒤에 visitors라는 명사가 있으므로 능동태인 (A)가 정답입니다.

2 The schedule for the ferry service **(B) was posted** on the board in the waiting area.
유람선 서비스의 일정이 대기 지역의 게시판에 게시되었다.
ferry 유람선 | post 게시하다 | board 게시판

해설 이 문장에는 동사가 없으므로 빈칸은 동사 자리입니다. 빈칸 뒤에는 전치사 수식어구가 있고 목적어인 명사가 없으므로 수동 형태인 (B)가 정답입니다. 능동태와 수동태의 차이는 목적어의 유무라는 점을 기억해두세요.

3 When the director **(C) goes** to Europe on business, he will meet the potential clients.
부장님이 유럽에 사업차 갈 때, 잠재 고객들을 만날 것이다.
on business 사업차 | potential 잠재적인

해설 접속사 When이 이끄는 절의 동사 자리로 선택지에 동사는 (C)와 (D)입니다. 주절의 동사가 will meet으로 미래이면 시간을 나타내는 부사절은 미래 대신 현재 시제를 쓰므로 (C)가 정답입니다.

4 Next week, the employee lounge **(C) will be** temporarily closed due to maintenance work.
다음 주에 직원 휴게소는 유지보수 작업으로 인해 잠시 문을 닫을 것이다.
employee lounge 직원 휴게소 | temporarily 임시로, 잠시 | due to ~때문에 | maintenance 유지보수

해설 빈칸은 동사 자리로 미래의 시점을 나타내는 단서 Next week과 어울려 쓰이는 것은 (C)입니다.

5 Until the new programs **(D) have been installed** on the computer, please keep it off for a while.
새로운 프로그램이 컴퓨터에 설치될 때까지 컴퓨터를 잠시 꺼두십시오.
install 설치하다 | for a while 잠시 동안

해설 빈칸은 접속사 Until이 이끄는 절의 동사 자리로 동사가 아닌 (B)를 제외한 나머지 선택지가 정답 후보입니다. 이들 중 뒤에 목적어 없이 전치사 수식어구와 쓰일 수 있는 것은 수동태 (D)뿐입니다.

6 Mega Financial Center is **(D) finally** opening to the public after five years of construction.
메가 파이낸셜 센터는 5년의 공사 후에 마침내 대중들에게 공개가 된다.
finally 마침내 | construction 공사, 건설

해설 빈칸은 현재 진행 시제인 is opening 사이이며, 동사 사이에는 부사가 수식어로 들어갈 수 있으므로 정답은 (D)입니다.

7 The progress reports about the current projects were **(D) revised** by the project manager.
현재 프로젝트들에 대한 진행 보고서는 프로젝트 매니저에 의해 수정되었다.
progress 진행 상황 | current 현재의 | revise 수정하다

해설 먼저 be동사 뒤에는 동사원형인 (B)는 쓰일 수 없으며, 보어로 명사 (C)를 쓰면 주어인 보고서와 revision이 동격이 되므로 문맥상 어색합니다. 따라서, 진행 동사를 만드는 (A)나 수동 형태를 만드는 (D)가 후보인데, 이 둘의 차이는 뒤의 목적어 유무입니다. 빈칸 뒤에 전치사 by 이하의 수식어구가 있으므로 수동태가 정답입니다.

8 Last week, Mr. Sanders **(A) obtained** a parking permit from the building manager.
지난주, 샌더스 씨는 건물 관리자로부터 주차 허가증을 받았다.
obtain 획득하다 | parking permit 주차 허가증

해설 빈칸은 동사 자리로 과거 시점을 나타내는 Last week과 함께 어울려 쓰이는 것은 (A)입니다.

9 The 7th technology conference **(D) is being held** at Hilton Hotel in New York.
제7회 기술 학회는 뉴욕의 힐튼 호텔에서 개최되고 있다.
be held 개최되다

해설 빈칸은 동사 자리로 빈칸 뒤에 전치사 수식어구가 있으므로 수동태가 쓰여야 합니다. 선택지에서 수동태는 (D)뿐입니다. 나머지는 모두 능동태이며 뒤에 목적어인 명사가 와야 합니다.

10 Ms. Diaz, as chief operating officer, **(C) will assume** the role for managing the departments.
최고 운영 담당자로서, 디아즈 씨는 부서들을 관리하는 일을 맡게 될 것입니다.
assume 떠맡다

해설 빈칸은 동사 자리로 (C)와 (D)가 정답 후보입니다. 둘 중 (D)는 주어인 Ms. Diaz와 수일치가 맞지 않으므로 나머지 선택지 (C)가 정답입니다. 미래 시제의 단서는 없으나 수일치와 상관없는 것은 미래 시제뿐입니다.

11 The manager **(C) revised** the project proposal before it was approved by the management last week.
지난주 경영진에 의해 승인이 되기 전에 매니저는 프로젝트 제안서를 수정했다.
revise 수정하다 | proposal 제안서 | approve 승인하다 | management 경영진

해설 빈칸은 주절의 동사 자리로 수일치, 시제, 태에 맞는 동사를 골라야 합니다. 먼저 수일치는 모두 맞고, 태는 모두 능동태 동사들이므로 시제 문제입니다. 시간의 단서가 되는 것은 before 이하로, 접속사가 이끄는 절이 과거 시제이므로 주절도 과거 시제임을 알 수 있습니다. 접속사로 연결된 두 개의 절의 동사는 시제가 일치해야 하므로 정답은 (C)입니다.

12 The recent article in *Trend Newsletter* **(B) highlights** the merger of DM Chemicals and Quick Industries.
〈트렌드 소식지〉에 실린 최근 기사는 DM 화학과 퀵 인더스트리의 합병을 중점적으로 다루고 있다.
recent 최신의 | article 기사 | highlight 강조하다 | merger 합병

해설 빈칸은 문장의 동사 자리로 동사 (B)와 (D) 중 단수 명사인 주어 article과 수일치하는 (B)가 정답입니다.

13 The company recommended that all employees **(C) have arrived** on time in the morning.
회사는 전 직원들에게 아침에 정시에 도착할 것을 제안했다.
recommend that ~라고 제안하다 / 추천하다 | on time 정시에, 제때에

해설 빈칸의 접속사 that 이하의 동사 자리로 선택지는 모두 동사입니다. 이 문장의 앞에 제안, 요청 동사인 recommend가 있으므로 that절의 동사 앞에는 should가 생략되어 있습니다. 따라서, 동사원형인 (C)와 (D)가 정답 후보이며 자동사 arrive는 수동태가 될 수 없으므로 정답은 (C)입니다.

14 Researchers in the R&D department have found that there are **(D) limitations** on this product.
연구 개발 부서의 연구원들은 이 제품에 한계가 있다는 것을 알아냈다.
limitation 제한, 한계

해설 빈칸 앞의 동사 'there are(~가 있다)' 뒤에 주어가 옵니다. 따라서, 빈칸은 주어인 명사 자리이므로 정답은 (D)입니다.

15 Once the problems are **(D) found**, the technicians will start the maintenance work.
문제점들이 발견되고 나서, 기술자들은 유지보수 작업을 시작할 것이다.
technician 기술자 | maintenance 유지보수

해설 be동사 are 뒤에 올 수 있는 동사의 형태를 묻는 문제입니다. 선택지에서 가능한 것은 진행 형태를 만드는 (B)와 수동 형태를 만드는 (D)입니다. 둘 중 뒤에 콤마로 절이 끝났으므로 수동태 형태를 만드는 (D)가 정답입니다.

16 Money from investors **(D) has been reserved** for future renovations of the office building.
투자자들로부터의 자금은 사무실 건물의 향후 개조보수를 위해 남겨져 있다.
investor 투자자 | reserve 보유하다 | renovation 개조보수

해설 문장의 동사 자리로 뒤에 전치사 수식어구들이 있으므로 수동태 동사가 들어가야 합니다. 선택지에서 수동태는 (D)입니다.

17 Next year, a new line of cost-effective household appliances **(A) will be introduced** in the market.
내년에, 비용 효율적인 가전제품들의 신제품 라인이 시장에 선보일 것이다.
line 제품 라인 | cost-effective 비용 효율적인 | household appliance 가전제품 | introduce 내놓다

해설 선택지 중 미래를 나타내는 Next year와 어울려 쓰일 수 있는 것은 미래 시제인 (A)와 (C)입니다. 이때 목적어 없이 쓰이는 것은 수동태인 (A)입니다. 이 문제는 시제와 태가 동시에 적용된 문제입니다.

18 After John Carter **(D) had mastered** the certification course, he began his career as a computer programmer.
존 카터가 자격증 코스를 끝낸 후에, 그는 컴퓨터 프로그래머로서 그의 경력을 시작했다.
certification 자격증 | career 경력, 일

해설 부사절 접속사 After가 이끄는 절의 동사를 묻는 문제입니다. 수일치는 모두 맞고 선택지는 모두 능동태이므로 시제 문제로 해결해야 합니다. 자격증 코스를 끝낸 시점 후에 일어난 일이 과거 시점 began이라는 것은 과거보다 더 전에 일을 나타내므로 과거 완료 시제인 (D)가 정답입니다.

19 A few **(A) participants** at the conference are the new employees of this company.
학회의 몇몇 참여자들은 이 회사의 신입 직원들이다.
a few 조금 있는 | participant 참여자

해설 A few는 뒤에 복수 명사만이 올 수 있으므로 정답은 (A)입니다.

20 At the end of the month, Strong Steel Factory **(C) will discontinue** its operation due to the decrease in sales.
이번 달 말에, 스트롱 스틸 팩토리는 매출의 감소로 인해 운영을 중단할 것이다.
at the end of ~의 말 | discontinue 중단시키다 | operation 운영 | due to ~때문에 | decrease in ~의 감소

해설 문장의 동사 자리로 미래 시제의 단서인 At the end of와 어울려 쓰일 수 있는 것은 미래 시제 (C)입니다.

LC 맛보기 1인 사진

실전문제 풀어보기
본서 p. 139

1 (B) **2** (C)

1
(A) The man is operating equipment.
(B) The man is working at a construction site.
(C) The man is putting on safety gear.
(D) The man is loading bricks in a cart.
(A) 남자는 기기를 작동하고 있다.
(B) 남자는 공사 현장에서 일하고 있다.
(C) 남자는 안전 장비를 입고 있다.
(D) 남자는 카트에 벽돌을 싣고 있다

해설 (A)는 남자가 손에 들고 있는 것은 기기가 아닌 막대 종류이며 (C)는 현재 '입고 있는 중'인 동작을 나타내고 있으므로 오답입니다. The man's wearing on safety gear.가 적절합니다. (D)는 남자의 행동과 다릅니다.

2
(A) A woman is reaching for some products.
(B) A woman is putting several items into a cart.
(C) A woman is pushing a cart.
(D) A woman is wearing a hat.
(A) 여자는 몇몇 제품을 잡으려 손을 뻗고 있다.
(B) 여자는 수레에 몇 개의 물건을 넣고 있다.
(C) 여자는 수레를 밀고 있다.
(D) 여자는 모자를 쓰고 있다.

해설 (A)는 여자의 팔이 카드를 잡고 있으며 (B)는 물건들은 이미 담겨 있습니다. (D) 여자는 모자를 쓰고 있지 않으므로 오답입니다.

준동사편 UNIT 11 to부정사

기초 다지기 / 비법 ❶ 적용하기

본서 p. 144

| 1 reservation | 2 to reserve | 3 to reserve | 4 recommendations | 5 To protect |
| 6 Protect | 7 to manage | 8 reduce | 9 to learn | 10 to lead |

1 We need (**reservation** / to reserve).
우리는 예약이 필요하다.

해설 문장의 목적어 자리로 a 뒤에는 명사가 옵니다.

2 We need (reservation / **to reserve**) a room.
우리는 방을 예약하는 것이 필요하다.

해설 문장의 목적어 자리로 괄호 뒤에 a room이라는 명사를 또 취할 수 있는 것은 명사 역할을 하는 to부정사입니다.

3 Please visit our Web site (reserve / **to reserve**) a room.
방을 예약하기 위해서는, 우리 웹사이트를 방문하세요.

해설 문장이 Web site에서 끝났으므로 뒤에는 to부정사가 부사 역할로 들어갈 수 있습니다.

4 The managers should submit (to recommend / **recommendations**).
매니저들은 추천서들을 제출해야만 한다.

해설 동사의 목적어 자리에는 to부정사가 명사 역할로 쓰일 수 있지만, 그 뒤에는 목적어 역할을 하는 또 다른 명사가 필요합니다.

5 (Protect / **To protect**) information, you should download the program.
정보를 보호하기 위해서, 당신은 프로그램을 다운로드 해야만 합니다.

해설 문장 맨 앞에 콤마와 함께 부사 역할로 쓰일 수 있는 것은 to부정사입니다.

6 (**Protect** / To protect) your personal information.
당신의 개인 정보를 보호하십시오.

해설 문장에 동사가 없으므로 동사원형을 써서 명령문을 만들어야 합니다.

7 His duty is (manage / **to manage**) the team.
그의 업무는 팀을 관리하는 것이다.

해설 동사 is 뒤에 또 다른 동사 manage를 쓸 수 없습니다. 따라서, 보어 역할을 하는 to부정사가 정답입니다.

8 In order to (**reduce** / reduction) the cost, we need a new plan.
비용을 줄이기 위해서, 우리는 새로운 계획이 필요하다.

해설 In order to는 to부정사이므로 뒤에 동사원형을 씁니다.

9 Mr. Jones will go to the seminar (learn / **to learn**) about the trends.
존스 씨는 트렌드에 대해 배우기 위해서 세미나에 갈 것이다.

해설 문장이 seminar에서 끝났으므로 뒤에는 to부정사가 부사 역할로 들어갈 수 있습니다.

10 He has the ability (leading / **to lead**) the team.
그는 팀을 이끄는 능력을 갖추고 있다.

해설 문장이 ability에서 끝났으며, 뒤의 to부정사는 앞의 명사인 ability를 수식하는 형용사 역할로 쓰입니다.

기초 다지기 / 비법 2&3 적용하기

본서 p. 145

1 buy **2** be trained **3** steadily **4** exceptional **5** regularly
6 It **7** to **8** for **9** to **10** for

---

1 I want to (**buy** / be bought) a new camera.
나는 새 카메라를 사는 것을 원한다.

해설 괄호 뒤에 명사가 있으므로 능동 형태인 to buy가 맞습니다.

---

2 New employees need to (train / **be trained**) for the new job.
신입 직원들은 새로운 업무에 대해 교육을 받을 필요가 있다.

해설 괄호 뒤에 수식어인 전명구가 있으므로 수동 형태인 be trained가 와야 합니다.

---

3 The product cost is expected to rise (steadiness / **steadily**).
제품 비용은 꾸준히 증가할 것으로 예상된다.

해설 rise는 1형식 자동사이며, 뒤에 부사가 옵니다. to rise가 되어도 같으므로 steadily가 정답입니다.

---

4 The customers want to get (**exceptional** / exceptionally) service.
고객들은 훌륭한 서비스를 받기를 원한다.

해설 to부정사도 동사처럼 뒤에 목적어인 명사가 옵니다. to get 뒤에 이미 service라는 명사가 있으므로 그 앞에는 수식어인 형용사가 옵니다.

---

5 The sales figures need to be (regular / **regularly**) checked.
매출 수치는 정기적으로 확인이 되어야 한다.

해설 to부정사도 부사의 수식을 받으므로 「to + be + p.p.」 사이에도 부사를 쓸 수 있습니다.

---

6 (**It** / That) is necessary to attend a weekly meeting.
주간 회의에 참석하는 것이 필요하다.

해설 뒤에 진짜 주어인 to attend 이하가 있으므로 가주어인 It이 정답입니다.

---

7 It is essential (**to** / for) attend the weekly seminar.
주간 세미나를 참석하는 것이 필요하다.

해설 가주어 It 뒤에는 to do 형태의 to부정사를 씁니다.

---

8 It is mandatory (to / **for**) all employees to follow the regulations.
전 직원들이 규정을 준수하는 것은 의무이다.

해설 가주어 It 뒤에 이미 to follow 이하의 to부정사구가 있으므로 그 앞에는 의미상의 주어 형태인 「for + 명사(대명사 목적격)」를 써줍니다.

---

9 In order (**to** / for) increase productivity, we purchased the latest equipment.
생산성을 높이기 위해, 우리는 최신 장비를 구매했다.

해설 괄호 뒤에 동사원형인 increase가 있으므로 in order to do의 형태가 맞습니다.

---

10 In order (to / **for**) the company to increase the profits, they have implemented a new plan.
회사가 이익을 늘리기 위해서, 그들은 새로운 계획을 실행했다.

해설 위와 비슷한 문제 같지만, 괄호 뒤에 동사원형이 아닌 명사 the company가 있고 그 뒤에 to increase가 있으므로 의미상의 주어를 나타내는 전치사 for를 씁니다.

기초 문법 실전으로 훈련하기

본서 p. 146

| 1 (C) | 2 (A) | 3 (B) | 4 (A) | 5 (D) | 6 (B) | 7 (D) | 8 (B) | 9 (D) | 10 (D) |
| 11 (D) | 12 (A) | 13 (C) | 14 (D) | 15 (A) | 16 (D) | 17 (A) | 18 (B) | 19 (C) | 20 (A) |

1 The purpose of the workshop is **(C) to provide** employees with information about the revised policy.
워크숍의 목적은 직원들에게 수정된 정책에 대한 정보를 제공하는 것이다.
purpose 목적 | provide A with B A에게 B를 제공하다 | information 정보 | revised 수정된 | policy 정책

해설 be동사 is 뒤에 올 수 있는 동사의 형태를 묻는 문제입니다. (A)는 동사원형이므로 is 뒤에 올 수 없고, (B)는 수동태 형태로 가능하지만 뒤에 목적어인 employees가 있어서 들어갈 수 없습니다. (D)는 해석상 '제공 직원들'이 어색하므로 (C)의 to부정사가 is 뒤에 보어로 적절합니다.

2 Staff members in the sales department **(A) worked** overtime last month.
영업 부서의 직원들은 지난달에 초과 근무를 했다.
sales department 영업 부서 | work overtime 초과 근무를 하다

해설 이 문장에는 동사가 없으므로 빈칸은 동사 자리입니다. 선택지에서 (B)와 (C)는 동사가 아니며, (A)와 (D) 중 시제의 단서인 last month와 어울리는 것은 과거 시제인 (A)입니다.

3 The latest technology is used to **(B) precisely** regulate the temperature within the machine.
기계 내의 온도를 정확하게 규제하는 데 최신 기술이 사용된다.
latest 최신의 | technology 기술 | precisely 정확히 | regulate 규제하다 | temperature 온도 | machine 기계

해설 빈칸 앞의 to는 뒤의 동사원형인 regulate 앞에 쓰였으므로 to부정사의 형태임을 알 수 있습니다. 빈칸은 to부정사 사이에 이를 수식하는 부사 자리입니다.

4 In an **(A) effort** to reduce costs, please turn off the computers in the office before you leave.
비용을 줄이려는 노력으로, 자리를 비우기 전에 사무실의 컴퓨터 전원을 꺼 주십시오.
in an effort to do ~하려는 노력으로 | account 계좌, 계정 | instance 예시 | output 생산량 | reduce 줄이다 | cost 비용 | turn off (전원을) 끄다 | leave 떠나다

해설 명사 어휘 문제지만, 빈칸 뒤의 to reduce 이하의 수식을 받으며 쓰이는 것은 (A)입니다.

5 It is important **(D) for** all customers to bring their coupons in order to receive a discount.
모든 고객은 할인을 받기 위해 그들의 쿠폰을 가지고 오는 것이 중요합니다.
customer 고객 | bring 가지고 오다 | in order to do ~하기 위해서 | receive 받다

해설 문장 맨 앞이 가주어 It으로 시작하고, 뒤에는 to bring 이하의 진짜 주어인 to부정사가 있습니다. 따라서, 빈칸은 뒤의 명사 앞에 의미상의 주어 형태로 쓰이는 전치사 for가 적절합니다.

6 We ask our visitors to leave **(B) suggestions** for a better service.
저희는 더 나은 서비스를 위해 방문객들이 제안들을 남겨주기를 요청합니다.
ask A to do A에게 ~할 것을 요청하다 | leave 남기다 | suggestion 제안

해설 to부정사도 동사처럼 뒤에 목적어가 와야 하므로, to leave 뒤에는 명사가 와야 합니다.

7 The factory is inspected every year to ensure **(D) compliance** with corporate standards.
그 공장은 회사 기준의 준수를 확실히 하기 위해 해마다 검사를 받는다.
inspect 점검하다, 검사하다 | ensure 확실히 하다 | compliance with ~의 준수 | corporate 회사의, 법인의 | standard 기준

해설 to부정사 to ensure 뒤에는 명사 (D)가 와야 합니다. 참고로, comply with는 '~을 준수하다'라는 의미입니다.

8 The components in the old machinery need to **(B) be replaced** soon.
예전 기계의 부품들은 곧 교체될 필요가 있다.
component 부품 | machinery 기계 | replace 교체하다 | soon 곧

해설 need to do 형태이므로 원형인 (A)와 수동 형태의 원형인 (B)가 가능합니다. 이 중 빈칸 뒤에 부사 soon이 있고 명사인 목적어가 없으므로 to부정사의 수동 형태인 (B)가 정답입니다.

준동사편 / UNIT 11 to부정사

9 The total revenue of the company needs to be **(D) regularly** checked for accuracy.
회사의 총이익은 정확성을 위해 정기적으로 확인될 필요가 있다.
revenue 이익 | regularly 정기적으로 | check 확인하다 | accuracy 정확성

해설 to부정사의 수동 형태인 to be checked 사이에는 부사가 수식합니다.

10 It is essential for displayed items **(D) to catch** the attention of shoppers.
진열된 제품들이 쇼핑객들의 관심을 사로잡는 것은 필수적이다.
essential 필수적인 | displayed 진열된 | item 제품 | catch the attention 관심을 사로잡다

해설 가주어 It 구문 뒤에는 진짜 주어인 to부정사가 와야 합니다.

11 The company **(D) decided** to modify the company logo to increase brand awareness.
그 회사는 브랜드 인지도를 높이기 위해 회사 로고를 변경하기로 결정했다.
modify 변경하다, 수정하다 | brand awareness 브랜드 인지도

해설 이 문장에는 to modify 이하와 to increase 이하의 to부정사만 있고, 동사가 없으므로 빈칸은 동사 자리입니다. 선택지에 동사는 (D)뿐입니다.

12 **(A) To celebrate** its 10th anniversary, Beauty Cosmetics will give away free samples to visitors.
제10회 창립 기념일을 축하하기 위해, 뷰티 코스메틱스는 방문객들에게 무료 샘플들을 나눠 줄 것이다.
celebrate 축하하다 | anniversary 창립 기념일 | give away 무료로 나눠주다

해설 빈칸부터 콤마까지는 부사 역할을 하는 수식어구입니다. 따라서, 부사 역할을 할 수 있는 to부정사 (A)가 정답입니다. (B)와 (C)는 동사, (D)는 명사이므로 수식어 자리에 들어갈 수 없습니다.

13 In an effort **(C) to increase** employee productivity, the company gave bonuses to all employees.
직원 생산성을 높이려는 노력으로, 그 회사는 전 직원들에게 보너스를 주었다.
in an effort to do ~하려는 노력으로 | employee productivity 직원 생산성

해설 명사 effort 뒤에는 to부정사가 앞의 명사를 수식해 줍니다.

14 The marketing and advertising departments work hard in a **(D) collaborative** effort to increase a market share.
마케팅과 광고 부서는 시장 점유율을 높이려는 공동의 노력으로 열심히 일한다.
hard 열심히 | collaborative 공동의 | effort to do ~하려는 노력 | market share 시장 점유율

해설 in an effort to do의 형태에서 명사인 effort 앞에 들어갈 알맞은 형태를 묻는 문제입니다. 명사 앞이므로 부사가 아닌 형용사가 수식해야 합니다.

15 The board members attended a meeting to discuss the **(A) urgent** need for additional funds.
이사회원들은 추가 자금을 위한 긴급한 요구를 논의하기 위해 회의에 참석했다.
board 이사회 | attend 참석하다 | discuss 논의하다 | urgent 긴급한 | need 요구 | fund 자금

해설 빈칸 뒤의 need는 the의 맨 끝이자 to discuss의 목적어인 명사 자리에 있으므로 동사가 아닌 명사로 쓰였다는 것을 알 수 있습니다. 따라서, 그 앞에는 형용사인 (A)가 정답입니다. need를 동사로 보고 부사를 고르지 않도록 주의하세요.

16 It is mandatory for candidates **(D) to meet** the requirements for the position.
후보자들이 그 직책의 필수 조건을 충족시키는 것은 의무이다.
mandatory 의무의 | candidate 후보자 | meet the requirements 필수 조건을 충족하다

해설 가주어 It으로 시작하는 문장에는 진짜 주어인 to부정사가 뒤에 있어야 합니다. (B)와 (D) 모두 to부정사지만 빈칸 뒤에 명사가 나오므로 수동 형태인 (B)가 쓰일 수 없습니다.

17 In order to **(A) finish** the reports, Mr. Hansen has to work overtime.
보고서를 끝내기 위해, 한슨 씨는 초과 근무를 해야만 한다.
finish 끝내다 | have to do ~해야만 한다 | work overtime 초과 근무를 하다

해설 In order to 뒤에는 동사원형이 와야 합니다.

18 The Tom's Charity pays attention to **(D) organization** of the annual fundraising event every year.
톰스 자선 단체는 해마다 연간 자금 모금 행사의 조직에 관심을 기울이다.
charity 자선 단체 | pay attention to ~에 관심을 기울이다 | organization 조직 | annual 일 년의 | fundraising 자금 모금

해설 앞의 to는 전치사입니다. 선택지에 동사원형이 없으니 to부정사가 아니라는 것은 알 수 있어야 합니다. organizer도 사람 명사이긴 하나 해석상, 연례 자금 모금 행사의 '조직'에 관심을 기울인다는 의미이므로 (D)가 정답입니다.

19 New applications are required to be **(C) submitted** on time for consideration.
새로운 지원서들은 고려가 되려면 정각에 제출되도록 요구된다.
application 지원서 | be required to do ~하도록 요구되다 | submit 제출하다 | on time 정각에 | consideration 고려, 배려

해설 be required to do의 형태로 to do 뒤에는 (A)나 (C)가 들어갈 수 있습니다. 하지만, 빈칸 뒤에 수식어인 전명구가 있으므로 수동 형태인 (C)가 정답입니다.

20 To increase **(A) interaction** among members, the team manager designed a monthly outing.
직원들 사이에 상호 작용을 높이기 위해, 팀 매니저는 매월 야유회를 만들었다.
interaction 상호 작용 | among ~사이에 / 중에 | design 만들다 | outing 야유회

해설 To increase는 to부정사이므로 뒤에 목적어인 명사가 필요합니다.

필수 공략하기 / 비법 ❶ 적용하기
본서 p. 148

1 decided **2** to be hired **3** to see **4** told **5** would like

1 The company (**decided** / allowed) to give all employees incentives.
그 회사는 모든 직원에게 인센티브를 주기로 결정했다.

해설 decide와 allow는 모두 뒤에 to부정사를 취하지만 allow는 「allow + A + to + do」 형태가 되어야 하므로 decide가 정답입니다.

2 Mr. Nakamura plans (to hire / **to be hired**) as a temporary worker.
나카무라 씨는 임시 직원으로 고용될 계획이다.

해설 동사 plan은 뒤에 to부정사가 올 수 있으며, 둘 다 to부정사이나 괄호 뒤에 as 이하는 수식어이므로 수동 형태인 to be hired가 정답입니다.

3 We hope (seeing / **to see**) you soon again.
우리는 당신을 곧 보기를 바랍니다.

해설 동사 hope는 뒤에 to부정사를 씁니다.

4 The manager (**told** / refused) Ms. Liu to submit the report.
매니저는 리우 씨에게 보고서를 제출하라고 말했다.

해설 동사 tell은 「tell + A + to + do」 형태로, refuse는 refuse to do로 쓰이며 괄호 뒤에 Ms. Liu라는 목적어가 있으므로 told가 들어가야 합니다.

5 We (are liking / **would like**) to inform you of good news.
우리는 당신에게 좋은 소식을 알려주고 싶습니다.

해설 'would like to do(~하고 싶다)'를 외워두세요. 참고로, 사람의 감정인 like는 현재 진행 시제로 쓰지 않습니다.

필수 공략하기 / 비법 ❷ 적용하기
본서 p. 149

1 expected **2** to provide **3** to bring **4** pleased **5** attend

1 Sales of our new products are (**expected** / expecting) to increase future profits.
신제품들의 매출이 향후 이익을 늘려줄 것으로 예상된다.

해설 'be expected to do(~이 예상되다)'를 외워두세요.

2 We are able (**to provide** / to be provided) great service.
우리는 훌륭한 서비스를 제공할 수 있다.

해설 be able to do의 형태로 괄호 안의 to부정사 모두 가능합니다. 하지만 괄호 뒤에 명사 great service가 있으므로 능동 형태인 to provide가 정답입니다.

3 Be sure definitely (**to bring** / bring) your ID card.
당신의 신분증을 반드시 가져와야 합니다.

해설 부사 definitely를 빼면 be sure to do라는 표현임을 알 수 있습니다.

4 We are (**pleased** / pleasing) to give you the best service.
우리는 당신에게 최고의 서비스를 주게 되어 기쁩니다.

해설 'be pleased to do(~하게 되어 기쁘다)'를 외워두세요.

5 I am unable to (**attend** / attending) the workshop.
저는 워크숍에 참석할 수 없습니다.

해설 be unable to do의 형태이므로 동사원형이 와야 합니다.

필수 문법 실전으로 훈련하기

본서 p. 150

| 1 (A) | 2 (A) | 3 (D) | 4 (C) | 5 (B) | 6 (D) | 7 (D) | 8 (A) | 9 (B) | 10 (A) |
| 11 (C) | 12 (B) | 13 (C) | 14 (A) | 15 (C) | 16 (C) | 17 (B) | 18 (C) | 19 (D) | 20 (C) |

---

1 The management hopes to (**A) reduce** its expenses by purchasing cost-effective office equipment.
경영진은 비용 효율적인 사무 장비를 구매함으로써 비용을 줄이기를 바란다.

management 경영진 | reduce 줄이다 | expense 비용 | by doing ~함으로써 | purchase 구매하다 | cost-effective 비용 효율적인 | equipment 장비

해설 hope to do의 형태이므로 동사원형인 (A)가 정답입니다. 참고로, reduce가 명사의 어미인 -ce로 끝나지만 '동사'라는 것과 (D)가 '명사'라는 것에 주의합니다.

2 New employees should be (**A) prepared** to introduce themselves to other team members.
신입 직원들은 다른 팀원들에게 자기 자신을 소개하는 것에 준비가 되어 있어야 한다.

introduce 소개하다

해설 'be prepared to do(~하도록 준비가 되다)'라는 표현을 외워두세요.

3 You should speak to your supervisor to get (**D) approval** for the summer vacation.
여름 휴가의 승인을 얻기 위해서는 당신의 상사와 이야기를 해야만 한다.

speak to ~와 이야기하다 | supervisor 상사, 감독관 | approval 승인 | vacation 휴가

해설 to부정사 to get 뒤에도 동사와 마찬가지로 목적어인 명사가 와야 합니다. 참고로, approval은 형용사 어미인 -al로 끝나지만 '명사'라는 점에 주의합니다.

4 The technician was able (**C) to repair** my laptop by replacing the CPU chip.
기술자는 CPU 칩을 교체함으로써 나의 노트북을 수리할 수 있었다.

technician 기술자 | repair 수리하다 | laptop 노트북 | by doing ~함으로써 | replace 교체하다

해설 'be able to do(~할 수 있다)'라는 표현을 외워두세요. 또한, to부정사인 (B)와 (C) 중 빈칸 뒤에 목적어인 명사가 있으므로 능동 형태인 (C)가 정답입니다.

5 All candidates are asked to fill out the application form (**B) completely**.
모든 후보자는 지원서를 완전히 작성하도록 요청된다.

candidate 후보자 | be asked to do ~하도록 요청되다 | fill out 작성하다 | completely 완전히

해설 동사는 are asked to fill out, 목적어는 the application form입니다. 따라서, 완전한 문장의 끝에 부사 (B)가 정답입니다.

6 The fifth annual job fair is expected **(D) to be held** at the Marry Hall in November.
제5회 연례 취업 박람회가 11월에 매리 홀에서 개최될 것으로 예상된다.
annual 연례의 | job fair 취업 박람회 | hold 개최하다

해설 'be expected to do(~이 예상되다)'라는 표현을 외워두세요. (B)와 (D) 중 빈칸 뒤가 수식어인 전명구이므로 수동 형태인 (D)가 정답입니다.

7 We **(D) would** like to apologize for the inconvenience caused by our service.
저희 서비스 때문에 야기된 불편에 대해 사과드리고 싶습니다.
would like to do ~하고 싶다 | apologize for ~에 대해 사과하다 | inconvenience 불편 | cause 일으키다

해설 'would like to do(~하고 싶다)'라는 표현을 외워두세요. 이때, would는 will의 과거 형태라기보다는 표현의 일부입니다.

8 Passengers are **(A) required** to show their boarding passes and passports at the gate.
승객들은 탑승구에서 탑승권과 여권을 보여줄 것이 요구된다.
passenger 승객 | boarding pass 탑승권 | passport 여권

해설 'be required to do(~하도록 요구되다)'라는 표현을 외워두세요. 참고로, 자동사 expire는 수동 형태로 쓸 수 없습니다.

9 Our loyal customers are **(B) eligible** to get a 30 percent discount on all items.
우리 충성 고객들은 전 품목에 대해 30% 할인을 받을 자격이 있습니다.
loyal 충성의 | discount 할인 | item 물건, 제품

해설 be동사 are와 뒤에 to부정사 사이에 어울려 쓰일 수 있는 것은, (B)와 (D)입니다. 둘 중, 문맥상 자연스러운 것은 '~할 자격이 있다'란 의미의 (B)입니다. possible도 의미상 가능할 것 같지만, 가주어 It is possible의 형태로 쓰입니다.

10 The management needs to **(A) quickly** find a way to raise funds for the new project.
경영진들은 새로운 프로젝트를 위한 자금을 모으는 방법을 빨리 찾을 필요가 있다.
management 경영진 | need to do ~할 필요가 있다 | way 방법 | raise 자금을 모으다

해설 need to do 형태에서 to부정사 사이에는 부사가 들어가야 합니다.

11 We ask **(C) shoppers** to take advantage of the monthly sales at our store.
저희는 쇼핑객들이 우리 상점에서 월간 할인을 이용하도록 요청합니다.
ask A to do A가 ~할 것을 요청하다 | take advantage of ~을 이용하다 | monthly 월간의

해설 동사 ask는 「ask + A + to + do」 형태로 뒤에 사람을 목적어로 씁니다. 선택지에서 사람 명사는 (C)입니다.

12 The company **(B) would like** to invite you to the 15th anniversary party.
회사는 당신을 제15주년 창립 기념회에 초대하고 싶습니다.
invite 초대하다 | anniversary 창립 기념일

해설 'would like to do(~하고 싶다)'란 표현을 외워두세요. 참고로, 사람의 감정은 진행 시제를 쓰지 않으므로 (C)와 (D)는 적절하지 않으며, (A)도 to부정사를 취할 수 있지만 수일치가 맞지 않으므로 정답이 될 수 없습니다.

13 CAD Electronics is **(C) proud** to introduce a new XT Digital camera in the market.
CAD 전자는 새로운 XT 디지털카메라를 시장에 내놓게 되어 자랑스럽다.
introduce 내놓다 | market 시장

해설 be동사 is와 뒤의 to부정사 to introduce 사이에 쓰일 수 있는 것은 'be proud to do(~해서 자랑스럽다)'입니다.

14 If you wish **(A) to arrange** an appointment with the lawyer, you can reach me at 555-3433.
변호사와의 약속을 잡기를 원하신다면, 555-3433번으로 제게 연락 주십시오.
arrange an appointment 약속을 잡다 | lawyer 변호사 | reach 연락하다

해설 'wish to do(~하기를 원하다)'라는 표현을 외워두세요.

15 You are required to **(C) present** a boarding pass and a passport at the gate 10.

10번 탑승구에서 탑승권과 여권을 제시하도록 요구됩니다.

be required to do ~하도록 요구되다 | present 제시하다 | passport 여권

해설 be required to는 뒤에 동사원형을 씁니다.

16 Applicants for the director position **(C) are required** to have five years of managerial experience.

부장직의 지원자들은 5년의 관리 경력이 요구된다.

applicant 지원자 | managerial 관리의 | experience 경력

해설 동사 require는 'require A to do(A가 ~하도록 요구하다)'의 형태나, 수동 형태의 'be required to do(~하도록 요구되다)'로 쓰입니다. 빈칸 뒤에 목적어가 없으므로 수동 형태인 (C)가 정답입니다.

17 Mr. Martin plans **(B) to submit** marketing reports to the vice president each week.

팀 매니저인 마틴 씨는 매주 부사장님께 자세한 주간 마케팅 보고서들을 제출할 계획이다.

submit 제출하다 | vice president 부사장

해설 'plan to do(~할 계획이다)'라는 표현을 기억해두세요.

18 The new company logo will lead to **(C) excellent** results in a few months.

새 회사 로고는 몇 개월 후에 좋은 결과를 초래할 것이다.

lead to ~을 초래하다 | excellent 훌륭한 | result 결과

해설 'lead to(~을 초래하다)'의 to는 전치사로 뒤에 오는 results는 명사입니다. 따라서, 그 앞에는 수식어인 형용사가 와야 합니다.

19 Most people use the *Daily News* Web site to make **(D) payments** for newspaper subscriptions.

대부분의 사람은 신문 구독료를 지불하기 위해 〈데일리 뉴스〉 웹사이트를 이용한다.

make a payment 지불하다 | subscription 구독

해설 to make 뒤에는 목적어인 명사가 와야 합니다.

20 All employees of Future & Mind Publishing are **(C) expected** to attend the president's retirement party.

퓨처 & 마인드 출판사의 전 직원은 사장의 은퇴식에 참석할 예정이다.

attend 참석하다 | retirement 은퇴

해설 'be expected to do(~할 예정이다)'라는 표현을 외워두세요.

독해로 끝내기

본서 p. 152

1 (A) **2** (B) **3** (A) **4** (B)

To: Andrea Houston 〈houston@webglobal.com〉
From: Sharon Turner 〈s_turner@techmonthly.net〉
Date: January 20
Subject: Interview with *Tech Monthly*

Dear Ms. Houston,

My name is Sharon Turner, and I am the assistant editor of *Tech Monthly*. I'm currently making arrangements for our next **1. (A) issue**, which will feature successful entrepreneurs in the industry. You definitely fall into this category, so I **2. (B) would like** to interview you for an article. If you have time to **3. (A) talk to** us sometime next week, please let me know. **4. (B) I am able to visit your office at any time.** Thank you for your consideration.

수신: 안드레아 휴스튼 〈houston@webglobal.com〉
발신: 샤론 터너 〈s_turner@techmonthly.net〉
날짜: 1월 20일
제목: 〈월간 테크〉와의 인터뷰

휴스튼 씨께

제 이름은 샤론 터너이며, 저는 〈월간 테크〉의 부편집자입니다. 저는 현재 업계에서 성공한 기업가들을 특집으로 다룰 저희 다음 호의 일정을 준비 중입니다. 귀하께서는 당연히 이에 해당하시므로 기사 인터뷰를 하고 싶습니다. 다음 주 중에 저희와 말씀을 나눌 시간이 있으시면 알려주십시오. 저는 귀하의 사무실에 언제든지 찾아뵐 수 있습니다. 고려해주셔서 감사합니다.

Sincerely,

Sharon Turner
Assistant editor, *Tech Monthly*

〈월간 테크〉, 부편집자

샤론 터너 드림

문장 해석하기

(A) **We are hiring the new journalist soon.**
저희는 신입 기자를 곧 채용할 것입니다.

(B) **I am able to visit your office at any time.**
저는 귀하의 사무실에 언제든지 찾아뵐 수 있습니다.

문장 분석하기

본서 p. 153

1 The purpose [of the workshop] **is** to provide employees with information [about the revised policy].
　　　S　　　　　　　　　　　　V　　　　　　　　　　　　　C
워크숍의 목적은 직원들에게 수정된 정책에 대한 정보를 제공하는 것이다.

2 We **ask** our visitors to leave suggestions [for a better service].
　　S　V　　　O　　　　O.C.
저희는 더 나은 서비스를 위해 방문객들이 제안들을 남겨주기를 요청합니다.

3 The factory **is inspected** [every year] [to ensure compliance with corporate standards].
　　　S　　　　　V
그 공장은 회사 기준 준수를 확실히 하기 위해 해마다 검사를 받는다.

4 The company **decided** to modify the company logo [to increase brand awareness].
　　　S　　　　　V　　　　　　　　O
그 회사는 브랜드 인지도를 높이기 위해 회사 로고를 변경하기로 결정했다.

5 The board members **attended** a meeting [to discuss the urgent need] [for additional funds].
　　　　　S　　　　　　V　　　　O
이사회원들은 추가 자금을 위한 긴급한 요구를 논의하기 위해 회의에 참석했다.

6 New applications **are required to be submitted** [on time] [for consideration].
　　　　S　　　　　　　　V
새로운 지원서들은 고려가 되려면 시간에 맞게 제출되도록 요구된다.

7 You **should speak to** your supervisor [to get approval] [for the summer vacation].
　　S　　　V　　　　　　　　O
여름 휴가의 승인을 얻기 위해서는 당신의 상사와 이야기를 해야만 한다.

8 The technician **was able to repair** my laptop [by replacing the CPU chip].
　　　S　　　　　　V　　　　　　O
기술자는 CPU 칩을 교체함으로써 나의 노트북을 수리할 수 있었다.

9 All candidates **are asked to fill out** the application form [completely].
　　　S　　　　　　V　　　　　　　O
모든 후보자는 지원서를 완전히 작성하도록 요청된다.

10 The company **would like to invite** you [to the 15th anniversary party].
　　　S　　　　　　V　　　　O
회사의 당신을 제15주년 창립 기념회에 초대하고 싶습니다.

준동사편 / UNIT 11 to부정사

준동사편 UNIT 12 동명사

기초 다지기 / 비법 1&2 적용하기
본서 p. 156

1 Reducing　　2 To make　　3 construction　　4 reviewing　　5 report
6 attending　　7 changing　　8 going　　9 developing　　10 promoting

---

1 (Reduce / **Reducing**) the production costs is necessary.
생산비를 줄이는 것이 필요하다.

해설 동사인 is가 있고 앞에 주어가 필요하므로 동사를 명사로 바꾼 동명사가 정답입니다.

---

2 (Make / **To make**) a reservation online is very convenient.
온라인에서 예약하는 것은 매우 편리하다.

해설 동사인 is가 있고 앞에 주어가 필요하므로 명사로 쓰일 수 있는 to부정사나 동명사가 정답입니다.

---

3 The (**construction** / constructing) of a new building will begin next month.
새로운 건물의 공사가 다음 달에 시작될 것이다.

해설 The 뒤에는 동명사가 아닌 명사를 써야 합니다.

---

4 Walter's job is (review / **reviewing**) all the job applications.
월터 씨의 업무는 모든 지원서를 검토하는 것이다.

해설 review는 명사 또는 동사로 쓰이는 데 is 뒤에는 동사원형으로 쓸 수 없습니다. 명사로 review를 쓰면 주어인 job이 review가 되는 어색한 문맥이 되므로 is 이하가 보어가 될 수 있는 동명사 reviewing이 정답입니다.

---

5 The director reviewed the (**report** / reporting) of the construction.
부장님은 공사 보고서를 검토했다.

해설 the 뒤에는 명사를 씁니다.

---

6 We are interested in (attend / **attending**) the dinner party.
우리는 만찬 행사에 참석하는 것에 관심이 있다.

해설 전치사 in 뒤에는 동사가 올 수 없으며, 동사 대신 동명사가 와야 합니다.

---

7 In addition to (change / **changing**) the name, we made a new logo.
이름을 변경했을 뿐만 아니라, 우리는 새로운 로고도 만들었다.

해설 In addition to는 전치사이므로 뒤에 동사원형이 아닌 동명사를 씁니다.

---

8 After (to go / **going**) on a business trip, Mr. Choi should submit the receipts.
출장을 간 후에, 최 씨는 영수증을 제출해야 한다.

해설 After는 전치사와 접속사 모두 가능하나 이 문장에서는 전치사로 쓰였습니다. 전치사 뒤에는 to부정사가 올 수 없으므로 대신 동명사를 써야 합니다.

---

9 We can increase profits by (to develop / **developing**) a new product.
우리는 신제품을 개발함으로써 이익을 증가시킬 수 있다.

해설 전치사 by 뒤에는 to부정사가 올 수 없습니다.

---

10 The Marketing department is responsible for (promote / **promoting**) the new line of products.
마케팅 부서는 신제품 라인을 홍보할 책임이 있다.

해설 전치사 for 뒤에는 동사원형이 아닌 동명사가 와야 합니다.

기초 다지기 / 비법 ❸ 적용하기

본서 p. 157

| 1 Confirming | 2 contacting | 3 wisely | 4 maintenance | 5 upgrading |
| 6 innovatively | 7 impressive | 8 satisfaction | 9 Enrollment | 10 completion |

1 (Confirm / **Confirming**) a reservation is important.
예약을 확인하는 것은 중요하다.

해설 문장에 동사인 is가 있으므로 동사원형인 Confirm을 쓸 수 없습니다. 따라서, 동명사 Confirming이 정답이며, a reservation까지가 주어입니다. 참고로, 동명사는 단수 취급합니다.

2 Thank you for (contact / **contacting**) me immediately.
제게 즉시 연락해주셔서 감사합니다.

해설 contact는 명사와 동사의 형태가 같습니다. 이때 뒤에 목적어인 대명사 me가 있으므로 명사 형태로 쓰일 수 없습니다. 따라서, 뒤에 목적어를 가지며 전치사 뒤에 쓸 수 있는 동명사가 정답입니다.

3 Spending money (wise / **wisely**) is important.
돈을 현명하게 소비하는 것은 중요하다.

해설 Spending money는 동명사 주어로 부사의 수식을 받을 수 있습니다.

4 The rent includes the (maintaining / **maintenance**) of the apartment.
임대료에는 아파트 유지보수가 포함되어 있다.

해설 the 뒤에는 명사 자리로 괄호 뒤에 전명구는 수식어이므로 동명사가 아닌 명사가 정답입니다.

5 The factory continues to progress by (**upgrading** / upgrade) its facilities.
그 공장은 시설을 업그레이드함으로써 계속 발전하고 있다.

해설 upgrade는 명사와 동사의 형태가 같습니다. 이때 뒤에 목적어인 또 다른 명사가 있으므로 명사 형태로 쓰일 수 없습니다. 따라서, 목적어를 가지는 동사의 성격을 유지하며 명사로 쓰이는 동명사가 정답입니다.

6 By (innovative / **innovatively**) displaying new products, the shop made more profits.
신제품들을 혁신적으로 진열함으로써, 그 상점은 더 많은 이익을 냈다.

해설 전치사 By 뒤에 displaying은 동명사이며, 그 사이에는 부사가 이를 수식합니다.

7 Mr. Jones was recognized for his (**impressive** / impressively) work.
존스 씨는 그의 인상적인 업무로 인정을 받았다.

해설 괄호 뒤의 work는 앞의 전치사 for와 소유격 his 뒤에 있으므로 명사입니다. 따라서, 형용사의 수식을 받습니다.

8 Customer feedback helps to improve the level of (**satisfaction** / satisfying) with our service.
고객 피드백은 우리 서비스의 만족도 수준을 증진하는 데 도움을 준다.

해설 전치사 of 뒤에 명사와 동명사 모두 올 수 있지만, 괄호 뒤에 전명구는 수식어이므로 명사가 와야 합니다.

9 (Enrolling / **Enrollment**) in the yoga class has steadily increased.
요가 수업의 등록이 꾸준히 증가해오고 있다.

해설 괄호는 주어 자리로 동명사와 명사 모두 가능하지만, 뒤에 목적어가 없으므로 명사가 정답입니다.

10 On (completing / **completion**) of the test, the certification will be mailed to the office.
테스트를 완료하자마자, 자격증이 사무실로 우편 발송될 것이다.

해설 전치사 On 뒤에는 동명사와 명사가 올 수 있으나 괄호 뒤에 목적어가 없이 수식어인 전명구가 있으므로 명사가 정답입니다.

기초 문법 실전으로 훈련하기

본서 p. 158

1 (B)	2 (D)	3 (C)	4 (C)	5 (D)	6 (D)	7 (A)	8 (D)	9 (A)	10 (C)
11 (C)	12 (A)	13 (C)	14 (B)	15 (C)	16 (B)	17 (A)	18 (C)	19 (A)	20 (C)

1 New Airlines has the best chance of **(B) becoming** the number one airline company.
뉴 항공사는 최고의 항공사가 되는 좋은 기회가 있다.
change 변화, 변경

해설 전치사 of 뒤에 올 수 있는 것은 동명사인 (B) 뿐입니다. 나머지는 동사이므로 전치사 뒤에 올 수 없습니다.

2 The factory employees are responsible for **(D) implementing** the safety precaution.
공장 직원들은 안전 예방 조치를 수행할 책임이 있다.
factory 공장 | be responsible for ~할 책임이 있다 | implement 실행하다 | safety precaution 안전 예방 조치

해설 전치사 for 뒤에 올 수 있는 것은 명사 (C)와 동명사 (D)입니다. 둘 중 빈칸 뒤의 또 다른 명사인 the 이하를 목적어로 가질 수 있는 것은 동명사 (D)입니다.

3 The new marketing campaign for XT Mobile Phone will be developed in **(C) cooperation** with C-Thinking Co.
XT 휴대폰의 새로운 마케팅 캠페인은 씨-띵킹 사와 협업하여 개발될 것이다.
campaign 캠페인, 운동 | develop 개발하다 | in cooperation with ~와 협업하여

해설 전치사 뒤에 명사인 (C)와 동명사인 (D)가 있으나, 빈칸 뒤에 목적어가 없이 전치사 수식어구가 있으므로 명사인 (C)가 정답입니다.

4 CCB Tech Industries is waiting **(C) to** launch the new product soon.
CCB 테크 산업은 곧 신제품을 출시하기 위해 기다리고 있다.
launch 출시하다 | soon 곧

해설 동사 wait(~을 기다리다)는 wait for의 형태로 쓰입니다. 하지만 (A)를 넣으면 뒤에 형태가 동명사인 launching이 되어야 합니다. 빈칸 뒤의 launch는 뒤에 목적어가 있는 동사원형의 형태이므로 to부정사가 들어가야 합니다. to는 전치사와 to부정사, 두 가지 쓰임이 있다는 것에 주의하세요.

5 The marketing team is waiting for **(D) confirmation** of the survey results.
마케팅팀은 설문 조사 결과들의 확인을 기다리고 있다.
wait for ~을 기다리다 | confirmation 확인 | survey 설문 조사 | result 결과

해설 전치사 for 뒤에 동명사 (C)와 명사 (D)가 들어갈 수 있으나, 빈칸 뒤에 목적어가 없으므로 명사 (D)가 정답입니다.

6 Applicants for the marketing director position must have five years of **(D) applicable** experience.
마케팅 부장직의 지원자들은 반드시 적용할 수 있는 5년의 경력을 가지고 있어야 합니다.
applicant 지원자 | applicable 적용할 수 있는 | experience 경력, 경험

해설 전치사 of 뒤에 명사 experience가 있으므로 빈칸은 이를 수식하는 형용사 자리입니다.

7 After **(A) carefully** reviewing many résumés, we have chosen Mr. Jones as the regional manager.
많은 이력서를 꼼꼼히 검토한 후에, 우리는 존스 씨를 지역 매니저로 선택했다.
carefully 꼼꼼히 | review 검토하다 | résumé 이력서 | regional 지역의

해설 After부터 résumés까지 안에 동사가 없으므로 After는 전치사입니다. 전치사 뒤에 동명사인 reviewing이 있고 그사이에 빈칸이 있으므로 이를 수식하는 것은 부사 (A)입니다.

8 After **(D) careful** consideration with team members, we decided to decline the project offer.
팀원들과의 신중한 고려 후, 우리는 프로젝트 제안을 거절하기로 결정했다.
careful 꼼꼼한, 신중한 | consideration 고려 | decline 거절하다 | offer 제안

해설 After부터 members 안에 동사가 없고 명사만 있으므로 After는 전치사입니다. 전치사 뒤에 consideration이 명사이므로 이를 수식하는 것은 형용사인 (D)입니다. 7번 문제와 비교해 주세요.

9 The closing date for **(A) receipt** of résumés will be changed due to an error in management.

이력서 수령 마감일이 관리 오류 때문에 변경될 것이다.

receipt 수령, 받음 | change 변경하다 | due to ~때문에 | error 오류

해설 전치사 for 뒤에 들어갈 수 있는 것은 명사인 (A)와 동명사인 (C)이며, 빈칸 뒤에 목적어가 없이 전치사구가 있으므로 명사 (A)가 정답입니다.

---

10 The coordinator's duty includes **(C) confirming** a reservation for a catering service.

코디네이터의 업무는 음식 조달 서비스의 예약을 확인하는 것이 포함된다.

duty 업무, 일 | include 포함하다 | confirm 확인하다 | catering 음식 조달

해설 빈칸은 동사 includes의 목적어 자리이므로 명사인 (C)와 (D)가 들어갈 수 있으며, 그 뒤에 목적어인 명사 a reservation이 있으므로 동사의 성격을 유지하며 명사로 쓰이는 동명사 (C)가 정답입니다.

---

11 Please include your **(C) signature** and membership ID in the form.

당신의 서명과 회원 번호를 서식에 포함해 주십시오.

signature 서명, 사인 | membership 회원제 | form 서식

해설 소유격 your 뒤에는 명사가 와야 하므로 정답은 (C)입니다. 참고로 and 이하는 목적어가 아닌 signature와 동등하게 연결된 명사입니다.

---

12 Ms. Parker organized an **(A) informative** meeting on the marketing plan and people were satisfied with it.

파커 씨는 마케팅 계획에 대한 유익한 회의를 조직하였고, 사람들은 그것에 만족하였다.

organize 조직하다 | informative 유익한 | meeting 회의 | be satisfied with ~에 만족하다

해설 「an + ------ + 명사」의 구조이므로 형용사 (A)가 정답입니다. meeting은 뒤에 목적어가 없으므로 동명사가 아니라 -ing 형태로 굳어져 쓰이는 명사입니다.

---

13 Mr. Nam received the task of **(C) finding** the perfect candidate for the opening.

남 씨는 공석에 완벽한 후보자를 찾는 업무를 받았다.

receive 받다 | task 업무 | perfect 완벽한 | candidate 후보자 | opening (일자리) 공석

해설 전치사 of 뒤에 들어갈 수 있는 것은 선택지에서 동명사인 (C)뿐입니다.

---

14 **(B) Corrections** to the data are needed in order to present the results at the world conference.

세계 학회에서 결과물을 발표하기 위해 자료 수정이 필요하다.

correction 수정, 고침 | in order to do ~하기 위해서 | present 발표하다 | result 결과 | conference 학회

해설 빈칸은 주어 자리로 빈칸 뒤의 to the data는 수식어이므로 명사 (B)와 동명사 (C) 중 명사가 정답입니다. 또한, 동사가 복수 동사 are이므로 주어에는 복수 명사를 써야 합니다. 동명사는 단수 취급을 하므로 단수 동사와 어울려 쓰입니다.

---

15 The new global manager is planning on **(C) developing** a new system of order tracking for online users.

새로운 글로벌 매니저는 온라인 사용자들이 주문품을 추적할 수 있는 새로운 시스템 개발을 계획 중이다.

global 세계적인 | plan on ~을 계획하다 | develop 개발하다 | order 주문 | tracking 추적

해설 전치사 on 뒤에 올 수 있는 것은 동명사 (C)와 명사 (D)입니다. 이때 빈칸 뒤에 명사가 있으므로 목적어를 가지는 동명사 (C)가 정답입니다.

---

16 The museum successfully held a special exhibit by **(B) innovatively** displaying traditional costumes.

그 박물관은 전통 의상을 혁신적으로 진열함으로써 특별한 전시회를 성공적으로 개최했다.

museum 박물관 | hold 개최하다 | exhibit 전시회 | by doing ~함으로써 | innovatively 혁신적으로 | traditional 전통적인 | costume 의상

해설 「전치사 + ------ + 동명사」의 구조이므로 빈칸은 뒤의 동명사를 수식하는 부사 자리입니다.

---

17 Before **(A) invitations** for the annual conference are sent out, please make sure to include a map to the venue.

연례 학회의 초청장이 발송되기 전에, 장소로 가는 지도를 반드시 포함하십시오.

invitation 초청장 | annual 연간의 | send out 발송하다 | make sure to do 반드시 ~하다 | venue 장소

해설 전치사와 접속사 모두 가능한 Before는 이 문장에서 접속사로 쓰였습니다. 따라서, 빈칸은 접속사 Before절의 동사 are sent out의 주어 자리입니다. 명사 (A), (B), (D) 중, 복수 동사와 어울려 쓰이는 것은 (A)입니다.

18 Mr. Jones requested a meeting with the management before **(C) interviewing** the job applicants.
존스 씨는 일자리 지원자들의 면접을 보기 전에 경영진들과의 회의를 요청했다.
request 요청하다 | interview 면접을 보다 | job applicant 일자리 지원자

해설 before 뒤에 동사가 없으므로 이 문장에서 before는 전치사로 쓰였습니다. 따라서, 전치사 뒤에 명사인 (A), (B), (C)가 올 수 있는데 빈칸 뒤에 또 다른 명사가 목적어 역할을 하고 있으므로 동명사 (C)가 정답입니다.

19 The employee lounge on the third floor is temporarily closed for **(A) structural** repairs.
구조적 수리로 인해 3층 직원 휴게실은 잠시 문을 닫았다.
lounge 휴게실 | temporarily 임시로, 잠시 | structural 구조적인 | repair 수리, 보수

해설 전치사 for 뒤에 명사인 repairs가 있으므로 빈칸은 형용사 자리입니다. repair는 명사와 동사의 형태가 같은데, 문장의 동사 is closed가 있으므로 repairs를 명사로 보는 것이 맞습니다.

20 Ms. Roberta made a **(C) reservation** at the Hilton Hotel for the year-end party this month.
로베르타 씨는 이번 달 송년회 행사를 위해 힐튼 호텔에 예약했다.
make a reservation 예약하다 | year-end party 송년회

해설 한정사 a 뒤에는 명사가 와야 합니다. 또한 'make a reservation(예약하다)'이라는 표현을 외워두세요.

필수 공략하기 / 비법 ❶ 적용하기

본서 p. 160

1 providing　**2** expected　**3** dedicated　**4** change　**5** seeing

1 The company is committed to (provide / **providing**) the best service.
그 회사는 최고의 서비스를 제공하기 위해 헌신하고 있다.

해설 'be committed to doing(~에 헌신하다)'을 기억해두세요. 이때 to는 전치사입니다.

2 All members are (**expected** / devoted) to attend the meeting.
모든 멤버들은 회의에 참석할 것으로 예상된다.

해설 괄호 뒤의 형태가 「to + 동사원형」이므로 'be expected to do(~하도록 예상되다)'라는 표현이 정답입니다.

3 Mr. Jones is (expected / **dedicated**) to working for the company.
존스 씨는 회사를 위해 헌신하여 일하고 있다.

해설 괄호 뒤의 형태가 「to + doing」이므로 'be dedicated to doing(~하는 데 헌신하다)'이라는 표현이 정답입니다.

4 Our policy is subject to (**change** / changing).
우리 정책은 변경되기 쉽다.

해설 be subject to의 to는 전치사로 뒤에 명사만 옵니다.

5 We are looking forward to (see / **seeing**) you again.
우리는 당신을 다시 보길 기대하고 있습니다.

해설 'look forward to doing(~하는 것을 기대하다)'이라는 표현을 외워두세요.

필수 공략하기 / 비법 ❷&❸ 적용하기

본서 p. 161

1 recommended　**2** stay　**3** On　**4** installing　**5** purchase

1 He (**recommended** / hoped) using the new laptop.
그는 새로운 노트북을 쓸 것을 제안했다.

해설 괄호 뒤에 동명사인 using이 있으므로 뒤에 동명사를 취할 수 있는 동사 recommended가 정답입니다. hope는 뒤에 to부정사가 와야 합니다.

2 We wish to (**stay** / staying) at the coastal resort.
우리는 해안가 리조트에 머무는 것을 바란다.

해설 앞의 to는 to부정사이므로 뒤에 동사원형을 씁니다.

3 (**On** / At) arriving at the airport, please contact us.
공항에 도착하자마자, 저희에게 연락 주세요.

해설 'On doing(~하자마자)'이라는 표현을 기억해 두세요.

4 We have problems (to install / **installing**) a new program.
우리는 새로운 프로그램을 설치하는 데 어려움이 있다.

해설 'have a problem doing(~하는 데 어려움이 있다)'이라는 표현을 기억하세요.

5 Customers can (**purchase** / spend) some snacks at the cafeteria.
고객들은 구내식당에서 간식거리를 구매할 수 있다.

해설 동사 spend는 'spend 시간 / 돈 doing(~하는 데 시간 / 돈을 쓰다)' 형태로 쓰지만, 괄호 뒤에는 snacks가 있으므로 purchase가 정답입니다.

필수 문법 실전으로 훈련하기

본서 p. 162

| 1 (B) | 2 (A) | 3 (A) | 4 (D) | 5 (C) | 6 (B) | 7 (A) | 8 (C) | 9 (B) | 10 (D) |
| 11 (D) | 12 (A) | 13 (A) | 14 (A) | 15 (B) | 16 (C) | 17 (A) | 18 (B) | 19 (D) | 20 (C) |

---

1 We wish (**B**) **to apologize** for any inconvenience we may have caused you.
저희가 귀하께 끼친 불편에 대해 사과드리고 싶습니다.

apologize for ~을 사과하다 | inconvenience 불편 | cause 일으키다

해설 동사 wish 뒤에는 to부정사가 목적어로 올 수 있습니다. 'wish to do(~하는 것을 바라다)'라는 표현을 외워두세요.

2 We have been committed to (**A**) **providing** the best products and services to our clients.
저희는 고객들에게 최고의 제품과 서비스를 제공하는 데 헌신하고 있습니다.

be committed to doing ~하는 데 헌신하다 | client 고객

해설 빈칸 앞의 to는 전치사이므로 뒤에 동명사 (A)와 명사 (D)가 올 수 있으며, 빈칸 뒤에 목적어인 명사가 있으므로 동명사가 정답입니다. 'be committed to doing(~하는 데 헌신하다)'이라는 표현을 외워두세요.

3 The advertisement campaign is aimed at (**A**) **encouraging** travelers to visit the Jeju Island.
광고 캠페인은 여행객들이 제주도에 방문할 것을 장려하는 것을 겨냥했다.

advertisement 광고 | campaign 캠페인, 활동 | aim 목표로 하다, 겨냥하다 | encourage A to do A가 ~하도록 장려하다

해설 전치사 at 뒤에는 동명사 (A)와 명사 (D)가 올 수 있는데, 빈칸 뒤에 travelers라는 명사가 목적어 역할을 하고 있으므로 동명사가 정답입니다. 참고로, to부정사도 명사적 역할을 하지만 전치사 뒤에는 쓸 수 없습니다.

4 In addition to (**D**) **managing** a small business, Ms. White also acts as a career consultant.
화이트 씨는 작은 기업을 경영하는 것뿐만 아니라, 경력 상담가로서도 활동한다.

in addition to ~뿐만 아니라, 게다가 | manage 경영하다, 관리하다 | as ~로서 | career 경력

해설 빈칸 앞의 to는 전치사이므로 선택지 중 가능한 것은 동명사 (D)입니다. to는 전치사와 to부정사 두 가지 역할을 하므로 각 쓰임을 구별할 줄 알아야 합니다.

5 Our service center is dedicated to (**C**) **promptly** resolving any customer complaints.
저희 서비스 센터는 고객 불만을 즉시 해결하는 것에 헌신하고 있습니다.

be dedicated to doing ~하는 데 헌신하다 | promptly 즉시, 바로 | complaint 불평, 불만

해설 빈칸 앞의 to는 전치사이며, 뒤에 동명사인 resolving이 있으므로 빈칸은 동명사를 수식하는 부사 (C)가 적절합니다. 빈칸 뒤의 resolving을 보지 않고 명사 (A)를 고르지 않도록 주의하세요.

6 The newly appointed managers are **(B) committed** to changing the performance of the workers.
새로 임명된 매니저들은 직원들의 성과를 변화시키는 데 헌신한다.

appointed 임명된 | scheduled 예정된 | committed 헌신한 | expressed 표현된 | designed 설계된 | performance 성과

해설 빈칸에 알맞은 어휘를 묻는 문제입니다. 하지만 해석이 아닌 앞뒤의 구조와 어울려 쓰이는 것을 골라야 합니다. 빈칸 뒤의 to doing 형태와 어울려 쓰이는 (B)가 정답입니다. (A)와 (D)는 뒤에 to do의 형태가 와야 합니다.

7 Mr. Jones included charts and graphs in the report to **(A) keep** the manager's attention.
존스 씨는 매니저의 관심을 끌기 위해 보고서에 표와 그래프를 포함했다.

report 보고서 | keep the attention 관심을 끌다

해설 to는 전치사 혹은 to부정사로 쓰일 수 있으므로, 문맥상 적절한 것을 골라야 합니다. 먼저 to가 전치사라면 동명사인 (D)가, to부정사라면 동사원형인 (A)가 올 수 있으며, 해석상 '~하기 위해서'라는 의미가 자연스러우므로 to부정사의 부사적 역할로 쓰임을 알 수 있습니다.

8 The employees at Merkin's Department Store are **(C) dedicated** to providing excellent service to their customers.
머킨스 백화점의 직원들은 그들의 고객들에게 훌륭한 서비스를 제공하는 것에 헌신하고 있다.

department store 백화점 | excellent 훌륭한 | customer 고객

해설 'be dedicated to doing(~하는 것에 헌신하다)'이란 표현을 알고 있다면 정답이 (C)임을 쉽게 알 수 있습니다.

9 The newly appointed CEO is looking forward to **(B) joining** the company.
새로 임명된 대표 이사는 그 회사에 합류할 것을 기대하고 있다.

appointed 임명된 | look forward to doing ~하는 것을 기대하다 | join 합류하다

해설 'look forward to doing(~하는 것을 기대하다)'의 형태이므로 (B)가 정답입니다.

10 Mark Parker has decided **(D) to start** his own business after his retirement.
마크 파커는 은퇴 후에 자영업을 시작하기로 결정했다.

own 자신의 | retirement 은퇴

해설 동사 decide 뒤에는 to부정사가 와야 합니다.

11 Project Manager praised the **(D) dedication** of the employees who participated in the new building project.
프로젝트 매니저는 새로운 건설 프로젝트에 참여한 직원들의 헌신을 칭찬했다.

praise 칭찬하다 | dedication 헌신 | participate in ~에 참여하다

해설 the 뒤에는 명사가 와야 합니다.

12 Researchers spend **(A) time** testing the material for improvements.
연구원들은 개선을 위해 재료를 테스트하는 데 시간을 보낸다.

researcher 연구원 | time 시간 | need 요구 | idea 아이디어 | cause 원인 | material 재료 | improvement 개선, 증진

해설 알맞은 명사 어휘를 고르는 문제입니다. 단서는 앞에 동사 spend에 있습니다. spend는 뒤에 '시간, 돈'이 목적어로 쓰여야 하므로 선택지 중 '시간'인 (A)가 정답입니다.

13 Employees will receive **(A) compensation** for their overtime work.
직원들은 초과 근무에 대한 보상을 받을 것이다.

compensation 보상 | overtime work 초과 근무

해설 동사 will receive 뒤의 목적어 자리로 명사 (A)와 동명사 (D)가 올 수 있지만, 빈칸 뒤에 수식어인 전치사구가 있으므로 명사인 (A)가 정답입니다.

14 Han Engineering Co. will provide a free dinner to **(A) celebrate** its seventh anniversary.
한 엔지니어링 사는 제7회 창립 기념일을 축하하기 위해 무료 저녁을 제공할 것이다.

celebrate 축하하다 | anniversary 창립 기념일

해설 빈칸 앞의 to가 전치사 to라면 동명사 (C)와 명사 (D)가, to부정사라면 동사원형인 (A)가 올 수 있습니다. 이 중 '~하기 위해서'라는 해석이 자연스러우므로 부사적 역할로 쓰이는 to부정사가 정답입니다.

15 All employees enjoyed **(B) talking** to the newly appointed CEO.
전 직원들은 새로 임명된 대표 이사와 이야기 나누는 것을 즐겼다.

appointed 임명된

해설 동사 enjoy 뒤에는 동명사를 씁니다.

16 All passengers are required to **(C) present** a boarding pass to the flight attendant.

모든 승객은 비행 승무원에게 탑승권을 제시하도록 요구된다.

passenger 승객 | be required to do ~하도록 요구되다 | present 제시하다 | flight attendant 비행 승무원

해설 빈칸 앞의 to는 be required to do 표현의 일부이므로 to부정사입니다. 따라서, 뒤에는 동사원형인 (C)가 정답입니다.

17 To save energy, please turn off computers and monitors before **(A) leaving** the office.

에너지를 절약하기 위해서, 사무실을 떠나기 전에 컴퓨터와 모니터의 전원을 꺼주십시오.

save 절약하다 | turn off (전원을) 끄다 | leave 떠나다

해설 빈칸 앞의 before는 전치사로 쓰였으므로 동명사인 (A)가 정답입니다.

18 Mr. Cruise is used to **(B) working** during the weekend after three months of shift changes.

크루즈 씨는 교대 근무 변경 3개월 후 주말 동안 일하는 것에 익숙해졌다.

be used to doing ~하는 데 익숙하다 | during ~동안에 | shift 교대 근무

해설 빈칸 앞의 to는 전치사와 to부정사 모두 가능하므로 (A)와 (B)가 가능합니다. 해석상 '~하는 데 익숙하다'라는 의미이므로 동명사 (B)가 정답입니다. to부정사로 쓰이면 해석이 '~하는 데 사용되다'라는 의미입니다.

19 The president is considering **(D) relocating** the company headquarters to Toronto.

사장은 회사의 본사를 토론토로 이전하는 것을 고려 중이다.

president 사장 | consider 고려하다 | relocate A to B A를 B로 이전하다 | headquarters 본사

해설 be doing 동사 뒤에는 명사가 목적어로 와야 합니다. 선택지 중 명사 (B)와 명사 역할을 하는 to부정사 (A), 동명사 (D)가 정답 후보입니다. 명사를 넣으면 뒤에 또 다른 명사가 올 수 없어 정답이 될 수 없고, consider는 목적어로 동명사를 취하는 동사이므로 (D)가 정답입니다.

20 In an effort **(C) to ensure** compliance with national guidelines, we implement safety inspections every year.

국가의 지침을 준수하는 것을 확실히 하기 위한 노력으로, 우리는 안전 검사를 매년 실행한다.

in an effort to do ~하기 위한 노력으로 | ensure 확실히 하다 | compliance with ~의 준수 | national 국가의 | implement 실행하다 | inspection 검사

해설 명사 effort는 to부정사가 뒤에서 수식해줍니다.

독해로 끝내기

본서 p. 164

1 (A)　**2** (B)　**3** (B)　**4** (A)

1. (A) At the Edison Library, we value feedback from our patrons and do our best to accommodate any reasonable requests. Many library users have made complaints about the **2. (B) inadequate** number of computers available to the public. Fortunately, the board has approved funding for **3. (B) expanding** the computer area, and we add seven new computers to our branch. Also, there is increasing demand among users for learning computer programs. **4. (A) Therefore**, the library will be holding monthly workshops to meet the needs. These workshops will be offered free of charge to all library cardholders.

저희 에디슨 도서관에서는 단골들의 의견을 소중히 생각하며, 타당한 요구에 부응하는 것에 최선을 다하고 있습니다. 많은 도서관 사용자들이 대중들이 이용 가능한 컴퓨터의 수가 불충분하다고 항의를 했습니다. 다행히도 이사회는 컴퓨터 구역의 확장을 위한 자금을 승인했으며, 저희 지점에 7대의 새 컴퓨터가 추가합니다. 또한, 사용자 중에 컴퓨터 프로그램을 배우고자 하는 사용자들의 수요가 증가하고 있습니다. 그러므로, 도서관에서는 이러한 요구를 충족시켜 드리기 위해 매월 워크숍을 개최할 것입니다. 이 워크숍들은 도서관 카드 소지자 전원에게 무료로 제공될 것입니다.

문장 해석하기

(A) At the Edison Library, we value feedback from our patrons and do our best to accommodate any reasonable requests.
저희 에디슨 도서관에서는 단골들의 의견을 소중히 생각하며, 타당한 요구에 부응하는 것에 최선을 다하고 있습니다.

(B) We, the Edison Library, will soon close its door for about a year for a renovation.
저희 에디슨 도서관에서는 개조보수를 하기 위해 곧 약 1년 정도 문을 닫을 것입니다.

문장 분석하기

본서 p. 165

1 The factory employees (S) **are responsible for** (V) implementing the safety precaution (O).
공장 직원들은 안전 예방 조치를 수행할 책임이 있다.

2 [After carefully reviewing many résumés], we (S) **have chosen** (V) Mr. Jones (O) [as the regional manager].
많은 이력서를 꼼꼼히 검토한 후에, 우리는 존스 씨를 지역 매니저로 선택했다.

3 The coordinator's duty (S) **includes** (V) confirming a reservation (O) [for a catering service].
코디네이터의 업무는 음식 조달 서비스의 예약을 확인하는 것이 포함된다.

4 Corrections (S) [to the data] **are needed** (V) [in order to present the results] [at the world conference].
세계 학회에서 결과물을 발표하기 위해 자료 수정이 필요하다.

5 Ms. Roberta (S) **made** (V) a reservation (O) [at the Hilton Hotel] [for the year-end party] [this month].
로베르타 씨는 이번 달 송년회 행사를 위해 힐튼 호텔에 예약했다.

6 We (S) **have been committed to providing** (V) the best products and services (O) [to our clients].
저희는 고객들에게 최고의 제품과 서비스를 제공하는 데 헌신하고 있습니다.

7 Mr. Jones (S) **included** (V) charts and graphs (O) [in the report] [to keep the manager's attention].
존스 씨는 매니저의 관심을 끌기 위해 보고서에 표와 그래프를 포함했다.

8 The newly appointed C.E.O. (S) **is looking forward to joining** (V) the company (O).
새로 임명된 대표 이사는 그 회사에 합류할 것을 기대하고 있다.

9 Project Manager (S) **praised** (V) the dedication (O) [of the employees] [who participated in the new building project].
프로젝트 매니저는 새로운 건설 프로젝트에 참여한 직원들의 헌신을 칭찬했다.

10 The president (S) **is considering** (V) relocating the company headquarters (O) [to Toronto].
사장은 회사의 본사를 토론토로 이전하는 것을 고려 중이다.

준동사편 UNIT 13 분사

기초 다지기 / 비법 1&2 적용하기
본서 p. 168

1 revised 2 interested 3 accomplished 4 increasing 5 updated
6 comfortable 7 hesitant 8 recently 9 regularly 10 total

---

1 He submitted the (revise / **revised**) report to the manager.
그는 매니저에게 수정된 보고서를 제출했다.

해설 the와 명사 사이에는 형용사가 들어가야 합니다. revise는 동사이므로 들어갈 수 없고, -ed 형태의 과거분사는 형용사로 쓰이므로 정답입니다.

---

2 Mr. Hampton became (interest / **interested**) in international marketing.
햄튼 씨는 국제 마케팅에 관심을 갖게 되었다.

해설 2형식 자동사 become은 뒤에 보어로 형용사가 쓰이므로 interested가 정답입니다.

---

3 We invited many (accomplish / **accomplished**) instructors for the event.
우리는 행사에 많은 재능이 있는 강사들을 초대했다.

해설 문장에 동사 invited가 있으므로 동사인 accomplish는 들어갈 수 없고, instructors를 수식하는 형용사 역할의 과거분사 형태가 정답입니다.

---

4 There was an (increase / **increasing**) need for better regulations.
더 나은 규정을 위한 필요 증가가 있었다.

해설 an과 명사 need 사이의 형용사 자리입니다. 따라서 -ing 형태의 현재분사인 increasing이 정답입니다.

---

5 John found the weekly report (update / **updated**).
존은 주간 보고서가 업데이트된 것을 알았다.

해설 5형식 동사 find의 과거인 found가 쓰인 문장이므로 맨 끝에는 목적격 보어로 형용사인 updated가 적절합니다. 문맥상, 목적어인 the weekly report가 '업데이트된' 것입니다.

---

6 We bought very (comforted / **comfortable**) chairs for our meeting room.
우리는 회의실용으로 매우 편안한 의자를 구매했다.

해설 분사인 comforted도 형용사이지만, 원래 형용사인 comfortable이 우선으로 쓰입니다.

---

7 Dr. Carter was (**hesitant** / hesitated) to publish his study.
카터 박사는 그의 연구물을 출간하는 것을 망설였다.

해설 형용사인 hesitant가 분사 형용사인 hesitated보다 우선으로 쓰입니다.

---

8 He was the (recent / **recently**) appointed president.
그는 최근에 임명된 사장이다.

해설 the와 명사 president 사이의 appointed는 분사 형용사이므로 그 앞에는 부사가 수식합니다.

---

9 Other researchers can use the (regular / **regularly**) verified data.
다른 연구원들은 정기적으로 확인된 데이터를 사용할 수 있다.

해설 the와 명사 data 사이의 verified는 분사 형용사이므로 그 앞에는 부사가 수식합니다.

---

10 The (**total** / totaled) number of attendees at the seminar will be fifty.
세미나의 총참석자 수는 50명일 것이다.

해설 형용사인 total과 분사인 totaled 중 원래 형용사가 우선합니다.

기초 다지기 / 비법 ❸ 적용하기

본서 p. 169

1 installed	2 enclosed	3 proposed	4 inviting	5 required
6 attending	7 describing	8 attached	9 working	10 arriving

1 The newly (installing / **installed**) program will increase performance.
새로 설치된 프로그램은 성과를 높여줄 것이다.

해설 명사 program을 수식하고, 문맥상 프로그램이 무언가를 '설치하는' 것이 아니라 '설치된' 것을 의미하므로 과거분사인 installed가 정답입니다.

2 Mr. Cruise opened one of the (**enclosed** / enclosing) files.
크루즈 씨는 동봉된 파일 중 하나를 열었다.

해설 명사 files를 수식하며, 파일이 무언가를 '동봉하는' 것이 아닌, 이미 '동봉된' 것이므로 수동의 의미를 가진 과거분사 enclosed가 정답입니다.

3 The newly (**proposed** / proposing) regulation increased sales.
새로 제안된 규정이 매출을 증가시켰다.

해설 명사 regulation을 수식하며, 규정이 무언가를 '제안하는' 것이 아닌, '제안된' 것이므로 과거분사인 proposed가 정답입니다.

4 The (invited / **inviting**) atmosphere of the store will attract more customers.
상점의 매력적인 분위기는 더 많은 고객을 끌어모을 것이다.

해설 명사 atmosphere를 수식하며, 분위기는 '초대된' 것이 아니라, 누군가를 '초대하는'; 즉 '끌어들이는' 분위기이므로 현재분사인 inviting이 정답입니다.

5 All employees must finish the (**required** / requiring) course on time.
전 직원은 필수 과정을 시간을 어기지 않고 완료해야 한다.

해설 명사 course를 수식하며, 교육 과정이 무언가를 '요구하는' 것이 아니라, '요구된' 것이므로 과거분사인 required가 정답입니다.

6 Mr. Parker met the people (attended / **attending**) the seminar.
파커 씨는 세미나에 참석한 사람들을 만났다.

해설 명사 people을 뒤에서 수식하는 구조이며, 괄호 뒤에 명사인 the seminar가 있으므로 attending이 정답입니다.

7 This is the e-mail (described / **describing**) the project details.
이것은 프로젝트 세부 사항을 설명하는 이메일이다.

해설 명사 the e-mail을 수식하며, 괄호 뒤에 명사인 the project details가 있으므로 현재분사인 describing이 정답입니다.

8 The file (**attached** / attaching) in this e-mail should be revised.
이 이메일에 첨부된 파일은 수정되어야 한다.

해설 괄호부터 e-mail까지는 주어와 동사 사이에서 주어 The file을 수식하는 구조입니다. 또한, 괄호 뒤에는 명사가 없고 수식어인 전명구가 있으므로 과거분사인 attached가 정답입니다.

9 Researchers (worked / **working**) at the laboratory must wash their hands thoroughly.
실험실에서 일하는 연구원들은 손을 꼼꼼히 씻어야만 한다.

해설 괄호부터 laboratory까지는 주어와 동사 사이에서 주어인 Researchers를 수식하는 구조입니다. 괄호 뒤에 전명구가 있으나 1형식 자동사인 work는 수동 형태가 없으므로 과거분사 형태가 아닌 현재분사 working이 정답입니다.

10 The flights (arrived / **arriving**) at the airport need to be inspected.
공항에 도착하는 비행기들은 점검받을 필요가 있다.

해설 괄호 이하는 주어와 동사 사이에서 주어인 The flights를 수식하는 구조입니다. 괄호 뒤에 명사가 없지만, 1형식 자동사인 arrive는 수동 형태가 없으므로 과거분사 형태가 아닌 현재분사 arriving이 정답입니다.

기초 문법 실전으로 훈련하기

본서 p. 170

1 (C)	2 (D)	3 (B)	4 (B)	5 (B)	6 (D)	7 (C)	8 (C)	9 (D)	10 (C)
11 (C)	12 (D)	13 (C)	14 (B)	15 (B)	16 (A)	17 (C)	18 (D)	19 (D)	20 (A)

1 The **(C) estimated** prices of the new device are very appealing to the customers.

새로운 기기의 추정된 가격은 고객들에게 매우 매력적이다.

estimate 추정하다 | device 기기, 장치 | appealing 매력적인

해설 빈칸은 the와 명사 사이의 형용사 자리이므로 선택지에서 형용사는 분사 형태인 (B)와 (C)입니다. 수식 받는 명사 prices는 무언가를 '추정하는' 것이 아닌 누군가에 의해 '추정된' 것이므로 과거분사인 (C)가 정답입니다.

---

2 Before **(D) announcing** the award winners, we would like to thank our sponsors and donors.

수상자를 발표하기 전에, 저희는 후원자와 기부자들께 감사드리고 싶습니다.

announce 발표하다 | award winner 수상자 | would like to do ~하고 싶다 | donor 기부자

해설 Before 뒤에 동사가 없으므로 Before는 전치사로 쓰였으며, 전치사 뒤에는 명사와 동명사가 오므로 (C)를 제외한 나머지 선택지가 가능합니다. 또한, 빈칸 뒤에 목적어가 있으므로 동명사인 (D)가 정답입니다. (D)는 동명사와 분사의 형태가 같아서 혼동될 수 있으니 빈칸이 어떤 자리인지 파악하는 것이 중요합니다.

---

3 Linko is an online store **(B) selling** various office supplies for businesses.

린코는 사업체들을 위해 다양한 사무용품을 판매하는 온라인 상점이다.

sell 판매하다 | various 다양한 | office supplies 사무용품

해설 store까지 완전한 2형식 문장이며, 빈칸 이하가 바로 앞의 명사 store를 수식하는 구조입니다. 동사인 (A)와 (C)를 제외하고, (B)와 (D)는 형용사 역할로 앞을 수식하는 분사로 봅니다. 뒤에서 앞의 명사를 수식할 때는, 뒤에 목적어인 명사가 있으면 현재분사를, 없으면 과거분사를 선택합니다. 빈칸 뒤에 various office supplies라는 명사가 있으므로 현재분사 (B)가 정답입니다.

---

4 Mr. Reed received a **(B) revised** report about the upcoming event from his assistant.

리드 씨는 그의 비서로부터 곧 있을 행사에 대한 수정된 보고서를 받았다.

revise 수정하다 | upcoming 곧 있을 | assistant 비서

해설 a와 명사 report 사이는 형용사 자리로 (B)와 (C)가 정답 후보입니다. 수식을 받는 명사 report가 무언가를 '수정하는' 것이 아닌, '수정된' 것이므로 과거분사 (B)가 정답입니다.

---

5 Due to severe weather conditions, the building construction has been temporarily **(B) suspended**.

좋지 못한 날씨 상태 때문에, 건물 공사는 잠시 중단되어 오고 있다.

due to ~때문에 | severe 심한 | construction 공사, 건설 | temporarily 잠시, 임시로 | suspend 중단시키다

해설 빈칸 앞의 부사는 수식어이며, has been 뒤에 알맞은 형태를 고르는 문제입니다. 선택지에서 가능한 것은 과거분사 (B)와 현재분사 (C)입니다. 빈칸 뒤에 목적어가 없으므로 수동 형태인 과거분사 (B)가 정답입니다.

---

6 The terms and conditions **(D) outlined** in this contract are agreed by both parties.

이 계약서에 요약된 조건들은 양측 당사자들에 의해 합의가 되었다.

terms and conditions (계약) 조건 | outline 요약하다 | contract 계약서 | party 당사자

해설 빈칸부터 contract까지는 앞의 주어를 수식하는 형용사 역할을 합니다. 따라서, 선택지 중 분사인 (B)와 (D)가 정답 후보입니다. 뒤에 in this contract는 수식어이므로 과거분사인 (D)가 정답입니다.

---

7 Customers **(C) using** Metro Department Store are satisfied with their quality service.

메트로 백화점을 사용하는 고객들은 그들의 고품질 서비스에 만족한다.

department store 백화점 | be satisfied with ~에 만족하다

해설 빈칸부터 Store까지는 앞의 주어를 수식하는 형용사 역할을 합니다. 따라서, 선택지 중 분사인 (B)와 (C)가 정답 후보입니다. 빈칸 뒤에 목적어인 명사가 있으므로 현재분사인 (C)가 정답입니다.

준동사편 / UNIT 13 분사 115

8 Patrick Technologies, now **(C) operating** all over the world, was established in the 1970s.
현재 전 세계적으로 운영 중인 패트릭 테크놀로지는 1970년대에 설립되었다.
operate 운영하다 | all over the world 전 세계적으로

해설 now부터 world까지가 주어와 동사 사이의 수식어이므로 동사의 형태인 (A), (B), (D)는 들어갈 수 없습니다. doing 형태는 동명사와 분사 두 가지 형태가 가능하지만, 이 경우는 수식어 역할을 하므로 분사입니다.

9 All members of board are appointed on a **(D) rotating** biannual basis.
이사회 전원은 교대로 6개월에 한 번씩 임명된다.
board 이사회 | appoint 임명하다 | rotate 교대로 하다 | biannual 일 년에 두 번

해설 「a + ------- + 형용사 + 명사」의 구조로 빈칸은 뒤의 형용사를 수식하는 부사나, 명사를 수식하는 형용사 자리입니다. 선택지 중 부사가 없으므로 형용사인 현재분사 (D)가 정답입니다.

10 Please send the **(C) completed** application to our personnel department by June 15.
6월 15일까지 저희 인사 부서로 작성된 지원서를 보내주십시오.
complete 작성하다 | application 지원서 | personnel 인사부

해설 the와 명사 application 사이의 형용사 자리입니다. 수식을 받는 application은 '작성된' 것이므로 과거분사인 (C)가 정답입니다.

11 Last Saturday, Ace Pharmaceuticals held a special ceremony **(C) honoring** its founders.
지난 토요일, 에이스 제약은 설립자를 기념하는 특별 행사를 개최했다.
pharmaceuticals 제약 회사 | hold 개최하다 | ceremony 식 | honor 기념하다 | founder 설립자

해설 동사 held를 기준으로 앞에 주어와 뒤에 목적어인 ceremony까지 완전한 문장입니다. 따라서, 빈칸 이하는 수식어구이며, 앞의 명사인 ceremony를 수식합니다. 명사를 수식하는 형용사는 과거분사 (B)와 현재분사 (C)가 있으며, 뒤에 목적어가 있으므로 (C)가 정답입니다.

12 All gifts bought within this week will be wrapped in a **(D) brightly** colored paper.
이번 주 내에 구매된 모든 선물은 밝은색의 종이에 포장될 것입니다.
wrap 포장하다 | brightly 밝게

해설 「a + ------- + 형용사 + 명사」의 구조로 빈칸은 바로 뒤의 분사 형용사를 수식하는 부사 자리입니다. 분사는 형용사 역할을 하므로 부사가 수식합니다.

13 We are creating a **(C) professionally** designed Web site to attract more customers.
우리는 더 많은 고객을 유치하기 위해 전문적으로 디자인된 웹사이트를 만들고 있다.
create 만들다 | professionally 전문적으로 | attract 유치하다. 유인하다

해설 「a + ------- + 형용사 + 명사」의 구조로 빈칸은 바로 뒤의 분사 형용사를 수식하는 부사 자리입니다. 분사는 형용사 역할을 하므로 부사가 수식합니다.

14 It is important to clean all manufacturing equipment on a **(B) regular** basis.
모든 제조 장비들을 정기적으로 청소하는 것은 중요하다.
manufacturing 제조 | equipment 장비 | regular 정기적인

해설 「a + ------- + 명사」의 구조로 빈칸은 뒤의 명사를 수식하는 형용사 자리입니다. 선택지에 분사가 없으므로 일반 형용사인 (B)가 정답입니다.

15 Melinda Amen received an outstanding **(B) evaluation** from her supervisor.
멜린다 아멘은 그녀의 상사로부터 훌륭한 평가를 받았다.
outstanding 훌륭한, 뛰어난 | evaluation 평가 | supervisor 상사, 감독관

해설 「an + 형용사 + -------」의 구조로 명사 자리입니다. 앞의 outstanding은 현재분사 형태의 형용사라는 것을 알아두세요.

16 Some employees **(A) working** in the accounting department will transfer to another branch next month.
회계 부서에서 일하는 몇몇 직원들은 다음 달에 다른 지사로 전근 갈 것이다.
accounting 회계 | transfer to ~로 전근 가다 | branch 지점, 지사

해설 빈칸부터 department까지는 앞의 주어를 수식하는 형용사 역할을 합니다. 따라서, 선택지 중 형용사 역할을 하는 (A)가 정답입니다. 자동사 work는 과거분사인 worked의 형태가 없습니다.

17 The Julian Art Center invites a number of **(C) accomplished** artists to this region.
줄리언 아트 센터는 많은 재능 있는 예술가들을 지역에 초대했다.
invite 초청하다 | a number of 많은 | accomplished 재능 있는 | region 지역

해설 「전치사 + ------- + 명사」 구조로, 뒤의 명사를 수식하는 형용사 자리이며, 선택지에서 형용사로 쓰일 수 있는 것은 과거분사 형태의 (C)뿐입니다.

18 The newly appointed members of the board are committed to **(D) protecting** the environment.
새로 임명된 이사회원들은 환경을 보호하는 데 헌신하고 있다.
appointed 임명된 | board 이사회 | be committed to doing ~하는 데 헌신하다 | protect 보호하다 | environment 환경

해설 빈칸 앞의 to는 전치사로 명사 (B)와 동명사 (D)가 올 수 있습니다. 이때 빈칸 뒤에 목적어인 명사가 있으므로 (D)가 정답입니다. 'be committed to doing(~하는 데 헌신하다)'이라는 표현을 외워두세요.

19 In your résumé, please include some examples of your work-related **(D) accomplishments**.
당신의 이력서에, 당신의 업무 관련 성과들의 몇몇 예시를 포함해 주십시오.
résumé 이력서 | example 예시 | work-related 업무 관련된 | accomplishment 성과, 업적

해설 빈칸은 소유격 your 뒤의 명사 자리인 동시에 work-related라는 분사 형태 형용사의 수식을 받는 명사 자리입니다.

20 Shoppers are not recommended to go out as there is an **(A) approaching** storm.
쇼핑객들은 접근 중인 폭풍 때문에 밖으로 나가는 것이 추천되지 않습니다.
recommend 추천하다 | approach 접근하다 | storm 폭풍

해설 an과 명사 storm 사이의 형용사 자리로, 현재분사 (A)와 과거분사 (B)가 정답 후보입니다. 둘 중 폭풍은 '접근하는' 것이므로 현재분사인 (A)가 정답입니다.

필수 공략하기 / 비법 ❶ 적용하기

본서 p. 172

1 satisfied **2** interesting **3** excited **4** overwhelming **5** distracting

1 The manager was (satisfying / **satisfied**) with Mr. Jones' outstanding performance.
매니저는 존스 씨의 훌륭한 성과에 만족했다.

해설 was 뒤에 보어 자리로 주어가 사람인 The manager이므로 과거분사 satisfied가 정답입니다. 'be satisfied with(~에 만족하다)'라는 표현을 외워두세요.

2 Employees found the training seminar (**interesting** / interested).
직원들은 교육 세미나가 흥미롭다는 것을 알았다.

해설 find의 과거인 found가 쓰인 5형식 문장입니다. 괄호는 목적 보어 자리로 목적어는 사물인 seminar이므로 interesting이 정답입니다. 주어인 Employees를 보고 interested를 고르지 않도록 주의하세요.

3 A stay at the Sunset Hotel will make visitors (exciting / **excited**) about its view.
썬셋 호텔에서의 체류는 방문객들이 경치로 인해 기분이 좋아지게 해줄 것이다.

해설 동사 will make가 쓰인 5형식 문장입니다. 목적어가 사람인 visitors이므로 과거분사인 excited가 적절합니다.

4 The company experienced an (**overwhelming** / overwhelmed) success this year.
그 회사는 올해 엄청난 성공을 경험했다.

해설 명사 success를 수식하는 자리입니다. 사물을 수식하므로 overwhelming이 정답입니다.

5 Too many pictures and charts were (**distracting** / distracted).
너무 많은 그림과 표들은 산만했다.

해설 were 뒤의 보어 자리로, 주어가 사물인 pictures and charts이므로 현재분사인 distracting이 정답입니다.

필수 공략하기 / 비법 ❷ 적용하기

본서 p. 173

1 preferred **2** appealing **3** leading **4** remaining **5** experienced

1 Taxies are the (preferring / **preferred**) means for business people.
택시는 사업가들에게 선호되는 수단이다.

해설 분사 preferred는 한 가지 형태로만 쓰입니다.

2 The design of the new building is (**appealing** / appealed).
새로운 건물 디자인은 매력적이다.

해설 분사 appealing은 한 가지 형태로만 쓰입니다.

3 DMZ Manufacturing is a (**leading** / led) company in the region.
DMZ 제조사는 이 지역에서 선도적인 회사이다.

해설 분사 leading은 한 가지 형태로만 쓰입니다.

4 Mr. Jacob should finish the (**remaining** / remained) work by himself.
제이컵 씨는 남은 일을 혼자서 마쳐야 한다.

해설 분사 remaining은 한 가지 형태로만 쓰입니다.

5 The company hired many (experiencing / **experienced**) employees.
그 회사는 많은 숙련된 직원을 고용했다.

해설 분사 experienced는 한 가지 형태로만 쓰입니다.

필수 문법 실전으로 훈련하기

본서 p. 174

1 (D) **2** (B) **3** (C) **4** (D) **5** (C) **6** (C) **7** (A) **8** (A) **9** (C) **10** (D)
11 (C) **12** (B) **13** (C) **14** (C) **15** (A) **16** (A) **17** (A) **18** (B) **19** (D) **20** (D)

1 The newly released product achieved an **(D) overwhelming** success in the market.
새로 출시된 제품은 시장에서 엄청난 성공을 거두었다.
released 출시된 | overwhelm 압도하다. 제압하다 | success 성공

해설 빈칸은 뒤의 명사 success를 수식하는 형용사 자리이며, 선택지에서 분사인 (B)와 (D)는 감정 동사인 overwhelm에서 파생된 형용사입니다. 명사 success는 감정을 '일으키는' 주체이므로 현재분사인 (D)가 정답입니다.

2 The vice president visited the **(B) proposed** site for the new factory.
부사장은 새로운 공장을 위해 제안된 장소를 방문했다.
vice president 부사장 | propose 제안하다 | site 부지, 장소 | factory 공장

해설 the와 명사 site 사이의 형용사 자리로, site가 무엇을 '제안하는' 것이 아니라 '제안된' 곳이므로 과거분사인 (B)가 정답입니다.

3 Anyone **(C) interested** in the marketing director position should contact our HR team.
마케팅 부장직에 관심이 있는 사람은 누구나 저희 인사팀으로 연락하십시오.
anyone 누구나 | interest 흥미 / 관심을 일으키다 | director 부장 | contact 연락하다

해설 감정 동사 interest는 감정을 일으키는 대상에는 현재분사인 (D)가, 감정을 느끼는 대상에는 과거분사인 (C)가 쓰입니다. 빈칸 이하는 앞의 주어인 Anyone을 수식하며, 사람은 감정을 느끼므로 (C)가 정답입니다.

4 The management agreed that Ms. Park was the most qualified **(D) applicant** for the manager position.
경영진은 박 씨가 매니저 직책에 가장 자격을 갖춘 지원자라는 데 동의했다.
management 경영진 | qualified 자격을 갖춘 | application 지원서 | applicant 지원자

해설 빈칸은 명사 자리이며, 앞의 qualified가 '자격을 갖춘'의 의미로 사람을 수식하므로 명사 (C)와 (D) 중 사람 명사인 (D)가 정답입니다.

5 The All For You Computec is one of the **(C) leading** suppliers of computer equipment in the area.
올 포 유 컴퓨테크는 이 지역의 컴퓨터 장비의 선도적인 공급 업체 중의 하나이다.
leading 선도적인 | supplier 공급 업체 | equipment 장비

해설 명사 suppliers를 수식하며, 현재분사 한 가지 형태로만 쓰이는 (C)가 정답입니다. 한 가지 형태로만 쓰이는 분사들을 꼭 외워두세요.

6 You can take advantage of our clearance sale for a **(C) limited** time only.
제한된 시간에만 저희 재고 정리 세일을 이용하실 수 있습니다.
take advantage of ~을 이용하다 | clearance sale 재고 정리 | limited 제한된

해설 명사 time을 수식하며, 과거분사 한 가지 형태로만 쓰이는 (C)가 정답입니다.

7 The online Web sites are becoming the **(A) preferred** means of communication with other people.
온라인 웹사이트는 다른 사람들과의 의사소통에 선호되는 수단이 되고 있다.
means 수단, 방법 | communication 의사소통

해설 명사 means를 수식하며, 과거분사 한 가지 형태로만 쓰이는 (A)가 정답입니다. 빈칸 뒤의 means는 복수 형태의 명사로 쓰인다는 것을 참고로 알아두세요.

8 The newly proposed regulation was effective from the **(A) preceding** year.
새로 제안된 규정은 이전 해부터 효력이 있었다.
regulation 규정 | effective 시행하는, 발효하는 | preceding 이전의

해설 명사 year를 수식하며, 현재분사 한 가지 형태로만 쓰이는 (A)가 정답입니다.

9 The researchers summarized the test results in the **(C) attached** file.
연구원들이 첨부된 파일에 실험 결과들을 요약해두었다.
researcher 연구원 | summarize 요약하다 | result 결과 | attach 첨부하다

해설 명사 file을 수식하는 형용사 자리로 선택지에는 과거분사만 있으므로 (C)가 정답입니다. (D)의 to 부정사도 형용사 역할로 쓰일 수 있으나 명사를 뒤에서만 수식하므로 답이 될 수 없습니다.

10 Employees without **(D) written** permission are not allowed to use the company facilities.
서면 허가가 없는 직원들은 회사 시설들을 이용하는 것이 허가되지 않는다.
permission 허가 | be allowed to do ~하도록 허가되다 | facility 시설

해설 전치사 without과 명사 permission 사이의 형용사 자리에 쓰일 수 있는 것은 과거분사인 (D)뿐입니다. 참고로, written은 과거분사 형태로만 쓰이는 분사라는 것도 알아두세요.

11 Trains are preferred **(C) means** for shipping coal provided by Stoic Mines.
스토익 마인스에 의해 제공된 석탄을 배송하는 데 선호되는 수단은 기차이다.
strategy 전략 | media 매체 | provider 제공 업체 | coal 석탄 | provide 제공하다

해설 분사 형용사인 preferred의 수식을 받으며, 문맥상 적절한 명사를 고르는 어휘 문제입니다. 'preferred means(선호되는 수단)'라는 표현을 꼭 기억하세요.

12 Department manager, Andrew Martin, presented an **(B) innovative** marketing plan to the chief executive officer.
부서장인 앤드루 마틴은 대표 이사에게 혁신적인 마케팅 계획을 발표했다.
department 부서 | present 발표하다 | innovative 혁신적인 | marketing 마케팅 | chief executive officer(= CEO) 대표 이사

해설 「an + ------ + 명사 + 명사」 구조로, 복합 명사를 수식하는 형용사 자리입니다. 분사 형태가 없으므로 기본 형용사가 정답입니다. 참고로, marketing은 명사이며, 분사로 보고 빈칸에 부사를 고르지 않도록 주의하세요.

13 The marketing team wrote a **(C) detailed** advertising plan for the new product.
마케팅팀은 신제품에 대해 자세한 광고 계획을 작성했다.
detailed 자세한 | advertising 광고

해설 「a + ------ + 명사 + 명사」 구조로, 복합 명사를 수식하는 형용사 자리입니다. 분사 (C)와 (D) 중 한 가지 형태로만 쓰이는 (C)가 정답입니다. 참고로, 부서 이름인 advertising은 분사가 아닌 명사라는 것에 주의하세요.

14 Despite the new regulation, employees' performances have been very **(C) disappointing**.
새로운 규정에도 불구하고, 직원들의 성과는 매우 실망스럽다.
despite ~에도 불구하고 | performance 성과 | disappoint 실망을 주다

해설 disappoint는 감정 동사로 빈칸은 have been 뒤에서 주어를 보충하는 보어 자리입니다. 따라서, 형용사 (B)와 (C) 중, 사물 주어인 performances와 어울려 쓰이는 것은 현재분사인 (C)입니다.

15 Pierson Tech Inc. has several **(A) experienced** technicians in the maintenance team.
피어슨 테크 사는 유지보수팀에 몇몇 숙련된 기술자를 보유하고 있다.
experienced 숙련된 | technician 기술자 | maintenance 유지보수

해설 명사 technicians를 수식하는 형용사 자리이며, (A)와 (B) 중 한 가지 형태로만 쓰이는 (A)가 정답입니다.

16 (A) Rising prices of the new hybrid cars have reduced sales figures in Han Car.
새로운 하이브리드 자동차의 증가하는 가격은 올해 한 카의 자동차 매출 수치를 감소시켰다.
reduce 줄이다, 감소시키다 | sales figures 매출 수치

해설 빈칸 뒤의 명사 prices를 수식하는 것은 현재분사로만 쓰이는 (A)가 정답입니다. 자동사인 rise는 과거분사 형태로 쓰지 않습니다.

17 Since 1960, T. Motors has become a **(A) leading** manufacturer of hybrid trucks.
1960년부터 T 모터스는 하이브리드 트럭의 선도적인 제조 업체가 되어 오고 있다.
manufacturer 제조 업체

해설 빈칸 뒤의 명사 manufacturer를 수식하며, 문맥상 자연스러운 것은 '선도하는'이라는 의미의 (A)입니다.

18 Team members at the sales department were **(B) disappointed** with their sales figures.
영업 부서의 팀원들은 그들의 매출 수치에 실망했다.
sales figures 매출 수치

해설 동사 disappoint는 감정 동사이며 were 뒤의 보어 자리에 들어가는 것은 형용사인 (B)와 (C)입니다. were의 주어가 사람인 Team members이며, 감정을 '느끼게' 되므로 과거분사인 (B)가 정답입니다.

19 Some customers seem **(D) hesitant** to leave suggestions about our service.
일부 고객은 우리 서비스에 대해 의견을 남기는 것을 꺼리는 것처럼 보인다.
seem ~인 것처럼 보이다 | hesitant 꺼리는 | leave 남기다 | suggestion 제안, 의견

해설 2형식 자동사 seem의 보어 자리에 들어갈 형용사를 찾는 문제로, 분사 (A)와 기본 형용사 (D)가 정답 후보입니다. 분사와 형용사 중에서는 원래 형용사가 우선 쓰입니다.

20 FunTours.com will send you the **(D) updated** travel itinerary once you confirm the departure date.
펀투어스 닷컴은 당신이 출발 날짜를 확정하면 업데이트된 여행 일정표를 보내줄 것입니다.
itinerary 여행 일정표 | once 일단 ~하고 나서 | confirm 확인하다, 확정하다 | departure 출발

해설 빈칸은 뒤의 명사 travel itinerary를 수식하며, 여행 일정표는 '업데이트된' 것이므로 과거분사가 정답입니다.

독해로 끝내기   본서 p. 176
1 (B)   2 (B)   3 (B)   4 (A)

To: Cindy Snively <c.snively@firstinteriors.net>
From: Greg Morgan <g.morgan@hammildistribution.com>
Date: April 19th
Subject: Interior design services

수신: 신디 스니블리 <c.snively@firstinteriors.net>
발신: 그레그 모건 <g.morgan@hammildistribution.com>
날짜: 4월 19일
제목: 인테리어 디자인 서비스

Dear Ms. Snively,

I attended the Warson Interior Design Trade Show last week, and I found your presentation on developing space-efficient layouts very 1. **(B) interesting**. My company has planned to improve the working environment for employees, and we will be 2. **(B) undergoing** renovations next month. I think that implementing your methods would be useful. 3. **(B) So, would it be possible for you to visit my office?** I'd love to hear your recommendations 4. **(A) as** I give you a full tour. Please let me know if your schedule allows you.

Sincerely,

Greg Morgan

스니블리 씨께,

저는 지난주 워슨 인테리어 디자인 박람회에 참석했으며, 공간 효율적인 배치를 만드는 것에 대한 귀하의 프레젠테이션이 매우 흥미로웠습니다. 우리 회사는 직원들의 근무 환경을 개선하려고 계획하고 있으며, 다음 달에 개조 공사를 받을 것입니다. 저는 귀하의 방식을 시행하는 것이 유용할 것으로 생각합니다. 그래서, 우리 사무실에 방문해주실 수 있습니까? 저는 전체 투어를 해드리면서 귀하의 추천 사항을 듣고 싶습니다. 일정이 되시는지 알려주십시오.

그레그 모건 드림

문장 해석하기

(A) So, can you send us an estimate for the renovation?
그래서, 개조보수에 대한 견적서를 저희에게 보내주실 수 있을까요?

(B) So, would it be possible for you to visit my office?
그래서, 우리 사무실에 방문해주실 수 있습니까?

문장 분석하기

본서 p. 177

1 The estimated prices [of the new device] **are** [very] appealing [to the customers].
　　　　S　　　　　　　　　　　　　　V　　　　　C
새로운 기기의 추정된 가격은 고객들에게 매우 매력적이다.

2 Linko **is** an online store [selling various office supplies] [for businesses].
　S　　V　　　C
린코는 사업체들을 위해 다양한 사무용품을 판매하는 온라인 상점이다.

3 [Due to severe weather conditions], the building construction **has been** [temporarily] **suspended**.
　　　　　　　　　　　　　　　　　　　　　　S　　　　　　　V
좋지 못한 날씨 상태 때문에, 건물 공사는 잠시 중단되어 오고 있다.

4 The terms and conditions [outlined in this contract] **are agreed** [by both parties].
　　　　S　　　　　　　　　　　　　　　　　　　V
이 계약서에 요약된 조건들은 양측 당사자들에 의해 합의가 되었다.

5 All gifts [bought within this week] **will be wrapped** [in a brightly colored paper].
　S　　　　　　　　　　　　　　　　V
이번 주 내에 구매된 모든 선물은 밝은색의 종이에 포장될 것입니다.

6 The newly released product **achieved** an overwhelming success [in the market].
　　　　S　　　　　　　V　　　　　　O
새로 출시된 제품은 시장에서 엄청난 성공을 거두었다.

7 Anyone [interested in the marketing director position] **should contact** our HR team.
　S　　　　　　　　　　　　　　　　　　　　　　V　　　　　　O
마케팅 부장직에 관심이 있는 사람은 누구나 저희 인사팀으로 연락하십시오.

8 Trains **are** preferred means [for shipping coal] [provided by Stoic Mines].
   S   V   C

스토익 마인스에 의해 제공된 석탄을 배송하는 데 선호되는 수단은 기차이다.

9 [Despite the new regulation], employees' performances **have been** [very] disappointing.
                                  S   V   C

새로운 규정에도 불구하고, 직원들의 성과는 매우 실망스럽다.

10 Rising prices [of the new hybrid cars] **have reduced** sales figures [in Han Car].
       S   V   O

새로운 하이브리드 자동차의 증가하는 가격은 올해 한 카의 자동차 매출 수치를 감소시켰다.

준동사편 Review Test 03

Review Test 03
본서 p. 178

| 1 (D) | 2 (C) | 3 (D) | 4 (C) | 5 (C) | 6 (A) | 7 (B) | 8 (D) | 9 (C) | 10 (C) |
| 11 (C) | 12 (B) | 13 (A) | 14 (B) | 15 (D) | 16 (C) | 17 (A) | 18 (C) | 19 (D) | 20 (B) |

1 The company considered **(D) changing** the marketing strategies because of decreasing profits.
그 회사는 감소하는 이익 때문에 마케팅 전략을 변경하는 것을 고려했다.
strategy 전략 | decreasing 감소하는 | profit 이익

해설 동사 considered의 목적어 자리이므로 명사 역할을 하는 동명사 (D)가 들어가야 합니다. 동사 consider는 목적어로 동명사를 취하는 동사이므로 'consider doing(~하는 것을 고려하다)'으로 외워두세요.

2 When you go on a business trip, please send a written **(C) confirmation** to your manager.
출장 갈 때, 당신의 매니저에게 서면 확인서를 보내주세요.
go on a business trip 출장 가다 | written 서면의 | confirmation 확인서

해설 빈칸은 a 뒤에서 분사 형용사 written의 수식을 받는 명사 자리입니다. 참고로, 동명사로 쓰일 수 있는 (B)는 a 뒤에 쓰일 수 없으며 형용사가 아닌 부사의 수식을 받아야 합니다.

3 **(D) Satisfied** customers visit the store often and purchase new products.
만족한 고객들은 상점에 자주 방문하고 신제품들을 구매한다.
satisfied 만족한 | often 자주, 종종 | purchase 구매하다

해설 선택지는 감정 동사 'satisfy(만족시키다)'의 다양한 형태입니다. 먼저 빈칸은 뒤의 주어인 명사를 수식하는 형용사 자리로, 분사 형태인 (B)와 (D)가 적절합니다. 감정 동사의 경우 과거분사는 '감정을 느끼는'이란 의미가 되어 사람 명사와 어울려 쓰이고, 현재분사는 '감정을 일으키는'이란 의미가 되어 사물 명사와 어울려 쓰입니다. 빈칸 뒤의 명사는 사람이므로 (D)가 정답입니다.

4 We are dedicated to **(C) supplying** office supplies at a reasonable price to our customers.
저희는 고객들에게 알맞은 가격에 사무용품들을 제공하는 데 전념하고 있습니다.
be dedicated to doing ~하는 데 전념하다 / 헌신하다 | supply 공급하다 | office supplies 사무용품 | reasonable 알맞은, 합리적인

해설 빈칸 앞의 to는 전치사로 뒤에 명사나 동명사를 씁니다. 명사 (A)와 동명사 (C) 중 빈칸 뒤에 목적어로 명사가 또 나오므로 동사의 성격을 가진 동명사 (C)가 정답입니다. 'be dedicated to doing(~하는 데 전념하다)'이라는 표현을 외워두세요.

5 In order to **(C) place** an order, you should click the "order" button below.
주문하기 위해서는, 아래 "주문" 버튼을 클릭하세요.
in order to do ~하기 위해서 | place an order 주문하다 | below 아래

해설 빈칸 앞의 to는 'in order to do(~하기 위해서)'라는 to부정사의 부사적 쓰임의 표현입니다. 따라서, 뒤에 동사원형인 (C)가 적절합니다.

6 We advise you to refrain from **(A) recording** the performance at the theater.
저희는 여러분이 극장에서 공연을 녹음하는 것을 삼가실 것을 권합니다.
advise A to do A가 ~하도록 조언하다 | refrain from ~을 삼가다 | performance 공연

해설 전치사 from 뒤에는 명사나 동명사가 올 수 있습니다. 선택지에서 명사이자 동사인 (B)와 동명사 (A)가 정답 후보입니다. 둘 중 빈칸 뒤에 또 다른 명사를 목적어로 취할 수 있는 것은 동사의 성격이 있는 동명사 (A)입니다.

7 LIFE Co. Ltd. is a globally **(B) recognized** corporation in the science field.
라이프 사는 과학 분야에서 세계적으로 인정받은 회사이다.
globally 세계적으로 | recognize 인정하다 | corporation 회사 | field 분야

해설 「a + 부사 + ------- + 명사」의 구조로 형용사가 들어가야 합니다. 선택지에서 형용사는 동사 (A)를 분사로 만든 (B)와 (C)가 있으며, 둘 중 해석상 corporation이 '인정하는' 것이 아닌 '인정받은' 것이므로 과거분사인 (B)가 정답입니다.

8 It is necessary **(D) for** all participants at the seminar to complete the survey.
세미나의 모든 참여자가 설문 조사를 작성할 필요가 있다.
necessary 필요한 | participant 참여자 | complete 작성하다

해설 가주어 It으로 시작하고, to complete 이하가 진주어인 문장입니다. 따라서, 빈칸은 뒤의 명사와 어울려 쓰이며, to부정사 앞에 쓰이는 의미상의 주어 자리입니다. to부정사의 의미상의 주어는 전치사 for를 쓰므로 정답은 (D)입니다. 가주어 It을 보고 (B)를 고르지 않도록 주의하세요.

9 The government has guaranteed to provide **(C) extensive** aid across the country.
정부는 전국적으로 대폭적인 도움을 제공할 것을 보장했다.
government 정부 | guarantee 보장하다 | extensive 폭넓은 | aid 도움, 원조 | across the country 전국적으로

해설 빈칸 앞의 to부정사 to provide 뒤에는 목적어인 명사가 와야 하지만 빈칸 뒤에 명사인 aid가 이미 있으므로 빈칸은 이 명사를 수식하는 형용사 자리입니다. to부정사는 동사의 성격이 있으므로 동사처럼 뒤에 목적어인 명사가 와야 합니다.

10 Mr. Bennett signed the **(C) agreements** after thoroughly reviewing all terms and conditions.
베넷 씨는 모든 조건을 철저하게 검토한 후에 합의서들에 서명했다.
agreement 합의서, 계약 | thoroughly 꼼꼼하게, 철저하게 | terms and conditions (계약) 조건들

해설 빈칸은 앞의 the와 수식어구인 after 사이에 있으므로 명사 자리입니다. 동명사 (D)도 명사이지만 the 뒤에 쓰이지 않으며, 뒤에 목적어로 명사가 와야 합니다.

11 If customers place their orders on time, their orders will arrive on the **(C) expected** delivery date.
고객들이 제시간에 주문하면, 주문품은 예정된 배송 날짜에 도착할 것이다.
place an order 주문하다 | on time 제시간에, 제때에 | delivery 배송

해설 「the + ------- + 명사 + 명사」 구조의 복합명사를 수식하는 형용사 자리입니다. 선택지에서 형용사는 분사인 (B)와 (C)가 있으며, 문맥상 배송 날짜는 '예정하는' 것이 아닌 '예정된' 것이므로 수동의 의미를 지닌 과거분사 (C)가 정답입니다.

12 The TFT team hopes **(B) to finish** the current project on time for the exhibition.
TFT팀은 전시회를 위해 현재 프로젝트를 제때 완료하길 바란다.
TFT(Task Force Team) 업무 전담반 | current 현재의 | exhibition 전시회

해설 동사 hopes 뒤의 목적어 자리이며, 선택지에는 동사인 finish가 주어졌습니다. 동사 hope는 목적어로 to부정사를 취하므로 정답은 (B)입니다.

13 Ms. Alexander used audio-visual equipment in her speech **(A) to ensure** the audience's attention.
알렉산더 씨는 관중들의 관심을 확보하기 위해 그녀의 연설에 시청각 장비를 사용했다.
equipment 장비 | speech 연설 | ensure 확실히 하다 | audience 관중 | attention 관심, 집중

해설 빈칸 앞은 완전한 절이며, 뒤에는 명사구가 있으므로 빈칸부터 뒤의 명사구는 수식어처럼 쓰여야 합니다. 즉, 뒤의 명사를 이끌고 수식어로 쓰일 수 있는 것은 형용사나 부사처럼 쓰이는 to부정사 (A)뿐입니다. 나머지 선택지는 모두 동사이며, 이 문장의 동사는 used이므로 동사를 또 쓸 수 없습니다.

14 The company has sent a notice **(B) explaining** the changes in the shipping policy.
그 회사는 배송 정책에 관해 설명하고 있는 공지문을 발송했다.
notice 공지문 | explain 설명하다 | shipping 배송 | policy 정책

해설 빈칸 앞의 절은 완전하며, 빈칸 이하는 앞의 명사 a notice를 수식하는 형용사 역할을 해야 합니다. 선택지에서 형용사 역할을 하는 것은 분사인 (B)와 (C)가 있으며, 분사가 뒤에서 앞의 명사를 수식할 때는 해석이 아닌 그 뒤에 목적어가 있으면 현재분사, 없으면 과거분사를 씁니다. 빈칸 뒤에 명사가 있으므로 현재분사인 (B)가 정답입니다.

15 Some employees are **(D) interested** in participating in this year's company excursion.
일부 직원들은 올해의 회사 야유회 참여에 관심이 있다.
be interested in ~에 관심이 있다 | participate in ~에 참여하다 | excursion 야유회

해설 동사 are 뒤의 보어 자리에 들어가는 형용사 자리입니다. 분사 형태 (B)와 (D) 중 (B)는 '관심을 일으키는'의 의미로 사물 명사와 어울려 쓰이고, (D)는 '관심을 느끼는'이란 의미로 사람 명사와 어울려 쓰입니다. 주어가 사람 명사이므로 (D)가 정답입니다.

16 The customers are **(C) expected** to get exceptional service from the company.

고객들은 회사로부터 훌륭한 서비스를 받게 될 것이다.

exceptional 훌륭한, 뛰어난

해설 앞에 are와 뒤의 to부정사 사이에 쓰이는 expect의 형태를 묻는 문제로 'be expected to do(~할 예정이다)'라는 표현을 외워두어야 합니다.

---

17 Change Innovative Co. has several **(A) experienced** employees in the headquarters.

체인지 이노베이티브 사는 본사에 몇몇 숙련된 직원을 보유하고 있다.

several 몇몇 | headquarters 본사

해설 명사 employees를 수식하는 형용사 자리로, 선택지에서 형용사는 분사 형태인 (A)와 (B)가 있습니다. 이때, '숙련된'이라는 의미로 쓰이는 것은 (A)입니다. experienced는 한 가지 형태로만 명사를 수식하는 분사입니다.

---

18 Pro-Star is one of the **(C) leading** suppliers of computer equipment in the area.

프로 스타는 지역에서 컴퓨터 장비의 선도적인 공급 업체 중 하나이다.

supplier 공급 업체 | equipment 장비

해설 「the + ------- + 명사」의 구조로 형용사 자리입니다. 선택지에서 형용사는 현재분사의 형태 한 가지로만 쓰이는 (C)가 정답입니다.

---

19 The top executives are responsible for **(D) implementing** the feasible plans for the company.

최고 임원들은 회사에 실현 가능한 계획을 실행할 책임이 있다.

executive 임원, 중역 | be responsible for ~을 책임지다 | implement 실행하다 | feasible 실현 가능한

해설 전치사 for 뒤에는 명사나 동명사가 와야 하므로 (C)나 (D)가 정답 후보입니다. 이 둘의 가장 큰 차이는 그 뒤에 목적어로 명사가 있느냐, 없느냐의 여부인데, 뒤에 명사인 the 이하가 있으므로 동사 성격이 있는 동명사 (D)가 정답입니다. 명사와 동명사의 차이를 반드시 정리해두세요.

---

20 We **(B) would like** to introduce our new manager at the monthly team meeting.

저희는 월간 팀 회의에서 새로 온 매니저를 소개하고자 합니다.

would like to do ~하고 싶다 | introduce 소개하다

해설 빈칸은 뒤의 to부정사와 어울려 쓰이는 'would like to do(~하고 싶다)'를 묻는 문제입니다.

LC 맛보기   사물 사진

실전문제 풀어보기

본서 p. 181

1 (C)   **2** (C)

---

1   (A) Several chairs are being moved.
(B) The table is being cleaned.
(C) All the chairs are unoccupied.
(D) The cupboard has been opened.

(A) 몇 개의 의자들이 옮겨지고 있다.
(B) 테이블이 닦여지고 있다.
(C) 모든 의자가 비어 있다.
(D) 찬장이 열려 있다.

해설 (A)와 (B) 모두 '지금 현재 되는 중'이란 being이 들렸으므로 사물만 나온 사진에서는 오답입니다. (D)는 찬장이 모두 닫혀있으므로 적절하지 않습니다.

2 (A) The glass bottles are being put into a box.
(B) The glass bottles are displayed next to the chairs.
(C) The glass bottles are arranged on the shelf.
(D) The glass bottles are being distributed to the guests.

(A) 유리병들이 상자에 담기고 있다.
(B) 유리병들이 의자들 옆에 전시되어 있다.
(C) 유리병들이 선반 위에 정리되어 있다.
(D) 유리병들이 손님들에게 나뉘고 있다.

해설 (A)와 (D)는 사물 사진에 being이 들렸으므로 오답이며, (B)는 의자 옆이 아닌 의자 '앞 편' 선반에 놓여있으므로 위치가 옳지 않습니다.

전치사·접속사편 UNIT 14 전치사 1

기초 다지기 / 비법 1&2 적용하기
본서 p. 186

| 1 pressure | 2 pleasure | 3 entering | 4 them | 5 reducing |
| 6 on | 7 in | 8 at | 9 in | 10 on |

1 The editor is under (press / **pressure**) to meet the deadline.
편집자는 마감일을 맞추기 위해 압박하에 있다.

해설 전치사 under 뒤에는 동사와 명사 중 명사를 써야 합니다. 참고로 'under pressure(압박 하에)'라는 표현을 외워두세요.

2 Mr. Jones went to Miami for (pleasant / **pleasure**).
존스 씨는 여가로 마이애미에 갔다.

해설 전치사 for 뒤에는 형용사와 명사 중 명사를 써야 합니다. 참고로 'for pleasure(여가로)'라는 표현을 외워두세요.

3 On (enter / **entering**) the building, they met the clients.
건물에 들어서자마자, 그들은 고객들을 만났다.

해설 전치사 On 뒤에서 동사 enter는 동명사인 entering 형태가 되어야 합니다. 참고로, 'on doing (~하자마자)'란 표현을 외워두세요.

4 Please discuss the plan with (they / **them**).
그들과 계획에 대해 논의하십시오.

해설 전치사 with 뒤에는 대명사의 주격과 목적격 중 목적격이 들어가야 합니다. 전치사 뒤의 명사를 전치사의 목적어라고 하므로 대명사도 목적격이 들어갑니다.

5 The company increased net profits by (reduce / **reducing**) the costs.
그 회사는 비용을 줄임으로써 이익을 늘렸다.

해설 전치사 by 뒤에서 동사는 동명사 형태가 되어야 합니다. 참고로 'by doing(~함으로써)'이란 표현을 알아두세요.

6 Interviews for the job will take place (**on** / at) February 27.
일자리 면접은 2월 27일에 열릴 것이다.

해설 괄호 뒤는 시점을 나타내는 표현이자 구체적인 「월 + 날짜」이므로 on을 씁니다.

7 New job opening will begin (on / **in**) April.
새로운 일자리 공석은 4월에 열릴 것이다.

해설 '월'을 나타내는 표현에는 in을 씁니다.

8 We have an orientation (**at** / in) noon.
우리는 정오에 오리엔테이션을 한다.

해설 'at noon(정오에)'이라는 표현입니다.

9 Sale of this new product will start (at / **in**) the morning.
이 신제품 판매가 아침에 시작될 것이다.

해설 'in the morning(아침에)'이라는 표현입니다.

10 The new furniture for the office will arrive (in / **on**) Monday morning.
사무실의 새 가구는 월요일 아침에 도착할 것이다.

해설 'in the morning(아침에)'과 비슷해 보이지만 '특정 요일'의 개념이므로 on을 씁니다.

기초 다지기 / 비법 3&4 적용하기

본서 p. 187

1 until	2 by	3 until	4 by	5 since
6 During	7 within	8 over	9 during	10 throughout

1 The flights will be postponed (by / **until**) 6 P.M.
비행기가 오후 6시까지 지체될 것이다.

해설 시점을 나타내는 전치사 by와 until은 동사를 기준으로 구별합니다. 동사 will be postponed는 '지연되는' 상황이 오후 6시까지 '계속'되는 것이므로 until이 정답입니다.

2 Please submit the report (**by** / until) Friday.
금요일까지 보고서를 제출하십시오.

해설 괄호 뒤의 끝나는 시점을 기준으로 '제출하는' 행동이 한 번만 '완료'되는 것이므로 by가 정답입니다.

3 The contract is effective (by / **until**) September 26.
그 계약은 9월 26일까지 효력이 있다.

해설 동사 is effective한 상황이 9월 26일까지 '계속'되는 것이므로 until이 정답입니다.

4 You should arrive (**by** / until) 6 P.M.
오후 6시까지 도착해야 한다.

해설 동사 arrive의 동작이 6시까지 한 번만 '완료'되는 것이므로 by가 정답입니다.

5 He has started to work (from / **since**) 2001.
그는 2001년부터 일을 계속해 오고 있다.

해설 뒤의 시점과 어울려 쓰이는 from과 since의 차이는 동사에 있습니다. 동사가 과거부터 지금까지의 일이 '계속'됨을 나타내는 「has + p.p.」이므로 since를 써야 합니다.

6 (**During** / For) her stay in Paris, she met Ms. Kim.
파리에 체류하는 동안, 그녀는 김 씨를 만났다.

해설 '~동안에'라는 같은 의미의 전치사 during과 for의 쓰임을 잘 구별할 수 있어야 합니다. during은 뒤에 명사가, for는 뒤에 숫자 표현이 오는데 괄호 뒤에 stay(체류, 머무름)라는 명사가 있으므로 During이 정답입니다.

7 You can exchange the defective item (by / **within**) 30 days.
당신은 30일 이내에 결함 있는 제품을 교환하실 수 있습니다.

해설 괄호 뒤의 시간은 기간을 나타내는 표현입니다. 전치사 by는 뒤에 시점이, within은 기간이 오므로 within이 정답입니다.

8 The shop has opened its door (since / **over**) the past three months.
그 상점은 지난 3개월 동안 문을 열고 있다.

해설 전치사 since는 뒤에 시점을 나타내는 명사가, over는 뒤에 기간을 나타내는 명사가 옵니다. 괄호 뒤의 three months는 기간이므로 over가 정답입니다. 참고로, 두 전치사 모두 과거부터 지금까지의 일을 표현할 때 쓰이는 현재 완료 시제 「has + p.p.」와 함께 쓰일 수 있습니다.

9 He made a presentation (**during** / for) the meeting.
그는 회의 중에 발표했다.

해설 전치사 during 뒤에는 명사가, for 뒤에는 숫자 표현이 와야 합니다. 뒤에 '회의'라는 명사가 있으므로 during이 정답입니다.

10 It has rained (for / **throughout**) the summer.
여름 내내 비가 왔다.

해설 괄호 뒤의 명사 the summer와 어울려 쓰이며, 문맥상 자연스러운 것은 '~내내'의 의미인 throughout입니다. for는 뒤에 숫자 표현이 나와야 합니다.

기초 문법 실전으로 훈련하기

본서 p. 188

1 (C)　2 (B)　3 (C)　4 (B)　5 (B)　6 (C)　7 (B)　8 (A)　9 (B)　10 (B)
11 (D)　12 (A)　13 (D)　14 (B)　15 (B)　16 (A)　17 (C)　18 (A)　19 (C)　20 (C)

---

1 The new chief operational officer will visit our factory **(C) on** March 10.
새로운 최고 운영부장이 3월 10일에 우리 공장을 방문할 것이다.
chief operational officer 최고 운영부장 | visit 방문하다 | factory 공장

해설 빈칸 뒤의 시점이자 「월 + 날짜」의 구체적인 시간이므로 (C)가 정답입니다.

---

2 All team managers should submit the weekly report **(B) by** next Monday.
모든 팀 매니저들은 다음 주 월요일까지 주간 보고서를 제출해야만 한다.
submit 제출하다 | weekly 주간의

해설 선택지의 시점을 나타내는 전치사 중 문맥상 보고서를 제출해야 하는 마감일이 '~까지'란 의미가 되므로 (B)와 (C)가 정답 후보입니다. 동사인 submit이란 행동을 다음 주 월요일까지 한 번만 하면 되므로 (B)가 정답입니다. 참고로, on Monday란 표현이 가능하지만, next나 every와 같은 표현이 함께 쓰이면 on을 쓰지 않습니다.

---

3 The operating expenses have risen **(C) over** the last three months.
운영비가 지난 3개월 동안 증가하고 있다.
operation expense 운영비 | rise 증가하다

해설 빈칸 뒤의 기간을 나타내는 명사 앞에 쓰일 수 있는 것은 (C)뿐입니다. 나머지 선택지는 모두 시점을 나타내는 명사와 어울려 쓰입니다.

---

4 The company's fifth anniversary party will last **(B) until** midnight.
회사의 제5회 창립 기념일 행사는 자정까지 계속될 것이다.
anniversary 기념일 | last 지속하다 | midnight 자정

해설 빈칸 뒤의 명사는 시점을 나타내며, 선택지는 모두 시점을 나타내는 전치사들입니다. 문맥상 자정까지 행사가 '지속된다'는 의미이므로 (A)와 (B) 중 '계속'의 의미를 가진 (B)가 정답입니다.

---

5 (B) Since 1995, Angel Education has built its reputation in the field.
1995년도부터, 엔젤 교육은 이 분야에서 명성을 쌓아오고 있다.
reputation 명성 | field 분야. 업계

해설 빈칸 뒤는 시점을 나타내는 명사이며, 선택지 모두 시점과 어울려 쓰일 수 있습니다. 이 중 '1995년도에'라고 할 때는 in만 쓸 수 있으므로 (C)는 오답입니다. 나머지 중 동사 has built와 어울려 쓰이는 것은 (B)입니다.

---

6 Our customers can replace a defective item **(C) within** 10 days of purchase.
우리 고객들은 결함 있는 제품을 구매 10일 이내에 교환할 수 있다.
replace 교체하다 | defective 결함 있는 | item 물건. 제품 | purchase 구매

해설 빈칸 뒤는 기간을 나타내는 명사이며, 선택지에서 기간을 나타내는 전치사는 (C)뿐입니다. 나머지는 모두 시점과 어울려 쓰이는 전치사입니다.

---

7 The Annual Gala hosted by Samsuni Inc. will be held **(B) on** a Saturday night next month.
삼스니 사가 주최하는 연례행사는 다음 달 토요일 밤에 개최될 것이다.
host 주최하다 | be held 개최되다

해설 빈칸 뒤의 구체적인 '토요일 밤'이란 시점과 어울려 쓰이는 것은 (B)입니다. (A)는 'at night(저녁에)'라는 표현으로 쓰입니다.

---

8 A spokesperson at Baron Construction will announce its new president **(A) on** Wednesday morning.
바론 건설의 대변인은 수요일 아침에 새로운 사장을 발표할 것이다.
spokesperson 대변인 | announce 발표하다

해설 빈칸 뒤의 구체적인 '월요일 아침'이라는 시점과 어울려 쓰이는 것은 (A)입니다.

9 Health Gym plans to open five new branches **(B) over** the next three months.
헬스 체육관은 앞으로 3개월 동안 5개의 새로운 지점을 열 계획이다.
plan to do ~할 계획이다 | branch 지점, 지사

해설 빈칸 뒤의 기간을 나타내는 명사와 쓰일 수 있는 것은 (B)뿐입니다. (A)와 (C)는 시점을 나타내는 전치사입니다.

10 If you cannot attend the conference, please contact us **(B) by** Friday.
학회에 참석하실 수 없다면, 금요일까지 저희에게 연락해주세요.
conference 학회 | contact 연락하다

해설 빈칸 뒤의 Friday는 시점을 나타내는 명사와 어울려 쓰이며, 문맥상 '~까지' 연락하라는 의미가 자연스러우므로 (B)가 정답입니다. 선택지의 (A)와 (C)는 기간을 나타내는 전치사이므로 오답입니다.

11 Candidates who submit their application form **(D) before** March 2 will be eligible to choose the interview times.
지원서를 3월 2일 전에 제출하는 후보자들은 면접 시간을 선택할 자격을 가지게 될 것이다.
candidate 후보자 | submit 제출하다 | be eligible to do ~할 자격이 있다

해설 빈칸 뒤의 명사 March 2는 시점을 나타내는 명사로, '3월 2일에'란 의미로 쓰는 경우 in, at, on 중 on과 함께 쓰입니다. 따라서, (A)와 (B)는 쓰일 수 없으며, (C)는 기간을 나타내는 표현이므로 오답입니다. 따라서, 시점을 나타내며, 의미상 자연스러운 것은 (D)입니다.

12 Those who work **(A) after** 9 P.M. will receive compensation for their overtime work.
오후 9시 이후에 일하는 사람들은 초과 근무에 대한 보상을 받을 것이다.
those who ~하는 사람들 | compensation 보상

해설 빈칸 뒤의 시점을 나타내는 명사 9 P.M.과 어울려 쓰일 수 있는 것은 (A)입니다. (B)도 시점을 나타내지만, between A and B(A와 B 사이에)의 구조로 쓰여야 하며 (C)는 throughout과 마찬가지로 기간을 나타내는 명사와 함께 쓰입니다.

13 The office furniture did not arrive **(D) by** the scheduled date of delivery.
사무 가구는 예정된 배송 날짜까지 도착하지 않았다.
scheduled 예정된 | delivery 배송, 배달

해설 빈칸 뒤의 명사는 시점을 나타내며, 선택지 모두 시점을 나타내는 명사와 어울려 쓰일 수 있습니다. 문맥상 동사 arrive와 어울려 쓰이는 것은 한 번만 도착이 '완료'된다는 의미인 (D)입니다.

14 The weekly team meeting will be held **(B) at** 4 P.M. in Room 203.
주간 팀 회의가 오후 4시에 203호에서 열릴 것이다.
weekly 주간의, 매주 | be held 개최되다

해설 정확한 시각을 나타낼 때 4 P.M. 앞에는 at을 씁니다.

15 The fifth annual awards ceremony will finish **(B) by** 8 P.M. on Friday.
제5회 연례 시상식은 금요일 오후 8시까지 끝날 것이다.
annual 일 년의 | awards ceremony 시상식

해설 위와 마찬가지로 뒤에는 시각을 나타내는 명사가 있지만, 선택지에는 at이 없습니다. 선택지에서 시점과 어울려 쓰이며, 시상식이 끝나는 '완료' 시점과 어울려 쓰이는 것은 '~까지'라는 의미의 (B)입니다.

16 The new model of summer shoes will be shipped to the customers one month **(A) from** today.
새로운 여름 신발 모델은 오늘로부터 1개월 후에 고객들에게 배송될 것이다.
ship 배송하다

해설 빈칸 뒤의 today는 시점을 나타내는 명사이며, 앞의 one month라는 표현과 함께 쓰여 오늘 시작으로, 즉 '오늘부터 한 달'이라는 의미로 쓰이는 (A)가 정답입니다. (C)는 뒤에 기간을 나타내는 표현이 오며, (D)는 앞에 비교급과 함께 쓰여야 합니다.

17 We guarantee that your package will be delivered **(C) within** three days as you requested.
저희는 당신의 배송물을 요청하신 대로 3일 이내에 배송될 것을 보장 드립니다.
guarantee that ~을 보장하다 | deliver 배송하다 | request 요청하다

해설 빈칸 뒤는 기간을 나타내는 표현이므로 (C)가 정답입니다. 나머지는 모두 시점을 나타내는 명사와 어울려 쓰입니다.

18 Twenty new employees have been hired **(A) over** the past three months.
지난 3개월 동안 20명의 신입 직원이 고용되었다.
hire 고용하다, 채용하다

해설 빈칸 뒤의 기간을 나타내는 명사와 쓰일 수 있는 것은 (A)뿐입니다. 나머지는 모두 시점을 나타내는 명사와 어울려 쓰입니다.

19 Complimentary beverages will be provided **(C) throughout** the day for all seminar attendees.
세미나 참석자들에게는 온종일 무료 음료가 제공될 것이다.
complimentary 무료의 | beverage 음료수 | attendee 참여자

해설 빈칸 뒤의 the day는 기간을 나타내는 표현이며, 기간을 나타내는 전치사는 (C)뿐입니다. 참고로, Monday(월요일)와 같은 요일은 시점이지만 the day(하루)와 같은 명사는 기간으로 취급합니다.

20 Trendy Shopping Co. offers an additional 10 percent discount **(C) during** the month of October.
트렌디 쇼핑 사는 10월 한 달 동안 10%의 추가 할인을 제공한다.
additional 추가의 | discount 할인

해설 빈칸 뒤의 the month는 기간을 나타내는 명사이므로 선택지에서 (C)가 어울려 쓰입니다. 나머지 선택지는 모두 시점을 나타내는 전치사입니다. 참고로, 'October(10월)'는 시점이지만, 'the month of October(10월 한 달)'는 기간을 의미합니다.

필수 공략하기 / 비법 ❶ 적용하기

본서 p. 190

| 1 on | 2 in | 3 opposite | 4 between | 5 themselves |
| 6 among | 7 on | 8 at | 9 along | 10 across |

1 The changes are indicated (between / **on**) the page 30.
30페이지에 변경 사항들이 나타나 있다.

해설 괄호 뒤의 명사 page는 '표면'의 의미이므로 on이 정답입니다. between은 뒤에 A and B 또는 복수 명사와 함께 씁니다.

2 Russia is the largest country (**in** / on) the world.
러시아는 세상에서 가장 큰 나라이다.

해설 장소를 나타내는 명사 the world는 크고 넓고 '내부'의 의미가 강하므로 in이 와야 합니다. 또한, 'in the world(세상에서)'란 표현을 외워두세요.

3 The museum is (across / **opposite**) the subway station.
박물관은 지하철역 반대편에 있다.

해설 앞뒤의 문맥상 박물관의 위치가 지하철역 건너편, 즉 반대편이므로 opposite이 정답입니다.

4 He walked (**between** / among) two buildings.
그는 두 건물 사이를 걸어갔다.

해설 전치사 between과 among의 공통점은 뒤에 복수 명사가 와야 한다는 것입니다. 하지만 차이는 between의 경우 '둘 사이', among은 '셋 이상'일 때를 의미합니다. 괄호 뒤의 명사가 두 개의 건물들이므로 between이 정답입니다.

5 The managers will select the head among (himself / **themselves**).
매니저는 그들 중에 대표를 선출할 것이다.

해설 전치사 among 뒤에는 복수 명사나 복수 대명사를 씁니다. 따라서, 주어인 The managers를 가리키며, 복수 형태인 themselves가 정답입니다.

6 There is a discussion (along / **among**) investors.
투자자들 사이에 토론회가 있다.

해설 전치사 along은 '~을 따라'라는 의미를, among은 '~중에 / 사이에'란 의미로 쓰이며, 문맥상 자연스러운 것은 투자자들 '사이에' 토론회를 한다는 내용이므로 among이 정답입니다. 또한, among은 뒤에 복수 명사가 온다는 점도 기억해두세요.

7 The main building is (at / **on**) your left.
본관 건물은 왼쪽에 있다.

해설 왼쪽이나 오른쪽 등을 나타낼 때는 on을 씁니다.

8 We, (in / **at**) JM Engineering, offer a professional service.
우리 JM 엔지니어링은 전문적인 서비스를 제공합니다.

해설 회사 이름 앞에는 전치사 at을 씁니다.

9 They are walking (**along** / between) the path.
그들은 길을 따라 걷고 있다.

해설 괄호 뒤의 장소를 나타내는 단수 명사 앞에는 둘 중에 along이 적절합니다.

10 They run (**across** / among) the bridge.
그들은 다리를 건너간다.

해설 괄호 뒤의 장소를 나타내는 단수 명사 앞에는 둘 중에 across가 적절합니다.

필수 공략하기 / 비법 ❷ 적용하기
본서 p. 191

| **1** near | **2** from | **3** throughout | **4** around | **5** above |
| **6** behind | **7** within | **8** under | **9** on | **10** within |

1 The tree is (next / **near**) the building.
나무가 건물 가까이에 있다.

해설 next와 near는 의미가 비슷해 보이지만, 먼저 next는 형용사이므로 the 앞에 올 수 없습니다. 따라서, 전치사인 near가 정답입니다. next는 next to라고 쓰면 정답이 될 수 있습니다.

2 The train departs (**from** / within) New York to Washington.
기차는 뉴욕에서 출발해서 워싱턴까지 간다.

해설 두 전치사 모두 장소를 나타내는 명사 앞에 쓰일 수 있으나, 뒤에 to 이하에 도착지가 나왔으므로 출발지의 개념인 from이 필요합니다.

3 They have many branches (**throughout** / to) the country.
그들은 전국에 걸쳐 많은 지점을 가지고 있다.

해설 'throughout the country(전국적으로)'라는 표현을 외워두세요.

4 There is traffic jam (across / **around**) City Hall.
시청 주위에 교통 체증이 있다.

해설 시청이란 건물을 '건너서' 갈 수는 없으므로 across는 답이 될 수 없습니다. 따라서, 주변에 교통 체증이 있는 것이므로 around가 정답입니다.

5 The notices are posted on the wall (on / **above**) each copy machine.
공지문이 모든 복사기 위의 벽에 붙어 있다.

해설 on과 above는 '위에'란 의미가 같지만, 표면 위에 붙어 있는 경우 on을, 떨어져 있는 경우 above를 씁니다. 문맥상 공지문은 이미 벽에 붙어 있고 그 벽의 위치가 복사기 위에 있으므로 '떨어져 있는 위'를 나타내는 above가 정답입니다.

6 There is a parking lot (across / **behind**) the building.
건물 뒤에 주차장이 있다.

해설 장소를 나타내는 두 전치사 중 건물을 '건너서' 갈 수는 없으므로 across는 답이 될 수 없습니다. 따라서, 뒤쪽에 있다는 의미로 behind가 정답입니다.

7 The restaurant will be located (**within** / on) walking distance from City Hall.
레스토랑은 시청에서 도보 거리 이내에 위치되어 있을 것이다.

해설 'within walking distance(도보 거리 이내에)'라는 표현을 묻는 문제이므로 within이 정답입니다. 전치사 within은 시간과 장소 모두 쓰이며, 이 경우는 뒤에 장소와 어울려 쓰였습니다.

8 New air conditioning units will be located (to / **under**) the desk.
새 에어컨은 책상 아래에 놓일 것이다.

해설 두 전치사 모두 장소를 나타내는 명사와 어울려 쓰일 수 있으며, 앞의 문맥상 '책상으로' 위치될 것이 아닌, '책상 아래' 위치될 것이라는 의미가 자연스러우므로 under가 정답입니다.

9 The notice about the change is (to / **on**) the board at the entrance.
변경 사항에 대한 공지문이 입구에 있는 게시판에 있다.

해설 뒤의 the board는 '게시판'이란 의미로 그 표면에 공지문이 붙어 있는 것이므로 on이 정답입니다.

10 Employees at Face IT will be able to apply for a job (among / **within**) the company.
페이스 IT의 직원들은 회사 내에서 일자리를 지원할 수 있을 것이다.

해설 두 전치사 모두 장소를 나타내는 명사 앞에 쓰일 수 있으나 among은 뒤에 복수 명사가 와야 하므로 within이 정답입니다.

필수 문법 실전으로 훈련하기   본서 p. 192

| 1 (A) | 2 (B) | 3 (B) | 4 (D) | 5 (D) | 6 (B) | 7 (C) | 8 (A) | 9 (C) | 10 (B) |
| 11 (C) | 12 (A) | 13 (D) | 14 (D) | 15 (A) | 16 (A) | 17 (A) | 18 (C) | 19 (A) | 20 (D) |

---

1 Mr. White found his cell phone **(A) on** the table in a break room.
화이트 씨는 휴게실에 있는 테이블 위에서 그의 휴대폰을 찾았다.
cell phone 휴대폰 | break room 휴게실

해설 빈칸 뒤는 장소를 나타내는 명사이며, 장소와 어울려 쓰일 수 있는 것은 (A)와 (B)입니다. 둘 중 의미상 테이블 '위에'서 찾은 것이므로 (A)가 정답입니다. (C)와 (D)는 시간을 나타내는 전치사로 쓰입니다.

2 **(B) At** Kenji Computer Tech, we put an emphasis on teamwork among employees.
켄지 컴퓨터 테크에서, 우리는 직원들 간의 팀워크를 강조합니다.
put an emphasis on ~에 강조하다 | among ~사이에, ~중에

해설 회사 이름 앞에는 전치사 at을 씁니다.

3 Jay & Rat Dry Cleaners is located **(B) near** Reed Shopping Center.
제이 & 랫 드라이 클리너는 리드 쇼핑센터 근처에 위치되어 있다.
be located ~에 위치되다

해설 빈칸 뒤는 장소를 나타내는 명사이므로 시간을 나타내는 (D) 외에 나머지 선택지 모두 가능합니다. 하지만 (A)와 (C)는 뒤에 복수 명사가 와야 하는데 뒤는 단수 명사가 왔으므로 답이 될 수 없습니다. 따라서, 장소 명사와 어울려 쓰이며, 문맥상 자연스러운 것은 '~근처에'란 의미의 (B)입니다.

4 The new roads run **(D) through** the city to avoid heavy traffic.
새로 지은 도로들은 교통 체증을 피하고자 도시 중심을 관통하고 지나간다.
avoid 피하다 | heavy traffic 교통 체증

해설 빈칸 뒤의 the city는 장소 명사이며, 도로가 이곳을 '통과하여' 지나가는 것이므로 (D)가 정답입니다. 'run through(~를 통과하여 지나가다)'라는 표현을 알아두세요.

5 We, **(D) at** Fast & Faster Shipping Co., provide a quality service to our customers.
우리, 패스트 & 패스터 배송 사는 우리 고객들에게 품질 좋은 서비스를 제공합니다.
provide 제공하다 | quality 품질 좋은

해설 회사 이름 앞에는 전치사 at을 씁니다.

6 Mr. Anderson entered the meeting room **(B) during** Mr. Tanaka's presentation.
앤더슨 씨는 타나카 씨의 발표 중에 회의실로 들어갔다.
enter 들어가다, 입장하다 | presentation 프레젠테이션, 발표

해설 빈칸 뒤의 명사는 '장소'가 아니므로 (D)를 제외한 나머지 선택지 모두 가능합니다. 문맥상 '발표 중에'란 의미가 자연스러우므로 (B)가 정답입니다. (A)는 뒤에 숫자 표현이, (C)는 뒤에 복수 명사가 와야 합니다.

7 Love Bagels Inc. has become the most successful bagel company **(C) in** North America.
러브 베이글 사는 북미에서 가장 성공적인 베이글 회사가 되었다.
successful 성공적인

해설 빈칸 뒤의 나라 이름은 장소이며, 큰 장소 '~안에 / 내에'를 나타내는 (C)가 정답입니다.

8 You can cancel the order **(A) within** seven days of ordering if you are dissatisfied with your purchase.
구매품에 만족하지 않으시면 주문 후 7일 이내에 주문을 취소하실 수 있습니다.
cancel 취소하다 | order 주문; 주문하다 | be dissatisfied with ~에 불만족하다

해설 시간 명사 앞에 쓰일 수 있는 것은 (A)와 (C)이며, 이 중 기간인 seven days와 어울려 쓰이는 것은 (A)입니다. (C)는 시점을 나타내는 전치사이므로 쓸 수 없으며, 뒤에 복수 형태만 보고 (D)를 고르지 않도록 주의하세요. among은 장소 명사와 어울려 쓰입니다.

9 The company conducts several inspections on their five plants **(C) throughout** the year.
그 회사는 다섯 곳의 공장을 일 년 내내 여러 번 검사한다.
conduct an inspect 검사하다 | plant 공장

해설 기간을 나타내는 명사와 어울려 쓰일 수 있는 것은 (C)입니다.

10 Those wishing to transfer to different departments **(B) within** the company should contact the HR office.
회사 내에서 다른 부서로 이전하고자 하는 사람들은 인사팀에 연락해야 한다.
transfer to ~로 이전하다 | department 부서

해설 이 문장의 주어는 Those, 동사는 should contact이므로 wishing부터 company까지는 수식어구입니다. 또한, 빈칸부터 the company는 하나의 전치사구입니다. 따라서 접속사 (D)를 제외한 나머지 선택지가 정답 후보입니다. (A)는 뒤에 복수 명사가 (C)는 뒤에 시간을 나타내는 명사가 와야 하므로 오답이며, 장소 앞에 '~이내에'란 의미로 쓰이는 (B)가 정답입니다.

11 To meet the deadline, the project manager worked overtime **(C) during** the weekend.
마감일을 맞추기 위해, 프로젝트 매니저는 주말 동안 초과 근무를 했다.
meet the deadline 마감일을 맞추다 | work overtime 초과 근무를 하다

해설 빈칸 뒤는 시간을 나타내는 명사로 단수 명사입니다. 그러므로 복수 명사와 어울려 쓰이는 (B)와 (D)는 오답이고, (A) 또한 '~위에'라는 장소를 나타내는 전치사이므로 오답입니다. 기간 명사와 어울려 쓰이는 (C)가 정답입니다.

12 The subway station **(A) near** the park is now under construction.
공원 근처에 있는 지하철역이 현재 공사 중이다.
subway 지하철 | under construction 공사 중인

해설 빈칸 뒤의 명사 the park와 함께 어울려 쓰이며, 문맥상 자연스러운 것은 공원 '근처의' 지하철역이란 의미의 (A)가 정답입니다. (B)는 'next to(~옆에)'란 형태로 쓰여야 하며, (C)는 '~반대로 / 기대어', (D)는 '~내내, ~걸쳐서'라는 의미로 문맥상 어울리지 않습니다.

13 You should arrive at Ms. Anderson's office **(D) by** 3:00 P.M. on Friday.
당신은 금요일 오후 3시까지 앤더슨 씨의 사무실에 도착해야 한다.
arrive 도착하다

해설 빈칸 뒤의 시점 명사는 '3시에'의 의미로 쓰일 경우 at 3:00 P.M.과 같이 쓰입니다. 하지만 선택지에 at이 없고 (C)는 쓸 수 없습니다. (A)나 (B)는 장소를 나타내는 전치사이므로, 시점을 나타내며 '~까지'라는 의미가 자연스러운 (D)가 정답입니다.

14 For a better view of the ocean, the new restaurant will be constructed **(D) along** the coast.
바다의 더 좋은 전망을 위해, 새로운 레스토랑이 해안가를 따라 지어질 것이다.
view 전망, 경치 | construct 짓다, 건설하다 | coast 해안가

해설 선택지 모두 빈칸 뒤의 장소를 나타내는 명사와 어울려 쓰일 수 있습니다. 하지만, (B)와 (C)는 뒤에 명사가 하나일 경우 복수 명사 형태여야 하므로 오답입니다. (A)와 (D) 중 해안가 '아래'에는 레스토랑이 지어질 수 없으므로 해안가를 '따라' 짓는다는 의미의 (D)가 정답입니다.

15 The order for office furniture was shipped on Friday **(A) to** the client in Sidney.

사무 가구 주문은 시드니에 있는 고객에게 금요일에 배송되었다.

ship 배송하다 | client 고객

해설 빈칸 뒤의 명사 the client는 사람이지만 크게 보면 주문품이 도착해야 하는 장소의 개념입니다. 따라서, 도착의 의미가 있는 (A)가 정답입니다. (B)는 앞에 비교급이 와야 하며, (C)는 '~와 함께', (D)는 '~같이, ~처럼'이라는 의미입니다.

16 The manager asked that all team members turn in their vacation request forms **(A) by** Monday morning.

매니저는 모든 팀원에게 월요일 아침까지 휴가 요청서를 제출하라고 요청했다.

turn in ~을 제출하다 | request form 요청서

해설 빈칸 뒤의 시점을 나타내는 명사와 어울려 쓰이며, 문맥상 가장 적절한 것은 '~까지'라는 의미의 (A)입니다. (B)는 '~와 함께'란 의미로 문맥상 어색하며, (C)는 방향을 나타내는 전치사, (D)는 뒤에 A and B의 구조로 쓰여야 합니다.

17 Mr. Sato will work overtime until next week to finish the project, but he can go on a vacation **(A) after** that.

프로젝트를 끝내기 위해 사토 씨는 다음 주까지 초과 근무를 할 것이지만, 그 후로는 휴가를 갈 수 있다.

go on a vacation 휴가를 가다

해설 빈칸 뒤의 that이 가리키는 것을 찾아야 하는 문제입니다. 문맥상 프로젝트를 끝낼 '다음 주' 이후이므로 선택지에서 시간을 나타내며, 문맥상 자연스러운 (A)가 정답입니다.

18 The files are stacked **(C) on** the desk next to the photocopier.

파일들이 복사기 옆에 있는 책상 위에 쌓여 있다.

stack 쌓아 두다 | photocopier 복사기

해설 빈칸 뒤의 장소 명사와 어울려 쓰이며, 파일이 쌓여 있을 수 있는 곳은 책상 '위'가 되어야 합니다.

19 When you arrive the park, you will see the Community Library **(A) on** the left.

공원에 도착하면, 커뮤니티 도서관이 왼쪽에 보일 것이다.

on the left 왼쪽에

해설 '왼쪽에'란 표현은 전치사 on을 씁니다.

20 More customer service centers will be located **(D) between** Avenue Teal and 17th Street.

더 많은 고객 서비스 센터들이 틸 가와 17번 가 사이에 위치될 것이다.

customer 고객 | be located ~에 위치되다

해설 선택지 중 빈칸 뒤의 두 장소를 and로 연결해 주며, 문맥상 자연스러운 것은 (D)입니다.

독해로 끝내기

본서 p. 194

1 (B) **2** (A) **3** (A) **4** (B)

3421 Holt Street
West Palm Beach, FL 33409

Dear Mr. Orson,

I'm pleased to inform you that you are eligible to participate in our Bookworm Rewards Club. Membership **1. (B) will allow** you to receive many special benefits. You can get delivery discounts and a monthly newsletter that includes early **2. (A) information** about upcoming promotions. Also, we're giving away a free tote bag to all new members. This will be sent **3. (A) within** four weeks of the receipt of your application. **4. (B) Join** the Bookworm Rewards Club today and take advantage of this great opportunity!

Sincerely,

The Online Books staff

3421 홀트 가
웨스트 팜 비치, 플로리다 33409

올슨 씨께,

저희는 귀하께서 저희 책벌레 보상 클럽에 가입하실 자격이 있으시다는 것을 알리게 되어 기쁩니다. 회원제는 많은 특별 혜택들을 받게 해줄 것입니다. 배송 할인과 앞으로의 홍보 행사에 대한 빠른 정보가 포함된 월간 소식지를 받으실 수 있습니다. 또한, 저희는 모든 신규 회원께 무료 토트백을 드립니다. 이것은 귀하의 신청서를 받고 4주 이내에 배송될 것입니다. 책벌레 보상 클럽에 오늘 가입하시고 이 엄청난 기회를 활용하세요!

온라인 북스 직원들 드림

문장 해석하기

(A) As a Bookworm Rewards Club member, we hope you enjoyed these services.
책벌레 보상 클럽의 회원으로서, 저희는 귀하께서 이러한 서비스를 즐기셨기를 바랍니다.

(B) Join the Bookworm Rewards Club today and take advantage of this great opportunity!
책벌레 보상 클럽에 오늘 가입하시고 이 엄청난 기회를 활용하세요!

문장 분석하기

본서 p. 195

1 The operating expenses [S] **have risen** [V] [over the last three months].
운영비가 지난 3개월 동안 증가하고 있다.

2 [Since 1995], Angel Education [S] **has built** [V] its reputation [O] [in the field].
1995년도부터, 엔젤 교육은 이 분야에서 명성을 쌓아오고 있다.

3 Candidates [who submit their application form] [before March 2] [S] **will be eligible to choose** [V] the interview times [O].
지원서를 3월 2일 이전에 제출하는 후보자들은 면접 시간을 선택할 자격을 가지게 될 것이다.

4 The new model [of summer shoes] [S] **will be shipped** [V] [to the customers] [one month from today].
새로운 여름 신발 모델은 오늘로부터 한 달 후에 고객들에게 배송될 것이다.

5 Trendy Shopping Co. [S] **offers** [V] an additional 10 percent discount [O] [during the month of October].
트렌디 쇼핑 사는 10월 한 달 동안 10%의 추가 할인을 제공한다.

6 Jay & Rat Dry Cleaners [S] **is located** [V] [near Reed Shopping Center].
제이 & 랫 드라이 클리너는 리드 쇼핑센터 근처에 위치되어 있다.

7 Those [wishing to transfer to different departments] [within the company] [S] **should contact** [V] the HR office [O].
회사 내에서 다른 부서로 이전하고자 하는 사람들은 인사팀에 연락해야 한다.

8 The subway station [near the park] [S] **is** [V] [now] under construction [C].
공원 근처에 있는 지하철역이 현재 공사 중이다.

9 The order [for office furniture] [S] **was shipped** [V] [on Friday] [to the client] [in Sidney].
사무 가구 주문은 시드니에 있는 고객에게 금요일에 배송되었다.

10 More customer service centers [S] **will be located** [V] [between Avenue Teal and 17th Street].
더 많은 고객 서비스 센터들이 틸 가와 17번 가 사이에 위치될 것이다.

전치사·접속사편 UNIT 15 전치사 2

기초 다지기 / 비법 ① 적용하기

| 1 with | 2 Like | 3 as | 4 as | 5 without |
| 6 Of | 7 by | 8 for | 9 for | 10 by |

1 Applicants (**with** / against) three-year experience are preferred for the position.
3년의 경력을 가지고 있는 지원자들이 이 직책에 선호됩니다.

해설 전치사 with는 '~을 가지고', against는 '~에 기대어 / 반대로'라는 의미입니다. 괄호 이하는 앞의 Applicants를 수식하는 전치사 수식어구이며, 문맥상 3년의 경력을 '가지고 있는' 지원자들이 선호된다는 내용이므로 with가 정답입니다.

2 (**Like** / For) other companies, we also provide a free sample to our customers.
다른 회사들처럼, 우리 또한 무료 샘플을 고객들에게 제공한다.

해설 전치사 Like는 '~처럼'의 유사한 것. For는 '~을 위해서'의 의미입니다. 우리 '또한' 제공한다는 것을 보아 다른 회사들도 하고 있다는 의미이므로 Like가 정답입니다.

3 Please keep your receipt (by / **as**) proof of payment.
증빙으로 영수증을 보관하고 계십시오.

해설 'as proof of payment(납입 증빙으로써)'라는 표현을 외워두세요.

4 Mark is responsible for leading a team (**as** / for) a manager.
마크는 매니저로서 팀을 이끄는 책임을 지고 있다.

해설 전치사 as는 뒤에 직책 등이 나오면 '~로서', for는 '~을 위해서'의 의미로 쓰입니다. 앞의 문맥상 마크가 책임지는 것은 '매니저라는 직책으로서' 팀을 이끄는 것이므로 as가 정답입니다.

5 You cannot access the information (like / **without**) proper permission.
적절한 허가 없이는 정보를 이용할 수 없습니다.

해설 명사 permission과 어울려 쓰이며, 문맥상 자연스러운 것은 '~없이는'이라는 의미의 전치사 without입니다. 전치사 like는 '~처럼'과 같이 유사한 내용을 나타낼 때 쓰입니다.

6 (On / **Of**) five employees, Ms. Lee is the most qualified person.
다섯 명의 직원 중에, 리 씨가 가장 자격을 갖춘 사람이다.

해설 사람 명사 앞에 쓰여 '~중에서'라고 해석되는 것은 Of입니다.

7 They will expand business (to / **by**) developing new products.
그들은 신제품을 개발함으로써 사업을 확장할 것이다.

해설 doing 형태인 developing과 함께 어울려 쓰이며, 문맥상 자연스러운 것은 by입니다. 'by doing (~함으로써)'이라는 표현을 외워두세요.

8 Please call our customer support center (**for** / of) further information.
추가 정보를 위해서 저희 고객 서비스 센터에 연락하십시오.

해설 'for further information(추가 정보를 위해서)'이라는 표현을 외워두세요.

9 Pandora Inc. will launch a new Web site (by / **for**) customers in the region.
판도라 사는 그 지역의 고객들을 위해 새로운 웹사이트를 개설할 것이다.

해설 사람 명사 앞에는 '~에 의해서'란 행위자를 나타내는 by와 '~을 위해서'란 의미의 for가 모두 올 수 있습니다. 하지만 앞의 문맥상 새로운 웹사이트를 개설하는 것은 '고객들에 의해서'가 아닌 '고객들을 위해서'이므로 for가 정답입니다.

10 The contract was renewed (to / **by**) Mr. Moor.
그 계약서는 무어 씨에 의해 갱신되었다.

> **해설** 사람 명사 앞에 전치사 'to(~에게)'와 'by(~에 의해서)' 모두 가능하지만, 계약서가 갱신된 것은 무어 씨에 '의한' 것이므로 by가 정답입니다.

기초 다지기 / 비법 ❷ 적용하기

본서 p. 199

| **1** on | **2** regarding | **3** such as | **4** According to | **5** regarding |
| **6** As a result | **7** up to | **8** Regardless | **9** concerning | **10** in addition to |

---

1 He led the discussion (at / **on**) the new project.
그는 새로운 프로젝트에 대해 토론회를 이끌었다.

> **해설** 괄호 뒤의 명사는 앞의 discussion의 주제이므로 '~에 대하여'란 의미로 쓰이는 on이 정답입니다.

---

2 The company held a seminar (following / **regarding**) the new policy.
그 회사는 새로운 정책에 대한 세미나를 개최했다.

> **해설** 괄호 뒤의 명사는 앞의 seminar의 주제이므로 '~에 대하여'란 의미의 regarding이 정답입니다. 전치사 following은 after와 같은 표현이며, 뒤에 시간을 나타내는 명사와 쓰입니다.

---

3 I need clothes, (prior to / **such as**) T-shirts and jeans.
나는 티셔츠나 청바지와 같은 옷들이 필요하다.

> **해설** 괄호 앞의 명사 clothes의 종류가 뒤에 언급되어 있으므로 such as가 정답입니다. 전치사 prior to는 before와 같은 의미로 뒤에 시간을 나타내는 명사를 씁니다.

---

4 (**According to** / Up to) *Monthly Cars*, many new models will be released.
〈매월의 차〉에 따르면, 많은 신차 모델들이 출시될 것이다.

> **해설** 괄호 뒤의 고유 명사는 신문이나 잡지 등의 매체이므로 '출처'를 나타냅니다. 따라서, '~에 따르면'이라는 의미의 According to가 정답입니다. 'Up to(~까지)'는 뒤에 숫자 표현과 함께 쓰입니다.

---

5 I have some questions (regard / **regarding**) our products.
저는 저희 제품에 대해 질문이 있습니다.

> **해설** 괄호 뒤의 명사는 앞의 questions의 내용이므로 주제를 나타내는 regarding이 정답입니다.

---

6 (Resulting / **As a result**) of his excellent performance, he got a promotion.
그의 뛰어난 성과의 결과로, 그는 승진했다.

> **해설** 구 전치사 'As a result of(~의 결과로)'라는 표현을 외워두세요.

---

7 We offer (based on / **up to**) 30% discount on all items.
저희는 전 품목을 30%까지 할인해 드립니다.

> **해설** 괄호 뒤의 숫자 표현과 함께 어울려 쓰이는 것은 '~까지'란 의미의 up to입니다. 구 전치사 based on은 '~을 바탕으로'라는 의미로 문맥상 어색합니다.

---

8 (Regarding / **Regardless**) of the product's condition, we offer a full refund.
제품의 상태와 상관없이, 저희는 전액 환불을 해드립니다.

> **해설** 괄호 뒤의 of와 함께 쓰이는 것은 '~에 상관없이'라는 의미의 Regardless of입니다.

---

9 This contains detailed information (concern / **concerning**) the warranty.
여기에는 품질 보증서에 대해 자세한 정보가 포함되어 있다.

> **해설** 괄호 뒤의 내용은 앞의 명사 information에 대한 내용이므로 concerning이 정답입니다. 참고로, concern은 동사이며, 문장의 동사 contains가 이미 있으므로 함께 쓰일 수 없습니다.

10 We will provide a free bag (except for / **in addition to**) a gift certificate.
저희는 무료 가방뿐만 아니라 상품권도 드립니다.

해설 구 전치사 'except for(~을 제외하고)'와 'in addition to(게다가, 뿐만 아니라)'를 구별하는 문제입니다. 앞에서 무료로 가방을 주고 또 상품권도 준다고 했으므로 추가적인 의미의 in addition to가 정답입니다.

기초 문법 실전으로 훈련하기

본서 p. 200

| 1 (D) | 2 (B) | 3 (C) | 4 (B) | 5 (D) | 6 (A) | 7 (A) | 8 (D) | 9 (C) | 10 (D) |
| 11 (B) | 12 (C) | 13 (B) | 14 (D) | 15 (D) | 16 (C) | 17 (C) | 18 (A) | 19 (D) | 20 (B) |

1 You may not use the confidential documents **(D) without** the written permission of the manager.
매니저의 서면 허가 없이는 기밀 서류들을 사용하실 수 없습니다.

confidential 기밀의 | written 서면의 | permission 허가

해설 선택지의 전치사 중 뒤의 명사 permission과 문맥상 어울려 쓸 수 있는 것은 '~없이는'이란 의미의 (D)입니다. (A)는 in과 같은 의미이며, (B)는 뒤에 시간 명사가, (C)는 뒤에 복수 명사가 와야 합니다.

2 Customers who sign up for a membership card today can save **(B) by** 15 percent on their purchases.
오늘 회원 카드를 신청하시는 고객들은 구매품에 15%까지 절약하실 수 있습니다.

customer 고객 | sign up for ~을 신청하다 | purchase 구매(품)

해설 숫자 앞에 쓰이며, 문맥상 15%까지 절약할 수 있다는 내용이 자연스러우므로 '차이'를 나타내는 전치사 (B)가 정답입니다. 시간과 장소를 나타내는 전치사 외에는 앞뒤 문맥을 파악하여 가장 적절한 것을 골라야 합니다.

3 (C) For further information, please visit our Web site at www.pagoda21.com.
추가 정보를 위해서는, 저희 웹사이트 www.pagoda21.com에 방문해 주세요.

further 추가의 | information 정보

해설 문맥상 '~을 위해서'란 의미의 for가 정답입니다. 'for further information(추가 정보를 위해서)'이라는 표현을 외워두세요.

4 Guests can enjoy outdoor activities **(B) such as** fishing, bicycling, and playing tennis.
손님들은 낚시, 자전거 타기, 테니스 치기와 같은 야외 활동을 즐길 수 있다.

outdoor 야외의 | activity 활동

해설 선택지는 모두 구 전치사이며 뒤에 3가지 야외 활동들이 언급되어 있으므로 종류를 의미하는 (B)가 정답입니다.

5 Ms. Lopez, our marketing director, will lead a discussion **(D) on** the current marketing plan.
마케팅부장인 로페즈 씨가 현재 마케팅 계획에 대해 토론회를 이끌 것이다.

lead 이끌다 | discussion 토론회 | current 현재의

해설 빈칸 뒤의 명사로는 전치사 쓰임을 알 수 없으므로 문맥을 파악해야 합니다. 앞에는 로페즈 씨가 토론회를 이끌 것이라는 내용이 나오고, 이 토론회의 '주제'가 빈칸 뒤에 언급되어 있으므로 '~에 대해서'라는 의미의 (D)가 가장 적절합니다. 이때 on은 regarding, concerning, about 등으로 바꿔 쓸 수 있습니다.

6 After graduating from a university, Ms. Paris is now working **(A) as** a lawyer at T&J Associate.
대학을 졸업한 후에, 패리스 씨는 T&J 회사에서 현재 변호사로서 일하고 있다.

graduate from ~을 졸업하다 | lawyer 변호사

해설 빈칸 뒤의 '변호사'란 사람 앞에 쓰일 수 있는 것은 '~로서'란 의미의 (A)와 '~에게'란 의미의 (B)입니다. 문맥상 회사에서 변호사로서 일한다는 내용이 자연스러우므로 '자격'을 나타내는 전치사 (A)가 정답입니다.

7 All costs below are subject to change based **(A) on** the types of materials.
아래의 모든 비용은 재료의 종류를 바탕으로 변경될 수 있습니다.
cost 비용 | be subject to ~하기 쉽다 | material 재료

해설 구 전치사 'based on(~을 바탕으로)'이라는 표현을 외워두세요.

---

8 Our do-it-yourself table comes in a box including detailed **(D) instructions** and a tool kit.
저희의 직접 만드는 테이블은 자세한 설명서와 도구 모음이 포함된 상자가 함께 들어 있습니다.
come in ~에 함께 오다 | including ~을 포함하여 | detailed 자세한 | instruction 설명서, 지시 사항 | tool 도구

해설 빈칸은 앞에는 형용사 detailed가 있으며, 그 앞에는 -ing 형태의 전치사 including이 있으므로 빈칸은 명사가 들어가야 합니다. 선택지에서 명사는 (B)와 (D)가 있으며, 문맥상 'instructor(강사)'가 아닌 자세한 '설명서'가 포함된 것이므로 (D)가 정답입니다.

---

9 If you need additional information **(C) about** our program, please send an e-mail to our customer center.
저희 프로그램에 대한 추가 정보가 필요시면, 저희 고객 센터로 이메일을 보내십시오.
additional 추가의 | information 정보

해설 선택지의 (A), (C)는 전치사, (B), (D)는 접속사입니다. 빈칸은 앞의 절과 뒤의 명사 our program을 연결하므로 전치사 자리입니다. 문맥상 빈칸 뒤의 내용은 앞의 information에 대한 내용이므로 '~에 대하여'라는 의미의 (C)가 정답입니다.

---

10 The company will provide a free lunch at the seminar, **(D) including** pasta, salad, and beverages.
회사는 세미나에서 파스타와 샐러드, 음료를 포함한 무료 점심 식사를 제공할 것이다.
provide 제공하다 | beverage 음료수

해설 빈칸은 앞의 완전한 절과 뒤에 언급된 3개의 명사를 연결하는 자리이므로 전치사가 들어가야 합니다. 선택지에서 전치사는 -ing 형태의 (D)입니다.

---

11 The research and development department is now looking into a number of complaints **(B) regarding** our new product.
연구 개발 부서는 현재 신제품에 대한 많은 불평을 조사하고 있다.
look into 조사하다 | a number of 많은 | complaint 불평, 불만

해설 앞의 완전한 절과 뒤의 명사구를 연결하는 전치사 자리입니다. 선택지에 전치사는 -ing 형태의 (B)입니다.

---

12 **(C) Of** all the candidates, Mr. Aronson is the most experienced person for the job.
모든 후보자 중에, 아론슨 씨가 그 업무에 가장 숙련된 사람이다.
candidate 후보자 | experienced 숙련된, 경력이 있는

해설 빈칸 뒤의 사람 명사 앞에 쓰이며, 문맥상 모든 후보자 '중에' 가장 숙련되었다는 의미이므로 (C)가 정답입니다.

---

13 Article submissions to *Travelpia Magazine* must not exceed 5 pages, **(B) excluding** pictures.
〈트레블피아 잡지〉에 기사 제출은 사진을 제외하고 5페이지가 넘으면 안 된다.
article 기사 | submission 제출 | exceed 초과하다 | excluding 제외하고

해설 빈칸은 앞의 완전한 절 뒤에 명사인 pictures를 연결하는 전치사 자리입니다. 선택지에서 전치사는 -ing 형태의 (B)가 정답입니다.

---

14 For further information **(D) concerning** the operation hours during the holiday, please contact our ticket booth.
연휴 중 영업시간에 대한 추가 정보를 위해서는 저희 매표소로 연락 주세요.
operation 운영, 영업 | during ~동안에 | holiday 연휴

해설 빈칸은 앞의 명사 information과 뒤의 명사 the operation hours를 연결하는 전치사 자리입니다. 선택지에서 전치사는 -ing 형태의 (D)가 정답입니다. 앞의 정보에 대한 내용이 '운영 시간에 대한' 것이므로 주제를 나타내는 concerning이 적절합니다.

---

15 **(D) As a result** of the recent renovation, the employee lounge has been temporarily closed.
최근 개조보수의 결과로, 직원 휴게소는 잠시 문을 닫았다.
recent 최근의 | renovation 개조보수 | lounge 휴게소 | temporarily 잠시, 임시로

해설 구 전치사 'As a result of(~의 결과로)'라는 표현을 외워두세요.

16 (C) **Unlike** other competitors, the Front Advertising earned considerable revenues during the recession.
다른 경쟁사들과 달리, 프런트 광고는 경기 침체 동안에도 상당한 이익금을 벌었다.

competitor 경쟁사, 경쟁 업체 | earn 얻다, 벌다 | considerable 상당한 | revenue 이익 | recession 경기 침체

해설 빈칸부터 콤마까지는 수식어구이며, 그 뒤는 완전한 절입니다. 따라서, 빈칸은 전치사가 들어가 명사와 함께 수식어구로 쓰여야 합니다. 선택지에서 전치사는 (A)와 (C)인데, 문맥상 자연스러운 것은 (C)입니다. 참고로, (B)는 부사, (D)는 형용사입니다.

17 Shoppers can now save up to thirty percent (C) **by** ordering their Natural Wind Hairdryers online.
쇼핑객들은 내추럴 윈드 헤어드라이어를 온라인으로 주문함으로써 이제 30%까지 절약할 수 있다.

save 절약하다 | by doing ~함으로써 | order 주문하다

해설 빈칸 뒤의 ordering과 함께 어울려 쓰이며, 문맥상 자연스러운 것은 'by doing(~함으로써)'으로 쓰이는 (C)입니다.

18 Janet Evans will replace Mr. Brown (A) **as** the vice president of Future Electronics after his retirement.
재닛 에번스는 브라운 씨가 은퇴한 후에 퓨처 전자의 부사장으로 그의 후임자가 될 것이다.

replace 대체하다, 교체하다 | vice president 부사장 | retirement 은퇴

해설 빈칸 뒤는 직책을 나타내는 명사가 있으므로 문맥상 '~로서'라는 자격을 나타내는 전치사 (A)가 적절합니다. (B)는 '~처럼'이란 유사한 내용을 나타낼 때, (C)는 '~에 대하여'란 주제를 나타낼 때 쓰입니다.

19 MAC Tech signed a contract with a new advertising company (D) **instead of** continuing its relationship with Parker Creative.
맥 테크는 파커 크리에이티브와의 관계를 지속하는 대신, 새로운 광고 회사와 계약을 체결했다.

sign a contract 계약을 체결하다 | continue 계속하다, 지속하다 | relationship 관계

해설 선택지의 전치사 중 문맥상 자연스러운 것을 골라야 합니다. 맥 테크가 새로운 광고 사와 계약을 체결한 것은 다른 회사인 파커 크리에이티브와의 관계를 지속하는 '대신에' 다른 선택을 한 것이므로 (D)가 정답입니다.

20 Visitors are not allowed to access the restricted areas (B) **without** official permission.
방문객들은 공식 허가 없이는 제한된 지역에 접근하도록 허락되지 않는다.

be allowed to do ~하도록 허가되다 | access 접근하다 | restricted 제한된 | area 지역 | official 공식적인 | permission 허가

해설 전치사 중에 뒤에 오는 명사 permission과 어울려 쓰이며, 문맥상 자연스러운 것은 (B)입니다.

필수 공략하기 / 비법 ❶ 적용하기

본서 p. 202

1 Because of **2** before **3** In spite of **4** During **5** without

1 (Because / **Because of**) high demand, they had to expand the production line.
높은 수요 때문에, 그들은 생산 라인을 확장해만 했다.

해설 의미가 같은 접속사와 전치사는 뒤의 구조를 보고 알맞은 것을 골라야 합니다. 괄호 뒤에 명사구가 있으므로 전치사 Because of가 정답입니다.

2 All participants should sign-up in the lobby (**before** / prior to) they attend their first presentation.
모든 참여자는 첫 프레젠테이션에 참석하기 전에 로비에서 신청해야 합니다.

해설 빈칸 뒤에 「주어 + 동사」의 절이 왔으므로 접속사인 before가 정답입니다.

3 (Although / **In spite of**) the bad weather, the company held its annual family outing at the central park.
궂은 날씨에도 그 회사는 중앙 공원에서 연례 가족 야유회를 개최했다.

해설 괄호부터 콤마까지에 명사구만 있으므로 전치사인 In spite of가 정답입니다.

4 (While / **During**) the seminar, the instructor stressed the importance of workplace safety.
세미나 중에, 강사는 일터 안전의 중요성을 강조했다.

해설 괄호부터 콤마까지에 명사구만 있으므로 전치사인 During이 정답입니다.

5 You cannot exchange the product (unless / **without**) the original receipt.
원본 영수증 없이는 제품을 교환할 수 없습니다.

해설 괄호부터 마침표까지 명사구만 있으므로 전치사인 without이 정답입니다.

필수 공략하기 / 비법 ❷ 적용하기

본서 p. 203

1 at **2** in **3** upon **4** at **5** in

1 Please register your contact information with Ms. Klein (**at** / in) the conclusion of the talk.
연설의 마지막에 크레인 씨에게 당신의 연락처를 등록하고 가세요.

해설 'at the conclusion of(~의 마지막에)'라는 표현을 외워두세요.

2 Raley textile company posted a 20 percent increase (**in** / at) profits this year.
레일리 직물 회사는 올해 이익의 20%의 증가를 게시했다.

해설 증가 및 감소에 관련된 명사는 뒤에 in과 함께 어울려 쓰입니다.

3 Make sure to visit the receptionist (**upon** / in) arrival.
도착하자마자 접수 대원에게 가십시오.

해설 'upon arrival(도착 시)'이라는 표현을 외워두세요.

4 You should wear a safety helmet in the factory (in / **at**) all times.
당신은 공장 안에서 항상 안전모를 착용하셔야 합니다.

해설 'at all times(항상)'라는 표현을 외워두세요.

5 The passengers who want to cancel the trip should contact our center (for / **in**) advance.
여행을 취소하고 싶은 승객들은 우리 센터에 미리 연락을 하셔야 합니다.

해설 'in advance(미리, 사전에)'라는 표현을 외워두세요.

필수 문법 실전으로 훈련하기

본서 p. 204

1 (A) **2** (B) **3** (A) **4** (D) **5** (B) **6** (C) **7** (B) **8** (D) **9** (D) **10** (C)
11 (D) **12** (C) **13** (A) **14** (D) **15** (B) **16** (A) **17** (D) **18** (A) **19** (A) **20** (A)

1 The reservation for the event hall will not be confirmed **(A) until** the payment has been made in full.
행사장의 예약은 납입금 전액이 지불되기 전까지 확정되지 않을 것이다.
reservation 예약 | confirm 확인하다, 확정하다 | make a payment 지급하다 | in full 전액으로

해설 빈칸은 앞의 절과 뒤의 절을 연결하는 접속사 자리입니다. 선택지는 모두 전치사지만 (A)는 전치사와 접속사의 형태가 같습니다. 따라서, 접속사로도 쓰이는 (A)가 정답입니다.

2 We are waiting to move to the main building **(B) until** renovations are complete.
우리는 개조보수가 완료될 때까지 본관으로 이전하는 것을 기다리고 있다.
renovation 개조보수 | complete 완료된

해설 빈칸은 앞의 절과 뒤의 절을 연결하는 접속사 자리입니다. 선택지 (A)는 형용사, (B)는 전치사나 접속사, (C)와 (D)는 전치사이므로 접속사로 쓰일 수 있는 (B)가 정답입니다. 시간을 나타내는 before, after, until, since는 전치사와 접속사의 형태가 같다는 점을 기억해두세요.

3 The executive meeting has been postponed **(A) due to** unexpected problems.

예상치 못한 문제 때문에 중역 회의가 미뤄졌다.

executive 중역, 임원 | postpone 미루다, 연기하다 | unexpected 예상치 못한

해설 빈칸은 앞의 완전한 절과 뒤의 명사구를 연결하는 전치사 자리입니다. 선택지에서 전치사로 쓰일 수 있는 것은 (A)와 (B)인데, 둘 중 문맥상 예상치 못한 문제들 '때문에' 회의가 지연된 것이므로 이유를 나타내는 (A)가 정답입니다. 또한, (A)와 (C)는 의미가 같으나 전치사와 접속사의 쓰임이 다르므로 이 둘을 구별하는 문제이기도 합니다.

---

4 The store is closed this week **(D) while** the upgraded security camera is installed.

업그레이드된 보안 카메라가 설치되는 동안 그 상점은 이번 주에 문을 닫는다.

security 보안 | install 설치하다

해설 빈칸은 앞의 절과 뒤의 절을 연결하는 접속사 자리입니다. 선택지에서 접속사로 쓰일 수 있는 것은 (B)와 (D)이며, 문맥상 설치 '동안에' 문을 닫는다는 내용이 자연스러우므로 (D)가 정답입니다. 또한, 선택지에서 (A)와 (D)는 전치사와 접속사로 그 쓰임이 다르나 '~동안에'란 같은 의미가 있어 이 둘을 구별하는 문제이기도 합니다.

---

5 The IT technicians should work overtime **(B) until** the regular maintenance work is finished.

IT팀 기술자들은 정기 유지보수 작업이 끝날 때까지 초과 근무를 해야만 한다.

technician 기술자 | work overtime 초과 근무를 하다 | regular 정기적인 | maintenance 유지보수

해설 빈칸은 앞의 절과 뒤의 절을 연결하는 접속사 자리입니다. 선택지에서 접속사로 쓰일 수 있는 것은 (A)와 (B)이며, (A)는 '~을 제외하고', (B)는 '~까지'란 의미로 쓰입니다. 문맥상 자연스러운 것은 (B)이고, (C)와 (D)는 부사입니다.

---

6 Tom Cruise was promoted to Personnel manager **(C) because of** his hard work and dedication to the company.

톰 크루즈는 그의 노고와 회사에 대한 헌신 때문에, 인사부장으로 승진했다.

be promoted to ~로 승진하다 | personnel 인사팀 | dedication 헌신

해설 빈칸은 앞의 완전한 절과 뒤의 명사구를 연결하는 전치사 자리입니다. 선택지에서 전치사는 (B)와 (C)가 있으며, up to는 '~까지'란 표현으로 뒤에 주로 숫자 표현과 자주 어울려 쓰입니다. 따라서, '~때문에'라는 의미의 (C)가 정답입니다. 선택지의 접속사 (A)와 전치사 (C)는 그 의미가 같으나 쓰임이 다르므로 이 둘을 구별하는 문제이기도 합니다.

---

7 **(B) Because of** the national holiday, Fresh Grocery will be closed from June 5 to June 9.

국경일이기 때문에, 프레시 식료품점은 6월 5일부터 6월 9일까지 문을 닫을 것이다.

national holiday 국경일 | from A to B A부터 B까지

해설 빈칸은 콤마까지의 명사구를 이끌며 수식어구로 쓰이는 전치사 자리입니다. 선택지에서 전치사는 (A)와 (B)가 있으며 문맥상 문을 닫는 이유가 연휴 '때문'이므로 (B)가 정답입니다. (A)는 '~에 따르면'이란 출처를 나타내는 표현이며, (C)와 (D) 부사입니다.

---

8 **(D) Since** the coffee shop is located near the subway station, it is always busy with commuters in the morning.

커피숍이 지하철역 근처에 위치되어 있기 때문에, 아침에 통근객들로 항상 붐빈다.

be located 위치되다 | be busy with ~로 붐비다 / 바쁘다 | always 항상 | commuter 통근객

해설 빈칸은 콤마까지의 절과 그 뒤의 절을 연결하는 접속사 자리입니다. 선택지에서 접속사는 (B)와 (D)가 있으며, 문맥상 적절한 것은 (D)입니다. 접속사로 쓰일 때 since는 '~이래로', '~때문에'의 두 가지 의미로 쓰이며, 이 문장에서는 '~때문에'의 의미로 쓰였습니다. (A)는 부사, (C)는 전치사입니다.

---

9 All finance department staff, **(D) including** the manager, participated in the workshop on budget allocation.

매니저를 포함한 모든 재무 부서 직원들은 예산 할당에 대한 워크숍에 참석했다.

finance 재무, 재정 | participate in ~에 참석하다 / 참여하다 | budget 예산 | allocation 할당

해설 빈칸은 콤마와 콤마 사이의 명사구를 연결하는 전치사 자리이므로 (A)와 (D)가 들어갈 수 있습니다. (A)는 '(셋 이상) ~중에'란 의미로 뒤에 복수 명사와 어울려 쓰여야 하므로 (D)가 정답입니다. including은 -ing 형태의 전치사임을 기억해두세요. 참고로, (B)는 부사, (C)는 접속사입니다.

10 **(C) Before** Tasha Hobart moved to Boston, she had worked as a regional director in New York.
타샤 호바트가 보스턴으로 가기 전에, 그녀는 뉴욕에서 지역 담당자로서 일을 해왔었다.

regional 지역의

해설 빈칸은 콤마까지의 절과 그 뒤의 절을 연결하는 접속사 자리입니다. 선택지에서 접속사는 (C)뿐입니다. (A)와 (D)는 형용사, (B)는 전치사입니다.

---

11 Manila branch moved offices **(D) easily** after months of preparation and planning.
마닐라 지점은 몇 달간의 준비와 계획을 한 후 쉽게 사무실들을 이전했다.

branch 지점, 지사 | preparation 준비

해설 빈칸의 뒤에는 전치사 after가 이끄는 구가 있으며, 이는 수식어구입니다. 따라서, 빈칸은 앞의 완전한 절 맨 끝에 있는 부사 자리입니다.

---

12 Owing to the **(C) expansion** of its marketing team, *Travel Now* became the most popular travel magazine in the industry.
마케팅팀의 확장 때문에, 〈트레블 나우〉는 업계에서 가장 인기 있는 여행 잡지가 되었다.

owing to ~때문에 | expansion 확장 | popular 인기 있는 | industry 업계, 산업

해설 「the + ------- + 전치사 수식어구」 구조인데, 앞의 Owing to는 전치사이므로 빈칸에는 명사가 들어가야 합니다.

---

13 Copies of the book may not be reproduced **(A) without** the consent of the author.
책의 사본은 작가의 동의 없이 재생산될 수 없습니다.

copy 사본 | reproduce 재생산하다 | consent 동의 | author 저자

해설 빈칸은 앞의 완전한 절과 뒤의 명사구를 연결하는 전치사 자리로 선택지 모두 전치사로 쓰입니다. 이 중 문맥상 동의 '없이는' 책의 사본 사용이 안 된다는 내용이므로 (A)가 정답입니다.

---

14 **(D) Now** that Mr. Graham has been promoted to the operational director, revenues are expected to increase.
그래햄 씨가 운영부장으로 승진했기 때문에, 이익이 증가할 것으로 예상된다.

be promoted to ~로 승진하다 | revenue 이익 | be expected to do ~할 것으로 예상되다

해설 선택지만 보면 (A)와 (B)는 전치사, (C)와 (D)는 부사입니다. 하지만 빈칸 뒤에 that이 있다는 점과, 빈칸은 콤마까지의 절과 그 뒤의 절을 연결하는 접속사 자리라는 점에서 'Now that(~때문에, ~이므로)' 접속사를 묻는 문제임을 알 수 있습니다.

---

15 The proposed site for our new factory must be examined thoroughly **(B) before** we decide to purchase it.
새로운 공장의 제안된 장소는 그것을 구매하는 것을 결정하기 전에 철저하게 검사되어야 한다.

proposed 제안된 | site 장소 | factory 공장 | examine 검사하다 | thoroughly 철저하게, 꼼꼼하게

해설 빈칸은 앞의 절과 뒤의 절을 연결하는 접속사 자리입니다. before는 전치사와 접속사의 역할을 할 수 있고, 나머지 선택지는 모두 전치사입니다.

---

16 All employees are eligible to use the cafeteria **(A) at** no cost.
전 직원은 구내식당을 무료로 이용할 자격이 있다.

be eligible to do ~할 자격이 있다 | at no cost 무료로

해설 전치사 어구 'at no cost(무료로)'라는 표현을 외워두세요.

---

17 **(D) While** the cafeteria is under renovation, lunch will be available from the snack bar.
구내식당이 개조보수 중인 동안, 점심은 매점에서 이용하실 수 있습니다.

under renovation 개조보수 중인 | available 이용할 수 있는

해설 빈칸은 콤마까지의 절과 그 뒤의 절을 연결하는 접속사 자리입니다. 선택지에서 접속사는 (D)뿐이며, 나머지는 모두 전치사입니다. 또한, (C)와 (D)는 '~동안에, ~중에'란 같은 의미의 전치사와 접속사이므로 이 둘을 구별하는 문제이기도 합니다.

---

18 In the event **(A) of** bad weather, the company picnic will be postponed until next Saturday.
악천후의 경우, 회사 야유회는 다음 주 토요일까지 연기될 것이다.

picnic 야유회 | postpone 미루다, 연기하다

해설 전치사 어구 'In the event of(~할 경우에)'라는 표현을 외워두세요.

19 **(A) After** arriving from the business trip, please come to the office immediately to report the progress.

출장에서 돌아온 후, 진행 상황을 보고하기 위해 즉시 사무실로 오십시오.

business trip 출장 | immediately 즉시, 바로 | progress 진행 상황

해설 선택지는 모두 접속사인데, 빈칸 뒤에 동명사인 arriving이 있고 이 문장은 콤마까지가 절이 아니므로 빈칸에는 전치사가 들어가야 합니다. 선택지 중 전치사와 접속사 역할을 모두 할 수 있는 (A)가 정답입니다.

---

20 Due to systematical problems, the company Intranet will not be accessible **(A) for** the next three hours.

시스템의 문제 때문에, 회사의 인트라넷은 앞으로 3시간 동안 접속이 안 될 것이다.

due to ~때문에 | systematical 시스템의 | accessible 접근할 수 있는

해설 빈칸은 앞의 완전한 절과 뒤의 명사구를 연결하는 전치사 자리로, (A)와 (B)가 전치사로 쓰일 수 있습니다. 둘 중 뒤에 기간을 나타내는 명사와 어울려 쓰이며, '~동안'이란 의미로 쓰이는 (A)가 정답입니다. (C)는 접속사, (D)는 부사이므로 빈칸에 들어갈 수 없습니다.

독해로 끝내기

본서 p. 206

1 (A) 2 (B) 3 (B) 4 (A)

To: Martin Oakley <m.oakley@hamillenterprises.com>
From: Eva Perry <eva_perry@glintcosmetics.net>
Date: August 6th
Subject: Your inquiry

Dear Mr. Oakley,

I'm pleased that you expressed interest in **1. (A) joining** our research team. **2. (B) I believe that a person with your experience would be an excellent asset to Glint Cosmetics.** To begin the application process, you must first submit a résumé and a cover letter **3. (B) describing** your related experience. You should expect to get a call from one of our human resource employees within three days **4. (A) after** we receive all of the necessary paperwork. I look forward to seeing your résumé.

Sincerely,

Eva Perry
Human Resources Director, Glint Cosmetics

수신: 마틴 오클리 <m.oakley@hamillenterprises.com>
발신: 에바 페리 <eva_perry@glintcosmetics.net>
날짜: 8월 6일
제목: 문의 사항

오클리 씨께,

우리 연구팀에 합류하시는 데 관심이 있음을 표하셔서 기쁩니다. 귀하와 같은 경험을 가진 사람이면 글린트 코즈메틱스에 훌륭한 자산이 될 것으로 생각합니다. 지원 절차를 시작하기 위해서는 먼저 관련 경력을 설명하는 이력서와 자기소개서를 제출하셔야 합니다. 저희가 모든 필요한 서류를 받은 후 3일 이내에 인사팀 직원 한 명이 전화를 드릴 것입니다. 귀하의 이력서를 보길 기대합니다.

글린트 코즈메틱스, 인사팀장
에바 페리 드림

문장 해석하기

(A) We are happy to inform you that you can start your work beginning September 1.
저희는 귀하께서 9월 1일부터 업무를 시작하실 수 있다고 알려드리게 되어 기쁩니다.

(B) I believe that a person with your experience would be an excellent asset to Glint Cosmetics.
귀하와 같은 경험을 가진 사람이면 글린트 코즈메틱스에 훌륭한 자산이 될 것으로 생각합니다.

문장 분석하기

본서 p. 207

1 You **may not use** the confidential documents [without the written permission] [of the manager].
　　S　　V　　　　　　O

매니저의 서면 허가 없이는 기밀 서류들을 사용하실 수 없습니다.

2 Guests **can enjoy** outdoor activities [such as fishing, bicycling, and playing tennis].
　　S　　V　　　O

손님들은 낚시, 자전거 타기, 테니스 치기와 같은 야외 활동을 즐길 수 있다.

3 [After graduating from a university], Ms. Paris **is** [now] **working** [as a lawyer] [at T&J Associate].
　　　　　　　　　　　　　　　　　　　　　S　　V

대학을 졸업한 후에, 패리스 씨는 T&J 회사에서 현재 변호사로서 일하고 있다.

4 The research and development department **is** [now] **looking into** a number of complaints [regarding our new product].
　　　　　　S　　　　　　　　　　V　　　　　　　　　　　O

연구 개발 부서는 현재 신제품에 대한 많은 불평을 조사하고 있다.

5 MAC Tech **signed** a contract [with a new advertising company] [instead of continuing its relationship] [with Parker Creative].
　　S　　　V　　O

맥 테크는 파커 크리에이티브와의 관계를 지속하는 대신, 새로운 광고 회사와 계약을 체결했다.

6 The executive meeting **has been postponed** [due to unexpected problems].
　　　　S　　　　　　　　V

예상치 못한 문제 때문에, 중역 회의가 미뤄졌다.

7 The IT technicians **should work** [overtime] [until the regular maintenance work is finished].
　　　S　　　　　V

IT팀 기술자들은 정기 유지보수 작업이 끝날 때까지 초과 근무를 해야만 한다.

8 All finance department staff, [including the manager], **participated in** the workshop [on budget allocation].
　　　　S　　　　　　　　　　　　　　　　　　　　V　　　　　O

매니저를 포함한 모든 재무 부서 직원들은 예산 할당에 대한 워크숍에 참석했다.

9 All employees **are eligible to use** the cafeteria [at no cost].
　　S　　　V　　　　　O

전 직원들은 구내식당을 무료로 이용할 자격이 있다.

10 [Due to systematical problems], the company Intranet **will not be** accessible [for the next three hours].
　　　　　　　　　　　　　　　　　　S　　　　V　　　C

시스템의 문제 때문에, 회사의 인트라넷은 앞으로 3시간 동안 접속이 안 될 것이다.

전치사·접속사편 UNIT 16 등위접속사와 명사절 접속사

기초 다지기 / 비법 1&2 적용하기

본서 p. 210

| 1 but | 2 yet | 3 or | 4 and | 5 or |
| 6 and | 7 as well as | 8 but | 9 neither | 10 but |

1 The company gave Mr. Nam a job offer, (so / **but**) he has not yet responded.
그 회사는 남 씨에게 일자리 제안을 했지만, 그는 아직 대답하지 않았다.

해설 괄호 앞뒤의 문맥을 파악하여 의미상 자연스러운 것을 골라야 합니다. 남 씨에게 제안했지만, 그가 아직 답하지 않았다는 반대의 내용이므로 but이 정답입니다.

2 The company released a new product (and / **yet**) customers are not satisfied with it.
그 회사는 신제품을 출시했으나 고객들은 그것에 만족하지 않았다.

해설 신제품을 출시했지만, 그것에 만족하지 못했다는 반대의 의미이므로 but과 같은 의미의 yet이 정답입니다. yet은 부사로는 '아직'이란 의미가, 접속사로는 '그러나'의 의미가 있습니다.

3 You should submit the report on Monday (**or** / so) Tuesday.
당신은 월요일 또는 화요일에 보고서를 제출해야 한다.

해설 괄호 안의 등위접속사 중 so는 절과 절만 연결할 수 있습니다. 또한, 문맥상 월요일이나 화요일 둘 중 하나에 제출하는 것이므로 or가 정답입니다.

4 The number of participants is confirmed, (**and** / but) the schedule is set for the conference.
참여자의 수가 확정되고 학회 일정도 정해진다.

해설 괄호 앞뒤에 유사한 내용이 언급되고 있으므로 수를 확정하고 또한 일정도 정한다는 추가적 의미인 and가 정답입니다.

5 If you have a problem, you can visit our support center (**or** / nor) our Web site.
문제가 있다면, 저희 지원 센터나 저희 웹사이트를 방문하시면 됩니다.

해설 괄호의 등위접속사가 연결하고 있는 것은 앞의 our support center와 뒤의 our Web site입니다. 이 둘 중 하나에 방문하라는 선택의 내용이므로 or가 정답입니다.

6 Both Mr. Parker (or / **and**) Ms. Allen will attend the technical convention on Saturday.
파커 씨와 앨런 씨 둘 다 토요일에 기술 학회에 참석할 것이다.

해설 앞의 Both와 함께 'Both A and B(A와 B 둘 다)'로 쓰이는 것은 and입니다.

7 Ms. Lopez has excellent computer skills (not only / **as well as**) great communication skills.
로페스 씨는 훌륭한 컴퓨터 능력뿐만 아니라 뛰어난 커뮤니케이션 능력도 갖추고 있다.

해설 앞뒤의 excellent computer skills와 great communication skills를 연결하며, 문맥상 자연스러운 것은 as well as입니다. not only는 부사이며, 상관접속사로 쓰이려면 뒤에 but과 함께 쓰여야 합니다.

8 Our customers are satisfied not only with our products (**but** / also) with our services.
우리 고객들은 제품뿐만 아니라 서비스에도 만족하고 있다.

해설 앞의 not only와 어울려 with our products와 with our services를 연결하는 것은 접속사 but입니다. also는 부사이므로 생략될 수 있으나 but은 생략할 수 없습니다.

9 My colleague (either / **neither**) completed nor submitted the form.
내 동료는 서식을 작성하지도 제출하지도 않았다.

해설 뒤의 nor와 함께 'neither A nor B(A와 B 둘 다 아닌)'로 쓰이는 것은 neither입니다.

10 Not only employees (**but** / and) also companies are trying to save electricity.
직원들뿐만 아니라 회사들도 전기를 절약하고자 노력하고 있다.

해설 앞의 Not only와 함께 어울려 앞뒤를 연결하는 것은 but입니다. 'not only A but also B(A뿐만 아니라 B도)'의 표현이며, also는 부사이므로 생략될 수 있습니다.

기초 다지기 / 비법 ❸ 적용하기

본서 p. 211

1 to develop **2** ask **3** providing **4** interview **5** structural

---

1 The team plans to find a niche market, to analyze it and (develop / **to develop**) a new product.
그 팀은 틈새시장을 찾고, 그것을 분석하고, 신제품을 개발할 계획이다.

해설 등위접속사 and 앞뒤의 구조를 파악해야 합니다. 괄호 앞의 구조가 plans 이하에 to find, to analyze가 이끄는 to부정사구로 연결되어 있으므로 정답은 to develop입니다.

2 We greatly appreciate your patronage and (**ask** / asking) you to fill out a survey.
애용해 주신 것에 대해 매우 감사드리며 설문을 작성해 주시기를 요청합니다.

해설 이 문장은 We greatly appreciate 이하의 절과 we ask 이하의 절이 연결되어 있으며, 이때 and 뒤에 중복되는 we가 생략된 상태입니다. 또는, 앞의 We 이하에 두 동사 appreciate와 ask가 동등하게 연결된 병렬 구조로 볼 수도 있습니다.

3 We are dedicated to developing and (provide / **providing**) high quality products.
우리는 고품질의 제품들을 개발하고 제공하는 데 헌신하고 있다.

해설 괄호 안의 형태는 앞의 are dedicated to 이하에 연결이 되고 있으므로 앞의 developing과 마찬가지로 providing이 들어가야 합니다. 이때, to는 전치사이며, developing과 providing은 동명사입니다.

4 We would like to meet you in person and (**interview** / interviewing) you for the position.
우리는 당신과 직접 만나 그 직책에 대해 인터뷰하고 싶습니다.

해설 괄호 안의 형태는 앞의 would like to 이하에 동사원형 meet과 연결되어 있으므로 마찬가지로 동사원형인 interview가 정답입니다.

5 The shop remains closed due to several electrical and (structure / **structural**) renovations.
그 상점은 몇몇 전기적, 그리고 구조적 개조보수 때문에 문을 닫고 있다.

해설 괄호 안의 형태는 앞의 형용사 electrical과 동등한 형용사 structural이 들어가야 합니다. 생략된 부분을 다시 써 보면 due to several electrical renovations and several structural renovations입니다.

기초 문법 실전으로 훈련하기

본서 p. 212

| 1 (C) | 2 (C) | 3 (B) | 4 (B) | 5 (A) | 6 (D) | 7 (D) | 8 (B) | 9 (A) | 10 (C) |
| 11 (A) | 12 (D) | 13 (B) | 14 (D) | 15 (B) | 16 (C) | 17 (D) | 18 (B) | 19 (D) | 20 (B) |

---

1 Please send me an e-mail **(C) or** call me at extension 155.
제게 이메일을 보내거나 내선 번호 155번으로 전화해 주십시오.

extension 내선 번호

해설 선택지는 (C)를 제외한 나머지 모두 전치사입니다. 전치사는 뒤에 명사나 동명사가 올 수 있으나 빈칸 뒤의 call은 동사원형이므로 빈칸에는 전치사가 올 수 없습니다. 따라서, 등위접속사인 (C)가 정답이며, 이때 or는 앞의 명령문 Please 이하에 send와 함께 연결되어 있습니다.

2 **(C) Either** Mr. Smith or Ms. Millan will represent REA Books at the London Book Fair.
스미스 씨나 밀런 씨 둘 중 하나가 런던 도서 박람회에서 REA 북스를 대표할 것이다.
represent 대표하다 | book fair 도서 박람회

해설 뒤의 or와 어울려 상관접속사로 쓰이는 것은 (C)입니다. 'Either A or B(A 또는 B 둘 중 하나)'라는 표현을 외워두면 빨리 풀 수 있는 문제입니다.

3 The team's duty is to conduct a survey, to analyze responses, and **(B) to provide** the results.
그 팀의 업무는 설문 조사를 하고, 답변을 분석하고, 결과를 제공하는 것이다.
duty 업무 | conduct a survey 설문 조사를 하다 | analyze 분석하다 | response 답변 | result 결과

해설 등위접속사 and 뒤에 알맞은 형태를 묻는 문제로 그 앞을 살펴봐야 합니다. 앞에서 동사 is 뒤에 보어로 to부정사구가 연결되고 있는 병렬 구조이므로 to conduct, to analyze, to provide의 형태가 되어야 합니다.

4 GN Real Estate can help you to find the most suitable and **(B) affordable** apartments in the area.
GN 부동산은 이 지역에서 가장 적합하고 저렴한 아파트를 당신이 찾도록 돕는다.
suitable 적합한, 알맞은 | affordable 저렴한, 알맞은

해설 빈칸은 등위접속사 and의 뒤에 명사 apartments의 앞에 있습니다. and 앞의 형용사 suitable과 함께 뒤의 명사를 수식하려면 (B)가 들어가야 합니다.

5 Information about our membership is provided at the service counter **(A) and** in the main lobby.
우리 회원제에 대한 정보는 서비스 카운터와 중앙 로비에서 제공된다.
information 정보 | membership 회원제 | main 주요한

해설 빈칸 앞뒤에는 at과 in 이하의 전치사구가 있으며, 빈칸에는 이를 연결해줄 접속사가 필요합니다. 접속사 (A)와 (B) 중 문맥상 정보가 제공되는 장소가 카운터와 중앙 로비이므로 (A)가 정답입니다. (C)는 부사이며, (D)는 or와 함께 쓰여야 접속사로 쓰일 수 있습니다.

6 The security officers not only monitor the parking area **(D) but also** check the visitors' identification cards.
보안 직원들은 주차 지역을 감독뿐만 아니라 방문객들의 신분증을 확인한다.
security 보안, 안전 | monitor 감독하다 | identification card 신분증

해설 빈칸 앞의 not only와 함께 쓰이며, 빈칸 뒤를 연결할 수 있는 것은 (D)입니다. 상관접속사 'not only A but also B(A뿐만 아니라 B도)'라는 표현을 외워두면 쉽게 풀 수 있습니다.

7 Our new customers can receive a free mug cup **(D) or** take advantage of a fifty percent discount.
우리 신규 고객들은 무료 머그잔을 받거나 50%의 할인을 이용할 수 있다.
take advantage of ~을 이용하다 / 활용하다

해설 빈칸은 앞의 절과 뒤의 주어가 없는 동사구를 연결하는 자리입니다. 선택지에서 (B)는 부사이므로 연결할 수 없고, (C)는 부사절 접속사로 뒤에 「주어 + 동사」의 구조가 와야 하므로 오답입니다. 등위접속사 (A)와 (D) 중 문맥상 신규 고객들이 받을 수 있는 혜택을 언급하고 있으므로 'A 또는 B'의 의미 (D)가 정답입니다.

8 Mr. Jones caught an earlier flight, **(B) so** he was able to finish the meeting successfully.
존스 씨는 더 이른 비행기를 타고 갔으므로 그는 회의를 성공적으로 끝낼 수 있었다.
catch 잡아타다 | flight 비행기 | be able to do ~할 수 있다 | successfully 성공적으로

해설 선택지는 모두 등위접속사이므로 문맥상 자연스러운 것을 골라야 합니다. 앞뒤 의미가 더 이른 비행기를 타서 성공적으로 회의를 했다는 내용이므로 (B)가 정답입니다. 참고로, (D)는 부사이지만 접속사로 쓰이면 but의 의미가 있다는 점도 기억해두세요.

9 Neither the spokesperson **(A) nor** the PR team was responding to press inquiries about the merger.
대변인과 홍보팀 둘 다 합병에 대한 언론의 질문에 답을 하지 않았다.
spokesperson 대변인 | respond to ~에 답하다 | press 언론 | inquiry 질문 | merger 합병

해설 상관접속사 'neither A or B(A와 B 둘 다 아닌)'를 묻는 문제입니다.

10 **(C)** Neither Mr. Jones nor Mr. Adams accepted the job offer from our competitor, P&G Paint.

존스 씨와 애덤스 씨 둘 다 우리 경쟁사인 P&G 페인트에서의 일자리 제안을 수락하지 않았다.

accept 수락하다, 받아들이다 | job offer 일자리 제안 | competitor 경쟁 업체

해설 상관접속사 'neither A or B(A와 B 둘 다 아닌)'를 묻는 문제입니다.

11 Our customers can enjoy various **(A)** delicious yet affordable foods at Olive Bistro.

올리브 비스트로에서 우리 고객들은 다양한 맛있지만 비싸지 않은 음식들을 즐길 수 있습니다.

various 다양한 | delicious 맛있는 | brief 간략한 | hungry 배고픈 | distant 거리가 먼 | affordable 알맞은, 저렴한

해설 빈칸에 알맞은 형용사 어휘를 묻는 문제입니다. 이때 뒤의 yet이 접속사 but의 의미로 쓰였다는 것을 해석으로 파악하는 것이 관건입니다. 「------- + yet + 형용사 + 명사」의 구조이며, 이때 등위접속사 yet을 중심으로 앞뒤의 형용사를 연결하고 있습니다. 따라서 foods와 어울려 쓰이고 affordable과 연결되는 형용사는 (A)입니다.

12 Please fill out weekly reports for the project properly **(D)** so we can follow up with the progress.

프로젝트에 대한 주간 보고서를 알맞게 작성해 주셔야 저희가 진행 상황을 파악할 수 있습니다.

fill out 작성하다 | properly 알맞게 | follow up 파악하다 | progress 진행 상황

해설 빈칸은 앞의 절과 뒤의 절을 연결하는 접속사 자리입니다. 선택지에서 접속사로 쓰일 수 있는 것은 (B)와 (D)입니다. 해석상 보고서를 작성'해야' 그것으로 진행 상황을 파악할 수 있다는 내용이므로 (D)가 정답입니다. 참고로 (A)와 (C)는 부사이므로 절과 절을 연결할 수 없습니다.

13 Both time **(B)** and budget must be considered when we proceed with the new project.

새로운 프로젝트를 진행할 때는 시간과 예산 모두 고려되어야 한다.

budget 예산 | proceed with ~을 진행하다

해설 상관접속사 'Both A and B(A와 B 둘 다)'를 묻는 문제입니다.

14 The Oaktree Union donates funds to local schools **(D)** and non-profit organizations every year.

오크트리 협회는 해마다 지역 학교들과 비영리 단체에 자금을 기부하고 있다.

donate 기부하다 | fund 자금 | local 지역의 | non-profit organization 비영리 단체

해설 선택지는 모두 등위접속사이며, (C)는 절과 절만 연결하므로 정답이 될 수 없습니다. 나머지 선택지 중 문맥상 자연스러운 것은 지역 학교들'과' 비영리 단체에 기부를 하는 것이므로 (D)가 정답입니다.

15 House Holding sells not only office furniture **(B)** but office supplies.

하우스 홀딩은 사무 가구뿐만 아니라 사무용품들도 판매한다.

sell 판매하다 | office supplies 사무용품

해설 상관접속사 'not only A but also B(A뿐만 아니라 B도)'라는 표현을 외워두면 쉽게 풀 수 있습니다. 참고로, also는 부사이므로 생략될 수 있습니다.

16 We spent two years improving the product design, and **(C)** fortunately, the customers were satisfied.

우리는 제품 디자인을 개선하는 데 2년을 보냈으며, 다행히 고객들은 만족했다.

spend 시간 doing ~하는 데 시간을 보내다 | improve 개선하다 | fortunately 다행히 | satisfied 만족한

해설 등위접속사 and를 중심으로 앞과 뒤에 완전한 절과 절이 연결되어 있습니다. 따라서, 빈칸은 수식어 자리이며, 문장이 완전할 때 절 앞에는 부사가 들어가므로 정답은 (C)입니다.

17 You are required to submit an application form **(D)** as well as a short description of your previous job.

당신은 지원서뿐만 아니라 이전 업무에 대한 간단한 설명도 제출하도록 요구됩니다.

be required to do ~하도록 요구되다 | application form 지원서 | description 설명 | previous 이전의

해설 선택지는 to부정사인 (B)를 제외하고 나머지 모두 접속사입니다. 빈칸 뒤에는 동사원형이 없으므로 (B)는 오답이며, 접속사 (A)와 (C)는 절과 절을 연결하는데 빈칸 뒤에는 절이 아닌 명사구이므로 들어갈 수 없습니다. 따라서, 구와 구를 연결할 수 있으며, 문맥상 자연스러운 것은 (D)입니다. 등위접속사는 앞뒤의 구조만 같으면 무엇이든 연결할 수 있습니다.

18 The company is providing paid vacations and **(B) benefits** to all employees.

그 회사는 유급 휴가와 혜택들을 전 직원들에게 제공하고 있습니다.

paid vacation 유급 휴가 | benefit 혜택

해설 등위접속사 and의 빈칸은 문맥상 앞의 is providing 뒤의 목적어인 paid vacations와 함께 연결된 명사 자리입니다. 따라서, 선택지 중 명사인 (B)가 정답입니다.

---

19 Hyun Auto launched a new line of hybrid cars, **(D) and** it received a favorable review.

현 오토는 새로운 하이브리드 차를 출시했으며 그것은 호의적인 평가를 받았다.

launch 출시하다 | line 제품 라인 | favorable 호의적인, 유리한 | review 평가

해설 선택지 중 먼저 (C)는 앞에 비교급의 형태인 more나 -er와 함께 쓰여야 하는데 앞부분에 비교급이 없으므로 오답입니다. 문맥상 신차 라인을 출시했'고' 그것에 대한 좋은 평가를 받았다는 내용이므로 (D)가 들어가야 합니다.

---

20 It is difficult for management both to attract **(B) and** to satisfy many customers.

경영진들이 많은 고객을 유치하고 만족시키는 것은 어렵다.

management 경영진 | attract 유치하다, 끌다 | satisfy 만족시키다

해설 상관접속사 'both A and B(A와 B 둘 다)'를 묻는 문제입니다.

필수 공략하기 / 비법 ❶ 적용하기

본서 p. 214

1 It **2** to **3** was **4** he **5** whether

---

1 (**It** / That) is important that all factory workers follow the safety regulations.

모든 공장 직원들이 안전 규정을 따르는 것은 중요하다.

해설 빈칸은 주어 자리이며, 뒤에 that절이 있으므로 가주어 It이 들어가야 합니다. 이때 It은 '그것'이라고 해석하지 않습니다.

---

2 It is essential for managers (**to** / that) supervise their teams.

매니저들이 그들의 팀을 감독하는 것은 필수적이다.

해설 가주어 It 뒤에는 진주어로 to부정사와 that절이 올 수 있습니다. 괄호 뒤에는 주어가 없이 동사원형인 supervise가 있으므로 to부정사가 정답입니다.

---

3 That Ms. Patel won the Employee of the Year Award (**was** / were) not surprising.

파텔 씨가 올해의 직원 상을 받는다는 것은 놀랍지 않았다.

해설 동사의 수일치를 묻는 문제로 문장 맨 앞의 That 이하는 모두 주어로 쓰이는 명사절입니다. 명사절은 복수 형태가 없기 때문에 단수 취급을 하므로 단수 동사인 was가 정답입니다.

---

4 We know (him / **he**) is a very qualified person for the director position.

우리는 그가 부장직에 매우 자격을 갖추고 있다는 것을 안다.

해설 괄호 앞의 「주어 + 동사」 뒤의 목적격 자리 같지만, 괄호 뒤에 동사인 is가 있으므로 괄호 앞에 명사절 접속사 that이 생략되었음을 알 수 있습니다. 따라서, 접속사 that 뒤의 주어로 주격이 필요합니다.

---

5 I do not know (**whether** / either) he accepted or refused the offer.

나는 그가 제안을 수락했는지, 거절했는지 모른다.

해설 명사절 접속사 whether와 앞의 상관 접속사로 쓰이는 either는 둘 다 A or B의 구조가 가능하나, whether는 접속사이고 either는 접속사가 아닙니다. either는 or와 함께 쓰여야만 접속사로 쓰이며, 괄호는 앞과 뒤에 절과 절이 있으므로 접속사 whether가 들어가야 합니다.

필수 공략하기 / 비법 ❷ 적용하기

본서 p. 215

1 inform   **2** announced   **3** mentioned   **4** advised   **5** announced

1 I am writing to (announce / **inform**) you that your order has been confirmed.
당신의 주문이 확인되었음을 당신에게 알려드리기 위해 이 글을 씁니다.

해설 두 동사의 차이는 뒤에 사람 명사의 유무입니다. 괄호 뒤에 사람인 you가 있으므로 inform이 정답입니다.

2 The president (**announced** / informed) that the company will expand its business.
그 사장은 회사가 사업을 확장할 것이라고 발표했다.

해설 괄호 뒤에 사람 명사가 없으므로 announced가 정답입니다.

3 The Chief of Security (notified / **mentioned**) to us that we should take precaution.
보안부장은 우리에게 예방 조치를 따르라고 언급했다.

해설 괄호 뒤에 사람 명사가 있으나 전치사 뒤에 목적격 대명사가 있으므로 수식어구로 취급됩니다. 따라서, that절을 바로 쓰는 mentioned가 정답입니다.

4 The council (recommended / **advised**) the director that we need to hold a public discussion.
의회는 부장에게 대중 토론회를 개최할 필요가 있다고 조언했다.

해설 괄호 뒤에 사람 명사가 있으므로 advised가 정답입니다.

5 Royal Hospital has (informed / **announced**) the construction of a new health care center.
로열 병원은 새로운 건강 관리 센터의 건축을 발표했다.

해설 괄호 뒤에 사람 명사가 없으므로 announced가 정답입니다. 뒤에는 that절이 쓰이지 않은 이유는 「주어 + 동사」가 없기 때문입니다. 즉, 동사 announce 뒤에는 명사나 명사절 모두 쓸 수 있습니다.

필수 문법 실전으로 훈련하기

본서 p. 216

1 (D)   **2** (D)   **3** (A)   **4** (C)   **5** (B)   **6** (D)   **7** (A)   **8** (B)   **9** (D)   **10** (C)
11 (B)   **12** (C)   **13** (B)   **14** (B)   **15** (B)   **16** (C)   **17** (D)   **18** (A)   **19** (D)   **20** (B)

1 The latest survey indicated **(D) that** most employees are satisfied with the company's benefits packages.
최근 설문 조사에는 대부분의 직원이 회사의 복지 혜택에 만족하고 있는 것으로 나타났다.

latest 최근의 | survey 설문 조사 | be satisfied with ~에 만족하다 | benefits package 복지 혜택

해설 동사 indicate 뒤에 목적어가 필요하므로 명사절 (B)와 (D)가 들어가야 합니다. 이때 빈칸 이하가 완전하므로 명사절 that인 (D)가 정답입니다.

2 Please **(D) inform** the team members that the company annual picnic will be held in Boram Park.
팀원들에게 연례 야유회가 보람 공원에서 열릴 것임을 알려주십시오.

neglect (일을) 하지 않다 | confirm 확인하다 | annual 연례의, 일 년에 한 번의 | picnic 야유회 | be held 열리다, 개최되다

해설 알맞은 동사 어휘를 고르는 문제입니다. 선택지 중 inform은 「inform + 사람 명사 + that절」의 구조로 쓰일 수 있는 동사이며, 문맥상 팀원들에게 알려주라는 내용이므로 (D)가 정답입니다. (A)는 전치사 to와 함께 'refer to(~을 참고하다)'라는 표현으로 쓰이며, (B)와 (C)는 뒤에 사람 명사가 오지 않으므로 정답이 될 수 없습니다.

3 Salespeople must decide **(A) whether** to use the corporate card or to use their credit card when they go on a business trip.
영업 사원들은 출장을 갈 때 법인 카드를 이용할지 본인의 신용 카드를 이용할지 결정해야만 한다.

decide 결정하다 | corporate 법인의, 회사의 | credit card 신용 카드 | go on a business trip 출장 가다

해설 빈칸 이하는 앞의 동사 must decide의 목적어로 쓰이는 명사적 역할을 합니다. 빈칸은 뒤의 to부정사, 등위접속사 or와 쓰이며, 명사적 역할을 할 수 있는 접속사 (A)가 들어가야 합니다. 또한, 명사절 접속사 whether는 절뿐만 아니라 to부정사구 뒤에도 올 수 있습니다. (B)는 'both A and B(A와 B 둘 다)', (C)는 'not only A but (also) B(A뿐만 아니라 B도)'로 쓰입니다.

---

4 The supervisors will **(C) specifically** note that all assembly workers should wear safety gear at all times.
감독관들은 모든 조립 작업자들이 항상 안전 장비를 착용해야 한다고 분명히 언급할 것이다.

supervisor 감독관 | specifically 분명히 | note that ~을 언급하다 | assembly 조립 | safety gear 안전 장비 | at all times 항상

해설 조동사 will과 동사원형 note 사이의 빈칸이므로 부사인 (C)가 들어가야 합니다.

---

5 The study indicated **(B) that** nearly every customer was happy with the performance of Clean Drum Wash.
연구는 거의 모든 고객이 클린 드럼 세탁기의 성능에 만족한다고 나타냈다.

study 연구 | nearly 거의, 대략 | performance 성능

해설 동사 indicate 뒤에 목적어가 필요하므로 명사절 (A)와 (B)가 들어가야 합니다. was happy with 이하가 완전하므로 빈칸은 명사절 that인 (B)가 들어가야 합니다.

---

6 We have not determined **(D) whether** the seminar will be held in Room 101 or 102.
우리는 세미나를 101호실에서 열지 102호실에서 열지 결정하지 않았다.

determine 결정하다

해설 빈칸은 앞뒤의 절과 절을 연결하는 접속사 자리로 선택지에서 접속사는 (D)뿐입니다. (B)도 뒤에 A or B의 구조로 쓰일 수 있으나 either는 접속사가 아니므로 절과 절을 연결할 수 없습니다. (A)는 전치사, (C)는 형용사와 부사로 쓰입니다.

---

7 Ms. Kelly must decide **(A) whether** or not submit the proposal to the director of the department.
켈리 씨는 부서장에게 제안서를 제출할지 말지 결정해야 한다.

submit 제출하다 | proposal 제안서 | department 부서

해설 동사 must decide의 목적어로 쓰이며, 뒤의 or not과 쓰일 수 있는 것은 명사절 접속사 (A)뿐입니다. (B)와 (C)는 접속사가 아니며, (D)는 부사절 접속사이므로 목적어로 쓰일 수 없습니다.

---

8 Factory supervisors are responsible for **(B) ensuring** that all employees are updated on safety policies.
공장 감독관들은 모든 직원이 안전 정책에 대해 업데이트되어 있는지 확실히 하는 것에 책임이 있다.

be responsible for ~을 책임지다 | ensure that ~을 확실히 하다 | policy 정책

해설 전치사 for 뒤에 동사 ensure는 동명사의 형태인 (B)로 바뀌어야 합니다. 이때, 동명사 ensuring 뒤에는 목적어로 명사절 that이 쓰였습니다.

---

9 Customer surveys **(D) clearly** indicate a strong positive response to our innovative new computer.
고객 설문 조사에서 우리의 혁신적인 새 컴퓨터에 대한 강한 긍정적인 반응이 명백히 나타나 있다.

clearly 명백히, 확실히 | response to ~에 대한 반응 | innovative 혁신적인

해설 빈칸은 앞의 주어와 뒤의 동사 indicate 사이의 부사 자리입니다.

---

10 **(C) That** Jerry Simpson accepted the proposal was surprising.
제리 심프슨이 제안을 수락했다는 것은 놀라웠다.

accept 수락하다 | proposal 제안 | surprising 놀라운

해설 선택지의 (A)와 (C)는 접속사, (B)와 (D)는 전치사입니다. 문장에 동사가 accepted와 was 두 개이므로 접속사인 (A)와 (C)가 정답 후보입니다. 이 문장의 동사는 was이며, 빈칸부터 proposal까지가 was의 주어입니다. 따라서, 명사절 접속사 (C)가 정답이며, 명사절은 주어로 쓰이면 단수 취급합니다.

11 **(B) It** is necessary that the car should be inspected regularly.
차가 정기적으로 검사를 받는 것은 필요하다.
necessary 필요한 | inspect 검사하다, 점검하다 | regularly 정기적으로

해설 주어 자리이며, 뒤에 명사절 접속사 that절이 있으므로 빈칸은 가주어 자리입니다. 이때 가주어 It은 해석하지 않습니다.

12 A survey indicates **(C) that** the response to the new product is positive.
설문 조사에는 신제품에 대한 반응이 긍정적이라는 것이 나타나 있다.
response to ~에 대한 반응 | positive 긍정적인

해설 빈칸은 앞의 절과 뒤의 절을 연결하는 접속사 자리입니다. 선택지는 모두 대명사지만, 이 중 (C)만이 접속사로도 쓰입니다. 빈칸 이하는 동사 indicates 뒤의 목적어로 쓰였으므로 명사절 접속사 that이 와야 합니다.

13 The company announced **(B) that** Justin Cooper became the new president.
그 회사는 저스틴 쿠퍼가 새로운 사장이 되었다고 발표했다.
president 사장

해설 빈칸은 앞의 동사 announced 뒤의 목적어가 되어야 하는 절이므로 명사절 접속사 (B)가 들어가야 합니다. 참고로, (A)는 부사절 접속사이며, 수식어절이므로 목적어 자리에 쓰일 수 없습니다.

14 Joseph will be moved to the overseas sales division **(B) after** he has finished learning about international trade.
요셉은 국제 무역에 대한 공부를 끝낸 후에 해외 영업 부서로 이동될 것이다.
overseas 해외의 | sales division 영업 부서 | learn about ~에 대해 배우다

해설 빈칸은 절과 절을 연결하는 접속사 자리이며, 부사인 (C)를 제외한 나머지 선택지는 모두 접속사입니다. 이 중 (A)와 (B)는 부사절, (D)는 명사절인데, 이 문장은 앞이 수동태 will be moved로 완전한 절이므로 빈칸 이하의 절은 수식어절입니다. 따라서, 부사절 (A)와 (B) 중 문맥상 자연스러운 것은 (B)입니다.

15 I would like to **(B) notify** you that I will be leaving Sesco Incorporated.
저는 세스코 사를 떠날 것임을 당신께 알려드리고 싶습니다.
would like to do ~하고 싶다 | present 발표하다 | admit 인정하다 | leave 떠나다

해설 알맞은 동사 어휘를 고르는 문제입니다. 선택지 중 사람 명사 you와 함께 쓰이며, 문맥상 자연스러운 것은 (B)입니다. 나머지 선택지는 모두 뒤에 사람 명사가 아닌 명사가 목적어로 와야 합니다.

16 Experts **(C) predict** that the merger with Synth Electronics will favorably affect the company's stock price.
전문가들은 신스 전자와의 합병이 회사 주식에 좋은 영향을 줄 것으로 예측한다.
expert 전문가 | predict 예상하다, 예측하다 | merger 합병 | favorably 좋게, 호의적으로 | affect 영향을 주다 | stock price 주가

해설 빈칸은 접속사 that을 중심으로 그 앞의 동사 자리입니다. 선택지에서 동사는 (C)와 (D)가 있으며, 이 둘의 차이는 능동태와 수동태입니다. 능동과 수동의 차이는 뒤에 목적어인 명사의 유무이며, 빈칸 뒤는 that절의 명사절로 명사 역할을 하므로 능동태인 (C)가 정답입니다.

17 Visitors must show **(D) either** a valid driver's license or an identification card to security officers.
방문객들은 유효한 운전 면허증이나 신분증 둘 중 하나를 보안 직원들에게 보여 주어야 한다.
valid 유효한 | security 보안

해설 의미상 면허증과 신분증 '둘 중에 하나'를 가져오라는 의미로 쓰이는 (D)가 정답입니다. 접속사 (C)도 뒤에 or와 어울려 쓰일 수 있으나, 절과 절을 연결해야 하는데 뒤에는 절이 없으므로 정답이 될 수 없습니다.

18 The contract **(A) expressly** indicates that contents in the book may not be used without the author's permission.
그 계약서는 책의 내용이 저자의 허가 없이 사용될 수 없다고 명확히 나타낸다.
contract 계약서 | expressly 명확히, 분명히 | indicate that ~라고 나타나다 | content 내용 | without ~없이는 | author 저자, 작가 | permission 허가, 허락

해설 주어와 동사 indicates 사이에는 부사가 수식합니다.

19 It is important **(D) that** people remain calm while they exit the building in the case of fire.
화재 시 건물 밖으로 나가는 동안 사람들이 침착함을 유지하는 것은 중요하다.
remain ~인 채로 남다 | calm 침착한 | while ~동안에 | exit 나가다 | in the case of ~의 경우

해설 주어인 It은 가주어이고, 뒤에는 진주어로 to부정사와 that절이 들어갈 수 있습니다. 선택지에는 to부정사가 없고 빈칸 뒤에 절이 있으므로 정답은 (D)입니다.

20 Please **(B) notify** Miranda Kurr of your selection from the attached list by November 10.

미란다 커에게 첨부된 리스트에서 당신이 고른 것을 11월 10일까지 알려주십시오.

selection 선택, 고른 것 | attached 첨부된

해설 알맞은 동사 어휘를 고르는 문제입니다. 선택지 중 빈칸 뒤에 사람 명사인 Miranda Kurr와 함께 쓰이며, 문맥상 자연스러운 것은 (B)입니다. 나머지 선택지는 모두 뒤에 사람 명사가 아닌 명사가 목적어로 와야 합니다.

독해로 끝내기

본서 p. 218

1 (B) **2** (A) **3** (B) **4** (A)

Melville Gallery Brings Wildlife to Visitors

1. **(B) Show** your children imaginative animal sculptures by famous artist Nicoli Luca at the "Wild Adventure" exhibit at the Melville Gallery. In preparation for this exhibit, Luca spent hundreds of hours observing animals in their natural environments. He also used scientific journals as important 2. **(A) resources** to make the sculptures look real. 3. **(B) Not only** his attention to detail but also his ability to develop creative ideas is what makes him the best artist. 4. **(A) For more information,** email the Melville Gallery at info@melvillegallery.com.

멜빌 갤러리가 방문객들에게 야생을 그대로 가져와 주다

멜빌 갤러리에서의 "야생 어드벤쳐" 전시회에서 유명한 예술가인 니콜리 루카의 상상력이 풍부한 동물 조각품들을 여러분의 아이들에게 보여주십시오. 이 전시회를 준비하면서 루카는 자연환경에 있는 동물들을 관찰하는 데 수백 시간을 들였습니다. 그는 또한 각각의 동물의 모습을 생생하게 만드는 데 중요한 자료로 과학 잡지를 이용했습니다. 세부 사항에 대한 그의 집중뿐만 아니라 독창적인 아이디어를 떠올리는 그의 능력이 그를 최고의 예술가로 만들었습니다. 더 자세한 정보는 멜빌 갤러리 info@melvillegallery.com으로 이메일을 보내주십시오.

문장 해석하기

(A) For more information, email the Melville Gallery at info@melvillegallery.com.
더 자세한 정보는 멜빌 갤러리 info@melvillegallery.com으로 이메일을 보내주십시오.

(B) If you are interested in the volunteering job, please send us your résumé.
자원봉사 업무에 관심이 있으시면 저희에게 귀하의 이력서를 보내주십시오.

문장 분석하기

본서 p. 219

1 [Please] (you) **send** me an e-mail or (you) **call** me [at extension 155].
         S   V   I.O.   D.O.   S   V   O

제게 이메일을 보내거나 내선 번호 155번으로 전화해 주십시오.

2 Either Mr. Smith or Ms. Millan **will represent** REA Books [at the London Book Fair].
                S   V   O

스미스 씨나 밀런 씨 둘 중 하나가 런던 도서 박람회에서 REA 북스를 대표할 것이다.

3 The team's duty **is** to conduct a survey, to analyze responses, and to provide the results.
          S   V   C

그 팀의 업무는 설문 조사를 하고, 답변을 분석하고, 결과를 제공하는 것이다.

4 Information [about our membership] **is provided** [at the service counter and in the main lobby].
　　　　　S　　　　　　　　　　　　　　　V
우리 회원제에 대한 정보는 서비스 카운터와 중앙 로비에서 제공된다.

---

5 You **are required to submit** an application form as well as a short description [of your previous job].
　　S　　　　V　　　　　　　　　　　　　　　O
당신은 지원서뿐만 아니라 이전 업무에 대한 간단한 설명도 제출하도록 요구됩니다.

---

6 The latest survey **indicated** that most employees are satisfied with the company's benefits packages.
　　　　S　　　　　V　　　　　　　　　　　　　　O
최근 설문 조사에는 대부분의 직원이 회사의 복지 혜택에 만족하고 있는 것으로 나타났다.

---

7 Customer surveys [clearly] **indicate** a strong positive response [to our innovative new computer].
　　　　S　　　　　　　V　　　　　　O
고객 설문 조사에서 혁신적인 새 컴퓨터에 대한 강한 긍정적인 반응이 명백히 나타나 있다.

---

8 Salespeople **must decide** whether to use the corporate card or to use their credit card [when they go on a business trip].
　　　S　　　　V　　　　　　　　　　　　　　O
영업 사원들은 출장을 갈 때 법인 카드를 이용할지 본인의 신용 카드를 이용할지 결정해야만 한다.

---

9 That Jerry Simpson accepted the proposal **was** surprising.
　　　　　S　　　　　　　　　　　　V　　C
제리 심프슨이 제안을 수락했다는 것은 놀라웠다.

---

10 Joseph **will be moved** [to the overseas sales division] [after he has finished learning about international trade].
　　　S　　　V
요셉은 국제 무역에 대한 공부를 끝낸 후에 해외 영업 부서로 이동될 것이다.

전치사·접속사편 UNIT 17 부사절 접속사

기초 다지기 / 비법 ① 적용하기

본서 p. 222

| 1 As long as | 2 By the time | 3 If | 4 Unless | 5 Once |
| 6 changed | 7 After | 8 unless | 9 if | 10 As soon as |

1 (**As long as** / Before) we receive your order today, we can ship the package tomorrow.
당신의 주문을 오늘 받는 한, 내일 소포를 배송할 수 있다.

해설 소포가 배송되는 것은 주문을 오늘 '받기 전'이 아닌 '받는 한' 보내지는 것이므로 조건을 나타내는 As long as가 들어가야 합니다.

2 (**By the time** / Unless) Mr. Jones became the president, he had worked here for ten years.
존스 씨가 사장이 되었을 때까지, 그는 이곳에서 10년 동안 일을 해오고 있었다.

해설 존스가 사장이 되었을 때, 그때까지면 그는 회사에서 10년째 일하고 있는 것이므로 시간을 나타내는 부사절 접속사 By the time이 정답입니다. 조건을 의미하는 Unless를 넣으면 그가 사장이 '되지 않았다면'이라는 어색한 의미가 됩니다.

3 (Before / **If**) you have any problems with your computer, please contact us.
당신 컴퓨터에 문제가 있다면, 저희에게 연락해주세요.

해설 컴퓨터에 문제가 생기기 전에는 연락할 필요가 없으므로 조건을 나타내는 '만약 ~라면'의 의미인 If가 정답입니다.

4 (**Unless** / As) the president approves the project, we cannot start it.
사장이 승인하지 않는다면, 우리는 시작할 수 없다.

해설 사장님이 프로젝트를 승인하지 '않는다면'이라는 부정적인 내용이 되어야 하므로 if not과 같은 의미인 Unless가 정답입니다. 이때, 'As(~때문에)'로 해석해보면 승인했기 '때문에', 시작할 수 없다는 의미입니다.

5 (**Once** / Unless) the executives make a decision, planning for the new building will start.
임원들이 결정하고 나면, 새로운 건물 기획이 시작될 것이다.

해설 시간을 나타내는 부사절 접속사 Once를 넣으면 임원들이 결정하고 나서, 기획이 시작될 것이라는 자연스러운 내용이 됩니다. 접속사 Unless에는 not의 의미가 포함되어 있으므로 임원들이 '결정하지 않는다면'이라는 의미로 문맥상 어색합니다.

6 Since we (**changed** / have changed) the design, the new product has become very popular.
우리가 디자인을 바꾼 이래로, 신제품은 더욱 인기가 많아지고 있다.

해설 동사의 시제를 묻는 문제로 단서는 시간을 나타내는 접속사 Since입니다. Since는 뒤에 과거 시점과 어울려 쓰이며, 뒤에 오는 주절이 현재 완료 「have / has + p.p.」로 쓰입니다.

7 (**After** / Before) the employer signs the contract, it will become effective.
그 직원이 계약서에 서명하고 난 후에, 그것은 효력이 생길 것이다.

해설 계약의 효력이 생기려면 계약서에 서명하기 '전'이 아닌 '후'가 되어야 하므로 After가 정답입니다.

8 The policy remains the same (while / **unless**) it is otherwise mentioned.
그 정책은 달리 언급되지 않는다면 똑같이 유지될 것이다.

해설 정책이 계속 똑같이 유지되는 것은 조건상 '다른 말이 없다면', 즉 '달리 언급되지 않는다면'이란 의미가 자연스러우므로 unless가 정답입니다. 접속사 while은 '~동안에'라는 의미로 달리 언급되는 '동안에' 정책이 똑같이 유지된다는 것은 문맥상 어색합니다.

9 I will hire him as an assistant (unless / **if**) he is competent.
그가 유능하다면, 나는 그를 비서로 고용할 것이다.

해설 조건상 그가 '유능하다면' 그를 비서로 채용하는 것이므로 if가 정답입니다. 접속사 unless를 넣으면 그가 '유능하지 않다면'이라는 어색한 문맥이 됩니다.

10 (Until / **As soon as**) you have finished the report, please send it to me.
당신은 보고서를 끝내자마자, 그것을 제게 보내주세요.

해설 보고서를 완료하는 즉시, 그것을 내게 보내달라는 내용이므로 As soon as가 정답입니다. 접속사 Until은 어떤 시간이 지속되고 있는 의미가 있으며, 보고서가 완료될 때까지는 그것을 보낼 수가 없으므로 오답입니다.

기초 다지기 / 비법 ❷ 적용하기   본서 p. 223

1 Even though   **2** While   **3** so that   **4** so   **5** considerate

1 (**Even though** / So that) Michael was sick, he came to work.
마이클은 비록 아팠음에도 불구하고, 일하러 왔다.

해설 마이클은 아파도 회사에 온 것이므로 '비록 ~에도 불구하고'란 양보의 의미인 Even though가 정답입니다. So that은 문장 맨 앞에 쓰지 않습니다.

2 (**While** / In order that) the second quarter's profit is disappointing, the third's is very satisfying.
2분기의 수익이 실망스러웠던 반면에, 3분기는 매우 만족스럽다.

해설 2분기와 3분기의 수익을 비교하고 있으므로, 앞의 절과 뒤의 절의 내용이 대조되는 의미를 나타내는 While이 정답입니다. In order that은 '~하기 위해서'라는 의미로 문맥에 어울리지 않습니다. 참고로, 접속사 While은 '~동안에'라는 의미도 있습니다.

3 Please fill out a form (**so that** / in order to) we can provide a better service.
저희가 더 좋은 서비스를 제공할 수 있게 하려고 서식을 작성해주세요.

해설 접속사 so that과 to부정사 in order to는 모두 '~하기 위해서'라는 목적의 의미를 가지지만, 그 뒤의 구조에 따라 쓰임이 다릅니다. 괄호 뒤에 「주어 + 동사」로 이루어진 절이므로 접속사 so that이 정답입니다. to부정사는 뒤에 동사원형이 와야 합니다.

4 Jim Parker worked (**so** / such) hard that he got a promotion.
짐 파커는 너무 열심히 일해서 승진했다.

해설 '너무 ~해서 …하다'라는 의미의 결과를 나타내는 접속사의 구별은 그 뒤가 형용사나 부사인지, 또는 명사인지에 따라 달라집니다. hard는 worked 뒤에서 부사로 쓰였으므로 so가 정답입니다.

5 Mr. Park is so (**considerate** / consideration) that he helped his colleague to finish the report.
박 씨는 너무 사려 깊어서 그의 동료들이 보고서를 완료하는 것을 도와주었다.

해설 접속사 「so + 형용사 / 부사 + that」의 구조에서 so 뒤에 올 수 있는 것은 형용사 considerate입니다.

기초 문법 실전으로 훈련하기

본서 p. 224

1 (B)	2 (D)	3 (C)	4 (C)	5 (D)	6 (D)	7 (C)	8 (A)	9 (D)	10 (A)
11 (A)	12 (D)	13 (B)	14 (B)	15 (C)	16 (A)	17 (B)	18 (D)	19 (A)	20 (C)

---

1 Please fill out a form about your experience **(B) so that** we can improve our service.
저희가 서비스를 개선할 수 있도록 당신의 경험에 대해 서식을 작성해 주십시오.
fill out 작성하다 | experience 경험 | improve 개선하다

해설 앞뒤의 절과 절을 연결하는 접속사가 필요한데 선택지 중 (C)를 제외하고 모두 접속사이므로 해석을 통해 가장 적절한 것을 골라야 합니다. 서식 작성을 요청하는 것은 서비스를 더 개선하기 '위해서'이므로 목적을 나타내는 부사절 접속사 (B)가 정답입니다.

---

2 Tickets **(D) as well as** coupons to the movie theater can be downloaded on the Web site.
영화관의 티켓과 쿠폰은 웹사이트에서 다운로드 받을 수 있다.
movie theater 영화관

해설 빈칸은 앞뒤의 명사를 연결하는 자리입니다. 따라서, 절과 절을 연결하는 부사절 접속사인 (A), (B), (C)는 모두 답이 될 수 없습니다. 정답인 등위접속사 (D)는 단어, 구, 절을 모두 연결할 수 있으며, 이 문장에서 Tickets와 coupons를 연결해 주고 있습니다.

---

3 The new line of sneakers must be redeveloped before it will be successful **(C) commercially**.
새로운 스니커즈 제품 라인은 상업적으로 성공하기 전에 다시 개발되어야 한다.
redevelop 다시 개발하다 | successful 성공적인 | commercially 상업적으로

해설 빈칸에 알맞은 품사를 고르는 문제로 단서는 앞의 부사절 접속사 before에 있습니다. 빈칸까지는 접속사 before가 이끄는 절이며, 그 안에는 동사 will be를 중심으로 주어와 보어가 모두 있는 완전한 절입니다. 따라서, 부사 (C)가 정답입니다.

---

4 We provide a full refund **(C) provided** that products are returned in good conditions.
저희는 제품들이 좋은 상태이기만 하면 전액 환불을 해드립니다.
a full refund 전액 환불 | in good conditions 좋은 상태

해설 빈칸은 뒤의 that과 함께 어울려 쓰이며, 앞뒤의 절과 절을 연결하는 접속사 자리입니다. 선택지 모두 부사절 접속사이지만 뒤에 that과 함께 쓰일 수 있는 것은 (C)입니다. 접속사 provided that은 if와 같은 조건을 나타내는 접속사입니다.

---

5 **(D) Since** the company installed the new program, the order process has become much faster.
회사가 새로운 프로그램을 설치하고 난 이래로, 주문 처리가 훨씬 더 빨라졌다.
install 설치하다 | order 주문 | process 처리

해설 (A)와 (C)는 부사, (B)는 접속사, (C)는 전치사와 접속사입니다. 빈칸은 절과 절을 연결해줄 접속사 자리이며, (B)와 (D) 중 문맥상 자연스러운 것은 시간을 나타내는 (D)입니다. (B) Though는 '비록 ~에도 불구하고'라는 의미로, 문맥상 어울리지 않습니다.

---

6 Our service representatives receive complaints **(D) as well as** provide proper solutions to the customers.
우리 서비스 직원들은 불만 사항을 받는 것뿐만 아니라 고객들에게 알맞은 해결책을 제시하기도 한다.
representative 직원, 대표자 | complaint 불평, 불만 | proper 알맞은 | solution 해결책

해설 선택지에서 (A)와 (C)는 의미가 같은 부사절 접속사이므로 동시에 답이 될 수 없습니다. 빈칸에는 앞의 절과 뒤의 동사원형이 끄는 구를 연결할 수 있는 것을 찾아야 하므로 등위접속사 (D)가 정답입니다. 이때 연결하고 있는 것은 앞의 receive 이하와 뒤의 provide 이하입니다. 전치사 (B)는 뒤에 명사나 동명사가 와야 하므로 적절하지 않습니다.

---

7 **(C) Now that** its main supplier went bankrupt, Happy Home Furnishings is having a difficult time.
주 공급 업체가 파산했기 때문에, 해피 홈 가구는 힘든 시간을 겪고 있다.
supplier 공급 업체 | go bankrupt 파산하다

해설 알맞은 부사절 접속사를 고르는 문제로 '주요 공급 업체의 파산으로 인해' 현재 '힘든 시간을 보내고 있다'라는 인과 관계를 나타내므로 이유를 나타내는 (C)가 정답입니다. 접속사 (A)는 문장 맨 앞에 쓸 수 없고, (B)는 '비록 ~에도 불구하고', (D)는 '~하자마자'라는 의미로 문맥상 어울리지 않습니다.

8 IT Telecom decided to renovate the main office **(A) instead of** relocating to a new location.
IT 텔레콤은 본사를 새로운 곳으로 이전하는 것 대신 개조보수 하기로 결정했다.
renovate 개조보수 하다 | relocate to ~로 이전하다 | location 위치, 지점

해설 선택지는 전치사 (A)를 제외하고 모두 부사절 접속사입니다. 빈칸 앞뒤를 살펴보면 앞에는 절, 뒤에는 동명사 relocating이 있으므로 전치사 (A)가 정답이 됩니다.

9 Kenny's Kitchen has improved the quality of its customer service **(D) as a result of** an excellent training program.
케니스 키친은 훌륭한 교육 프로그램의 결과로 고객 서비스의 품질을 개선했다.
improve 개선하다 | quality 품질 | excellent 훌륭한, 뛰어난

해설 빈칸은 앞의 절과 뒤의 명사구를 연결하는 자리입니다. 절과 절을 연결하는 것이 아니므로 접속사인 (A)와 (B)는 들어갈 수 없으며, to부정사 (C)는 뒤에 동사원형이 와야 하므로 역시 오답입니다. 따라서, 명사 앞에 쓰일 수 있는 전치사 (D)가 정답입니다.

10 Staff members should notify the manager if they **(A) expect** to be absent from work.
직원들은 만약 그들이 결근할 것으로 예상되면 매니저에게 알려야 한다.
notify 공지하다, 알리다 | absent 결근한

해설 빈칸은 부사절 접속사 if가 이끄는 절의 주어 뒤 동사 자리입니다. 선택지에서 동사 (A)와 (D) 중 수일치가 맞는 것은 (A)입니다.

11 (A) As Mr. Banner has an excellent sales record, he will win the Employee of the Year Award.
배너 씨는 훌륭한 매출 기록을 가지고 있기 때문에, 올해의 직원 상을 받을 것이다.
record 기록 | win an award 상을 받다

해설 선택지는 접속사인 (A), (B), 부사 (C), 전치사 (D)입니다. 빈칸은 접속사 자리이며, (A)와 (B) 중 So that은 문장 맨 앞에 쓰이지 않으므로 정답은 (A)입니다. 이때, As는 이유를 나타내는 접속사로 '~때문에'란 의미로 쓰입니다.

12 The renovation project can begin immediately **(D) now that** the management has approved it.
개조보수 프로젝트는 경영진이 그것을 승인했기 때문에 즉시 시작할 수 있다.
immediately 즉시, 바로 | management 경영진 | approve 승인하다

해설 빈칸은 앞뒤의 절과 절을 연결하는 접속사 자리로, 선택지에서 접속사는 (D)뿐입니다. (A)는 to부정사, (B)와 (C)는 전치사입니다.

13 Product Surplus experienced an increase in sales **(B) because of** the significant improvements to its procedures.
프로덕트 서플러스는 절차에 상당한 개선을 했기 때문에 매출의 증가를 겪었다.
experience 겪다, 경험하다 | increase in ~의 증가 | significant 상당한 | improvement 증진, 개선 | procedure 절차

해설 빈칸은 앞의 절과 뒤의 명사구를 연결하는 전치사 자리로 선택지에서 전치사는 (B)뿐입니다. (A)와 (D)는 절과 절을 연결하는 접속사, (C)는 부사입니다.

14 (B) In order to receive a discount coupon, please fill out the following form.
할인 쿠폰을 받기 위해서, 다음 서식을 작성하십시오.
fill out 작성하다 | following 다음의

해설 빈칸은 뒤의 동사원형과 함께 어울려 쓰이며, 콤마까지를 이끄는 것은 선택지에서 to부정사인 (B)뿐입니다. 접속사 (A)는 (B)와 같은 의미로 쓰이지만, 뒤에 절이 와야 합니다. (D) 또한 절과 절을 연결하는 접속사이며, (C)는 부사입니다.

15 The project was so successful **(C) that** the manager gave the team a bonus.
그 프로젝트가 너무 성공적이어서 매니저는 팀에게 보너스를 주었다.
successful 성공적인

해설 so successful과 함께 '너무 ~해서 …하다'라는 의미의 「so + 형용사 + that」 접속사로 쓰이는 (C)가 정답입니다.

16 (A) After he retires from LTE Accounting, Richard Miller will work as a financial advisor at Rich Bank.
LTE 회계를 은퇴한 후에, 리차드 밀러는 리치 은행에서 재무 고문으로 일을 할 것이다.
retire 은퇴하다 | financial 재무의, 재정적인 | advisor 고문, 조언자

해설 선택지 모두 부사절 접속사이므로 해석을 통해 알맞은 것을 골라야 합니다. '은퇴한 후에' 다른 회사에서 일하는 것을 언급했으므로 시간상 '이후에'를 의미하는 (A)가 정답입니다. (B)와 (C)는 '~때문에', '~이므로'란 이유를 나타내는 접속사, (D)는 '비록 ~에도 불구하고'라는 의미의 양보를 나타내는 접속사입니다.

17 (B) Because seats at the theater are limited, you are advised to reserve tickets in advance.
극장의 좌석들이 제한되어 있기 때문에, 표를 미리 예매하시는 것을 권합니다.
theater 극장 | limited 제한된 | be advised to do ~하도록 권고되다 | reserve 예약하다 | in advance 미리, 사전에

해설 선택지 모두 부사절 접속사이며, 앞뒤의 문맥상 제한된 좌석 '때문에' 미리 예매를 하라고 권하고 있으므로 이유를 나타내는 (B)가 정답입니다. (A)는 '~하지 않는다면'의 의미로 if와 반대적 의미이고, (C)는 '~하고 나서', (D)는 '~하기 위해서'를 뜻합니다.

18 Employment files at Staffing Solutions are strictly confidential (D) unless the clients give permission.
스태핑 솔루션의 채용 파일들은 고객들의 허가 없이는 엄격하게 기밀이다.
strictly 엄격히 | confidential 기밀의 | permission 허가

해설 선택지 모두 부사절 접속사이므로 해석해보면, 채용 파일이 기밀인 것은 고객이 허가하지 않는 상황, 즉 부정의 의미를 나타내므로 not이 포함된 접속사 (D)가 정답입니다.

19 Unfortunately, our new office is (A) so small that it cannot accommodate all team members.
안타깝게도, 우리 새로운 사무실이 너무 작아서 모든 팀원을 수용할 수가 없다.
unfortunately 안타깝게도 | small 작은 | accommodate 수용하다

해설 빈칸은 뒤의 that절과 함께 어울려 쓰일 수 있는 'so / such ~ that'의 쓰임을 묻는 문제입니다. (A)와 (B)의 차이는 그 뒤에 형용사나 부사가 오면 so, 명사가 오면 such이며, 뒤의 small은 형용사이므로 (A)가 정답입니다.

20 The meeting was canceled (C) because a problem was found in Room 101.
101호실에서 문제가 발견되었기 때문에, 회의가 취소되었다.
cancel 취소하다 | problem 문제

해설 빈칸은 앞뒤의 절과 절을 연결하는 접속사 자리로 선택지에서 접속사가 아닌 (D)를 제외한 나머지 모두 가능합니다. 하지만 (A)와 (B)는 같은 의미로 동시에 답이 될 수 없으므로 정답은 (C)입니다.

필수 공략하기 / 비법 ❶ 적용하기

본서 p. 226

1 Due to 2 while 3 due to 4 unless 5 Despite

1 (**Due to** / Because) the rise in fuel prices, there are less vehicles on the road.
연료 가격의 증가 때문에, 도로에 차가 더 없다.

해설 괄호 안의 전치사와 접속사는 그 의미가 같으므로 뒤의 구조를 살펴봐야 합니다. 괄호부터 콤마까지 안에 「주어 + 동사」가 없고 명사구만 있으므로 전치사 Due to가 정답입니다.

2 Mr. Thomas read the newspaper (during / **while**) he waited for a flight to New York.
토마스 씨는 뉴욕으로 가는 비행기를 기다리는 동안 신문을 읽었다.

해설 전치사 during은 뒤에 명사구가, 접속사 while은 뒤에 절이 오는데 괄호 뒤에 he waited 이하의 절이 왔으므로 while이 정답입니다.

3 The factory was closed last week (**due to** / now that) mechanical problems.
기계적 문제 때문에, 공장은 지난주에 문을 닫았다.

해설 전치사 due to는 뒤에 명사구가, 접속사 now that은 뒤에 절이 와야 하는데, 괄호 뒤에 명사구가 있으므로 due to가 정답입니다.

4 The employees cannot go on a vacation (without / **unless**) the supervisor's permission is given.
직원들은 상사의 허가가 주어지지 않는 한 휴가를 갈 수 없다.

해설 전치사 without 뒤에는 명사가, 접속사 unless 뒤에는 「주어 + 동사」가 와야 하며 괄호 뒤에는 절이 왔으므로 unless가 정답입니다.

5 (**Despite** / Although) the rapid increase of Internet shopping, purchases are still made in-store.
비록 인터넷 쇼핑이 급격한 증가세를 보이지만, 여전히 상점 내에서 구매되고 있다.

해설 괄호부터 콤마까지에는 명사구만 있으므로 전치사 Despite와 접속사 Although 중 Despite가 정답입니다.

필수 공략하기 / 비법 ❷ 적용하기

본서 p. 227

1 However   **2** although   **3** In addition   **4** Instead   **5** However

1 They changed their return policy to attract more customers. (But / **However**), the profits declined.
그들은 더 많은 고객을 유치하기 위해 그들의 환불 정책을 바꿨다. 그러나 이익이 줄었다.

해설 괄호 안의 접속사와 부사는 '그러나, 하지만'이라는 같은 의미이지만 그 쓰임이 다릅니다. 이 문장에서는 앞뒤 문장이 모두 완전한 문장이므로 접속사를 쓸 수 없습니다. 따라서, 앞뒤의 문맥을 자연스럽게 연결해 주는 접속부사 However가 정답입니다.

2 The team failed to find a perfect candidate (**although** / nevertheless) they received many résumés.
그 팀은 많은 이력서를 받았음에도 불구하고, 완벽한 후보자를 찾는 데 실패했다.

해설 접속사 although와 부사 nevertheless는 '비록 ~에도 불구하고'라는 같은 의미를 가집니다. 이 문장에서는 앞의 절과 뒤의 절이 연결되어야 하므로 부사가 아닌 접속사 although가 정답입니다.

3 We will provide a 10 percent discount. (Otherwise / **In addition**), we will give a free T-shirt to all customers.
우리는 10%의 할인을 제공해 드릴 것입니다. 또한, 우리는 모든 고객께 무료 티셔츠를 드립니다.

해설 접속부사의 구별은 앞뒤 문장을 해석하여 자연스러운 것을 골라야 합니다. 앞에서 10%의 할인을 알려주었고, 뒤의 문장에서도 무료 티셔츠를 준다는 비슷한 내용이 연결되어야 하므로 추가의 의미인 In addition이 정답입니다.

4 All residents should not use the elevators today. (Moreover / **Instead**), please use the stairs.
모든 주민은 오늘 엘리베이터를 사용하시면 안 됩니다. 대신, 계단을 이용하세요.

해설 앞 문장에서 엘리베이터 사용을 금지한다고 언급하며, 그 대안으로 계단을 이용하라고 했으므로 '~ 대신에'라는 의미의 Instead가 정답입니다.

5 The bus fare will be $2.00 this quarter. (**However** / Likewise) $3.00 will be charged next quarter.
이번 분기의 버스 요금은 2달러가 될 것입니다. 하지만, 다음 분기에는 3달러가 부과될 것이다.

해설 앞 문장에서 이번 분기 요금이 2달러라고 하고, 뒤에서는 다음 분기에 상대적으로 비싼 3달러로 변경될 것이라고 했으므로 대조의 의미의 However가 정답입니다.

필수 문법 실전으로 훈련하기

본서 p. 228

1 (A)   **2** (C)   **3** (B)   **4** (B)   **5** (D)   **6** (B)   **7** (A)   **8** (D)   **9** (C)   **10** (B)
11 (C)   **12** (D)   **13** (D)   **14** (D)   **15** (A)   **16** (D)   **17** (A)   **18** (C)   **19** (D)   **20** (A)

1 **(A) Because** the sales of this quarter decreased dramatically, the company needs to take innovative action.
이번 분기의 매출이 급격히 감소했기 때문에, 회사는 혁신적인 조처를 할 필요가 있다.

quarter 분기 | decrease 감소하다 | dramatically 상당히, 급격히 | take action 조치를 취하다 | innovative 혁신적인

해설 빈칸부터 콤마까지의 절과 그 뒤의 절을 연결하는 접속사 자리입니다. 선택지에서 (A)만 접속사이고 나머지는 모두 부사이므로 정답은 (A)입니다. 접속부사는 접속사가 아닌 부사라는 점을 기억해두세요.

2 The ten percent salary increase will not go into effect **(C) until** the first of January.
10%의 급여 인상은 1월 1일까지 효력이 발생하지 않을 것이다.

salary 급여 | increase 인상, 증가 | go into effect 효력이 발생하다

해설 앞의 절과 뒤의 명사구를 연결하는 전치사 자리로 선택지에서 전치사로 쓰일 수 있는 것은 (C)뿐입니다. until은 전치사와 접속사의 형태가 같으므로 빈칸이 어떤 자리냐에 따라 그 쓰임이 달라집니다. 참고로, (A)는 부사와 접속사, (B)와 (D)는 접속사로 쓰입니다.

3 Mr. Warden called in sick, so Mr. Wang will supervise the project team **(B) during** his absence.

워든 씨가 전화로 병결을 알려, 왕 씨가 그의 결근 중에 프로젝트팀을 감독할 것이다.

call in sick 전화로 병결을 알리다 | supervise 감독하다 | absence 결근

해설 앞의 절과 뒤의 명사구를 연결하는 전치사 자리로 접속사와 전치사를 구분하는 문제입니다. 선택지에서 (A)와 (C)는 접속사이므로 답이 될 수 없고, (B)와 (D) 중 (D)는 '(셋 이상) 중에'라는 의미의 전치사이므로 뒤에 복수 명사가 와야 합니다. 따라서, 정답은 (B)입니다.

4 The team noticed an increase in productivity **(B) since** workers began using the new machinery.

그 팀은 새로운 기계를 사용하기 시작했기 때문에, 생산성이 향상했음을 알아차렸다.

notice 알아차리다 | productivity 생산성 | machinery 기계

해설 빈칸은 앞뒤의 절과 절을 연결하는 접속사 자리로 선택지에서 접속사로 쓰이는 것은 (B)뿐입니다. (B)는 전치사와 접속사, (A)는 전치사, (C)와 (D)는 부사입니다. 전치사나 부사는 절과 절을 연결할 수 없습니다.

5 **(D) Once** you have registered for our online course, you should follow next steps.

저희 온라인 코스를 등록하시고 나서, 다음 절차를 따르십시오.

register for ~에 등록하다 | follow steps 절차를 따르다

해설 빈칸부터 콤마까지의 절과 그 뒤의 절을 연결해야 하므로 빈칸에는 접속사가 적절합니다. 선택지에서 접속사 (A)와 (D) 중 문맥상 자연스러운 것은 (D)입니다. 참고로 접속사 So는 문장 맨 앞에 쓰이지 않으며, (B)는 '이미'를 의미하는 부사, (C)는 '~을 따라'라는 장소를 나타내는 전치사입니다.

6 **(B) Although** Mr. Black is a new employee, he has extensive knowledge in his field.

비록 블랙 씨는 신입 직원이지만, 그는 자기 분야에서 폭넓은 지식을 가지고 있다.

extensive 폭넓은 | knowledge 지식 | field 분야

해설 콤마까지의 절과 그 뒤의 절을 연결하는 접속사 자리로, 선택지에서 접속사는 (B)뿐입니다. (A)와 (D)는 부사, (C)는 전치사입니다. 참고로, (A), (B), (C)는 그 의미가 같으나 품사가 달리 쓰였으므로 이 셋의 쓰임의 차이를 묻는 문제이기도 합니다.

7 **(A) Once** the current project is finished, we will be allowed to take a vacation.

현재 프로젝트가 완료되고 나서, 우리는 휴가 가는 것이 허가될 것이다.

current 현재의 | be allowed to do ~하도록 허가되다 | take a vacation 휴가 가다

해설 절과 절을 연결하는 접속사 자리로, 선택지에서 접속사는 (A)뿐입니다. (B)와 (D)는 부사, (C)는 전치사이므로 절과 절을 연결할 수 없습니다.

8 **(D) Now that** the location for the fifth annual convention has been selected, the date should be decided.

제5회 연간 총회의 위치가 지정되었으므로, 날짜도 정해져야 한다.

select 선정하다 | decide 결정하다

해설 절과 절을 연결하는 접속사 자리로, 선택지에서 접속사는 (A)와 (D)입니다. 이 중 위의 (A)를 넣으면, 장소가 '정해지지 않는다면', 날짜가 정해져야 한다는 어색한 내용이 되므로, 이유를 나타내는 (D)가 정답입니다. (B)는 부사, (C)는 전치사이며, 참고로 (C)와 (D)는 의미가 같은 전치사와 접속사이므로 이 둘을 구별하는 문제이기도 합니다.

9 We were able to complete the project successfully **(C) in spite of** a reduced budget.

우리는 줄어든 예산에도 불구하고 프로젝트를 성공적으로 완료할 수 있었다.

be able to do ~할 수 있다 | complete 완료하다 | successfully 성공적으로 | reduced 줄어든 | budget 예산

해설 앞의 완전한 절과 뒤의 명사구를 연결하는 전치사 자리로, 선택지에서 전치사는 (C)뿐입니다. (A)와 (B)는 접속사, (D)는 부사이며, 참고로 (A)와 (C)는 의미가 같은 접속사와 전치사이므로 이 둘을 구별하는 문제이기도 합니다.

10 Applicants for this position should have two-year experience **(B) in addition to** organizational skills.

이 직책의 지원자들은 2년의 경력뿐만 아니라 조직 능력도 갖추고 있어야 한다.

applicant 지원자 | organizational 조직적인 | skill 능력, 실력

해설 앞의 완전한 절과 뒤의 명사구를 연결하는 전치사 자리로, 선택지에서 전치사는 (B)뿐입니다. (A)와 (C)는 부사, (D)는 접속사이므로 빈칸에 들어갈 수 없습니다.

11 Customers who return any defective item within seven days will be refunded **(C) without** delay.

결함 있는 제품을 7일 이내에 반환하는 고객들은 지체 없이 환불을 받을 것이다.

defective 결함 있는 | item 물건, 제품 | refund 환불하다 | delay 지연, 지체

해설 앞의 완전한 절과 뒤의 명사 delay를 연결하는 전치사 자리로, 선택지에서 전치사는 뒤에 for가 생략된 (A)와 (C)입니다. 문맥상 지체를 '제외하고' 환불을 받는 것이 아닌 지체 '없이' 환불을 받는 것이 자연스러우므로 (C)가 정답입니다. 또한, 접속사 (B)와 전치사 (C)는 의미가 같으므로 이 둘을 구별하는 문제이기도 합니다.

12 Mr. Peters was unable to attend the weekly seminar on Friday **(D) due to** an urgent meeting with a client.

고객과 급한 회의 때문에 피터스 씨는 금요일에 주간 세미나에 참석할 수 없었다.

be unable to do ~할 수 없다 | urgent 긴급한 | client 고객

해설 앞의 완전한 절과 뒤의 명사구를 연결하는 전치사 자리로, 선택지에서 전치사는 (D)뿐입니다. (A)와 (C)는 전치사, (B)는 분사로 볼 수 있으며, (C)와 (D)가 의미가 같으므로 이 둘을 구별하는 문제이기도 합니다.

13 (D) Despite budget reduction, the town's bus system will continue to run as usual.

예산 삭감에도 불구하고, 동네 버스 시스템은 평소대로 계속 운영될 것이다.

budget 예산 | reduction 삭감 | continue to do ~하는 것을 계속하다 | run 운영하다 | as usual 평소대로

해설 빈칸부터 콤마까지는 명사구이며, 그 뒤에는 완전한 절이 나와 있습니다. 따라서, 빈칸은 명사구를 수식어로 만드는 전치사가 들어가야 하는데 선택지에서 전치사는 (D)뿐입니다. (A)는 접속사, (B)는 부사, (C)는 접속사로 쓰이는 경우 'Either A or B(A나 B 둘 중 하나)' 형태의 상관 접속사로 쓰입니다.

14 The members in the sales department work overtime **(D) in order to** meet the monthly goal.

영업 부서의 직원들은 월 목표치를 맞추기 위해 초과 근무를 한다.

department 부서 | work overtime 초과 근무를 하다 | meet the goal 목표를 맞추다

해설 앞의 절과 뒤의 동사원형 meet 이하를 연결하는 자리로 선택지 중 이렇게 쓰일 수 있는 것은 to부정사인 (D)뿐입니다. 나머지 선택지는 접속사이므로 절과 절만을 연결할 수 있습니다.

15 (A) Since the company hired a consulting firm, we have experienced a dramatic increase in profits.

회사가 컨설팅 회사를 고용한 이래로 매출이 상당한 증가를 겪고 있다.

hire 고용하다 | firm 회사 | experience 경험하다, 겪다 | dramatic 상당한, 급격한 | increase in ~의 증가

해설 절과 절을 연결하는 접속사 자리로 선택지 모두 접속사이므로 문맥상 자연스러운 것을 골라야 합니다. 그 회사가 과거(hired)부터 지금까지도(have experienced) 증가를 겪고 있으므로 현재 완료 시제와 어울려 쓰이는 (A)가 정답입니다.

16 The marketing team finished the project successfully, **(D) though** the work was behind schedule.

업무가 일정보다 늦었음에도, 마케팅팀은 프로젝트를 성공적으로 완료했다.

behind schedule 일정보다 늦게

해설 빈칸은 앞의 절과 뒤의 절을 연결하는 접속사 자리입니다. 선택지에서 접속사는 (D)뿐입니다. 참고로, 전치사 (A)와 (B), 접속사 (D)는 의미가 같으므로 뒤의 구조를 보고 고르는 문제입니다.

17 (A) Although the factory was understaffed, all orders were produced on time.

그 공장은 일손이 부족했음에도 불구하고, 모든 주문품은 시간에 맞게 생산되었다.

factory 공장 | understaffed 일손이 부족한 | order 주문 | produce 생산하다 | on time 시간에 맞게

해설 콤마까지의 절과 뒤의 절을 연결하는 접속사 자리로 선택지에서 부사 (C)를 제외한 나머지 모두 접속사입니다. (B)와 (D)는 접속사일 때 같은 의미이므로 정답은 (A)입니다.

18 Recent sales of automobiles have decreased **(C) due to** the increasing cost of gasoline.

증가하는 휘발유 비용 때문에 자동차의 최근 매출이 감소하였다.

recent 최근의 | automobile 자동차 | decrease 줄다, 감소하다 | gasoline 휘발유

해설 앞의 절과 뒤의 명사구를 연결하는 전치사 자리로 선택지에서 전치사는 (A)와 (C)입니다. 문맥상 휘발유 비용의 증가 때문에 매출이 감소한 것이므로 이유를 나타내는 (C)가 정답입니다. (B)와 (D)는 접속사이므로 절과 절을 연결합니다.

19 **(D) Now that** the elevators have been repaired, residents in the building no longer have to take the stairs.
엘리베이터들이 수리되었기 때문에, 이 건물의 주민들은 더 이상 계단으로 갈 필요가 없다.

elevator 엘리베이터 | repair 수리하다 | resident 주민, 거주자 | no longer 더 이상 ~않는 | have to do ~해야만 한다 | take stairs 계단으로 가다

해설 뒤의 콤마까지의 절과 그 뒤의 절을 연결하는 접속사 자리로, 선택지에서 접속사는 (D)뿐입니다. (A)는 전치사, (B)와 (C)는 부사이므로 절과 절을 연결할 수 없습니다.

20 **(A) Although** he is busy during the weekdays, Mr. Lee works out at a gym every day after work.
비록 그는 주중에 바쁘지만, 리 씨는 매일 퇴근 후에 헬스클럽에서 운동한다.

work out 운동하다 | after work 퇴근 후

해설 콤마까지의 절과 뒤의 절을 연결하는 접속사 자리로 선택지에서 접속사는 (A)와 (B)입니다. 문맥상 그는 '바빴음에도 불구하고' 운동을 하는 것이므로 (A)가 정답입니다. (B)는 '~까지'라는 의미로 문맥상 어색하고, (C)는 전치사, (D)는 부사입니다. 또한, (A)와 (C)는 의미가 같은 접속사와 전치사이므로 이 둘을 구별하는 문제이기도 합니다.

독해로 끝내기

본서 p. 230

1 (A) **2** (B) **3** (A) **4** (A)

549 Twin Willow Lane
Wilmington, NC 28405

Dear Ms. Lopez,

This letter is in response to your request for the **1. (A) replacement** of the air conditioning unit you purchased on June 7. **2. (B) We're sorry you experienced a malfunction in your device.** And we are happy to send you a new model as quickly as possible. **3. (A) However**, in accordance with the warranty, you are required to send a copy of the receipt first. Once we receive **4. (A) it**, we can process your request. If you have any questions about the process, please call us at 1-800-555-6677.

Sincerely,

Max Gentry
Warranty Services, Alpha Appliances

트윈 위로우 로 549
윌밍턴, 노스캐롤라이나 28405

로페즈 씨께,

이 서신은 귀하께서 6월 7일에 구매하신 에어컨 교체 요청에 대한 답변입니다. 저희는 귀하께서 기기에 대해 오작동을 겪으신 것에 사과드립니다. 그리고 저희는 가능한 한 빨리 새 모델을 보내드리고자 합니다. 하지만, 품질 보증서에 따르면, 귀하께서 먼저 영수증 사본을 보내주셔야 합니다. 저희가 그것을 받고 나서 귀하의 요청을 처리할 수 있습니다. 처리에 대해 궁금한 점이 있으시면 1-800-555-6677로 전화해 주십시오.

알파 가전, 품질 보증 서비스팀
맥스 젠트리 드림

문장 해석하기

(A) We're asking you to complete a customer survey for your new purchase.
저희는 귀하께서 새로 구매하신 제품에 대한 고객 설문 조사를 작성해주시길 요청합니다.

(B) We're sorry you experienced a malfunction in your device.
저희는 귀하께서 기기에 대해 오작동을 겪으신 것에 사과드립니다.

문장 분석하기

본서 p. 231

1 [Please] (you) **fill out** a form [about your experience] [so that we can improve our service].
　　　　S　　　V　　　 O

저희가 서비스를 개선할 수 있도록 당신의 경험에 대해 서식을 작성해 주세요.

---

2 Tickets as well as coupons [to the movie theater] **can be downloaded** [on the Web site].
　　S　　　　　　　　　　　　　　　　　　　　　　　　　　V

영화관의 티켓과 쿠폰은 웹사이트에서 다운로드 받을 수 있다.

---

3 IT Telecom **decided** to renovate the main office [instead of relocating to a new location].
　　　S　　　　V　　　　　　　　O

IT 텔레콤은 본사를 새로운 곳으로 이전하는 것 대신 개조보수 하기로 결정했다.

---

4 [In order to receive a discount coupon], [please] (you) **fill out** the following form.
　　　　　　　　　　　　　　　　　　　　　　　　　　　　　 S　　V　　　　　　O

할인 쿠폰을 받기 위해서, 다음 서식을 작성하십시오.

---

5 [Unfortunately], our new office **is** [so] small [that it cannot accommodate all team members].
　　　　　　　　　　　S　　　　V　　　C

안타깝게도, 우리 새로운 사무실이 너무 작아서 모든 팀원을 수용할 수가 없다.

---

6 The ten percent salary increase **will not go into effect** [until the first of January].
　　　　　　　S　　　　　　　　　　　　　V

10%의 급여 인상은 1월 1일까지 효력이 발생하지 않을 것이다.

---

7 Mr. Warden **called in sick**, so Mr. Wang **will supervise** the project team [during his absence].
　　　S　　　　V　　　　　　　S　　　　V　　　　　　O

워든 씨가 전화로 병결을 알려, 왕 씨가 그의 결근 중에 프로젝트팀을 감독할 것이다.

---

8 [Although Mr. Black **is** a new employee], he **has** extensive knowledge [in his field].
　　　　　　　　　　　　　　　　　　　　　　　S　　V　　　　　　O

비록 블랙 씨는 신입 직원이지만, 그는 자기 분야에서 폭넓은 지식을 가지고 있다.

---

9 We **were able to complete** the project [successfully] [in spite of a reduced budget].
　　S　　　　V　　　　　　　　　O

우리는 줄어든 예산에도 불구하고 프로젝트를 성공적으로 완료할 수 있었다.

---

10 Applicants [for this position] **should have** two-year experience [in addition to organizational skills].
　　　　S　　　　　　　　　　　　　V　　　　　　O

이 직책의 지원자들은 2년의 경력뿐만 아니라 조직 능력도 갖추고 있어야 한다.

전치사·접속사편 UNIT 18 형용사절 접속사

기초 다지기 / 비법 1&2 적용하기

본서 p. 234

1 who	2 he	3 who	4 who	5 whose
6 who	7 whom	8 that	9 You	10 whose

1 The expert (he / **who**) gave us advice will visit the office.
우리에게 조언을 해주었던 전문가가 사무실을 방문할 것이다.

해설 동사가 gave와 will visit 두 개이므로 접속사가 필요합니다. 따라서, who가 정답입니다.

2 The company hired Mr. Jones, and (**he** / who) has excellent skills.
그 회사는 존스 씨를 채용했으며, 그는 뛰어난 능력을 갖추고 있다.

해설 동사가 hired와 has 두 개이므로 접속사가 필요하나, 이미 접속사 and가 연결하고 있습니다. 따라서, 주어 자리에 쓰이는 대명사가 정답입니다.

3 Mr. Albright called Ms. Kim (**who** / whom) has significant experience in finance.
알브라이트 씨는 재무 분야에 상당한 경험을 가진 김 씨에게 전화했다.

해설 수식하는 명사가 사람(Mr. Kim)이므로 둘 다 가능하지만, 빈칸 뒤에 주어가 없이 동사 has가 있으므로 주격 관계대명사 who가 정답입니다.

4 Visitors (**who** / whose) have permission can enter the factory.
허가를 받은 방문객들은 공장을 들어갈 수 있다.

해설 주격 관계대명사 who와 소유격 관계대명사 whose 중 뒤에 주어가 없이 동사 have가 왔으므로 주격 관계대명사 who가 정답입니다.

5 I met Ms. Brown (who / **whose**) qualifications are very impressive.
나는 자격 요건이 매우 인상적인 브라운 씨를 만났다.

해설 괄호 뒤에 명사인 동시에 주어인 qualifications가 있습니다. 주어가 있으면 주격 관계대명사를 쓸 수 없으므로 명사 앞에 쓰이는 소유격 관계대명사 whose가 정답입니다.

6 The HR manager interviewed two candidates (they / **who**) passed the test.
인사부장은 시험을 통과한 두 후보자의 면접을 보았다.

해설 동사 passed 앞에 주어가 없습니다. 하지만 이 문장에는 동사가 interviewed, passed 두 개이며, 이를 연결해 주는 접속사가 필요하므로 주어 자리에 쓰여 접속사 역할을 하는 관계대명사 who가 정답입니다.

7 The man (whose / **whom**) you met at the interview was the president.
당신이 면접에서 만났던 그 남자는 사장이었다.

해설 괄호 뒤에 주어 you와 동사 met이 있고 그 뒤에는 목적어가 없이 at 이하의 전명구가 있습니다. 즉, 뒤에 목적어가 없기 때문에 목적격 관계대명사 whom이 정답입니다.

8 The employees (**that** / whose) want to transfer to the Boston branch should contact Mr. Miller.
보스턴 지사로 전근 가는 것을 원하는 직원들은 밀러 씨에게 연락해야 한다.

해설 관계대명사 that은 who와 whom의 역할을 동시에 할 수 있습니다. 괄호 뒤에 동사 want가 주어 없이 왔기 때문에 주격 관계대명사 who가 필요하고, 이를 대체할 수 있는 that이 정답입니다.

9 (**You** / Who) can order some products from our new catalog.
우리 새 카탈로그에서 몇몇 제품들을 구매할 수 있다.

해설 문장 맨 앞의 주어 자리이며, 이 문장은 동사가 can order 하나뿐입니다. 따라서, 관계대명사가 아닌 대명사 주격 You가 정답입니다.

10 We are seeking a technician (who / **whose**) experience is suitable for our job.
우리는 경력이 우리 업무에 적합한 기술자를 찾고 있다.

해설 주어이자 명사인 experience가 있으므로 주격 관계대명사인 who는 들어갈 수 없습니다. 따라서, 명사 앞에 쓰이는 소유격 관계대명사 whose가 정답입니다.

기초 다지기 / 비법 3&4 적용하기

본서 p. 235

| **1** who | **2** whose | **3** which | **4** whose | **5** that |
| **6** which | **7** which | **8** which | **9** whose | **10** which |

1 Customers (**who** / which) want to pay by check should show their ID.
수표로 지불하는 것을 원하는 고객들은 그들의 신분증을 보여주셔야 합니다.

해설 앞에 수식하는 명사가 사람이므로 who가 정답입니다. which는 앞에 사물 명사가 와야 합니다.

2 Malcom Tech is the firm (who / **whose**) innovative technology changed the world.
말콤 테크는 혁신적인 기술로 세상을 바꾼 그 회사이다.

해설 앞에 수식하는 명사가 사물이므로 whose가 정답입니다. 참고로, whose는 사람 명사와 사물 명사 모두 수식할 수 있습니다.

3 Mr. Moore attended a seminar, (that / **which**) provided useful information.
무어 씨는 유용한 정보를 제공한 세미나에 참석했다.

해설 앞에 보충하는 명사 seminar는 사물이므로 둘 다 가능하지만, 콤마 뒤에는 that을 쓸 수 없습니다. 따라서, which가 정답입니다.

4 We will give an award to the employees (that / **whose**) idea is good.
우리는 아이디어가 좋은 직원들에게 상을 줄 것이다.

해설 앞에 사람 명사를 수식하는 관계대명사이며, that은 who와 whom 두 가지 역할을 합니다. 괄호 뒤에 주어이자 명사인 idea가 있고, 보어인 good이 있으므로 주격이나 목적격은 쓸 수 없습니다. 따라서, 소유격인 whose가 정답입니다.

5 This is the book (**that** / whose) the manager read during her vacation.
이것은 매니저가 그녀의 휴가 중에 읽은 책이다.

해설 주어 the manager와 동사 read 뒤에 목적어가 없으므로 목적격 관계대명사 which와 같은 형태인 that이 정답입니다.

6 The hotel has amenities (whose / **which**) include an outdoor swimming pool.
호텔은 야외 수영장을 포함한 편의 시설을 갖추고 있다.

해설 괄호 뒤에 주어가 없이 동사 include가 왔으므로 주격 관계대명사 which가 정답입니다.

7 The computer (**which** / whose) you ordered has finally arrived.
귀하가 주문하신 컴퓨터가 드디어 도착했습니다.

해설 주어 you와 동사 ordered 뒤에 목적어가 없으므로 목적격 관계대명사 which가 정답입니다.

8 The mall sent me a skirt (whose / **which**) I had not ordered.
그 상점은 내가 주문하지 않은 스커트를 보냈다.

해설 주어 I가 있고 동사 had not ordered 뒤에 목적어가 없으므로 목적격 관계대명사 which가 정답입니다.

9 The company (that / **whose**) products are durable gained popularity.
제품들이 내구성이 있는 그 회사는 인기를 얻었다.

해설 괄호 뒤에 명사이자 주어인 products가 있고 동사 are 뒤에 보어인 durable까지 있으므로 주격이나 목적격은 들어갈 수 없습니다. 따라서, 명사 앞에 쓰이는 소유격 whose가 정답입니다.

10 Mr. Jacob opened a restaurant (**which** / whose) attracts many customers.
제이컵 씨는 많은 고객을 유치하는 음식점을 열었다.

해설 괄호 뒤에 동사 attracts가 있으므로 주격 관계대명사 which가 정답입니다.

기초 문법 실전으로 훈련하기
본서 p. 236

| 1 (B) | 2 (A) | 3 (B) | 4 (A) | 5 (B) | 6 (B) | 7 (A) | 8 (B) | 9 (B) | 10 (C) |
| 11 (A) | 12 (C) | 13 (C) | 14 (A) | 15 (B) | 16 (A) | 17 (A) | 18 (A) | 19 (D) | 20 (C) |

---

1 Mr. Anderson opened a store **(B) which** became very profitable.
앤더슨 씨는 매우 수익성이 있게 된 상점을 열었다.

profitable 수익성이 있는

해설 관계대명사 (A), (B)와 대명사 (C), (D)를 구별하는 문제입니다. 먼저 빈칸 앞뒤에 동사가 opened와 became 두 개가 있으므로 접속사가 필요합니다. 빈칸 앞에 수식을 받는 명사가 사물(store)이므로 (B)가 정답입니다. 참고로, 뒤에 동사가 있으므로 주격 관계대명사입니다.

2 The critic met the well-known author **(A) who** published a novel last year.
그 비평가는 작년에 소설을 출간한 유명한 저자를 만났다.

critic 비평가 | well-know 유명한, 잘 알려진 | author 저자 | publish 출판하다 | novel 소설

해설 선택지는 모두 관계대명사로 앞에 명사가 사람이므로 (B)를 제외한 선택지 모두 정답 후보입니다. 빈칸 뒤에 동사 published가 있으므로 주격 관계대명사인 (A)가 정답입니다.

3 The new book store, **(B) which** is now under construction, is scheduled to open next month.
현재 공사 중인 새 서점은 다음 달에 문을 열 예정이다.

under construction 공사 중인 | be scheduled to do ~할 예정이다

해설 부사절 접속사 (D)를 제외한 나머지는 관계대명사입니다. 부사절 접속사는 뒤에 「주어 + 동사」의 완전한 절이 와야 합니다. 나머지 관계대명사 중 앞에 명사가 사물(store)이며, 뒤에 동사가 왔으므로 주격 관계대명사인 (B)가 정답입니다.

4 Applicants, **(A) who** want to apply for the director position, must have at least three years of experience.
부장직에 지원 하고 싶은 지원자들은 최소한 3년의 경력이 있어야 한다.

applicant 지원자 | apply for ~에 지원하다 | at least 적어도, 최소한 | experience 경력

해설 선택지가 모두 관계대명사로 앞의 명사가 사람이므로 (D)를 제외한 나머지 선택지 모두 정답 후보입니다. 빈칸 뒤에 동사 want가 있으므로 주격 관계대명사 (A)가 정답입니다.

5 Candidates **(B) whose** applications are incomplete will not be considered for the position.
지원서가 완전하지 않은 후보자들은 그 직책에 고려 대상이 되지 않을 것이다.

candidate 후보자 | application 지원서 | incomplete 완전하지 않은 | consider (직책에) 고려하다

해설 관계대명사 (A), (B)와 대명사 (C), (D)를 구별하는 문제입니다. 문장에 동사 are와 will not be considered 두 개가 있으나 이를 연결하는 접속사가 없으므로 (A)와 (B)가 정답 후보입니다. 빈칸 뒤에 주어이자 명사인 applications가 있으니 주격 관계대명사가 아닌 소유격 관계대명사 (B)가 정답입니다.

6 We express our appreciation to the donors **(B) who** support the fundraising event every year.
매년 자금 모금 행사를 지지해 주는 기부자들에게 감사를 표합니다.

express appreciation 감사를 표하다 | donor 기부자 | support 지지하다, 지원하다 | fundraising 자금 모금

해설 이 문장은 동사 express와 support가 있으므로 빈칸은 접속사가 필요하며, 선택지 중 접속사는 (B)뿐입니다.

7 Mr. Evans has succeeded Sharon Voss, **(A) who** is retired from the vice president position of Mark Corporation.
에반스 씨는 마크 사의 부사장직에서 은퇴한 샤론 보스의 뒤를 이었다.
succeed 계승하다, 뒤를 잇다 | retire 은퇴하다

해설 관계대명사 (A), (C)와 대명사 (B), (D)를 구별하는 문제입니다. 빈칸 앞뒤에 동사 has succeeded와 is retired가 있으므로 관계대명사가 정답이며, 앞에는 사람 명사(Sharon Voss)가, 뒤에는 동사(is)가 있으므로 주격 관계대명사 (A)가 정답입니다.

8 The multinational company, **(B) whose** products are made in Korea, is very successful.
제품을 한국에서 만든 다국적 기업은 매우 성공적이다.
multinational 다국적 | successful 성공적인

해설 빈칸부터 콤마까지는 앞의 명사를 수식하는 관계대명사절이며, 선택지 중 that은 콤마 뒤에 쓸 수 없으므로 오답입니다. 나머지 중 앞의 명사가 사물이므로 (A)와 (D)도 오답 처리하면 정답은 소유격인 (B)입니다.

9 Green World is a non-profit organization **(B) whose** mission is to protect an environment.
그린 월드는 임무가 환경을 보호하는 것인 비영리 단체이다.
non-profit organization 비영리 단체 | mission 임무 | protect 보호하다 | environment 환경

해설 빈칸 앞에 명사 organization은 사물이므로 (D)는 제외합니다. 나머지 중 빈칸 뒤에 주어이자 명사인 mission이 있고, 그 뒤에 동사 is와 to부정사 이하의 보어가 있으므로 주격과 목적격은 불가능합니다. 따라서, 소유격 (B)가 정답입니다.

10 We will contact candidates **(C) whose** qualifications meet the requirements for the vacancy.
우리는 자격 요건이 공석을 위한 필수 사항을 충족시키는 후보자들에게 연락할 것이다.
candidate 후보자 | qualification 자격 요건 | meet the requirements 필수 조건을 충족시키다 | vacancy (일자리) 공석

해설 (D)의 than은 반드시 앞에 비교급의 형태가 있어야 하는데 없으므로 오답입니다. 사람 명사 candidates를 수식해야 하므로 (A)도 오답입니다. 빈칸 뒤에 주어이자 명사인 qualifications가 있고 동사 meet 뒤에 목적어인 the requirements가 있으므로 주격과 목적격은 쓸 수 없습니다. 따라서, 소유격인 (C)가 정답입니다.

11 Jack Webb, the artist **(A) whose** paintings were recognized, is highly regarded in the field.
그림들이 인정을 받은 예술가 잭 웹은 그 분야에서 매우 높게 여겨지고 있다.
recognize 인정하다 | highly regarded 높이 여겨지는 | field 업계, 분야

해설 관계대명사 (A), (B)와 대명사 (C), (D)를 구별하는 문제입니다. 빈칸 앞의 사람 명사를 수식하며, 뒤에 주어인 명사 paintings가 있으므로 소유격 관계대명사 (A)와 주격 관계대명사 (B) 중, (A)가 정답입니다.

12 The team will simplify the ordering process, **(C) which** has been the main reason for customers' complaints.
그 팀은 고객 불평의 주요 이유가 되어온 주문 절차를 간소화할 것이다.
simplify 간소화하다 | process 절차 | complaint 불평, 불만

해설 (A)와 (C)는 관계대명사, (B)는 명사절 접속사, (D)는 부사절 접속사입니다. 명사절 what은 앞에 명사가 올 수 없고, 부사절 접속사 when은 뒤에 완전한 절이 와야 하므로 오답입니다. (A)와 (C) 중 앞에 명사가 사물인 process이므로 (C)가 정답입니다.

13 The company only offers positions to applicants **(C) whose** qualifications match the company's standards.
회사는 자격 요건이 회사의 기준에 맞는 지원자들에게만 직책을 제공한다.
offer 제공하다, 주다 | applicant 지원자 | qualification 자격 요건 | match the standard 기준에 맞다

해설 (B)는 앞에 반드시 비교급의 형태가 있어야 하므로 오답입니다. 나머지 관계대명사 중 앞에 사람 명사 applicants를 수식하며, 뒤에 주어, 동사, 목적어가 모두 있으므로 소유격인 (C)가 정답입니다.

14 If you receive the progress reports from each department manager, please send **(A) them** to Ms. Paris.
각 부서장에게 진행 보고서들을 받으면, 패리스 씨에게 그것들을 보내십시오.
progress 진행 상황 | department 부서

해설 동사 send 뒤에 목적어로 들어갈 수 있는 대명사 (A)와 (C) 중 해석으로 정답을 고르는 문제입니다. 문맥상 앞의 reports를 가리키므로 복수인 (A)가 정답입니다. 참고로, (B)는 접속사, (D)는 부사입니다.

15 Sales employees **(B) who** wish to attend the product demonstration should notify Mr. Gregory by Friday.
제품 시연에 참석하고자 하는 영업 직원들은 금요일까지 그레고리 씨에게 알려야 한다.
attend 참석하다 | demonstration (제품) 시연 | notify ~에게 알리다

해설 (A)와 (C), (D)는 대명사, (B)는 관계대명사입니다. 접속사인 관계대명사가 있으므로 문장의 동사를 찾아보면, wish와 빈칸 뒤의 should notify가 있음을 알 수 있습니다. 따라서, 빈칸은 접속사가 들어가야 하므로 정답은 (B)입니다.

---

16 Our company is seeking new employees, **(A) who** can work abroad.
우리 회사는 해외에서 일할 수 있는 신입 직원들을 찾고 있다.
seek 찾다, 구하다 | aboard 해외의, 해외로

해설 선택지는 모두 관계대명사이고, 콤마 뒤에는 that을 쓸 수 없습니다. 나머지 중 앞에 사람 명사를 수식하며, 뒤에 동사가 바로 올 수 있는 것은 주격 관계대명사 (A)입니다.

---

17 Ms. Sanchez will come to the office to examine the problems **(A) that** were discovered yesterday.
산체스 씨는 어제 발견된 문제를 검사하기 위해 사무실로 올 것이다.
examine 검사하다, 점검하다 | discover 발견하다

해설 부사인 (D)를 제외한 나머지는 모두 접속사입니다. 빈칸 앞의 동사 will come과 뒤의 were discovered를 연결해야 하므로 접속사 자리입니다. 이 중 앞에 사물 명사 problems를 수식하며, 뒤에 동사가 오는 주격 관계대명사 which를 대신할 수 있는 (A)가 정답입니다.

---

18 We attached a list of real estate agencies **(A) whose** offices are located near your home.
우리는 당신의 집 근처에 사무실이 위치되어 있는 부동산 목록을 첨부했다.
attach 첨부하다 | real estate agency 부동산 | be located ~에 위치되다

해설 명사절 what은 앞에 명사가 올 수 없으므로 오답이고, 나머지 중 앞에 사물 명사 real estate agencies를 수식하는 것은 (A)와 (D)입니다. 빈칸 뒤에 주어와 수동태 형태의 목적어가 필요 없는 동사가 있으므로 소유격인 (A)가 정답입니다.

---

19 To celebrate **(D) its** fifth anniversary, the company will hold a banquet this Friday night.
제5회 창립 기념일을 축하하기 위해, 그 회사는 이번 주 금요일 밤에 행사를 개최할 것이다.
celebrate 기념하다, 축하하다 | anniversary 창립 기념일 | hold a banquet 행사를 개최하다

해설 (A)는 관계대명사, 나머지는 대명사입니다. 빈칸은 명사 앞에 소유격 대명사 자리이므로 (D)가 정답입니다.

---

20 Monte Bistro, **(C) which** already offers the widest selection of French cuisine, plans to expand its business into fast food chains.
몬테 비스트로는 이미 다양한 종류의 프랑스 음식을 제공하는데, 패스트푸드 체인으로 사업을 확장할 계획이다.
cuisine 음식, 요리 | expand A into B A를 B로 연장하다 / 확장하다

해설 (A), (C)는 접속사, (B), (D)는 대명사입니다. 동사 offers와 plans를 연결할 접속사가 필요하므로 (A)와 (C) 중 동사 offers와 이어질 수 있는 주격 관계대명사 (C)가 정답입니다.

필수 공략하기 / 비법 ❶ 적용하기

본서 p. 238

1 wishes **2** want **3** have **4** exceeded **5** interested

---

1 Anyone who (wish / **wishes**) to attend an event can call our reservation office.
행사에 참석하길 원하는 사람은 누구나 예약 부서로 연락하면 된다.

해설 주격 관계대명사 뒤에 동사는 앞에 수식하는 명사와 수일치를 맞춰야 합니다. Anyone은 단수 취급하므로 단수 동사인 wishes가 정답입니다.

---

2 Those who (**want** / wants) to apply for a job should submit a résumé.
일자리에 지원하길 원하는 사람들은 이력서를 제출해야 한다.

해설 Those는 '사람들'이란 의미의 복수 취급되는 대명사입니다. 따라서, 복수 동사인 want가 정답입니다.

3 Applicants who (has / **have**) strong computer skills are preferred.
능숙한 컴퓨터 능력을 갖춘 지원자들이 선호된다.

해설 사람 명사인 Applicants는 복수이므로 have가 정답입니다.

4 The campaign raised over $500,000 which (**exceeded** / was exceeded) our expectations.
그 캠페인은 우리 기대를 초과하는 50만 달러 이상을 모금했다.

해설 주격 관계대명사 which 뒤에 동사를 묻는 문제입니다. 뒤에 오는 동사의 태를 맞춰야 하는데 괄호 뒤에 명사 our expectations가 있으므로 능동태인 exceeded가 정답입니다.

5 Those (**interested** / interesting) in the training seminar should contact Mr. Bretton.
교육 세미나에 관심 있는 사람들은 브레튼 씨에게 연락해야 한다.

해설 괄호의 분사들은 앞에 대명사 Those를 수식합니다. 분사 interested는 사람 명사를 수식하고, interesting은 사물 명사를 수식하는데 Those는 '사람들'이란 의미이므로 interested가 정답입니다. 참고로, Those 뒤에는 who are가 생략되어 있습니다.

필수 공략하기 / 비법 2&3 적용하기

본서 p. 239

| 1 whose | 2 whom | 3 he | 4 describes | 5 employees |

1 The travel agencies, (which / **whose**) tickets are affordable, tend to attract more customers.
티켓이 저렴한 여행사들은 더 많은 고객을 유치하는 경향이 있다.

해설 앞에 사물 명사가 있으므로 which와 whose 모두 가능합니다. 하지만 뒤에 tickets라는 주어이자 명사가 있으므로 주격으로서의 which는 오답입니다. 목적격과 소유격의 차이는 뒤의 동사로 구분하는데 자동사이면 목적격을 쓸 수 없습니다. 이 문장에서는 뒤에 are가 자동사이므로 소유격인 whose가 정답입니다.

2 The person (**whom** / whose) you met at the conference was my supervisor.
당신이 학회에서 만났던 그 사람은 제 상사입니다.

해설 앞에 사람 명사가 있어 둘 다 가능합니다. 하지만 타동사 met 뒤에 누구를 만났는지 목적어가 없어 채워줘야 하므로 소유격과 목적격 중 목적격인 whom이 정답입니다.

3 The computer (**he** / his) purchased last month needs to be repaired.
그가 작년에 구매한 컴퓨터는 수리될 필요가 있다.

해설 주격과 소유격 대명사 중, 소유격 뒤에는 반드시 명사가 나와야 하는데 purchased는 동사이므로 쓸 수 없습니다. 따라서 주격인 he가 정답입니다. 이때, The computer 뒤에는 목적격 관계대명사 which / that이 생략되어 있습니다.

4 The manual that (descriptions / **describes**) specific details about the product is in the box.
제품에 대한 구체적인 세부 사항이 설명된 매뉴얼은 상자 안에 있다.

해설 문장 구조상 접속사 that 뒤에 「주어 + 동사」가 없으므로 that은 주격 관계대명사임을 알 수 있습니다. 관계대명사는 주어 없이 동사만 쓸 수 있으므로 명사 descriptions와 동사 describes 중에 동사인 describes가 정답입니다.

5 The manager asked that (employ / **employees**) attend the seminar.
매니저는 직원들에게 세미나에 참석하라고 요청했다.

해설 문장 구조상 접속사 that 뒤에 동사와 목적어까지 모두 나온 것과 asked의 목적어가 that 이하인 것으로 보아 명사절임을 알 수 있습니다. 그러므로, 뒤에는 주어까지 채워진 완전한 절이 나와야 합니다. 따라서, employees가 정답입니다.

필수 문법 실전으로 훈련하기

본서 p. 240

1 (A)	2 (B)	3 (C)	4 (A)	5 (B)	6 (A)	7 (B)	8 (B)	9 (A)	10 (B)
11 (A)	12 (A)	13 (B)	14 (C)	15 (B)	16 (B)	17 (C)	18 (B)	19 (A)	20 (B)

1 All employees who **(A) operate** the new equipment must wear safety helmets.
새로운 장비를 작동시키는 모든 직원은 안전모를 착용해야만 한다.
operate 작동시키다 | equipment 장비 | safety helmet 안전모

해설 주격 관계대명사 who 뒤에 동사 자리입니다. 먼저 태를 따져보면, 빈칸 뒤에 명사인 목적어가 있으므로 능동태인 (A)와 (B)가 정답 후보입니다. 둘 중 앞의 명사가 employees로 복수 명사이므로 복수 동사인 (A)가 정답입니다.

2 Drivers, who **(B) correctly** park their car in a designated place, will not pay any penalty.
지정된 장소에 차를 제대로 주차한 운전자들은 벌금을 내지 않을 것이다.
park 주차하다 | designated 지정된 | penalty 벌금

해설 주격 관계대명사 who 뒤에 동사 자리이지만, 빈칸 뒤에 이미 동사인 park가 있어서 완전한 문장입니다. 동사 앞에 빈칸이 있으므로 수식어인 부사 (B)가 정답입니다. 동사 앞의 주어 자리로 보고 명사를 쓰면 안 됩니다.

3 We are looking for a computer technician **(C) whose** qualifications meet our standards.
우리는 자격 요건이 우리의 기준을 충족시키는 컴퓨터 기술자를 찾고 있다.
look for ~을 찾다 | technician 기술자 | qualification 자격 요건 | meet the standard 기준을 충족시키다

해설 빈칸 앞에 사람 명사가 있으므로 (D)를 제외한 나머지는 정답 후보입니다. 빈칸 뒤에 「주어 + 동사 + 목적어」가 나와 있으므로 주격이나 목적격 관계대명사는 들어갈 수 없습니다. 따라서, 소유격 관계대명사 (C)가 정답입니다.

4 The marketing department has announced a new advertising campaign **(A) that** will begin next month.
마케팅 부서는 다음 달에 시작될 새로운 광고 캠페인을 발표했다.
announce 발표하다 | advertising campaign 광고 캠페인

해설 (A)는 명사절 접속사 또는 관계대명사, (C)와 (D)는 부사절 접속사입니다. 빈칸 뒤에 주어가 없이 동사만 있으므로 주격 관계대명사 (A)가 정답입니다. 명사절이나 부사절은 뒤에 「주어 + 동사」가 있는 완전한 절이 와야 하며, (B)는 접속사가 아니므로 절과 절을 연결할 수 없습니다.

5 We ask **(B) that** you turn off your mobile phone during the musical performance.
음악 공연 중에는 휴대폰의 전원을 꺼주실 것을 요청합니다.
turn off (전원을) 끄다 | mobile phone 휴대폰 | during ~동안에 / 중에 | performance 공연

해설 (A)는 부사, (B)는 명사절 접속사와 관계대명사, (C), (D)는 부사절 접속사입니다. 빈칸 뒤에 완전한 절이 있으나 앞에 동사 ask의 목적어가 없으므로 명사 역할을 하는 (B)가 정답입니다. 접속사 that은 명사절과 관계대명사절의 2가지 역할을 하므로 문장 구조에 따라 어떻게 쓰이는지 구별할 수 있어야 합니다.

6 Those **(A) who** are interested in the seminar should contact the HR department.
세미나에 관심 있는 사람들은 인사 부서에 연락하십시오.
be interested in ~에 관심이 있다 | HR department 인사 부서

해설 대명사 Those(사람들)를 수식하며, 뒤에 복수 동사 are가 왔으므로 주격 관계대명사 (A)가 정답입니다. 'Those who(~하는 사람들)'는 하나의 표현처럼 자주 쓰이니 통째로 암기해두세요.

7 Anyone **(B) who** is interested in the vacancy should contact the HR department.
공석에 관심 있는 사람은 누구나 인사 부서에 연락하십시오.
vacancy (일자리) 공석

해설 대명사 Anyone(누구나)을 수식하며, 뒤에 단수 동사 is가 왔으므로 주격 관계대명사 (B)가 정답입니다. 'Anyone who(~하는 사람은 누구나)'는 Those who와 마찬가지로 하나의 표현처럼 자주 쓰이니 통째로 암기해두세요.

8 **(B) Those** planning to participate in the time management seminar must register with the HR office.
시간 관리 세미나에 참여할 계획인 사람들은 인사 부서에서 등록해야 한다.
participate in ~에 참여하다 | time management 시간 관리 | register 등록하다

해설 planning 이하의 분사 수식을 받는 주어 자리입니다. 선택지의 대명사는 모두 주어가 될 수 있으나 수식을 받을 수 있는 것은 '사람들'을 의미하는 Those뿐입니다. 이때, 빈칸 뒤에는 who are가 생략되어 있다고 볼 수 있습니다.

9 Perfect Fitness has sent messages to customers **(A) who** are expected to renew their memberships.
퍼펙트 피트니스는 회원제를 갱신할 예정인 고객들에게 이를 상기시키는 메시지를 보냈다.
customer 고객 | be expected to do ~할 예정이다 | renew 갱신하다

해설 부사절 접속사 (C)를 제외한 나머지는 관계대명사입니다. 부사절 접속사는 빈칸 뒤에 「주어 + 동사」가 있는 완전한 절이 와야 하지만 뒤에 주어가 없으므로 (C)는 오답입니다. 나머지 중 앞에 사람 명사를 수식하며, 뒤에 동사가 오는 것은 주격 관계대명사 (A)입니다.

10 I have attached a document which **(B) describes** the evaluation criteria for the applicants.
지원자들의 평가 기준을 설명하는 서류를 첨부했습니다.
attach 첨부하다 | describe 설명하다, 나타나다 | evaluation 평가 | criteria 기준

해설 관계대명사 which가 주격인지 목적격인지 먼저 알아내야 합니다. 이때, 선택지가 모두 동사이므로 which는 주격 관계대명사임을 알 수 있습니다. 먼저 빈칸 뒤에 목적어인 명사가 있으므로 수동태인 (C)와 (D)는 오답입니다. 나머지 둘 중 앞에 수식하는 명사 a document와 수일치하는 것은 단수 동사인 (B)입니다.

11 The manager praised all of the employees who **(A) were involved** in the volunteering work.
매니저는 자원봉사 일에 관여한 모든 직원을 칭찬했다.
praise 칭찬하다 | be involved in ~에 관여하다 / 참여하다 | volunteering work 자원봉사 일

해설 주격 관계대명사 who 뒤에는 동사 자리이며, 빈칸 뒤에 전명구의 수식어구만 있으므로 수동태를 찾아야 합니다. 수동태는 were involved뿐이므로 (A)가 정답이고 나머지는 모두 뒤에 명사가 나와야 하는 능동태입니다.

12 The accounting director has asked that **(A) expenses** for business trips be approved by an immediate supervisor.
회계부장은 출장 비용을 직속 상관의 승인을 받을 것을 요청했다.
accounting 회계 | expense 비용 | business trip 출장 | approve 승인하다 | immediate supervisor 직속 상관

해설 접속사 that은 문장의 동사 has asked의 목적어로 쓰인 명사절입니다. 따라서 빈칸 뒤에는 「주어 + 동사」가 있는 완전한 절이 있어야 합니다. 이때 빈칸은 that절의 주어 자리이므로 명사인 (A)가 정답입니다.

13 Hartford & Associates has announced **(B) that** Ms. Linda Wither will be the new member to their firm.
핼트포드 앤 어소시에이츠는 린다 위더 씨가 그들 회사의 새로운 직원이 될 것임을 발표했다.
announce 발표하다 | firm 회사

해설 문장의 동사 has announced의 목적어가 되어야 하므로 명사절인 (B)가 정답입니다. 접속사 that은 관계대명사일 수도 있으나 그 경우 앞에 수식하는 명사가 있어야 하며, 뒤에 주어, 목적어, 소유격 중 하나가 빠진 불완전한 절이 와야 합니다. 부사절인 (C), (D)는 수식어절이므로 문장의 목적어가 될 수 없습니다.

14 A special offer that **(C) extends** the membership by 12 months is available only for $50.
회원제를 12개월까지 연장하는 특별 할인이 단돈 50달러에 이용 가능합니다.
special offer 특별 제공, 특별 할인 | extend 연장하다 | available 이용 가능한

해설 빈칸 앞의 that은 앞의 명사 offer를 수식하는 관계대명사입니다. 접속사이므로 빈칸 이하의 절에 동사가 있어야 하는데 이 문장에는 주어 offer의 동사인 is뿐입니다. 따라서, 빈칸은 동사 자리이며, that은 주격 관계대명사임을 알 수 있습니다. 선택지에서 동사인 (C), (D) 중 수일치가 맞는 것은 (C)입니다.

15 Recent surveys indicate **(B) that** most college students prefer to major in business or economics.

최근 설문 조사는 대부분의 대학생이 경영이나 경제를 전공하는 것을 선호하는 것으로 나타난다.

recent 최근의 | survey 설문 조사 | prefer 선호하다

해설 동사 indicate 뒤의 목적어가 될 절을 이끄는 명사절 접속사가 필요한 자리로 (B)가 정답입니다. 접속사 that이 명사절 접속사인지 관계대명사인지 고르는 첫 번째 기준은 앞에 수식하는 명사가 있는지 여부입니다.

---

16 During the meeting, Ms. Hopper will present the plan **(B) she** has created to improve employee productivity.

회의 중에, 호퍼 씨는 직원 생산성을 증진하기 위해 그녀가 만든 계획에 대해 발표할 것이다.

present 발표하다 | improve 증진하다, 개선하다 | employee productivity 직원 생산성

해설 알맞은 대명사를 고르는 문제로, 먼저 빈칸 뒤에 주어가 없이 동사가 나왔으므로 주어가 필요합니다. 주어 자리에 들어갈 수 있는 (B)와 소유대명사 (C) 중 문맥상 '그녀의' 것이 아닌 '그녀'가 만든 것이므로 (B)가 정답입니다. 이때, 빈칸 앞에는 목적격 관계대명사 which / that이 생략되어 있습니다.

---

17 It is important **(C) that** all visitors wear safety gears when they enter the construction site.

모든 방문객은 공사장에 들어갈 때 안전 장비를 착용하는 것이 중요하다.

safety gear 안전 장비 | enter 들어가다 | construction site 공사장

해설 It is important로 시작하는 것으로 보아 가주어 It 구문이므로 명사절 접속사인 (C)가 정답입니다. 명사절 접속사 that 문제를 많이 풀어보면서 정리해 두세요.

---

18 People **(B) who** would like to attend a year-end party should call Ms. Bell's office at extension 123.

송년회에 참석하고자 하는 사람들은 벨 씨의 사무실, 내선 번호 123번으로 전화하십시오.

would like to do ~하고 싶다 | year-end party 송년회 | extension 내선 번호

해설 주어가 People이며, 동사는 should call로 빈칸부터 party까지 주어인 People을 수식하는 절이므로 관계대명사 (A)와 (B)가 정답 후보입니다. 빈칸 뒤에는 동사가 있으므로 주격 관계대명사 (B)가 정답입니다.

---

19 We enclosed the receipt for the products **(A) that** you ordered last week.

우리는 당신이 지난주에 주문했던 제품들의 영수증을 동봉했다.

enclose 동봉하다 | receipt 영수증 | order 주문하다

해설 빈칸 앞이 완전한 절이므로 그 뒤에 또 다른 절을 연결하는 접속사가 빈칸에 들어가야 합니다. 부사인 (B)를 제외한 나머지 선택지가 가능하며, 빈칸 뒤의 절은 목적어가 없이 「주어 + 동사」만 있는 불완전한 절이므로 부사절 접속사 (D)를 쓸 수 없습니다. 관계대명사 (A)와 (C) 중 앞의 명사가 사물이므로 (A)가 정답이고, 이때 that은 관계대명사로 쓰였으므로 which로 바꿔 쓸 수 있습니다.

---

20 Mr. Carmen decided to join the construction project, which **(B) was overseen** by the renowned architect.

카르멘 씨는 유명한 건축가에 의해 감독 된 건설 프로젝트에 합류하기로 결정했다.

decide to do ~하기로 결정하다 | construction 공사, 건설 | oversee 감독하다 | renowned 유명한 | architect 건축가

해설 선택지가 모두 동사이므로 빈칸 앞의 which는 주격 관계대명사임을 알 수 있습니다. 이때, 빈칸 뒤에 전명구가 있어 목적어가 없으므로 수동태인 (B)가 정답입니다. (D)도 수동태의 형태지만 be는 혼자서 동사의 역할을 할 수 없습니다.

독해로 끝내기

본서 p. 242

1 (B) **2** (A) **3** (B) **4** (A)

Modern Gallery Announces Re-Opening

After months of closure for renovations, the Modern Gallery will re-open its doors with a unique exhibition starting on April 1. The exhibition **1. (B) features** sculptures of various sizes. **2. (A) It will be the first time renowned artist Edie Johnson has displayed her work in England.** Johnson incorporates metal components **3. (B) that** are used to make automobiles into her work. The exhibit can

모던 갤러리 재개장을 발표하다

개조보수로 인한 몇 개월의 폐쇄 후에 4월 1일부터 모던 갤러리는 독창적인 전시회로 재개장할 것이다. 이 전시회는 다양한 크기의 조각품들을 특색으로 다룬다. 전시회는 유명 예술가인 에디 존슨이 영국에서 처음 그녀의 작품을 전시하는 것이 될 것이다. 존슨은 그녀의 작품에 자동차를 만드는 데 사용되는 금속 부품들을 포함했다. 전

be viewed by the public throughout the month of April during the gallery's regular hours. 4. **(A) In addition**, a special after-hours tour for museum donors will be held on April 17.

시회는 4월 한 달 내내 갤러리의 정상 영업시간 동안 대중들이 관람할 수 있다. 또한, 박물관의 기부자들을 위한 영업시간 외 특별 투어가 4월 17일에 열린다.

> **문장 해석하기**
>
> **(A) It will be the first time renowned artist Edie Johnson has displayed her work in England.**
> 전시회는 유명 예술가인 에디 존슨이 영국에서 처음 그녀의 작품을 전시하는 것이 될 것이다.
>
> **(B) Edie Johnson has collected these sculptures and donated them to the gallery.**
> 에디 존슨은 이 조각품들을 수집하고 그것들을 갤러리에 기부했다.

문장 분석하기

본서 p. 243

1 Mr. Anderson **opened** a store [which became very profitable].
　　　S　　　　V　　　　O

앤더슨 씨는 매우 수익성이 있게 된 상점을 열었다.

---

2 The critic **met** the well-known author [who published a novel last year].
　　S　　　V　　　　　O

그 비평가는 작년에 소설을 출간한 유명한 저자를 만났다.

---

3 Candidates [whose applications are incomplete] **will not be considered** [for the position].
　　　S　　　　　　　　　　　　　　　　　　　　　　　　　　V

지원서가 완전하지 않은 후보자들은 그 직책에 고려 대상이 되지 않을 것이다.

---

4 Jack Webb, the artist [whose paintings were recognized], **is** [highly] **regarded** [in the field].
　　　S　　=　S (동격)　　　　　　　　　　　　　　　　　　　V

그림들이 인정을 받은 예술가 잭 웹은 그 분야에서 매우 높게 여겨지고 있다.

---

5 Ms. Sanchez **will come** [to the office] [to examine the problems] [that were discovered yesterday].
　　　S　　　　V

산체스 씨는 어제 발견된 문제를 검사하기 위해 사무실로 올 것이다.

---

6 We **ask** that you turn off your mobile phone [during the musical performance].
　S　V　　　　　　　　　O

음악 공연 중에는 휴대폰의 전원을 꺼주실 것을 요청합니다.

---

7 Those [who are interested in the seminar] **should contact** the HR department.
　　S　　　　　　　　　　　　　　　　　　　　　V　　　　　　　O

세미나에 관심 있는 사람들은 인사 부서에 연락하십시오.

---

8 Those [planning to participate in the time management seminar] **must register** [with the HR office].
　　S　　　　　　　　　　　　　　　　　　　　　　　　　　　　　V

시간 관리 세미나에 참여할 계획인 사람들은 인사 부서에서 등록해야 한다.

---

9 A special offer [that extends the membership] [by 12 months] **is** available [only for $50].
　　　　S　　　　　　　　　　　　　　　　　　　　　　　　　　V　　C

회원제를 12월까지 연장하는 특별 할인이 단돈 50달러에 이용 가능합니다.

---

10 [During the meeting], Ms. Hopper **will present** the plan [she has created] [to improve employee productivity].
　　　　　　　　　　　　　　　S　　　　V　　　　　　O

회의 중에, 호퍼 씨는 직원 생산성을 증진하기 위해 그녀가 만든 계획에 대해 발표할 것이다.

전치사·접속사편 Review Test 04

Review Test 04
본서 p. 244

1 (C) 2 (C) 3 (C) 4 (B) 5 (C) 6 (C) 7 (C) 8 (A) 9 (D) 10 (B)
11 (A) 12 (A) 13 (A) 14 (A) 15 (D) 16 (C) 17 (D) 18 (C) 19 (D) 20 (B)

---

1 The road construction will not begin near Walker Street **(C) until** next week.
워커 가 근처의 도로 공사는 다음 주까지 시작되지 않을 것이다.
construction 공사, 건설

해설 시간을 나타내는 부사구가 있으므로 장소를 나타내는 전치사 (A)는 쓸 수 없습니다. 나머지 중 문맥상 자연스러운 것은 '~까지'란 종료 시점을 나타내는 (C)가 정답입니다. (D)는 '~이래로, ~부터'라는 의미로 시작 시점을 나타냅니다.

2 The next vice president will give his speech **(C) on** Tuesday at 5 P.M.
차기 부사장이 화요일 오후 다섯 시에 연설할 것이다.
vice president 부사장 | give a speech 연설하다

해설 알맞은 전치사를 묻는 문제로 빈칸 뒤에 요일 앞에서 '화요일에'란 표현으로 쓰일 수 있는 것은 (C)입니다.

3 Shoppers can save almost sixty percent **(C) by** ordering their Fast & Delicious Mixer through the Web site.
쇼핑객들은 웹사이트를 통해 패스트 & 딜리셔스 믹서를 주문함으로써 약 60%를 절약할 수 있다.
save 절약하다 | almost 거의, 약 | by doing ~함으로써 | through ~을 통하여

해설 빈칸 뒤의 동명사 ordering과 함께 어울려 쓰이며, 문맥상 '주문함으로써' 절약할 수 있다는 의미가 자연스러운 (C)가 정답입니다.

4 The customer service center received many complaints **(B) regarding** the quality of our new cell phone.
고객 서비스 센터는 새로운 휴대폰 품질에 대한 많은 불만을 받았다.
receive 받다 | complaint 불평, 불만 | regarding ~에 대하여 | quality 품질

해설 선택지는 동사 regard의 변형 형태로, (B) regarding이 -ing 형태의 전치사로 쓰인다는 점이 중요합니다. 빈칸 앞은 동사 received를 중심으로 완전한 절이며, 빈칸 뒤에 명사구를 연결해야 하므로 동사가 아닌 전치사로 연결되는 것이 맞습니다. 따라서, 정답은 '~에 관하여'라는 의미의 (B)입니다.

5 The CEO **(C) has specified** that the employees will receive benefits upon 40 hours of work per week.
대표 이사는 직원들이 일주일에 40시간을 일하는 것에 대한 혜택을 받을 것이라고 명시했다.
specify 명시하다 | benefit 혜택 | per ~마다

해설 빈칸은 동사 자리이므로 to부정사인 (B)를 제외한 나머지 모두 정답 후보입니다. 먼저 수일치를 확인하면, 주어가 단수 명사이므로 (A)는 specifies로 써야 하므로 오답입니다. (C)와 (D)는 능동태와 수동태라는 차이가 있으며, 둘의 구별은 뒤에 목적어인 명사가 오는지 여부입니다. 빈칸 뒤에 that절은 명사절로 목적어 역할을 할 수 있으므로 능동태인 (C)가 정답입니다.

6 The director decided to reorganize the team **(C) so that** the work can be processed more efficiently.
부장은 업무가 더 효율적으로 처리될 수 있게 하려고 팀을 구조조정을 하기로 결정했다.
reorganize 구조조정을 하다 | process 처리하다 | efficiently 효율적으로

해설 앞의 절과 뒤의 절을 연결하는 접속사 자리로 선택지에서 접속사는 (C)뿐입니다. (A)와 (B)는 전치사이므로 절과 절을 연결할 수 없고, (D)는 to부정사이므로 뒤에 동사원형이 와야 합니다.

7 Visitors must present their identification cards to the security guards **(C) in order to** enter the building.
방문객들은 건물에 들어가기 위해서 보안 직원들에게 신분증을 제시해야만 한다.
present 제시하다, 보여주다 | security 보안, 안전

해설 앞의 완전한 절과 뒤의 동사원형 enter가 이끄는 구를 연결하는 (C)가 정답입니다. 접속사인 (A)는 뒤에 절이 나와야 하고, 전치사인 (B)와 (D)는 뒤에 명사구가 나와야 합니다.

전치사·접속사편 / Review Test 04 177

8 (A) **Assuming** there is no traffic congestion, the office furniture will be delivered this afternoon.
교통 체증이 없다면, 사무 가구들은 오늘 오후에 배송될 것이다.

congestion 혼잡 | deliver 배송하다

해설 콤마까지의 절과 그 뒤의 절을 연결하는 접속사 자리로 선택지에서 접속사는 (A)입니다. (A)는 조건을 나타내는 If와 같은 의미로 뒤에 that이 생략된 형태입니다. 참고로 -ing 형태인 (B)는 '~을 제외하고'라는 의미의 전치사이며, (C)와 (D)는 접속부사이므로 절과 절을 연결할 수 없습니다. 형태가 특이한 전치사나 접속사는 반드시 외워두세요.

9 (D) **In order to** be eligible for the refund, you must provide the product serial number of the phone.
환불 자격을 갖추려면, 휴대폰의 제품 일련번호를 제공해야만 한다.

be eligible for ~할 자격이 있다 | refund 환불 | serial number 일련번호

해설 동사원형인 be 앞에 쓸 수 있는 것은 to부정사인 (D)뿐입니다. (A)와 (C)는 접속사, (B)는 전치사나 접속사로 쓰일 수 있습니다.

10 All customers expect to purchase products that are both (B) **affordable** and durable.
모든 고객은 합리적이고 내구성이 둘 다 갖춰진 제품들을 구매할 기대한다.

expect to do ~할 것을 기대하다 | purchase 구매하다 | affordable 합리적인, 알맞은 | durable 내구성이 있는

해설 상관접속사 both A and B의 구조에서 A에 알맞은 품사를 고르는 문제입니다. 이때 단서는 뒤의 B입니다. 등위접속사를 이용해서 만들어진 상관접속사는 문법적으로 동등한 것을 연결하므로 and 뒤의 형용사 durable과 같은 형용사 (B)가 정답입니다.

11 Those who want to exchange the product should show (A) **either** a membership card or the original receipt.
제품을 교환하고자 하는 사람들은 회원 카드나 원본 영수증을 보여주어야 한다.

those who ~하는 사람들 | exchange 교환하다 | original 원본의 | receipt 영수증

해설 뒤의 or와 함께 어울려 쓰이며, or 앞뒤를 연결하는 상관접속사 'either A or B(A와 B 둘 중 하나)'의 형태를 묻는 문제입니다.

12 All applicants who (A) **wish** to apply for the position must submit a résumé to the human resources department.
그 직책에 지원하고자 하는 모든 지원자는 이력서를 인사 부서에 제출해야만 한다.

applicant 지원자 | apply for ~에 지원하다 | résumé 이력서

해설 주격 관계대명사 who는 주격 대명사 자리에 대신 들어간 것이므로 그 뒤에는 동사가 와야 합니다. 선택지에서 동사는 (A)와 (C)가 있으며, 바로 앞에 수식 받는 명사가 복수 명사 applicants이므로 복수 동사인 (A)가 정답입니다. 주격 관계대명사 뒤의 동사는 그 앞의 선행사와 수일치를 맞춰야 합니다.

13 Vice President Angeline Swift, (A) **whose** support was important to the merger, was pleased with results.
부사장인 앤젤린 스위프트는 합병에 대한 그녀의 지지가 중요했으며, 그 결과에 만족했다.

support 지지, 후원 | merger 합병 | be pleased with ~에 만족하다 | result 결과

해설 (A)와 (C)는 접속사인 관계대명사, (B)와 (D)는 대명사입니다. 먼저 이 문장에는 동사가 was 두 개이므로, 빈칸은 접속사가 필요합니다. (A)는 소유격 관계대명사이며, 앞에 사람 명사나 사물 명사 모두 수식할 수 있습니다. 하지만, (C)는 앞의 사물 명사만 수식하는 주격 또는 목적격 관계대명사입니다. 앞의 명사가 사람이므로 (A)가 정답입니다.

14 We manufacture furniture such as desks and chairs for (A) **both** home and office use.
우리는 가정용과 사무용의 책상과 의자 같은 가구를 제조한다.

manufacture 제조하다 | such as ~와 같은

해설 등위접속사 and와 함께 어울려 쓰이며, 상관접속사로 쓰이는 (A)가 정답입니다.

15 In (D) **accordance** with the contract, tenants are not allowed to keep pets in the apartment.
계약에 따르면, 거주민들은 아파트에서 애완동물을 키우는 것이 허락되지 않는다.

in accordance with ~을 준수하여, ~에 따르면 | contract 계약서 | tenant 거주자 | be allowed to do ~하도록 허가되다 | pet 애완동물

해설 전치사 뒤의 명사 자리이며, In부터 콤마까지 수식어구 역할을 합니다.

16 Ms. Brown, **(C) who** accepted the invitation, will be attending the Future Energy Summit.

초대장을 받은 브라운 씨는 미래 에너지 정상 회담에 참석할 것이다.

accept 받다 | invitation 초대장 | summit 정상 회담

해설 (A)와 (C)는 관계대명사, (B)는 대명사, (D)는 부사절 접속사입니다. 문장에 동사가 2개이므로 빈칸은 접속사 자리이며, 앞의 사람 명사를 수식하는 것은 (C)입니다.

17 Mr. Robinson is a famous author **(D) whose** work has been recognized by many critics.

로빈슨 씨는 많은 비평가로부터 인정을 받는 작품의 유명한 저자이다.

famous 유명한 | author 저자, 작가 | recognize 인정하다 | critic 비평가

해설 앞의 절과 뒤의 절을 연결하는 접속사 자리입니다. 선택지에서 전치사 (B)를 제외한 나머지 모두 접속사이며, 문맥상 빈칸 이하는 앞의 명사 author를 수식하는 형용사절입니다. 따라서, 빈칸에는 관계대명사인 (A)와 (D)가 들어갈 수 있으며, 앞의 명사가 사람이므로 (D)가 정답입니다. (C)는 '~뿐만 아니라 …도'라는 의미의 등위접속사입니다.

18 The contents of the book may not be used **(C) without** written permission from the publisher.

이 책의 내용은 출판업자의 서면 허가 없이는 사용될 수 없다.

content 내용물 | written 서면의 | permission 허가 | publisher 출판업자

해설 앞의 절과 뒤의 명사구를 연결하는 전치사 자리로 선택지에서 (A)와 (C)가 전치사입니다. 문맥상 허가를 '제외하고'라는 의미가 아닌 허가 '없이'라는 의미가 자연스러우므로 (C)가 정답입니다. 참고로, (B)와 (C)의 의미가 같으나 각각 접속사와 전치사로 이 둘을 구별하는 문제입니다.

19 The parking lots C and D will be closed **(D) due to** the construction of a warehouse.

주차장 C와 D는 창고 공사 때문에 차단될 것이다.

parking lot 주차장 | construction 공사, 건설 | warehouse 창고

해설 앞의 절과 뒤의 명사구를 연결하는 전치사 자리로 선택지에서 (D)만 전치사입니다. 참고로, (C)와 (D)는 '~때문에'라는 같은 의미의 접속사와 전치사로 이 둘을 구별하는 문제입니다.

20 All members must turn in their weekly reports **(B) before** leaving the office on Friday afternoons.

모든 직원은 금요일 오후마다 퇴근하기 전에 주간 보고서를 제출해야만 한다.

turn in 제출하다

해설 앞의 절과 뒤의 동명사구를 연결하는 전치사 자리로 선택지 모두 전치사입니다. 문맥상 퇴근 '전에' 매주 보고서를 제출해야 한다는 내용이므로 시간을 나타내는 (B)가 정답입니다. 참고로, 전치사 during 뒤에는 동명사를 쓸 수 없습니다.

LC 맛보기   의문사 의문문

실전문제 풀어보기

본서 p. 247

1 (B)   **2** (B)   **3** (A)   **4** (C)   **5** (C)   **6** (A)

1 Who will organize the annual meeting?
(A) No, the food isn't organic.
(B) The sales department.
(C) It is held at the Main Hall.

연례 회의를 누가 준비할 것인가요?
(A) 아니요, 음식이 유기농이 아니에요.
(B) 영업부요.
(C) 메인 홀에서 개최될 거예요.

해설 (A)는 'No'를 듣자마자 소거해야 합니다. 의문사 의문문에서는 Yes / No로 대답할 수 없습니다. (C)는 장소로 대답하고 있으므로 Where 의문문에 어울리는 답변입니다.

2 What color should I paint my room?
(A) There is enough room.
(B) White would be good.
(C) What's on your collar?

내 방을 무슨 색으로 칠해야 할까요?
(A) 충분한 공간이 있어요.
(B) 흰색이 좋겠어요.
(C) 당신 옷깃에 뭐가 있죠?

해설 (A)는 room – room 같은 단어가 반복되고 (C)는 color – collar 유사 발음이므로 오답입니다.

3 Where can we hold the seminar?
(A) In the downstairs auditorium.
(B) I found a hole in it.
(C) At 9 tomorrow morning.

어디서 세미나를 열 수 있나요?
(A) 아래층 강당에서요.
(B) 거기서 구멍을 발견했어요.
(C) 내일 아침 9시요.

해설 (B)는 hold – hole 유사 발음 오답이며, (C)는 시점으로 대답하고 있는 When 의문문에 어울리는 답변입니다.

4 When will the supervisor be available?
(A) At the factory.
(B) A little bit.
(C) I'll have to check her schedule.

언제 감독관을 만날 수 있을까요?
(A) 공장에서요.
(B) 조금요.
(C) 그녀의 일정을 확인해 봐야 해요.

해설 (A)는 「At + 장소」가 나오므로 Where 의문문에 어울리는 답변입니다. (B)는 뭐가 조금이라는 건지 알 수 없으므로 동문서답으로 대답한 오답입니다.

5 Why was the meeting postponed?
(A) At the post office.
(B) Next Wednesday.
(C) Because the project manager couldn't make it.

회의가 왜 연기되었나요?
(A) 우체국에서요.
(B) 다음 주 수요일이요.
(C) 프로젝트 매니저가 참석할 수 없어서요.

해설 (A)는 미팅이 연기된 '이유'를 묻고 있는데, '장소'로 대답하고 있는 Where 의문문에 어울리는 대답입니다. (B)는 '시점'으로 대답하고 있는 When 의문문에 어울리는 대답입니다.

6 How did you like the food there?
(A) It was very good.
(B) Soup and salad.
(C) I heard that.

거기 음식이 어땠나요?
(A) 아주 좋았어요.
(B) 수프와 샐러드요.
(C) 들었어요.

해설 (B)는 food하면 떠오르는 여러 가지 음식 중에 soup and salad를 언급한 연상 오답입니다. (C)는 동문서답이므로 오답입니다.

파고다
첫토익